高校思想政治工作研究文库

教育部思想政治工作司　组编

高校思想政治工作前沿问题研究

刘宏达　万美容　等◎著

人民出版社

目　录

聚焦前沿问题，推进高校
思想政治工作科学发展

中国特色社会主义进入新时代，全面加强高校党的领导和思想政治工作，是建设社会主义现代化高等教育强国的政治前提和核心保障。党的十八大以来，以习近平同志为核心的党中央把高校思想政治工作摆在重要位置，提出了一系列新战略、新部署、新措施，特别是习近平总书记在 2016 年全国高校思想政治工作会议、2018 年全国宣传思想工作会议和全国教育大会、2019 年全国高校思想政治理论课教师座谈会和纪念五四运动 100 周年大会等会议上发表重要讲话，多次明确指出"高校立身之本在于立德树人"①，"高校思想政治工作关系高校培养什么样的人、如何培养人以及为谁培养人这个根本问题"②，"思想政治工作是学校各项工作的生命线"③，等等。我国高等教育坚持社会主义办学方向，坚持扎根中国大地办大学，必须以党的十九大精神和习近平新时代中国特色社会主义思想为指引，深入学习贯彻落实习近平总书记关于高校思想政治工作的重要论述，以提升育人质量为重

---

① 《习近平谈治国理政》第二卷，外文出版社 2017 年版，第 377 页。
② 《习近平谈治国理政》第二卷，外文出版社 2017 年版，第 376 页。
③ 《习近平在全国教育大会上强调：坚持中国特色社会主义教育发展道路　培养德智体美劳全面发展的社会主义建设者和接班人》，《人民日报》2018 年 9 月 11 日。

点，聚焦前沿问题，遵循思想政治工作规律，遵循教书育人规律，遵循学生成长规律，不断提高工作能力和水平，全面推进思想政治工作的科学发展。

一、关注与研究高校思想政治工作前沿问题的必要性

前沿问题不同于热点问题。热点问题是一定时期内对某研究领域的"理论研究与实践探索中的难点、重点问题进行的持续追踪和深入探讨"，是"重点、难点问题的深刻反映"[1]，具有明显的阶段性特征。前沿问题是"当前所面临的需要解决的正在或即将发生的、反映事物发展核心趋势的理论和实践问题"[2]，是"具有趋势性、发展性和探索性的问题"[3]。前沿问题可能是热点、难点和重点问题，但并不是所有的热点、难点和重点问题都是前沿问题。

思想政治教育前沿问题是"思想政治教育实践活动和理论研究中面临的重点、难点、热点、焦点、薄弱环节或有争议、有待发展完善的问题"[4]，是"思想政治教育及其学科建设迫切需要解决的重要理论和实际问题"[5]，"既有发展过程中的新课题，也有尚未解决的重要问题；既有理论性前沿课题，也有实践性前沿课题"[6]。这些问题既包括思想政治教育学科发展中争议较大、至今尚未形成定论的理论问题，也包括随着时代发展、社会变革衍生出来的新的理论问题；既包括当前思想政治教育理论与实践不相吻合的现

---

① 冯刚：《把握思想政治教育热点研究的发展规律》，《思想教育研究》2018年第2期。
② 冯刚：《深刻把握思想政治教育的前沿问题》，《教学与研究》2012年第9期。
③ 郑永廷：《试论坚持思想政治教育学科建设的主导性与前沿性》，《教学与研究》2012年第2期。
④ 张耀灿：《关于思想政治教育前沿问题的若干思考》，《大理学院学报》2012年第11期。
⑤ 郑永廷：《试论坚持思想政治教育学科建设的主导性与前沿性》，《教学与研究》2012年第2期。
⑥ 郑永廷：《思想政治教育学科建设的前沿课题及应有态度》，《思想教育研究》2013年第12期。

实问题，也包括思想政治教育实践探索中存在的亟须解决又尚未解决的问题。

　　高校思想政治工作前沿问题是制约、引领、带动高校思想政治工作科学发展的重大问题，其产生与当前的时代背景、环境条件、学科发展等密切相关。自党的十一届三中全会以来，高校思想政治工作在追求科学化的进程中获得了大发展、大繁荣，学科体系逐步完善，形成了从本科到硕士点、博士点乃至博士后流动站的完整的人才培养体系，涌现了一批在全国有影响力的领军人物和中青年骨干，构建了"主渠道"和"主阵地"相互配合的支撑体系。尤其是自党的十八大以来，高校思想政治工作在党的创新理论的指引下，始终坚持"立德树人"根本任务，着力构建"三全育人"体系，高校思想政治工作在理论和实践研究方面都取得了很大进展，同时也极大地推动了高校思想政治教育学科的科学发展。随着中国特色社会主义进入新时代，高校思想政治工作的科学化发展也进入了新时代，高校思想政治教育面临新形势、新机遇，高校思想政治工作出现许多重要的前沿问题。党的十九大报告对我国社会主要矛盾转变作出了科学判断，用党的十九大报告分析社会主要矛盾的基本方法来分析高校思想政治工作的基本矛盾，我们会发现，当前高校思想政治工作的主要矛盾已转化为大学生日益多样化、个性化的成长需求与教育供给不平衡不充分之间的矛盾。这一矛盾主要体现在教育者和受教育者两个方面：一是实现"三全育人"要求高校每名教职员工都能担当起培养人的重任与当前高校教师队伍发展不均衡、参与不平衡之间的矛盾；二是受教育者日益多样化、个性化的成长需求与思想政治工作及日常教育管理供给的单一、粗放之间的矛盾。如何化解矛盾、破解难题成为摆在高校思想政治工作理论工作者和实践工作者面前的重要问题。

　　中国特色社会主义进入新时代，我国进入全面建成小康社会决胜期，开启建设社会主义现代化强国新征程。新时代开启新征程，新征程赋予新使命，新使命带来新任务。站在新的历史方位，面对新的发展机遇，担当新的历史使命，破解新的重大课题，要求我们必须关注和研究高校思想政治工作理论前沿问题和实践前沿问题。

二、新时代高校思想政治工作前沿性问题探析

中国特色社会主义进入新时代，我国社会主要矛盾发生转化，高校思想政治工作所处的时代背景、社会环境、现实境遇等都发生了深刻变化，高校思想政治工作的理论和实践也出现了诸多新情况、新矛盾和新问题。加强对这些新形势、新挑战、新矛盾、新问题的研究，积极探析带有规律性的前沿问题，成为新时代高校思想政治工作科学发展的重大问题。

（一）新时代高校思想政治工作的理论前沿问题

"时代是思想之母，实践是理论之源。"伴随着中国特色社会主义进入新时代，高校思想政治工作发展也进入了新时代，新的时代背景和实践发展催生了一系列新的理论前沿问题。高校思想政治工作理论性前沿问题，主要集中在地位与价值、目的与规律、任务与内容等几个方面。坚持在满足双重价值诉求中培养担当民族复兴大任的时代新人，坚持"以人民为中心"的理念发展高校思想政治工作、坚持站在新的历史方位把握高校思想政治工作的基本规律，就能正确认识、科学把握好这些前沿性问题。

1. 在满足双重价值诉求中培养担当民族复兴大任的时代新人

思想政治工作的目的，无论是根本目的还是具体目标，都是社会存在和发展的反映，在我国社会主义事业发展的不同历史时期有不同的规定。新中国成立后，中华民族实现了站起来的伟大飞跃，站在社会主义革命向社会主义建设转变的新的历史起点，以毛泽东同志为核心的党中央适时提出了"教育必须为无产阶级政治服务，教育必须与生产劳动相结合"的教育方针，要培养德智体全面发展的"有社会主义觉悟的有文化的劳动者"。改革开放以来，我党确立了以经济建设为中心的发展思想，我国社会主义现代化建设进入新时期，以邓小平同志为核心的党中央适时提出了"教育必须为

社会主义现代化建设服务，必须与生产劳动相结合"，要"在四化建设的伟大实践中培养和造就一代有理想、有道德、有文化、有纪律的共产主义新人"。进入新世纪，随着社会主义市场经济体制的建立与完善，以江泽民同志为核心的党中央强调，要"坚持教育为社会主义现代化建设服务，为人民服务，与生产劳动和社会实践相结合，培养德智体美全面发展的社会主义建设者和接班人"。在全面建设小康社会阶段，以胡锦涛同志为总书记的党中央提出"坚持育人为本，德育为先，实施素质教育"的教育发展战略。进入新时代，中华民族站在由富起来到强起来的新的历史方位，以习近平同志为核心的党中央提出高等教育要"为人民服务，为中国共产党治国理政服务，为巩固和发展中国特色社会主义制度服务，为改革开放和社会主义现代化建设服务"，坚持"立德树人"根本任务，提出了"培养担当民族复兴大任的时代新人""培养德智体美劳全面发展的社会主义建设者和接班人"的人才培养目标。

纵观 1949 年以来我国高校思想政治工作的目标预设，尽管不同时代背景下我党提出的具体目标有所不同，但都是围绕"培养什么样的人、如何培养人以及为谁培养人"这三个问题进行的设定，其出发点和落脚点都是"人"。在 1949 年后很长一段时间，高校思想政治工作（包括思想政治教育）的目的充斥着浓厚的政治色彩，强调的是满足社会发展需要，突出的是教育服务于政治功能的发挥。改革开放以后，随着工作重心转移到经济建设上来，我党适时提出"教育为社会主义现代化建设服务"，高校思想政治工作从为政治服务转移到为经济建设服务，体现出经济价值。进入新世纪，随着社会主义市场经济的深入发展，人的主体性不断得以凸显，我党适时提出"教育为人民服务"，思想政治教育工作在促进社会发展、凸显外在工具价值的同时，也开始逐渐转向关注促进人的全面发展、实现个体价值，并在社会价值不断丰富的同时越来越注重个人价值的实现。

党的十九大报告指出，"中国特色社会主义进入新时代，我国社会主要矛盾转化为人民日益增长的美好生活需要和不平衡不充分的发展之间的矛盾"，这"是关系全局的历史性变化"，"要在继续推动发展的基础上，着力解决好发展不平衡不充分问题，大力提升发展质量和效益，更好满足人民在经济、政治、文化、社会、生态等方面日益增长的需要，更好推动人的全面发展、社会全面进步。"① 这就为新时代高校思想政治工作的目标预设提出了更高的要求，不仅要满足人的全面发展，实现个体价值，还要促进社会全面进步，实现社会价值。实现中华民族伟大复兴，是全党全国人民的伟大历史使命。要完成这个伟大历史使命，必须要进行伟大斗争、建设伟大工程、推进伟大事业、实现伟大梦想，最关键的是要"培养担当民族复兴大任的时代新人"，使中华民族伟大复兴的中国梦在一代代青年的接力奋斗中变为现实。因此，新时代高校思想政治工作肩负培养担当民族复兴大任的时代新人的重任，首先必须处理好"时代"和"新人"的关系，在实现个体价值与社会价值的双重价值诉求中"更好推动人的全面发展、社会全面进步"。

2. 坚持"以人民为中心"的理念发展高校思想政治工作

党的十九大报告有 203 处提到了"人民"，强调"必须坚持以人民为中心的发展思想，不断促进人的全面发展、全体人民共同富裕"②。以人民为中心的发展思想是坚持人民主体地位这一根本原则在发展理论上的创造性运用，体现了对共产党执政规律、社会主义建设规律、人类社会发展规律的深刻认识和自觉运用。坚持以人民为中心的发展思想，就是要从人民群众的根本利益出发谋发展、促发展，不断满足人民群众日益增长的美好生活需要，努力促进人的全面发展。新时代高校思想政治工作坚持以人民为中心的发展理念，就是要发展思想政治工作的人民性，坚持以人为本，凸显人文关怀。

人文关怀属于主体哲学范畴，是对人类的生存境遇的终极关怀。人文关怀作为马克思主义哲学的基本维度之一，贯穿马克思主义的始终，是马克思

---

① 习近平：《决胜全面建成小康社会　夺取新时代中国特色社会主义伟大胜利——在中国共产党第十九次全国代表大会上的报告》，人民出版社 2017 年版。

② 习近平：《决胜全面建成小康社会　夺取新时代中国特色社会主义伟大胜利——在中国共产党第十九次全国代表大会上的报告》，人民出版社 2017 年版。

主义哲学唯物史观所表现的对人类生存处境和命运发展的深切眷恋和关注。人文关怀是对符合人的自然本性与社会本性的生活意义的肯定，通过物质和精神上的介入，实现对人的关心、爱护、尊重，最终体现人的尊严和价值。无论是"中国梦"的提出，还是从"以人民为中心"到"人类命运共同体"的发展思想，都是对马克思主义追求实现"自由人联合体"的人文关怀精神的继承与发展。高校思想政治工作是以人为中心、以人为目的的活动，其出发点和落脚点都是人，必须坚持以人民为中心的发展思想。

习近平总书记强调指出，"思想政治工作从根本上说是做人的工作，必须围绕学生、关照学生、服务学生，不断提高学生思想水平、政治觉悟、道德品质、文化素养，让学生成为德才兼备、全面发展的人才。"① 因此，新时代高校思想政治工作坚持以人为本的基本原则，就是要高度尊重学生的主体地位，关注学生、关心学生、关爱学生，促进学生德智体美劳全面发展，这也是马克思主义人文关怀精神的充分体现。新时代大学生身处社会快速转型和大发展大变革时期，物质生活需求的基本满足使得他们更加重视精神层面的需求和个人内心感受，主体性发展的需求更为强烈。因此，要提升新时代思想政治工作的针对性和亲和力，就必须坚持以人为本、以生为本，注重人文关怀，满足学生成长发展需求和美好生活期待，为学生一生发展奠定科学的思想基础。教育工作者要树立人性关怀、文化关怀和情感关怀意识，从当代青年学生的思想行为特点和实际生活状况特别是精神生活需求出发，尊重他们的主体地位，把解决思想问题与解决实际问题相结合，促进大学生物质生活和精神生活、精神世界和谐发展。

3. 站在新的历史方位把握高校思想政治工作的基本规律

中国特色社会主义进入新时代，高校思想政治工作发展也进入新时代。放眼世界，全球化已成为不可逆转的必然趋势，世界多极化、经济全球化、

---

① 《习近平在全国高校思想政治工作会议上强调：把思想政治工作贯穿教育教学全过程开创我国高等教育事业发展新局面》，《人民日报》2016 年 12 月 9 日。

文化多样化的深入发展，使国际竞争日趋激烈，不同思想文化交流交融交锋，社会思潮多元多样多变，意识形态领域的斗争日益严峻，人才培养与争夺成为焦点。同时，社会信息化进程不断加速，新一轮科技革命和产业变革蓄势待发，互联网、云计算、大数据、人工智能等现代信息技术深刻改变着人类的思维、生产、生活和学习方式。从国内看，党的十八大以来，以习近平同志为核心的党中央根据新的历史条件下进行伟大斗争、建设伟大工程、推进伟大事业、实现伟大梦想的总体要求，将思想政治工作提升到国家治理的战略高度，纳入治国理政体系之中，极大地丰富和发展了党的思想政治工作思想，使思想政治工作呈现出新的思想内容和表现状态。同时，我国社会主要矛盾发生了转变，人们的物质文化需要转变为美好生活需要。美好生活需要内涵非常丰富，美好精神生活需要是其中最重要的方面，思想政治工作是满足美好精神生活需要的众多渠道和方法中最有效的途径。国内外环境的变化促使高校思想政治工作回归到原点，即必须坚持用马克思主义理论武装学生头脑，把思想政治理论教育和价值引领作为基本要求。为适应这一新要求，高校思想政治工作要以理想信念教育为核心任务和首要任务，把马克思主义理论教育特别是 21 世纪马克思主义和当代中国马克思主义教育作为中心内容，把中国特色社会主义理论教育和党史党情国史国情教育作为重点内容，加强爱国主义、集体主义、社会主义教育，为学生一生健康成长奠定科学的思想基础。

新时代高校思想政治工作的对象也发生了很大变化。"95 后"成为当代大学生群体的主体，"00 后"已陆续迈入大学校门，他们是伴随互联网的发展成长起来的"网生一代"，网络已经全时空、全方位地无缝嵌入了他们的学习生活的每一个瞬间，成为一种生活方式和生存方式。同时，当代大学生身处社会快速转型和大发展大变革时期，物质生活需求的基本满足使他们更加重视精神层面的需求和个人内心感受，个体主体性发展的需求更为强烈，但面临逐步滑向娱乐化、庸俗化的危险。准确把握当代大学生思想行为发展变化的特点和规律，是新形势下增强高校思想政治工作针对性和有效性的关键。因此，新时代高校思想政治工作要适应学生特点，遵循其成长成才规律，不断满足学生成长发展需求和期待，为学生提供精神指引，促进其精神成人。

习近平总书记指出："高校思想政治工作实际上是一个解疑释惑的过程，宏观上是回答为谁培养人、培养什么样的人、怎样培养人的问题，微观上是为学生解答人生应该在哪用力、对谁用情、如何用心、做什么样的人的过程。"① 新时代高校思想政治工作的基本矛盾是社会发展所提出的思想政治素质要求与教育对象的思想政治素质水平之间的矛盾。因此，新时代高校思想政治工作既要主动适应社会发展需要，及时作出相应调整，又要为社会发展提供精神动力，更好推动社会全面进步；同时，高校思想政治工作还应该既要主动适应当代学生的特点和规律，不断满足学生成长需求和期待，又要提供思想引领、精神指引，更好促进大学生德智体美劳全面发展。

（二）新时代高校思想政治工作的实践前沿问题

新时代高校思想政治工作的实践前沿问题是在高校思想政治工作中表现出来的现实热点问题和预示未来发展的最新动态问题，往往揭示了现代思想政治工作实践活动深层次的矛盾和冲突，是高校思想政治工作者需要深入探讨并着力解决的迫切问题。思想政治工作的主要内容是思想政治教育，新时代高校思想政治工作的实践前沿问题突出反映在大学生思想政治教育方面。目前，我们既要紧紧抓住课程育人、科研育人、实践育人、文化育人、网络育人、心理育人、管理育人、服务育人、资助育人、组织育人这些现实热点和工作重点，又要着力解决数字化发展和主体性激发这些工作难点，科学构建以十大育人体系为具体形态的"三全育人"体系。

1. 新时代高校思想政治教育的数字化发展

习近平总书记在主持中共中央政治局第二次集体学习时强调，要实施国

---

① 《中国教育，把答卷写在人民的心上（砥砺奋斗的五年）——党的十八大以来我国教育事业改革发展成就综述》，《人民日报》2017 年 9 月 9 日。

家大数据战略，加快建设数字中国，更好服务我国经济社会发展和人民生活改善。建设数字中国，必然要求加快推进高校思想政治教育的数字化。

马克思主义认为，"观念的东西不外是移入人的头脑并在人的头脑中改造过的物质的东西而已"①，并"随着人们的生活条件、人们的社会关系、人们的社会存在的改变而改变"②。也就是说，环境作为客观外在条件，决定人们的思想和观念，环境的变化影响着人们的思想和观念的变化。但人在环境的面前并不是完全被动的，人可以认识并改造环境。马克思批判机械唯物主义把环境和教育割裂开来、对立起来的环境论，他指出，"环境是由人来改变的"，"环境的改变和人的活动或自我改变的一致，只能被看做是并合理地理解为革命的实践"③。所以，人可以通过实践活动来改变环境，进而影响人的思想和行为。

"思想政治教育环境，是指影响人们的思想和行为、影响思想政治教育活动开展的外部因素的总和"④，包括宏观和微观两个层面。宏观环境指的是作为思想政治教育存在与发展的外部客观环境，既影响着思想政治教育的过程，也影响着思想政治教育对象的思想和行为。微观环境指的是作为思想政治教育要素的环境，即情境，是教育者按照一定的教育目标，根据受教育者的特点和教育活动的需要而创设的育人环境。相对于宏观环境而言，微观环境不是纯客观的，是加入了主观成分的对环境的选择、利用和改造。因此，新时代高校思想政治教育既要主动适应外部客观环境的变化，准确把握当前客观环境影响下教育对象的思想行为特点及规律，又要注重提升人的主体性，积极创设教育情境，选择利用有利因素，防范消解不利因素，促进环境优化，从而提升思想政治教育的质量。

当前，现代信息技术的迅猛发展使得网络成为高校师生学习生活的

① 《马克思恩格斯文集》第5卷，人民出版社2009年版，第22页。
② 《马克思恩格斯文集》第2卷，人民出版社2009年版，第50—51页。
③ 《马克思恩格斯文集》第1卷，人民出版社2009年版，第500页。
④ 《思想政治教育学原理》编写组：《思想政治教育学原理》，高等教育出版社2016年版，第317页。

"第一环境"，成为高校思想政治教育面临的"最大变量"。网络深刻影响着作为主体的人的生存和发展状况，已深度融入人们的生存方式、生活方式、交往方式和思维方式。网络在拓宽思想政治教育空间的同时，又使虚拟空间与现实空间构成一种界限分明的二元关系，引发新的问题和矛盾，进而改变了思想政治教育的环境生态。网络为思想政治教育情境创设提供了全新的思维方式和技术手段，尤其是作为信息化高级发展阶段的大数据时代的到来，使思想政治教育与大数据的融合创新成为新的发展趋势。

然而，在实践中，网络与高校思想政治教育的融合还存在许多现实性的问题，如网络虚拟空间人的生存与发展面临的"双重人格"问题、网络空间与现实空间二元关系的调和问题、大数据思想政治教育思维方式的转换问题、思想政治教育发挥大数据技术优势的问题等，都需要在进行理论研究的同时加强实践探索，在总结实践经验的基础上进行理论创新并推广应用，大力推进高校思想政治教育数字化进程。

2. 高校思想政治教育实践中主体性缺失及应对

教育者与受教育者（教育对象）是思想政治教育研究的一对基本范畴，高校思想政治教育的一般过程是教育者施教过程与教育对象受教过程的有机统一。在这一过程中，教育者按照社会要求对教育对象有目的、有计划、有组织地施加影响，促使一定社会的思想道德要求转化为个体的思想政治素质，把个体培养成为适应社会发展需要的人；教育对象按照自身发展需要，在思想政治教育过程中有选择性地接受教育内容，不断提升个人思想政治素质，促进个体的发展。一定社会的思想政治道德要求转化为个体的思想政治道德素质要通过思想政治教育活动来实现，作为思想政治教育活动的组织者的教育者既要适应和满足社会发展需求，将社会要求转化为思想政治教育的内容进行传授，又要适应个体发展的需要，将思想政治教育的内容通过合适的途径和方式实施教育。思想政治教育在适应社会发展的同时也要满足人的发展的需求，教育者成为关键环节，其素质高低直接决定着思想政治教育的效果和质量。而由于教育者自身思想水平、认识能力等方面的差异，他们对教育对象所施加的影响也会有所不同，甚至不同教育者施加的教育影响之间会出现冲突和矛盾，这也是大学生思想政治教育效果总是不尽如人意的一个重要原因。

马克思深刻指出，"教育者本人一定是受教育的"①。毛泽东也强调，"要做好先生，首先要做好学生"，教育者是在"教人民、教学生"，"就有一个先受教育的任务"。② 教育者只有先当学生，先受教育，才能率先闻道、悟道，才能"传道授业解惑"。习近平总书记在全国高校思想政治工作会议上强调指出："高校教师要坚持教育者先受教育，努力成为先进思想文化的传播者、党执政的坚定支持者，更好担起学生健康成长指导者和引路人的责任。"③ 教育者先受教育是教育者履行教育使命的前提和基础，"传道者"只有先"明道""信道"才能更好"传道"。同时，高校思想政治工作要坚持同心同向、协同联动的原则构建全员全过程全方位育人格局，着力破解工作领域存在的不平衡不充分问题，不断提高师生的获得感。

思想政治教育的根本目的是要促进人的全面发展，实现社会的全面进步，大学生思想政治素质的发展水平是衡量高校思想政治教育质量的重要标准。在高校思想政治教育过程中，学生往往根据自己的喜好和需要来对教育内容进行自由选择和接受，从而表现出"参与不够""参与无效"甚至"不参与"的现象。"在互联网时代，人与人之间的社会交往方式发生了颠覆性的变化，既改变了教育者与受教育者之间交往的平台，也深刻影响着思想政治教育主体性的现实状态。"④ 伴随着社会的快速发展，知识和信息的更新速度增快，作为网络"原住民"的当代大学生获取知识和信息的机会、掌握知识和技能的速度都可能超越教育工作者，高校思想政治教育工作者往往

---

① 《马克思恩格斯选集》第 1 卷，人民出版社 2012 年版，第 134 页。
② 《毛泽东文集》第七卷，人民出版社 1999 年版，第 270—271 页。
③ 《习近平在全国高校思想政治工作会议上强调：把思想政治工作贯穿教育教学全过程 开创我国高等教育事业发展新局面》，《人民日报》2016 年 12 月 9 日。
④ 徐志萍、金林南：《思想政治教育主体性研究的现状、问题与展望》，《思想教育研究》2018 年第 2 期。

需要向作为教育对象的莘莘学子学习。高校思想政治教育的过程是教育与自我教育相统一的过程，是教育工作者与青年学生在互动交流中共同得到发展的过程。因此，新时代高校思想政治教育要积极构建平等交流、共同合作的主体间新生态，提升教师与学生两个方面的主体性。

三、习近平总书记关于高校思想政治工作重要论述的指导作用

思想政治工作是一项复杂的社会实践活动，思想政治工作科学化也不是一蹴而就的。党的十八大以来，高校思想政治工作紧紧围绕"立德树人"这一根本任务，坚定理想信念，增强"四个意识"，不断推动高校思想政治工作创新发展，不断巩固马克思主义在高校工作中的指导地位。习近平总书记在党的十八大、十九大和全国高校思想政治工作会议、全国宣传思想工作会议、全国教育大会上发表重要讲话，在北京大学、北京师范大学等高校与师生座谈时，在给北京大学、南开大学、华中农业大学、中国传媒大学等师生的回信中，对加强和改进新形势下宣传思想工作、教育工作和高校思想政治工作等作出一系列重要论述，特别是他在全国高校思想政治工作会议上的重要讲话，深刻回答了事关高等教育事业发展和高校思想政治工作的一系列重大问题，具有鲜明的政治性、突出的思想性和强烈的针对性，是指导做好新形势下高校思想政治工作的纲领性文献，为我们解决新形势下高校思想政治工作前沿性问题，推进高校思想政治工作科学化提供了总依据、总遵循。

（一）阐明了高校思想政治工作科学发展的若干根本性问题

习近平总书记关于高校思想政治工作的重要论述具有丰富的内涵和广泛的指导意义，指明了高校思想政治工作科学化的根本方向、根本目的和根本任务。

其一，思想政治工作的根本方向是指思想政治工作的价值取向。我国的

思想政治工作以社会主义为根本方向，以社会主义为坚定立场。思想政治工作科学化要坚持正确的办学方向，坚持加强党对高校的全面领导，走中国特色的高等教育现代化发展道路。习近平总书记强调："办好我们的高校，必须坚持以马克思主义为指导，全面贯彻党的教育方针。要坚持不懈传播马克思主义科学理论，抓好马克思主义理论教育，为学生一生成长奠定科学的思想基础。要坚持不懈培育和弘扬社会主义核心价值观，引导广大师生做社会主义核心价值观的坚定信仰者、积极传播者、模范践行者。要坚持不懈促进高校和谐稳定，培育理性平和的健康心态，加强人文关怀和心理疏导，把高校建设成为安定团结的模范之地。要坚持不懈培育优良校风和学风，使高校发展做到治理有方、管理到位、风清气正。"① 牢牢把握中国特色社会主义的发展方向，就必须努力做到始终坚持不懈地传播马克思主义科学理论，坚持不懈地培育和弘扬社会主义核心价值观，坚持不懈地维护校园稳定，坚持不懈地建设良好的校风学风。这是高校思想政治工作科学化的根本性和原则性问题。

其二，思想政治工作的根本目的是为思想政治工作的具体实践活动指明方向、提供动力，也为衡量思想政治工作成效提供依据。以习近平同志为核心的党中央高度重视教育在建设社会主义现代化强国、实现中华民族伟大复兴中的战略性、基础性作用，也充分认识到"我们对高等教育的需要比以往任何时候都更加迫切，对科学知识和卓越人才的渴求比以往任何时候都更加强烈"②。高校以"立德树人"为根本任务，而思想政治工作既是人才培养的关键环节，也是确保高校的发展方向能否与我国发展的现实目标和未来方向紧密联系在一起的核心保障。习近平总书记强调："为人民服务，为中国共产党治国理政服务，为巩固和发展中国特色社会主义制度服务，为改革

① 《习近平在全国高校思想政治工作会议上强调：把思想政治工作贯穿教育教学全过程 开创我国高等教育事业发展新局面》，《人民日报》2016 年 12 月 9 日。
② 《习近平在全国高校思想政治工作会议上强调：把思想政治工作贯穿教育教学全过程 开创我国高等教育事业发展新局面》，《人民日报》2016 年 12 月 9 日。

开放和社会主义现代化建设服务。"① 既是高校思想政治工作科学化的目的所在，也是评价高校思想政治工作是否取得成效的根本标准。高校思想政治工作是否取得成效、成效如何，主要看思想政治工作根本目的实现的程度如何，也就是是否很好地实现了"四个服务"。

其三，思想政治工作的根本任务是思想政治工作在社会主义现代化建设中所承担的重要责任，是为了达到思想政治工作根本目的所需要完成的基本工作。习近平总书记指出，"要坚持把立德树人作为中心环节"，"思想政治工作从根本上说是做人的工作，必须围绕学生、关照学生、服务学生，不断提高学生思想水平、政治觉悟、道德品质、文化素养，让学生成为德才兼备、全面发展的人才"②。习近平总书记 2017 年在党的十九大报告中提出"培养担当民族复兴大任的时代新人"的任务；2018 年在全国宣传思想工作会议上进一步提出"育新人"的任务，强调"要坚持立德树人、以文化人，建设社会主义精神文明、培育和践行社会主义核心价值观，提高人民思想觉悟、道德水准、文明素养，培养能够担当民族复兴大任的时代新人"③；2018 年在全国教育大会上强调培养德智体美劳全面发展的社会主义建设者和接班人，提出要"培养一代又一代拥护中国共产党领导和我国社会主义制度、立志为中国特色社会主义奋斗终身的有用人才"④ 的要求。这些既是高校思想政治工作科学化的基本要求，也是高校思想政治工作科学化的根本任务。高校思想政治工作目的的完成、功能的发挥，都依赖于这个根本任务的顺利完成。

---

① 《习近平在全国高校思想政治工作会议上强调：把思想政治工作贯穿教育教学全过程 开创我国高等教育事业发展新局面》，《人民日报》2016 年 12 月 9 日。

② 《习近平在全国高校思想政治工作会议上强调：把思想政治工作贯穿教育教学全过程 开创我国高等教育事业发展新局面》，《人民日报》2016 年 12 月 9 日。

③ 《习近平出席全国宣传思想工作会议并发表重要讲话》，2018 年 8 月 22 日，http：//www.gov.cn/xinwen/2018-08/22/content_ 5315723. htm。

④ 《习近平在全国教育大会上强调：坚持中国特色社会主义教育发展道路　培养德智体美劳全面发展的社会主义建设者和接班人》，《人民日报》2018 年 9 月 11 日。

（二）指明了高校思想政治工作科学发展的基本要求与实现路径

习近平总书记的重要论述阐明了全面推进高校思想政治工作科学化发展的若干理论问题，为高校思想政治工作的科学发展确定了实现路径。

其一，自觉遵循客观规律。思想政治工作的开展必须以遵循客观规律为前提，必须建立在对规律正确认识和科学把握的基础上，合目的性与合规律性相统一，才能取得实效。高校思想政治工作科学发展，不能脱离对客观规律的科学把握与基本遵循。一方面，要坚持遵循我国教育发展的基本规律，做到"九个坚持"，即"坚持党对教育事业的全面领导，坚持把立德树人作为根本任务，坚持优先发展教育事业，坚持社会主义办学方向，坚持扎根中国大地办教育，坚持以人民为中心发展教育，坚持深化教育改革创新，坚持把服务中华民族伟大复兴作为教育的重要使命，坚持把教师队伍建设作为基础工作"[①]。另一方面，要坚持遵循高校思想政治工作的基本规律。习近平总书记指出："做好高校思想政治工作，要因事而化、因时而进、因势而新。要遵循思想政治工作规律，遵循教书育人规律，遵循学生成长规律，不断提高工作能力和水平。"[②] 只有遵循规律，高校思想政治工作科学发展才能事半功倍。

其二，全面把握具体要求。内容体系创新是高校思想政治工作科学发展的基本要求。在全国高校思想政治工作会议上，习近平总书记强调要教育引导学生做到"四个正确认识"，即要教育引导学生"正确认识世界和中国发展大势"，"正确认识中国特色和国际比较"，"正确认识时代责任和历史使命"，"正确认识远大抱负和脚踏实地的关系"。在 2018 年全国宣传思想工作会议上，习近平总书记强调"重中之重是要以坚定的理想信念筑牢精神

---

① 《习近平在全国教育大会上强调：坚持中国特色社会主义教育发展道路 培养德智体美劳全面发展的社会主义建设者和接班人》，《人民日报》2018 年 9 月 11 日。

② 《习近平在全国高校思想政治工作会议上强调：把思想政治工作贯穿教育教学全过程 开创我国高等教育事业发展新局面》，《人民日报》2016 年 12 月 9 日。

之基，坚定对马克思主义的信仰，对社会主义和共产主义的信念，对中国特色社会主义道路、理论、制度、文化的自信"①。在 2018 年全国教育大会上，习近平总书记进一步要求学校教育"要在坚定理想信念上下功夫"，"要在厚植爱国主义情怀上下功夫"，"要在加强品德修养上下功夫"，"要在增长知识见识上下功夫"，"要在培养奋斗精神上下功夫"，"要在增强综合素质上下功夫"②。这为我们在新形势下推进高校思想政治工作科学发展指明了前进方向和基本着力点。

其三，努力拓展工作途径。方法途径的科学化是高校思想政治工作科学化的重要方面，拓展高校思想政治工作途径是不断提高高校思想政治工作科学化水平的基本要求。在创新拓展高校思想政治工作途径方面，习近平总书记强调要"把思想政治工作贯穿教育教学全过程"，"要用好课堂教学这个主渠道……提升思想政治教育亲和力和针对性，满足学生成长发展需求和期待"，"要更加注重以文化人以文育人，广泛开展文明校园创建，开展形式多样、健康向上、格调高雅的校园文化活动，广泛开展各类社会实践"，"要运用新媒体新技术使工作活起来，推动思想政治工作传统优势同信息技术高度融合，增强时代感和吸引力"，等等③。哲学社会科学对高校校园文化具有独特的建构功能，也是高校思想政治工作的重要文化资源。为此，习近平总书记着重强调："要加快构建中国特色哲学社会科学学科体系和教材体系，推出更多高水平教材，创新学术话语体系，建立科学权威、公开透明的哲学社会科学成果评价体系，努力构建全方位、全领域、全要素的哲学社会科学体系。"④ 在 2018 年全国教育工作会议上，习近平总书记还强调，

---

① 《习近平出席全国宣传思想工作会议并发表重要讲话》，2018 年 8 月 22 日，http：//www.gov.cn/xinwen/2018-08/22/content_ 5315723.htm。

② 《习近平在全国教育大会上强调：坚持中国特色社会主义教育发展道路　培养德智体美劳全面发展的社会主义建设者和接班人》，《人民日报》2018 年 9 月 11 日。

③ 《习近平在全国高校思想政治工作会议上强调：把思想政治工作贯穿教育教学全过程　开创我国高等教育事业发展新局面》，《人民日报》2016 年 12 月 9 日。

④ 《习近平在全国高校思想政治工作会议上强调：把思想政治工作贯穿教育教学全过程　开创我国高等教育事业发展新局面》，《人民日报》2016 年 12 月 9 日。

学校要扭转不科学的教育评价导向，坚决克服唯分数、唯升学、唯文凭、唯论文、唯帽子的顽瘴痼疾，家长要给孩子上好"人生第一课"等。这些都从方法途径上对推动高校思想政治工作科学化发展指明了方向。

（三） 明确了高校思想政治工作科学发展的保障体系

习近平总书记讲话中关于党的领导、队伍建设和师德建设的内容，从总体上谋局布阵，为高校思想政治工作科学发展的保障体系设计了蓝图。

其一，坚持党对高校思想政治工作的领导。党的领导是推进高校思想政治工作科学化的根本保证。任何企图淡化、否定、脱离党的领导的做法，都将把高校思想政治工作引入歧途。习近平总书记强调："各级党委要把高校思想政治工作摆在重要位置，加强领导和指导，形成党委统一领导、各部门各方面齐抓共管的工作格局"，"使高校成为坚持党的领导的坚强阵地"①；"思想政治工作是学校各项工作的生命线，各级党委、各级教育主管部门、学校党组织都必须紧紧抓在手上"②。坚持党的领导必须改善党的领导。为此，习近平总书记还指明了加强高校基层党组织建设的基本路径，明确要求教育主管部门和各高校"要加强高校党的基层组织建设，创新体制机制，改进工作方式，提高党的基层组织做思想政治工作能力"，"要做好在高校教师和学生中发展党员工作，加强党员队伍教育管理，使每个师生党员都做到在党爱党、在党言党、在党为党"③。

其二，加强高校思想政治工作队伍建设。队伍建设是促进高校思想政治工作科学发展的基本保障。习近平总书记强调："要拓展选拔视野，抓好教育培训，强化实践锻炼，健全激励机制，整体推进高校党政干部和共青团干

---

① 《习近平在全国高校思想政治工作会议上强调：把思想政治工作贯穿教育教学全过程 开创我国高等教育事业发展新局面》，《人民日报》2016 年 12 月 9 日。

② 《习近平在全国教育大会上强调：坚持中国特色社会主义教育发展道路　培养德智体美劳全面发展的社会主义建设者和接班人》，《人民日报》2018 年 9 月 11 日。

③ 《习近平在全国高校思想政治工作会议上强调：把思想政治工作贯穿教育教学全过程 开创我国高等教育事业发展新局面》，《人民日报》2016 年 12 月 9 日。

部、思想政治理论课教师和哲学社会科学课教师、辅导员班主任和心理咨询教师等队伍建设，保证这支队伍后继有人、源源不断。"① "要精心培养和组织一支会做思想政治工作的政工队伍，把思想政治工作做在日常、做到个人。"② 高校思想政治工作主体具有多样性，只有通过整合思想政治工作主体力量、调动广大师生的积极性、形成思想政治工作强大合力，高校思想政治工作科学化才能顺利推进。

其三，加强师德建设。师德建设是高校建设适应"立德树人"根本任务要求的高素质教师队伍的重要一环，也是当前高校推进思想政治工作科学发展的重要抓手。习近平总书记指出："教师是人类灵魂的工程师，承担着神圣使命。传道者自己首先要明道、信道。高校教师要坚持教育者先受教育，努力成为先进思想文化的传播者、党执政的坚定支持者，更好担起学生健康成长指导者和引路人的责任。"③ "人民教师无上光荣，每个教师都要珍惜这份光荣，爱惜这份职业，严格要求自己，不断完善自己。做老师就要执着于教书育人，有热爱教育的定力、淡泊名利的坚守。"④ "树人德"必先"立己德"。广大教师要自觉加强师德师风建设，坚持教书和育人相统一，坚持言传和身教相统一，坚持潜心问道和关注社会相统一，坚持学术自由和学术规范相统一，在日常教育教学活动中以高尚的师德感染学生，引领学生前行。

四、全面推进高校思想政治工作科学发展

学习贯彻落实习近平总书记关于高校思想政治工作的重要论述精神，关

---

① 《习近平在全国高校思想政治工作会议上强调：把思想政治工作贯穿教育教学全过程　开创我国高等教育事业发展新局面》，《人民日报》2016 年 12 月 9 日。
② 《习近平在全国教育大会上强调：坚持中国特色社会主义教育发展道路　培养德智体美劳全面发展的社会主义建设者和接班人》，《人民日报》2018 年 9 月 11 日。
③ 《习近平在全国高校思想政治工作会议上强调：把思想政治工作贯穿教育教学全过程　开创我国高等教育事业发展新局面》，《人民日报》2016 年 12 月 9 日。
④ 《习近平在全国教育大会上强调：坚持中国特色社会主义教育发展道路　培养德智体美劳全面发展的社会主义建设者和接班人》，《人民日报》2018 年 9 月 11 日。

键在于充分认识新形势下高校思想政治工作的战略地位，树立科学理念，遵循思想政治工作规律、教书育人规律、学生成长成才规律，不断完善"三全育人"体系建设，实现高校思想政治工作的内涵发展、有序发展、整合发展，全面提升高校思想政治工作科学化的水平。

（一）树立"立德树人"理念，促进高校思想政治工作内涵发展

面对新形势新任务，推进高校思想政治工作科学化，首要的就是要以科学理念为指导。党的十八大、十九大都强调立德树人是教育的根本任务。习近平总书记在全国高校思想政治工作会议上进一步强调，"高校立身之本在于立德树人"，"要坚持把立德树人作为中心环节"[①]。立德树人理念是对中华民族优秀传统文化精髓的理论自觉，是我们党对教育事业长期发展实践经验的深刻总结，彰显了马克思主义教育思想的时代内涵。当前，推进高校思想政治工作科学化，首要的就是应当确立并坚持"立德树人"这一科学理念。在立德树人中，先"立德"后"树人"。"立德"是前提，强调教育应塑造学生品德、培养学生德行，解决"用什么培养人"的问题；"树人"是目的，构成教育的根本价值追求，回答"培养什么样的人"的问题。

目前，确立并坚持"立德树人"这一科学理念，具有十分重要的现实意义。应该看到，一段时间以来，在社会思想文化和意识形态领域情况日益复杂的环境中，高等学校的育人工作尤其是思想政治工作遇到了十分严峻的挑战，出现了一些亟待解决的新问题。这些新问题反映出来的是有的地方和高校办学方向模糊，重教书轻育人、重智育轻德育、重科研轻教学的现象长期得不到解决，严重影响到"立德树人"这一根本任务的完成。确立高校思想政治工作"立德树人"理念，有利于高等学校把思想政治工作摆在学

---

① 《习近平在全国高校思想政治工作会议上强调：把思想政治工作贯穿教育教学全过程 开创我国高等教育事业发展新局面》，《人民日报》2016 年 12 月 9 日。

校改革发展中的重要位置，始终坚持社会主义办学方向，紧紧围绕"立德"这一核心全面深化学校各项工作改革，有效解决人才培养各环节存在的突出问题，为中国特色社会主义事业培养合格建设者和可靠接班人。

高校思想政治工作的主要任务，是对大学生进行思想、政治、道德教育，即大学生思想政治教育，促进大学生思想品德的发展、思想政治素质的提高，"立德"是其核心、根本。确立并坚持立德树人这一科学理念，有利于正确处理"立德"与"树人"之间的辩证关系，从为改革开放和社会主义现代化建设事业培养合格建设者和可靠接班人的战略高度，更加积极主动地丰富教育内容，拓展工作途径，创新工作方法，完善工作体系，优化工作机制，更加自觉地推进高校思想政治工作的内涵发展。

（二）遵循客观规律，促进高校思想政治工作有序发展

科学发展，首先是合规律的发展。高校思想政治工作从自身内在发展看，必须遵循思想政治工作规律；从其贯穿教育教学全过程来看，必须遵循高校教书育人规律；从其以学生为主要工作对象来看，必须遵循学生成长规律。

1. 遵循思想政治工作规律

思想政治工作是一门科学，需要遵循其内在的规律性；同时思想政治工作以人为对象，具有很强的实践性，需要因时、因地、因事制宜，做到坚持具体问题具体分析和坚持与时俱进。遵循高校思想政治工作规律，就是要在"因事而化、因时而进、因势而新"方面下功夫。

因事而化，强调的是思想政治工作应当遵守质量互变规律。朱子曰："变者，化之渐；化者，变之成。"① "变"是事物从小到大、不断积累的渐变过程；而"化"是渐变已经完成后，发生质变的状态。近年来，高校思想政治工作坚持"因事而变"，切实增强思想政治教育的时代性，收到了良

---

① 《朱子语类·卷七十一·易七》。

好的效果。高校思想政治工作坚持因事而化，就是要坚持在改进中加强，满足学生成长发展的需求和期待，不断提升思想政治教育的亲和力和针对性，实现高校思想政治工作由渐变发展向质变发展的有序推进。

因时而进，强调的是思想政治工作应当遵守对立统一规律。高等教育事业的发展、青年学生的培养，需要解决好当下、特殊的矛盾与长期、普遍的矛盾。因此，高校思想政治工作因时而进的核心就在于对"时"的把握，立足当下现实把握好"现在进行时"，着眼长远和未来把握好"将来完成时"。只有清楚地认识、科学地把握这种"当下—长远""现实—未来""特殊—普遍"中相互对立又统一的辩证关系，才能不断激发思想政治工作者的主观能动性，因时而进，以时促进，与时俱进。

因势而新，强调的是思想政治工作应当遵守否定之否定规律。当前国内国际形势深刻变化，改革开放和社会主义市场经济深入推进，互联网等新的传播渠道迅速发展，造就了高校思想政治工作"不同思想文化交流交融交锋，社会思潮多元多样多变"的崭新环境生态。面临这些新情况新生态，高校思想政治工作要完成新任务、破解新课题，不能满足于解决外部且可直观的矛盾现象，而需顺势而为，借势而作，因势而新，在自我扬弃、自我更新的有序过程中加快科学发展的进程。

2. 遵循教书育人规律

高校思想政治工作的思想理论教育和价值引领贯穿于教师的日常教育教学活动中，只有遵循教书育人规律方能得以实现。教育即教书育人，主体是教师，遵循教书育人规律要求教师注重教学与德育的结合，既教学生如何做事又教学生如何做人，引导学生重视科学素养和人文修养同步发展。

教书和育人，在实际操作环节是互相渗透的，育人是教书的目的，教书是育人的基本方式。无论是教书还是育人都是十分复杂的系统工程，都有着各自内在的客观规律性要求。遵循教书育人规律，首先就是要求以教书的规律和育人的规律为基本遵循，完成好教学工作和其他各项育人工作。这是遵循教书育人规律的基本要求，但又不止于此。遵循教书育人规律更重要的是把教书和育人真正统一起来，在教书中育人，也就是要把立德树人作为中心工作，贯穿到教育教学工作的全过程。教书育人也是衡量教育工作者职业能力及素养的重要标志之一，教育要从历史与现实、理论与实践出发，通过多种教育途径，运用多种教育方法，引导学生科学地认识世界、认识中国、认识社会、认识自己，学会承担时代责任和历史使命，自觉地把自己造就成为合格的建设者和可靠的接班人。

3. 遵循学生成长规律

"思想政治工作从根本上说是做人的工作，必须围绕学生、关照学生、服务学生，不断提高学生思想水平、政治觉悟、道德品质、文化素养，让学生成为德才兼备、全面发展的人才。"[①] 遵循学生成长规律，在帮助学生成长成才中引导其形成正确的价值观念、生活态度、行为方式，是思想政治教育的内在要求，也是促进高校思想政治工作有序发展的根本方式。高校思想政治工作的科学发展，既要遵循思想政治工作规律，遵循教书育人规律，也要遵循学生成长规律。从教育的针对性要求来看，学生思想行为发展变化的特点和规律，是选择教育方法时需要考虑的首要因素。"当代青年思想活跃、思维敏捷，观念新颖、兴趣广泛，探索未知劲头十足，接受新生事物快，主体意识、参与意识强，对实现人生发展有着强烈渴望。这种青春天性赋予青年活力、激情、想象力和创造力，应该充分肯定。同时，青年人阅历不广，容易从自身角度、从理想状态的角度来认识和理解世界，难免给他们带来局限性。这是青年成长的规律，我们要尊重这个规律。"[②] 目前在校的"95 后""00 后"大学生，每个人的生活环境不同，身心发展、思想品德和思想表现呈现出多样复杂的特征。因此，思想政治工作要取得良好效果，需要加强针对性，因人而异，因材施教，尤其是在思想政治工作方式方法上适应青年学生的成长发展特点与规律。在校大学生处在身心发展和个人成长的

① 《习近平在全国高校思想政治工作会议上强调：把思想政治工作贯穿教育教学全过程 开创我国高等教育事业发展新局面》，《人民日报》2016 年 12 月 9 日。
② 习近平：《在纪念五四运动 100 周年大会上的讲话》，《人民日报》2019 年 5 月 1 日。

关键时期，情感丰富但心理不够成熟，思想活跃但缺乏辨识能力，理想远大但能力相对不足。这就要求高校思想政治工作关注学生成长，加强理想信念教育，加强价值引领，加强实际锻炼，强化文化熏陶，有序推进，科学发展。

（三）推进"三全育人"，促进高校思想政治工作整合发展

高校思想政治工作是一项系统工程，每一位教师、每一门课程、每一项工作、每一项活动等都负有育人职责，着眼于带动高校全体教职员工参与育人、渗透于学生从入校到毕业的全过程进行育人、联结学生教育管理服务全要素加强育人等，需要建立健全全员育人、全程育人、全方位育人体系，实现高校思想政治工作的整合发展。

1. 全员育人，不断增强高校思想政治工作的系统性

高校思想政治工作不只是宣传思想工作相关部门及其工作人员的任务，也是全校教职员工的共同使命。全体教职员工都要爱岗敬业，以德养德，言传身教；充分合理地利用高校资源，不断提高自身的文化修养和技能水平；真心实意关爱学生，为学生的学习、生活和实践创造良好的环境。只有全员参与，才能集聚教学、行政、后勤等各个部门的合力，在教书育人、管理育人与服务育人的协调整合中促进高校思想政治工作科学发展。

首先，思想政治理论课教师以及其他课程教师需要不断强化个人理论素养，建设好"思政课程"和"课程思政"，提升课程育人的质量。教师要强化育人意识，在马克思主义的指导下、在具体的教育教学活动中与时俱进，转变话语表达体系、创新教育教学方法，从而使教育内容春风化雨、入脑入心。其次，行政部门需要完善管理，在实际工作中彻底转换重管理轻育人的思维定式。高校各类管理人员要牢固树立管理育人意识，将思想政治工作与行政管理工作有机结合，积极创造风清气正的高校育人氛围。再次，后勤保障部门在日常服务过程中与思想政治工作同向同行，保障思想政治工作价值

的影响力，是高校思想政治教育工作中不可或缺的部分，各类职工应自觉树立起服务育人意识，在服务学生中发挥育人的功能，全心全意为学生服务，影响和教育学生。

2. 全程育人，不断强化高校思想政治工作的渗透性

全程育人即将育人活动贯穿于教育对象成长发展的全过程，把思想政治工作贯穿于教育教学全过程。就学生成长而言，这里的全程不仅包括在校学习的几年，还包括入学前的准备阶段和毕业后就业前的过渡阶段，使学生因为在校期间受到的教育而受益终生。这就要求注重学生品德发展、精神成长、成人成才的过程性特征，针对学生在不同时期不同阶段面对的主要矛盾采取相应的育人措施，满足不同阶段的实际需要，使思想政治工作做到切实有效、影响长远。在信息化飞速发展的当代社会，自媒体与慕课的出现为高校实现全程育人提供了重要的技术支持与平台支撑。自媒体不仅为大学生在校期间的教育，同时也为毕业后的再教育扩展了平台，为全程育人提供了更为便利的手段。大学生在校期间的教育，是全程育人的核心环节。这一时期是学生价值观确立的关键时期，也是高校可以最充分地利用育人资源的时段。在理论层面上，高校思想政治工作者应重视对接受理论的研究，科学揭示真学、真懂、真信、真用的规律，创新高校思想政治工作的理论与方法。在实践层面上，把思想教育、价值引领融入学生日常学习、生活的各个环节，渗透到教学、管理、服务的各个方面，不断增强高校思想政治工作的渗透性。

3. 全方位育人，不断丰富高校思想政治工作的协同性

全方位育人在学界有狭义和广义之分。广义上的全方位育人是指政府、社会、家庭、学校等共同育人的实践过程；狭义上的全方位育人，即强调高校党委、党的基层组织、教职员工各方面的育人责任，共同构建起党政工团学齐抓共管、全方位覆盖的思想政治工作运行模式。本书所指的是狭义上的全方位育人。首先，要以高校党委为核心，整合教育资源，调动高校基层党组织与全体教职员工的育人积极性，发挥各级各类组织在学生教育中的能动

作用，不断提高高校思想政治工作的组织协同性，构建"多元一体化"思想政治工作科学化机制。其次，高校教师要强化思想政治工作的自觉性，肩负起教育引导青年学生的重要使命，立足课堂，教书育人。最后，学校思想政治工作的主体部门要协调全校力量，做到"哪里有工作对象哪里就是工作现场"，把思想政治工作延伸到网络、自媒体以及校园的各个部分，拓展到师生生活工作的各种场域，营造以优良校风学风为核心的育人环境，构建全方位育人的科学体系。

第一章

高校思想政治工作的地位和价值

思想政治工作有着特定的内涵，"专指无产阶级及其政党在进行无产阶级革命和社会主义建设的过程中，为引导和促进人们认同、掌握马克思主义的思想理论、政治取向、政策主张而进行的宣传、动员、教育等方面的工作及其科学理论"①。中国共产党是以马克思主义为指导的无产阶级政党，加强党的领导和党的建设，最主要的就是加强思想政治工作。新中国成立 70年来，伴随着我国社会主义高等教育制度从建立到逐步完善的过程，高校思想政治工作不断得到加强和改进，已经成为中国特色社会主义高等教育制度的本质特征和鲜明特色，在促进我国高校各项事业的健康发展中具有不可替代的地位和价值。

第一节　高校思想政治工作的地位

"思想政治工作是一切工作的生命线"这一科学论断，是党在不同历史

---

① 荆惠民主编，董耀鹏、戴木才副主编：《思想政治工作概论》，中国人民大学出版社2007 年版，第 42 页。

发展阶段中逐步形成的，是党科学总结思想政治工作正反两方面的经验教训而作出的重大判断，是对思想政治工作地位最生动、最形象的表达。在2018年全国教育工作会议上，习近平总书记进一步强调，"思想政治工作是学校各项工作的生命线"①。如何认识和把握思想政治工作是高校各项工作的"生命线"这一地位，需要立足于我国高校的本质特征、根本任务和创新发展三个层面来进行分析。

一、全面加强党的领导的根本特征

我国《宪法》规定，社会主义制度是我国的根本制度，中国共产党领导是中国特色社会主义最本质的特征。高等教育是中国特色社会主义事业的重要组成部分，扎根中国大地办好社会主义大学，必须加强和改进思想政治工作，使党的领导这一最本质的特征在高校办学治校中得以充分体现。

（一）全面加强高校党的领导的主要途径

全面加强党对高校的领导，一方面要靠加强高校党的自身建设，即以政治建设为统领，全面推进高校党的政治建设、思想建设、组织建设、作风建设、纪律建设，把制度建设贯穿其中，不断提高高校党建工作质量；另一方面要靠加强和改进高校思想政治工作，即以全面加强和改善党的领导为统领，全面强化高校的思想理论教育和价值引领，发挥哲学社会科学育人功能，加强对课堂教学和各类思想文化阵地的建设管理，加强教师队伍和专门力量建设，不断推动高校思想政治工作改革创新。

思想政治工作是实现全面加强党对高校的领导的主要途径，这是因为：

---

① 《习近平在全国教育大会上强调：坚持中国特色社会主义教育发展道路　培养德智体美劳全面发展的社会主义建设者和接班人》，《人民日报》2018年9月11日。

第一，思想政治工作系统阐释高校坚持党的领导的必然性。我国高校的社会主义本质属性，决定着其必须坚持以马克思主义为指导，坚持党的领导和社会主义办学方向。思想政治工作承担着系统宣传阐释马克思主义理论及其中国化最新成果的重大使命，对于巩固马克思主义在高校的指导地位、以习近平新时代中国特色社会主义思想武装高校师生头脑起着关键性的作用。实践证明，正是将高校建设成为学习传播马克思主义的坚强阵地，高校师生才能始终坚定对马克思主义的信仰，对中国特色社会主义的信念、对实现中华民族伟大复兴中国梦的信心，才能在理论上、思想上、情感上、行动上始终坚持和拥护党的领导，坚定不移地走中国特色社会主义的发展道路。第二，思想政治工作切实维护高校坚持党的领导的坚定性。坚持党的领导是贯彻高校党的教育方针的内在要求，也是我国宪法、教育法、高等教育法等赋予高校和广大师生的法定责任与义务。思想政治工作承担着宣传贯彻党的基本路线、方针和政策的重要任务，既将党的教育方针贯彻到高校管党治党、办学治校的各个方面，又不断加强对广大师生进行世情、国情、党情、教情和校情的教育，从而不断提高广大师生的政治站位，使他们对全面加强党对高校的领导的极端重要性和紧迫性保持着清醒的认识，做到始终自觉地团结在高校党组织周围。第三，思想政治工作全面推动高校党的领导的有效实现。加强和实现党对高校的领导，必须以提高高校师生的思想政治素质为前提。思想政治工作以人为对象，既有着自身的科学体系，也强调贯穿到高校教育教学的全过程、全方位，通过加强党的建设、改革课堂教学、创新思想政治教育方式方法等不断提升高校育人质量，从而全面有效地推动加强高校党的领导各项工作目标的实现。

（二）全面加强高校党的领导的政治优势

党的领导是我国各项工作最大的政治优势，这是在长期的革命和建设过程中逐步形成并得到实践证明的。党的政治优势主要包括坚持马克思主义的理论指导、坚持思想政治工作、坚持党的建设、坚持密切联系群众等优良传统和作风。

将党的领导这一最大的政治优势转化为高校办学治校的制胜优势，必须通过加强和改进思想政治工作来实现。一是思想政治工作为高校发展提供目标导航。发展是高校的第一要务，但如何发展需要有清晰的目标定位。高校思想政治工作从我国独特的历史、独特的文化、独特的国情出发，一方面规定着高校办学的根本目标是建设社会主义现代化教育强国，在发展方向上始终做到"四个服务"，即为人民服务、为中国共产党治国理政服务、为巩固和发展中国特色社会主义制度服务、为改革开放和社会主义现代化建设服务；另一方面明确着高校发展的现实目标是提高我国高等教育的发展水平，通过加快构建世界一流大学和一流学科，促进高校内涵发展，增强国家的核心竞争力。二是思想政治工作为高校改革提供坚强保障。改革是高校的第一动力，但改革面临局面的复杂性、解决问题的艰巨性、巩固成果的长期性等，需要高校思想政治工作通过加强思想理论教育来提供思想保证和精神动力、通过加强宣传思想引导来营造良好的舆论氛围、通过加强校风学风建设来提供文化支撑等。三是思想政治工作为高校稳定严守安全底线。稳定是高校的一项硬任务。当前国际国内形势正发生深刻变化，社会思想文化和意识形态情况日益复杂，高校成为西方敌对势力进行"西化""分化"和意识形态渗透的主攻方向之一。高校思想政治工作一方面加强社会主义意识形态教育，牢牢把握意识形态斗争的主导权；另一方面构建维护安全稳定的工作体系，切实提高研判力发现力处置力，确保高校的安全稳定。

（三）全面加强高校党的领导的基本经验

纵观我国高等教育发展的历史，不难看出，但凡重视思想政治工作，高校各项工作就平稳发展；但凡放松思想政治工作，高校就必定会出现这样那样的问题，甚至成为社会发展的不稳定因素。邓小平同志1989年3月到6月间，曾经三次提到我们在思想政治工作方面的失误："是在教育方面，对青年的政治思想教育抓得不够"①，"思想政治工作薄弱了，教育发展不够"②，"十年最大的失误是教育，这里我主要是讲思想政治教育"③。20世纪90年代以来，党中央高度重视加强和改进高校思想政治工作，制定和出台了一系列政策文件，如1994年8月印发《中共中央关于进一步加强和改进学校德育工作的若干意见》，2001年9月，中共中央印发《公民道德建设实施纲要》，2004年，中共中央、国务院印发《关于进一步加强和改进大学生思想政治教育的意见》等，极大地促进了高校思想政治工作的蓬勃发展。党的十八大以来，以习近平同志为核心的党中央将加强和改进高校思想政治工作作为高等教育事业发展的重中之重予以强调，习近平总书记先后出席全国高校思想政治工作会议、全国教育大会等重要会议并发表重要讲话。2016年12月，中共中央、国务院印发《关于加强和改进新形势下高校思想政治工作的意见》，对新形势下加强和改进高校思想政治工作进行决策部署。

在实践工作中，全国各地各部门各高校在党中央的坚强领导下，认真落实新时代高校党的建设总要求和中共中央关于高校思想政治工作的决策部署，结合省情地情校情，推动高校思想政治工作的创新发展，取得了显著成绩，形成了以思想政治工作巩固和加强党对高校的领导的基本经验。一是加强思想政治建设和理论武装，巩固党在高校的思想理论基础。高校认真学习贯彻习近平新时代中国特色社会主义思想，扎实推进党的创新理论进学术、进学科、进课程、进培训、进读本等，使高校广大师生"四个意识"牢固树立，"四个自信"显著增强，"两个维护"更加坚决。二是加强党的制度建设和基层建设，巩固党在高校的政治建设基础。高校推动党委领导下的校长负责制落地落实，不断健全院系党政联席会议制度，切实加强各级基层党组织建设，使高校党建工作体系更加科学、严密、规范、高效。三是加强推进思想政治工作综合改革和质量提升，巩固党在高校的群众工作基础。高校

---

① 《邓小平文选》第三卷，人民出版社1993年版，第287页。
② 《邓小平文选》第三卷，人民出版社1993年版，第290页。
③ 《邓小平文选》第三卷，人民出版社1993年版，第306页。

以评价改革为促进，加快构建全员育人、全过程育人、全方位育人的"大思政"工作格局，深化思政课程和课程思政改革，加强校园网络思想文化建设，不断提升思想政治工作的亲和力和针对性。四是加强构建维稳工作机制和责任体系，增强党对高校的风险防控能力。高校制定和落实意识形态工作责任制，加强课堂教学和各类思想文化阵地的建设管理，以新理念新机制新技术不断提升风险防范能力，较好地保持了高校的和谐稳定。五是加强建设一支高素质专业化的专职队伍，增强党领导高校的专门力量依托。高校按照国家相关要求统筹加强党团干部队伍、思想理论课教师、辅导员班主任、心理咨询教师等专门力量建设，使高校党务干部和思想政治工作队伍在人数、结构、素质等方面有了根本性改观。

二、全面落实立德树人根本任务的中心环节

我国高校的根本任务是立德树人。2016 年 12 月 7 日，习近平总书记在全国高校思想政治工作会议上强调指出："高校思想政治工作关系高校培养什么样的人、如何培养人以及为谁培养人这个根本问题"，"高校立身之本在于立德树人"，"要坚持把立德树人作为中心环节，把思想政治工作贯穿教育教学全过程，实现全程育人、全方位育人，努力开创我国高等教育事业发展新局面"①。立德树人在高校由理念走向实践，并取得实效，必须通过加强和改进思想政治工作来予以科学设计和协调推进，发挥着对高校落实立德树人根本任务全过程、全方位的引领促进作用。

（一）思想政治工作是高校落实立德树人根本任务的必然前提

从根本意义上讲，高校加强和改进思想政治工作就是落实立德树人根本

---

① 《习近平在全国高校思想政治工作会议上强调：把思想政治工作贯穿教育教学全过程 开创我国高等教育事业发展新局面》，《人民日报》2016 年 12 月 9 日。

任务，而高校落实立德树人根本任务必须依靠加强和改进思想政治工作。一是立德树人与思想政治工作二者之间是目的与手段的关系。立德树人是思想政治工作的根本目的，思想政治工作是实现立德树人根本目的的必要手段，如果没有思想政治工作，落实立德树人根本任务就失去实施前提，只能停留在理论或理念的层面。二是思想政治工作为落实立德树人根本任务提供职责规范。高校具有人才培养、科学研究、社会服务、文化传承、国际交流合作五项职责使命，立德树人贯穿于每项职责之中，不能狭隘地将立德树人等同于人才培养，其他几项职责也必须以立德树人为核心和落脚点。思想政治工作的任务，就是要制定和落实高校各项工作的职责规范，使高校各项业务工作的出发点和落脚点都放在育人上，既在业务工作中突出育人的中心地位，又以育人任务的完成促进各项业务工作的开展。三是思想政治工作为落实立德树人根本任务提供政治标准。高校落实立德树人根本任务，必须将思想政治工作开展情况作为评价高校各项业务工作成效的第一标准和政治标准，在"五育"并举中坚持德育为先原则，既强调用"又红又专""德才兼备""德智体美劳全面发展"对人才培养质量进行全面评价，又要针对"评价难、考核软"等问题，通过改革评价方式将思想政治素质评价由"软指标"变为"硬约束"，坚持以德励才、以德成才。

（二）思想政治工作是高校落实立德树人根本任务的实施路径

高校一方面强调立德树人是各项工作的中心环节，另一方面强调把思想政治工作融入各项工作之中，这就使思想政治工作成为在高校各项工作中以落实立德树人根本任务为中心的工作体系，思想政治工作因而也成为高校各项工作的中心环节。一是思想政治工作负责设计和建设高校落实立德树人根本任务的制度体系。高校落实立德树人根本任务是一个长期的过程，党中央、国务院和各级党委、教育主管部门等对此有着明确的要求，制定和出台了一系列较为完整的制度规范，需要思想政治工作者结合具体的省情、地情和校情，进行国家标准对接和制定符合实际的管理制度和实施规范，形成具有可操作、可评价并具有高校特色的制度体系。二是思想政治工作负责提供和优化高校落实立德树人根本任务的内容体系。高校立德树人，重在教育引导，既以学生为主体加强思想理论教育和价值引导，又要发挥教师的主体作用，加强教师的师德师风建设。思想政治工作结合高校各项工作的具体要求，进一步细化育人的目标与要求，制定和落实不同部门、不同岗位、不同主体的育人职责，将立德树人的根本要求落细落小落实，并根据政策形势和学生需求的变化，不断地优化教育引导的内容供给。三是思想政治工作负责培养和提高高校落实立德树人根本任务各主体的素质能力。落实立德树人根本任务，需要高校动员全体人员参与，思想政治工作既要注重加强对自身队伍思想政治素质和专业化能力的培养培训，也要注重加强对专业教师、管理服务人员、学生骨干等的素质能力提升，使愿做、会做思想政治工作成为高校落实立德树人根本任务各主体具有的共性素质能力。

（三）思想政治工作是高校落实立德树人根本任务的管理依托

高校落实立德树人根本任务具有根本性、全局性、战略性特点，需要加强各方面资源的整合和力量的统筹。因而，思想政治工作的一项重要任务，就是在教育教学的全过程中，协调和加强高校各项工作内部要素以及其内部与外部各要素之间的统筹管理。一是加强各项教育教学活动管理。教育教学活动是高校落实立德树人的重要载体，是高校师生广泛参与的育人形式。高校根据立德树人的根本要求和具体的育人目标要求，加强对各类教育教学活动的目标设计、过程管理、效果评价等，使之与思想政治工作在目标上相一致、在过程上相融合、在效果上相促进。二是加强课堂教学和各类思想文化阵地管理。课堂教学是高校落实立德树人根本任务的主渠道，各类思想文化阵地是重要载体。高校思想政治工作加强课堂教学管理，就是要落实每门课程、每位教师的育人职责，教育引导专业教师更新教学观念、强化育人理念、创新教学方式方法，加强思政课程建设，深化课程思政改革，夯实课堂教学主渠道建设基础。高校思想政治工作加强各类思想文化阵地管理，就是要增强意识形态阵地的管控意识和引导能力。既要把各类思想文化阵地建设成为传播先进思想理论和文化的高地，以先进的思想理论武装师生头脑，以丰富多彩的文化满足学生的成长成才需要；又要切实加强各类思想文化阵地的规范管理，以新理念新技术新机制提升思想舆论的引导力，有效防范思想文化建设中的重大风险。三是力量协同管理。高校落实立德树人根本任务，需要构建全员育人、全过程育人、全方位育人的管理体制机制，需要通过加强和改进思想政治工作来统筹各方面的育人力量，做到资源充分整合、力量整体协同。在这个过程中，思想政治工作既要发挥制度规范的约束作用，使协同育人成为"硬约束"；同时也要发挥精神激励的促进作用，形成榜样示范、典型带动的良好氛围。四是条件保障管理。高校落实立德树人根本任务，既需要加强制度保障，也需要加强条件保障。思想政治工作通过加强党的建设来提高各部门各主体的思想认识，做到根据立德树人各环节的实际需要来加强人、财、物等方面的条件保障，最大限度地实现人尽其能、财尽其利、物尽其用。

三、全面推动各项工作创新发展的生命线

党的十九大为建设社会主义现代化强国描绘了宏伟蓝图和规划了行动路线，高校承担着建设社会主义现代化教育强国的历史使命。在党中央的部署和领导下，各高校以创新为驱动，加快构建现代化大学治理结构，加快推进世界一流大学和一流学科建设，以提高人才培养质量为目标深入推动内涵式发展。在高校创新发展的进程中，思想政治工作作为高校各项工作的生命线这一地位进一步得以凸显。

（一）思想政治工作是高校各项工作创新发展的导航器

高校任何一项工作、任何一种形式的改革创新，都必须始终围绕回答"办什么样的大学、怎样办大学"这一根本问题进行。思想政治工作在高校

各项工作的创新发展中，起着关键性的政治导航作用。一是把党的政治建设摆在首位。高校坚持社会主义办学方向，必须加强党的领导和党的建设，而党的政治建设又是党的根本性建设，是高校全面推进党的各项建设的核心和统领。思想政治工作要针对一些高校党员干部不讲政治纪律、不讲政治规矩、不讲政治素质等现象，以《中共中央关于加强党的政治建设的意见》等文件精神为遵循，教育引导广大党员干部把准政治方向、坚持党的政治领导、夯实政治根基、涵养政治生态、防范政治风险、永葆政治本色、提高政治能力等。二是把大学生的政治引领作为关键。高校加强对大学生进行政治引领，就是要坚定他们的理想信念，增进他们对培养社会主义建设者和接班人的政治认同和情感认同，这是立德树人根本任务能否得到落实的关键所在。思想政治工作在加强高校党的建设、群团组织改革、学生会组织和学生社团建设等工作中，必须将加强大学生的政治引领作为核心任务予以强调和落实。三是把培育和践行社会主义核心价值观作为着力点。高校既是培养社会主义建设者和接班人的重要阵地，也是社会主义精神文明建设的重要阵地。在高校师生中培育和践行社会主义核心价值观，建设高雅人文的校园文化、培育理性平和的健康心态、构建文明和谐的师生关系等，是高校思想政治工作抓在经常、抓在平常、抓在日常的主要着力点。

（二）思想政治工作是高校各项工作创新发展的加速器

坚持和发展中国特色社会主义，离不开科学理论的指导；高校改革人才培养方式和提高人才培养质量，同样离不开知识变革和思想先导。思想政治工作在促进高校师生思想理论认识提升上发挥着重要的加速器作用，其通过加强思想理论宣传教育，不断增强广大师生的思想理论武装，使他们在推动高校各项工作的创新发展中起着决定性的作用。一是不断加强先进的思想理论教育。思想政治工作一方面加强马克思主义理论的宣传教育，特别是加强马克思主义哲学理论和科学方法论的宣传教育，使广大师生能够掌握和运用马克思主义的基本观点和方法来观察问题、分析问题和解决问题；另一方面加强党的创新理论的宣传教育，增进高校师生对新时代中国特色社会主义发展新特点新问题新要求的深刻认识，使习近平新时代中国特色社会主义思想成为高校师生的普遍遵循和行动指南。二是不断强化党的新发展理念宣传教育。思想政治工作一方面加强党的教育方针政策和新发展理念的宣传教育，引导广大师生坚持以创新、协调、绿色、开放、共享新发展理念破解改革难题、增强创新动力，帮助他们正确认识信息化环境、大数据时代等背景下高等教育正在发生的深刻变革，指导他们理性对待现代科学技术牵引下学习、工作、生活方式的改变。三是不断加强先进科学文化知识的宣传教育。提高人才培养质量，需要引导广大师生不断学习新的科学文化知识。思想政治工作一方面不断更新自身的知识体系；另一方面积极引导高校广大师生更新观念，以积极的态度对待知识的迭代更替，鼓励他们更加努力、更加自主地学习新知识、掌握新技术、运用新方法。

（三）思想政治工作是高校各项工作创新发展的稳定器

不断推动创新发展是高校的内在需求，也是一种客观发展趋势。高校在顺应创新发展这一趋势的同时，如何正确处理改革的力度与速度、发展的数量与质量等问题，既关系到创新发展的成效，也关系到自身的安全稳定。思想政治工作在高校改革、发展、稳定三者关系的处理中，起着重要的稳定器作用。一是为高校改革提供正确的价值判断。高校的任何一项改革都牵涉师生的具体利益，改革能否成功取决于其能否最大限度地满足师生的根本需求。思想政治工作在高校的改革中，大力倡导坚持以人民为中心的发展思想，以师生知晓不知晓、满意不满意为基本价值判断，坚持改革的方案由师生决定、改革的过程扩大师生参与、改革的成果由师生共享，以师生的安全感、获得感和幸福感为评价改革成效的最终依据。二是为高校发展提供科学的思想方法。高校发展应坚持科学的发展，既要考虑当前利益，更要着眼长远利益；既要考虑高校局部利益，更要兼顾国家整体需要。思想政治工作以科学的思想方法促进高校发展，倡导实事求是的精神，坚持理论联系实际、一切从实际出发，充分考虑各项工作的可行性、科学性和可持续性。三是为高校稳定提供坚实的工作保障。稳定是高校压倒一切的工作任务，任何一项改革、任何一种发展都要以有效维护稳定为前提。思想政治工作在坚守高校意识形态阵地、协调师生利益关系、维护高校师生人身安全等方面形成了行之有效的工作体制机制，建设了一支关键时刻能够"冲得上、顶得住、打得赢"的专业化人员队伍，为高校研判问题、发现问题和处置问题提供了坚实的工作支撑和力量保障。

第二节　高校思想政治工作的价值

马克思指出，"'价值'这个普遍的概念是从人们对待满足他们需要的外界物的关系中产生的"①。因而，判断高校思想政治工作的价值，需要从思想政治工作在满足和促进高校各项工作发展中所起的作用来进行分析。"加强和改进高校思想政治工作，事关办什么样的大学、怎样办大学的根本问题，事关党对高校的领导，事关中国特色社会主义事业后继有人，是一项重大的政治任务和战略工程。"② 习近平总书记"三个事关"的重要论述，为我们准确把握高校思想政治工作的价值提供了遵循。

一、高校思想政治工作的政治价值

思想政治工作的政治价值是由其阶级属性决定的。思想政治工作作为党的一项政治制度设计，其目的在于用马克思主义理论和党的政治主张统一人们的思想认识，以最广泛地团结和带领人们为实现党的奋斗目标而共同努

---

① 《马克思恩格斯全集》第 19 卷，人民出版社 1963 年版，第 406 页。
② 《中共中央　国务院印发〈关于加强和改进新形势下高校思想政治工作的意见〉》，《人民日报》2017 年 2 月 28 日。

力。我国高校作为党执政兴国的重要力量，必须加强和巩固党在高校的领导地位，使高校坚定正确的办学方向和发展道路，并在中国特色社会主义事业的发展中发挥重要而独特的作用，从而也就赋予了高校思想政治工作以独特的政治价值。

（一）坚定高校的社会主义办学方向

马克思主义认为，经济基础决定上层建筑，上层建筑对经济基础起着能动作用。高校作为一个社会上层建筑的重要组成部分，其本质属性由经济基础决定，并为经济基础服务。在我国，社会主义经济基础决定着高校的本质属性只能是社会主义。《中华人民共和国宪法》第十九条明确规定，"国家发展社会主义的教育事业"。《中华人民共和国高等教育法（2018 修正）》第三条明确规定，"遵循宪法确定的基本原则，发展社会主义的高等教育事业"。在我国高校实施思想政治工作制度，是党和国家确保高校坚持社会主义性质的根本保障。西方国家有些高校打着"去政治化""去意识形态化"等旗号，宣称高校具有所谓的自由性、中立性等，虽然具有很强的虚伪性和欺骗性，但根本改变不了其作为资本主义社会的统治工具及其为资产阶级服务的本质属性。加强和改进思想政治工作，坚定高校的社会主义办学方向，就是明确高校必须贯彻党的教育方针，坚持为人民服务、为社会主义服务的原则和立场。2016 年 12 月，习近平总书记在全国高校思想政治工作会议上指出："我国高等教育发展方向要同我国发展的现实目标和未来方向紧密联系在一起，为人民服务，为中国共产党治国理政服务，为巩固和发展中国特色社会主义制度服务，为改革开放和社会主义现代化建设服务。"[①] "四个服务"是对新时代我国高校坚持社会主义办学方向的明确规定，只有做到了"四个服务"，高校思想政治工作的政治价值才能得以实现。

[①] 《习近平在全国高校思想政治工作会议上强调：把思想政治工作贯穿教育教学全过程 开创我国高等教育事业发展新局面》，《人民日报》2016 年 12 月 9 日。

（二）加强和改善高校党的领导

坚持党的领导与坚持社会主义道路，都是我国必须始终坚持的基本原则，二者之间紧密关联。一方面，坚持党的领导是坚持社会主义道路的根本前提和根本保障，没有党的领导，就没有社会主义；另一方面，坚持社会主义道路是坚持党的领导的落脚点，加强党的领导就是为了坚持和发展社会主义、建设中国特色的社会主义现代化强国。高校思想政治工作将坚定社会主义办学方向与坚持党对高校的领导高度统一起来，既以加强和改进党的领导来进一步坚定社会主义办学方向，又在坚定社会主义办学方向中不断加强和改善党对高校的领导。一是以政治建设为统领全面加强高校党的建设。坚持把巩固党的政治领导作为本质要求、把提升政治引领能力作为着力重点、把营造良好政治生态作为基础性工程，切实提高各级党组织和党员干部的政治站位，教育引导广大师生始终在政治立场、政治方向、政治原则、政治道路上同以习近平同志为核心的党中央保持高度一致，教育引导他们坚守政治灵魂、突出政治素养、严守政治规矩、保证政治清明。二是坚持和完善党委领导下的校长负责制。坚持把完善制度建设作为重要保障，加强制度的顶层设计，完善工作的标准规范，既要确保党委领导能够贯彻到各项工作之中，又要形成高校党政之间职责明确、分工合理、协同联动、齐抓共管的工作格局。三是推动高校基层党组织作用有效发挥。坚持建强院系党组织，完善院系党政联席会议制度，发挥好院系党组织承上启下的枢纽作用。同时坚持建强党支部，以《中国共产党支部工作条例（试行）》为基本遵循，不断创新党支部设置形式和工作方式，切实发挥党支部在引领师生、凝聚师生、团结师生、服务师生中的战斗堡垒作用。四是加强高校党员干部队伍建设。坚持以社会主义政治家和教育家的标准配强高校领导班子，加强党员发展教育管理工作，建设忠诚干净担当的干部队伍，充分发挥师生党员的先锋模范作用。

（三）推动中国特色社会主义教育强国目标的实现

党的十九大把建设教育强国确定为中华民族伟大复兴的基础工程，并要求必须把教育事业放在优先位置，深化教育改革，加快教育现代化，办好人民满意的教育。2019 年，中共中央、国务院印发《中国教育现代化 2035》，提出"到 2035 年，总体实现教育现代化，迈入教育强国行列"，其中将"高等教育竞争力明显提升"列为高校的主要发展目标。高校是我国实施教育强国战略的重要环节，既要大力提升自身的现代化治理能力，也要发挥对基础教育的示范带动作用。思想政治工作在推动高校树立教育现代化的基本理念、坚持教育现代化的基本原则、明确教育现代化的基本目标、探索教育现代化的中国模式等方面起着重要的教育引导作用。一是在继承传统中构建现代化大学治理体系。在高校的改革发展中，思想政治工作一方面着重处理好高校的传统继承与改革创新之间的关系，另一方面进一步规范和理顺大学与政府、大学与社会之间的关系。坚持在国家宏观调控政策的指导下，面向社会，依法自主办学，构建和实施现代大学制度，在宏观层面促进政府宏观管理、市场适度调节、社会广泛参与、学校依法自主办学，在微观层面实现党委领导、校长负责、教授治学、民主管理。二是在国际借鉴中坚持中国特色。我国高等教育正在由精英化、大众化阶段向普及化阶段转变，但"大而不强"的局面没有得到根本性改变，在管理理念、技术创新、人才培养等方面与西方发达国家高校相比，仍然存在较大的差距。思想政治工作坚持以改革创新精神推进高校的国际化进程，其重点在于善于借鉴世界高等教育的有益经验，同时在国际思想文化的交融交锋中，坚持扎根中国大地、立足中国国情，坚定不移地走中国特色的发展道路，既不盲目排外，也不故步自封。三是在国际竞争与合作中厚植发展优势。随着经济全球化、信息全球化的进程不断加快，人类面临的共同问题不断增多，迫切需要进一步加强国际高等教育的交流与合作。在高等教育"西强我弱"的格局下，思想政治工作进一步激活了我国高校各种创造性、创新性要素，加快关键领域和核心技术的创新工作力度，不断厚植发展优势。一方面促使我国高校尽快摆脱在一些关键或核心技术领域受制于人的局面，不断增强自身的国际竞争力；另一方面大力推动我国高校更加广泛、更深层次地参与国际事务合作，充分展示高校发展中国模式的先进性和引领性，不断为世界高等教育的发展提供中国方案和贡献中国智慧。

二、高校思想政治工作的思想价值

思想政治工作的思想价值是由思想政治教育的本质决定的。任何一个时代、一个社会的发展都离不开思想的指导，马克思指出："统治阶级的思想在每一时代都是占统治地位的思想。这就是说，一个阶级是社会上占统治地位的物质力量，同时也是社会上占统治地位的精神力量。"[①] 作为一种改造人的思想政治品德的精神生产实践活动，"思想政治教育的本质在于思想掌握群众"[②]。高校思想政治工作坚持马克思主义的指导地位，以党的先进理论武装师生头脑，使他们坚定理想信念，不断增强对中国特色社会主义的道路自信、理论自信、制度自信、文化自信，从而凸显强大的思想价值。

（一）加强师生的思想理论武装

高校坚定社会主义办学方向、坚持党对高校的领导，必须巩固马克思主义在高校的指导地位。而要做到这点，既要依托思想政治工作制度本身的设计，更要依靠系统性地加强思想理论宣传教育。毛泽东同志曾指出："任何思想，如果不和客观的实际的事物相联系，如果没有客观存在的需要，如果不为人民群众所掌握，即使是最好的东西，即使是马克思列宁主义，也是不

---

① 《马克思恩格斯文集》第 1 卷，人民出版社 2009 年版，第 550 页。

② 骆郁廷：《思想政治教育的本质在于思想掌握群众》，《马克思主义研究》2012 年第 9 期。

起作用的。"① 思想政治工作以马克思主义理论及其中国化最新成果为指导，将加强师生的思想理论武装作为核心价值，牢牢把握高校社会主义意识形态阵地的主导权和控制权。一是将研究阐释马克思主义理论及其中国化最新成果作为构建高校哲学社会科学的首要使命。马克思指出，"理论只要说服人，就能掌握群众；而理论只要彻底，就能说服人"②。我国高校是研究和传播马克思主义的重要阵地，具有自身特有的学科优势、学术优势和话语优势。思想政治工作整合这些优势，既从"为什么坚持""坚持什么""如何坚持"层面，把马克思主义理论及其中国化最新成果的逻辑主线和发展脉络讲深讲透，又从"为什么发展""发展什么""如何发展"层面，把习近平新时代中国特色社会主义思想的精神本质和时代价值讲深讲透，从而加快构建中国特色的高校哲学社会科学体系，使高校成为研究和传播马克思主义的坚强阵地和高地。二是将加强马克思主义及其最新成果的宣传教育作为思想政治工作的核心任务。高校思想政治工作一方面加强思想政治理论课体系建设，不断改进教学方式方法，使思想政治理论课成为对大学生进行系统性理论教育的主渠道；另一方面积极发挥各级党组织、共青团组织、学生会组织和学生社团等的理论教育功能，增强大学生在日常学习生活中学理论、用理论的自觉性，不断地将理论学习与行为实践相结合，以学促行、以行践学。三是将抵御资本主义意识形态的侵蚀作为思想政治工作的政治底线。一直以来，高校始终是社会主义与资本主义两种意识形态斗争的主要战场，特别是随着网络新媒体的普及性应用，网络上充斥着各种错误社会思潮和反马克思主义言论，对高校师生思想造成了较大的负面影响。思想政治工作一方面通过加强校园宣传思想阵地的管控，切实抵制资本主义意识形态在校园的传播与渗透；另一方面通过对各种错误思想和言论进行旗帜鲜明的揭露和批判，切实提高广大师生辨别和抵御各种资本主义意识形态及其变种的

---

① 《毛泽东选集》第四卷，人民出版社 1991 年版，第 1515 页。
② 《马克思恩格斯选集》第 1 卷，人民出版社 2012 年版，第 9—10 页。

思想政治素质和能力。

（二）加强师生的社会主义核心价值观引领

从一定意义上讲，高校思想政治工作是一个主客体之间价值观的传递过程，表现为思想政治工作主体用社会主义核心价值观教育引导客体，使之正确处理个人与国家、个人与社会以及人与人之间的关系。习近平总书记指出："培育和弘扬核心价值观，有效整合社会意识，是社会系统得以正常运转、社会秩序得以有效维护的重要途径，也是国家治理体系和治理能力的重要方面。"① 高校思想政治工作以先进的思想理论武装师生，大力培育和弘扬社会主义核心价值观，有效维护高校的和谐稳定和健康发展。一是凝聚师生的思想共识。当前我国正处在大发展大变革大调整时期，国际国内正在发生着深刻的变化，社会上各种良莠不齐的思想观念和价值取向通过各种途径影响着高校师生。思想政治工作在师生中大力培育和弘扬社会主义核心价值观，形成凝心聚力的"最大公约数"，既使广大师生坚定为实现中华民族伟大复兴中国梦而努力的共同理想信念，也使他们在事关高校改革发展稳定的各种事件中凝聚共识、形成合力。二是引导师生的价值观念。社会主义核心价值观在国家层面倡导"富强、民主、文明、和谐"，在社会层面倡导"自由、平等、公正、法治"，在个人层面倡导"爱国、敬业、诚信、友善"，其内涵十分丰富，形成了指导高校师生思想和行为的基本价值规范内容体系。思想政治工作加强对社会主义核心价值观科学内涵的宣传阐释，本身就是一个以先进的价值观念引导广大师生的教育过程。三是培育师生理性平和的心态。随着社会变革和高校各项事业改革的深入推进，一些负面因素对高校师生心理心态的影响越来越大，烦恼、郁闷、偏激等负面情绪和心态导致一些师生心理压力增大，在他们当中产生心理障碍和罹患心理疾病的人数也

---

① 《习近平在中共中央政治局第十三次集体学习时强调：把培育和弘扬社会主义核心价值观作为凝魂聚气强基固本的基础工程》，《人民日报》2014 年 2 月 26 日。

不断增多，在很大程度上给高校和社会的和谐稳定带来风险。思想政治工作将社会主义核心价值观教育融入师生的日常生活，使高校师生保持理性平和的心态，形成弘扬正能量、传播主流价值的生活场景和校园氛围。

（三）加强师生的科学思想培育

高校是传播科学知识和追求科学真理的重要场所，其中对师生进行科学思想的培育至关重要。科学思想是人类对已有科学知识和科学方法的概括和提升，其核心是以科学精神的归纳来指导和推动人类的科学认知。当前在功利主义价值观和市场逐利文化等影响下，高校中出现了一些学生违纪违规、教师学术不端、师生关系庸俗化等不和谐现象，有悖于高校对科学精神的坚守。思想政治工作将加强社会主义核心价值观教育贯穿于高校人才培养、科学研究等工作之中，既以马克思主义科学思想的宣传教育为核心内容，也以哲学社会科学和自然科学中一切有益的科学思想宣传教育为重要内容，教育引导广大师生遵循科学思想、掌握科学方法、弘扬科学精神。一是引导广大教师在科学知识的传授中渗透科学思想的教育，培养学生的求知向善、多元思考、科学质疑等科学精神。二是引导高校广大教职工积极践行现代化理念，不断提高科学化教育、管理和服务水平，让师生在日常生活中增加对现代化科学思想和技术方法的感知。三是引导广大师生关心关注社会现实，以问题为导向，以创新创造为驱动，不断提升他们的科学研究能力和社会服务能力。

三、高校思想政治工作的教育价值

高校思想政治工作的教育价值是指其培养人、塑造人的功能，一方面是由思想政治教育内在的教育属性所决定的，另一方面是由高校这一社会组织的教育属性所决定的，二者高度地统一于高校落实立德树人根本任务的全过程。高校思想政治工作的教育价值，既是其政治价值和思想价值作用发挥的落脚点，体现在对大学生思想政治素质的提升上；又是其政治价值和思想价值的进一步拓展和深化，体现在其以政治价值和思想价值为引领，全面实施大学生的素质教育，促进大学生综合素质的提升上。

（一）促进大学生的全面发展

坚持德育为先、促进大学生德智体美劳全面发展是高校立德树人的基本要求。长期以来，高校存在重智育轻德育以及弱化体育、美育、劳育的倾向，加强和改进思想政治工作，既要坚持德育为先，着力解决重智育轻德育的问题，也要坚持素质教育目标，着力解决高校体育、美育、劳育中的薄弱环节。一是坚持"五育"并举的教育目标。"五育"在高校人才培养中有着各自的发力点，德育主要是加强大学生的品德修养，智育主要是增长大学生的知识见识，体育主要是增强大学生的健康理念和身体素质，美育主要是提高大学生的审美和人文素养，劳育主要是培养大学生的劳动精神和能力。思想政治工作促进"五育"并举，主要是增强高校"五育"并举的理念，坚持德育为先，大力推动"五育"各项工作的一体化实施。二是推进大学生的素质教育。以素质教育促进人的全面发展，是人类社会教育的基本准则和趋向目标，全面加强大学生的素质教育也是我国高等教育的基本原则和改革方向。思想政治工作推进大学生的素质教育，就是引导高校准确对接国家社会发展对高校人才培养的需求，努力克服应试教育模式下人才培养的弊端，补齐自身在人才培养目标、理念、内容及方式方法上的短板，促进德育、智育、体育、美育、劳育的统筹推进和协调发展。三是坚持推进大学生的实践教育。"重课堂教学、轻实践教学""重理论灌输、轻行为引导"是当前高校人才培养中普遍存在的问题。思想政治工作坚持理论与实践相结合，在组织大学生参加专业实践、志愿服务与社会实践活动、创新创业、军事训练等实践活动中，不断增强大学生对世情、国情、党情和教情的深刻认识，努力提高他们的爱国意识、社会责任感和创新创业能力。

（二）塑造大学生的健全人格

促进大学生全面发展的重要前提和基础是健全他们的人格，帮助他们养成良好的心理素质和道德品质，能够正确地处理各种人际关系，做到将个人的兴趣爱好与智慧才能等有机统一到学习和工作之中。思想政治工作塑造大学生的健全品格，一方面教育引导大学生不断提升自我教育和自我修养的能力，另一方面通过理论教育、行为规范等多种形式加强大学生道德品质和意志品格的培养和锻炼。一是加强大学生的道德实践教育。思想政治工作以社会主义核心价值观引导大学生的道德生活实践，帮助其明确人生目标和端正人生态度，正确评价自身的行为是否符合国家社会的发展需要、是否符合社会道德准则，并能及时调整自身与外部世界的关系，避免出现认知扭曲、情绪失控、行为变态等不良现象。二是加强大学生的法治教育。大学生人格的完善是一个社会化过程，其中起支撑作用的除价值观、道德观外，还有法治观。思想政治工作加强大学生的法治教育，提高大学生知法懂法守法的思想意识和行为自觉，使他们在注重自身权益保护的同时，坚持对社会主义法治的尊重和维护，从而能够保持理性平和的心理心态，能够正确看待和处理社会的利益纷争和个人的利益纠葛。三是加强大学生心理健康教育。大学生的全面发展离不开健康的心理素质和稳定的心理状态。思想政治工作通过开设心理健康教育课程、提供心理咨询辅导、加强心理疾病防治等形式，提升大学生自我心理调适和心理危机干预等能力，使他们在遇到障碍和困难时能够保持情绪的安定和人格的稳定，不断增强自身心理对社会环境不断变化的适应性。

（三）指导大学生的个性化发展

思想政治工作以人为对象，既注重群体性教育，解决大学生不同群体的共性问题；又注重个性化教育，将思想政治教育做到具体的人，从而促进每一个大学生的全面发展。一是指导大学生的个性化发展。思想政治工作坚持因人而异、因材施教，根据不同大学生个体的特点，指导他们科学制定职业发展规划、个性化学习方案等，提高他们在不同的阶段、不同的环境之中自主学习和自我发展的能力。二是激发大学生的个性化潜力。每一个大学生都具有无穷的潜在发展能力，但这种潜在能力既需要大学生个体的自我激发，如坚定目标、锤炼品质、调适心态等，也需要思想政治工作的有效激发，如思想政治工作者对学生的关心关切、肯定鼓励、指导帮助等，都可以在关键节点和紧要之处促进学生潜能的激发。三是解决学生的个性化问题。大学生在专业学习、实习实践、经济保障、择业交友、创新创业等方面，常常会遇到一些具体的个性化问题自我难以得到解决，需要思想政治工作者提供帮助。针对这些问题，思想政治工作坚持解决思想问题与解决具体问题相结合，一方面加强人文关怀，通过建强专业化机构和人员队伍，切实提高帮助大学生解决具体问题的专业化能力；另一方面加强思想教育引导，通过培育自立自强意识和营造互帮互助氛围，切实提高大学生解决问题的自助和互助能力。

四、高校思想政治工作的文化价值

思想政治工作的文化价值是由主客体之间交互活动的文化属性决定的。一方面，人与人之间的交流是一种思想观念、价值理念和情感情绪等的交流，既在内容上体现着文化的理性，又在形式上体现着文化的感性；另一方面，人与人之间的交互总是在一定的环境中进行的，而不同的环境承载着不同的文化育人功能，既对人的思想意识和行为习惯产生潜移默化的影响，又对人与人之间交互的内容和方式产生重要的影响。高校作为社会主义文化建设的重要阵地，其文化育人的本质诉求与思想政治工作的文化属性高度融合，从而使思想政治工作的文化价值更加凸显。

（一）在高校文化冲突中突出文化主导功能

高校是多元文化冲突的集中之地，既有社会主义文化与资本主义文化的冲突，又有传统文化与现代文化的冲突，更有教师文化与学生文化的冲突。高校思想政治工作坚持尊重差异性、包容多样性的原则，坚持以社会主义先进文化为主导，不断抵御资本主义文化的渗透和腐朽落后文化的消解，旗帜鲜明地唱响主旋律、传播正能量。一是坚定师生的文化自信。高校文化的多元性具有客观性，其相互之间的冲突也是不可避免的。正确认识和对待高校文化的多元性和冲突性，需要思想政治工作切实加强对师生进行中国特色社会主义文化思想教育。一方面从历史渊源、精神特质、时代价值等方面把"什么是中国特色社会主义文化"讲清楚，切实增强师生的文化自信；另一方面从制度之争、意识形态之争、接班人之争等层面把"为什么要坚持中国特色社会主义文化"讲透彻，教育引导师生既要克服"文化自大"，更要克服"文化自卑"。二是区别对待不同性质的文化冲突。高校多元文化的冲突不都是"你死我活"的阶级文化斗争，思想政治工作教育引导师生根据不同文化的性质加以区别对待：对待带有明显阶级属性的西方资本主义文化，要保持高度的警惕，坚决地予以抵制和清除；对待不属于阶级之争的区域性文化之争、民族性文化之争、时代性文化之争等，要在尊重和包容中加以引导和化解。三是建强马克思主义传播的文化阵地。马克思主义在高校的传播，不仅仅限于课堂教学和政治教育活动，文化活动也是重要的传播渠道。思想政治工作坚持落实意识形态工作责任制，加强对高校校园网络、出版物、论坛等各类文化活动和阵地的管理，加强马克思主义的文化传播，使党的创新理论借助文化传播的通俗性、网络化，让广大师生看得懂、记得住、传得开。

（二）在高校文化传承中突出文化育人功能

坚持和发展中国特色社会主义文化是高校的重要使命，也是高校坚持以文化人、以文育人的重要前提。中国特色社会主义文化主要由中华民族优秀传统文化、革命文化和社会主义先进文化构成，思想政治工作坚持和发展中国特色社会主义文化的主要任务，就是大力推动这三种文化进校园，建设先进的高校校园文化，做到以文化人、以文育人。一是大力推动中华民族优秀传统文化教育，增强大学生的民族文化自豪感。中华民族优秀传统文化是中华民族的基因，是实现中华民族伟大复兴的思想根基，具有强大的时代价值。思想政治工作通过加强中华民族优秀道德品质教育、组织中华民族优秀文化艺术展演展示活动等形式，激发大学生挖掘和弘扬中华民族优秀传统文化的热情和激情，提高他们对中华民族优秀传统文化的感知、学习和传承能力，使中华民族优秀传统文化成为他们涵养社会主义核心价值观的重要源泉。二是大力推动革命文化教育，坚定大学生的革命理想信念。革命文化是党带领人民在革命、建设和改革进程中不断丰富和升华的中华民族独有的精神品质，其以革命理想、忠诚意识、牺牲精神和红色基因为核心，是高校培养时代新人最好的营养剂。思想政治工作通过组织参观、现场教学、情境模拟等形式，在大学生中大力加强红船精神、井冈山精神、延安精神、大庆精神、航天精神等革命文化教育，让他们重温党的革命史、奋斗史、创业史，不断增强为中华民族伟大复兴中国梦而奋斗的决心和信心。三是大力推动社会主义先进文化教育，培育大学生的科学文化精神。社会主义先进文化是马克思主义普遍真理与我国文化相结合的新文化，是对中华民族优秀传统文化和革命文化的继承和弘扬，是面向现代化、面向世界、面向未来的，是民族的、科学的、大众的社会主义文化。思想政治工作一方面加强对大学生进行社会主义先进文化的宣传教育，另一方面教育引导大学生发挥主动性创造性，建设先进的高校校园文化，使社会主义先进文化成为他们满足精神需要、丰富精神世界、增强精神动力的强大武器。

（三）在高校文化创新中突出文化引领功能

"大学是各种新思想、新知识、新文化的重要策源地，也是文化创作、创意、创造的主体，在推动文化创新中肩负重要使命。"[①] 思想政治工作通

---

① 易银珍：《大学的文化定位与文化功能》，《人民日报》2012 年 3 月 22 日。

过加强对广大师生的价值引导，促使他们在文化传承的基础上不断加大文化创新的力度，从而不断凸显高校文化创新的引领作用。一是以文化创新引领高校自身的发展。文化创新既是一种知识体系的创新，也是一种思想观念的创新。思想政治工作在促进高校的文化创新中，推动广大师生更新思想观念、创新知识体系、改进教育方式、改革管理方法，从而不断促进高校各项事业的创新发展。二是以高校文化引领社会文化的发展。高校具有独特的人才资源优势，这种优势必然使高校文化建设最富有创造性和创新性，所形成的文化建设成果对社会文化的发展起着示范引领作用。思想政治工作通过文化讲座、文化培训、文化展览等多种形式，直接为社会提供文化服务，并通过服务来引领风气之先。三是以高校文化引领世界文化的发展。不断扩大对外文化交流是高等教育国际化的必然趋势，思想政治工作坚持中国情怀、世界眼光，适应时代特征，以更加开放的心态、更加开阔的视野，一方面积极推动中华文化走向世界，另一方面充分展示我国高校文化的先进性和影响力，为推动世界不同文化的相互交流和相互借鉴发挥着重要作用。

第三节　推动高校思想政治工作的作用发挥

高校思想政治工作的地位与价值具有内在的辩证统一性。一方面，高校思想政治工作的地位是其价值发挥的前提和基础，只有坚定思想政治工作在高校各项事业发展中的生命线地位，才能促进其价值作用的发挥；另一方面，高校思想政治工作的价值又是其地位的决定性因素，只有充分发挥思想政治工作对高校各项事业发展的价值作用，才能始终坚持和不断巩固其生命线地位。新时代加强和改进高校思想政治工作是一项重大的政治和战略任务，必须坚持高校思想政治工作地位与价值的辩证统一，充分发挥其对高校各项事业发展的引领和保障作用。

一、坚持政治引领

改革开放 40 年来，我国高等教育事业取得了长足的进步，总体发展水平进入世界中上行列，在世界多项大学排行中位次整体大幅前移，部分学科已达到或接近世界一流水平；但与世界先进水平相比，与党中央要求、社会需求和百姓期待更好的教育相比，我国高等教育的改革发展还有差距。加强和改进高校思想政治工作作为一项重大的政治任务，一方面是落实党的十九大提出"加快一流大学和一流学科建设，实现高等教育内涵式发展"的要求，另一方面是落实全国高校思想政治工作会议提出"坚持社会主义办学方向，扎根中国大地办大学"的要求。

（一）坚持"四个服务"的方向引领

将思想政治工作贯穿高等教育事业发展的全过程，首要任务就是坚定高等教育事业的发展方向，使其始终与我国发展的现实目标和未来目标同向同行、紧密相连。一是坚持为人民服务的发展方向。为人民服务是党的初心、根本宗旨和奋斗目标。高校坚持为人民服务的发展方向，就是坚持以育人为中心，把不断提升师生的思想水平、政治觉悟、道德品质和文化素养作为工作的着力点，一方面指导师生的现实发展，帮助他们更好地融入社会；另一方面引领师生更高层次的发展，不断提高师生的发展水平。二是坚持为中国共产党治国理政服务的方向。党的十八大以来，以习近平同志为核心的党中央提出了一系列治国理政的新理念新思想新战略，不断丰富着党的创新理论。高校坚持为中国共产党治国理政服务的方向，就是要在学习贯彻党的创新理论上下功夫，既要在宣传阐释上下功夫，使广大师生自觉地以党的创新理论为武装，提升思想政治素质和专业能力，真正成为党和国家宝贵的人才资源；又要在贯彻落实上下功夫，使高校各项工作以党的创新理论为指导，不断地加大改革创新力度，切实推动高等教育强国战略的实施和目标的实

现。三是坚持为巩固和发展中国特色社会主义制度服务的发展方向。中国特
色社会主义制度是马克思主义理论与我国国情相结合的产物，既符合我国社
会历史的发展规律，更符合广大人民群众的根本利益。高校坚持为巩固和发
展中国特色社会主义制度服务，就是要进一步凝聚广大师生的思想共识、坚
定他们的理想信念，教育引导他们自觉抵制西方资本主义的意识形态渗透，
提高他们对错误社会思潮的辨别和抵抗能力，确保高校的和谐稳定。四是坚
持为改革开放和社会主义现代化建设服务的发展方向。改革开放和社会主义
现代化建设宏伟蓝图的最终实现是一个长期而艰巨的过程，需要几代人坚持
不懈地艰苦奋斗。高校坚持为改革开放和社会主义现代化建设服务的发展方
向，就是充分认识和勇于担当培养一代又一代社会主义建设者和接班人的历
史使命，教育引导大学生忠于祖国、忠于人民，立鸿鹄志、做奋斗者，求真
学问、练真本领。

（二）坚持扎根中国大地办学的价值引领

马克思主义认为，任何事物的发展都是矛盾的普遍性与特殊性的辩证统
一。我国高等教育事业的发展，既要遵循人类社会高等教育发展的普遍性规
律，又要遵循我国高等教育的特殊性规律，立足我国的具体国情，坚持中国
特色的发展模式。将思想政治工作贯穿于高等教育事业发展的全过程，既是
高等教育事业坚持中国特色发展模式的重要特征，也是其根本保障。一是提
供理论依据。理论联系实际是马克思主义的思想精髓和根本观点，任何先进
的理论或发展模式，必须与实践相结合，才能得到坚持和发展。我国高等教
育曾经先后学习借鉴了苏联、欧美发达国家高校的发展模式，实践证明，全
盘照搬的做法行不通，只有立足我国的具体国情，独立自主地走中国特色社
会主义发展道路，才是根本出路。二是筑牢民族根基。我国现代高等教育虽
然起步较晚，但深受中华民族优秀传统文化的影响，具有稳固的民族根基。
高校只有大力继承和弘扬中华民族优秀传统文化，才能不断从中汲取精华养
分，既提升面向现代化、面向未来的发展能力，又提升面向世界的民族特色

和亮色，从而不断增强自身的吸引力和影响力。三是增强政治定力。我国高等教育迅速发展的实践证明，马克思主义理论及其中国化最新成果是指导我国高校发展的最先进性理论指导，党的领导是推动我国高校发展最强大的政治优势，中国特色社会主义各项事业取得的历史性成就是保障我国高校发展最坚实的条件基础。在国际竞争力相对较弱的情况下，高校只有认识到这些，才可以增强政治定力和发展信心，才能在国际交流互鉴中做到方向不迷茫、标准不模糊、特色不丧失。

（三）坚持高等教育现代化的路径引领

伴随着人类社会的现代性不断增长，教育的现代化进程也在不断加快。教育现代化包括教育思想观念的现代化、教育知识体系的现代化、教育方式方法的现代化、教育条件保障的现代化等。建设教育强国是中华民族伟大复兴的基础工程，教育现代化是国家现代化的重要组成部分。将思想政治工作贯穿于高等教育事业发展的全过程，就是推动高校坚持现代化大学治理改革，加快推进教育的现代化。一是坚持科学知识教育与人文精神教育的结合。教育现代化的核心在于人的现代化，即培养人的现代化素质。在高校人才培养模式改革中加强和改进思想政治工作，一方面努力提高教师的现代化教学水平，优化大学生的现代化科学知识结构；另一方面引导教师加强对大学生的人文精神培育和人文关怀，使社会主义大学的教育情怀得以彰显、教育理想得以实现。二是坚持改革发展的数量与质量的结合。实事求是是破解高等教育一切难题的方法论，高校的现代化改革应坚持从自身的实际出发，做到实事求是，既要有数量，保持适度的发展规模和速度，又要有质量，在人才培养的规格、课程的设置和教材内容上，都要与教育现代化的要求相适应。三是坚持高校教育与社会教育、家庭教育的结合。高校以改革促进教育现代化，既要正确处理好高校内部各要素之间的关系，使之相互关联、相互促进；同时也要统筹协调高校教育与社会教育、家庭教育之间的关系，使之相互配合、协调一致。

二、坚持战略统筹

新时代是党带领人民进行伟大斗争、建设伟大工程、推进伟大事业、实现伟大梦想的时代，在这样一个伟大时代中，高等教育的基础性地位和战略性作用日益凸显，培养担当中华民族复兴大任的时代新人的历史任务更加艰巨。加强和改进高校思想政治工作作为一项重大的战略任务，既是高等教育在我国"五位一体"总体布局和"四个全面"战略布局中所处的战略地位决定的，又是其在推动高校立德树人根本任务落实中所起的战略作用决定的。

（一）坚持高校根本任务与各项具体任务的目标统筹

作为社会主义教育体系的重要组成部分，高校的根本任务和立身之本在于立德树人，即培养社会主义建设者和接班人；而作为社会管理治理的重要单元，高校承担着教育、管理、服务等各项具体任务。如何将高校的根本任务与具体任务有机统一、协调推进，需要思想政治工作加强目标统筹。一是国家目标与高校目标的统筹。高校正确处理自身发展与国家发展之间的关系，必须增强政治意识和全局观念。既从政治的高度把握"培养什么样的人、如何培养人以及为谁培养人"这一根本问题，明确高校各项工作都具有育人属性，都要围绕立德树人这一根本任务来实施和推进；又从全局的角度把握"办什么样的大学、怎样办大学"这一根本问题，明确高校根本任务与各项具体任务之间具有整体性、一致性，既将根本任务贯穿于各项具体工作之中，又通过各项具体任务的完成来促进根本任务的落实。二是整体目标与部门目标的统筹。高校正确处理学校工作与部门工作之间的关系，必须加强顶层设计和强化责任担当。一方面，只有加强制度的顶层设计，才能使根本任务与各项具体任务形成一个整体，使根本任务的落实有着清晰的推进路径，使各项具体任务的完成有着明确的任务导向；另一方面，只有强化责任担当，才能将落实根本任务作为核心指标和关键环节贯穿到各项具体任务之中，使各部门的利益服从于高校的整体利益。三是学校目标与学生目标的统筹。高校正确处理学校与学生之间的关系，必须坚持以生为本的育人理念和以学生为中心的育人路径。既把"围绕学生、关照学生、服务学生"作为核心理念贯穿于各项具体工作之中，将引领学生成长成才、满足学生的合理需求作为学校各项目标制定的根本依据；又把组织学生、发动学生、依靠学生作为基本要求贯穿于各项具体工作之中，将学生的知晓度、参与度、满意度作为评价考核各项工作的根本标准。

（二）坚持高校育人主渠道与主阵地的功能统筹

高校育人的主渠道是课堂教学，主阵地是日常思想政治工作，二者是相互依存、相互补充和相互促进的关系。从育人主渠道看，课堂教学承担着对大学生进行系统的思想政治理论和科学文化知识教育的重要职责，是大学生建构科学世界观、人生观、价值观的理论课堂。从育人主阵地看，日常思想政治工作承担着在日常学习生活中对大学生进行思想引导和行为指导的重要职责，是大学生培育和践行社会主义核心价值观的实践课堂。从主渠道和主阵地二者之间的关系看：一方面理论课堂为实践课堂提供理论支撑，包括为大学生提供理论认知、价值引领和方法论引导等；另一方面实践课堂是理论课堂的延伸，丰富着理论教学的内容、拓展着理论教学的形式、深化着理论教学的效果。

高校坚持育人主渠道与主阵地的功能统筹，主要是加强三对关系的统筹。一是思政课程和课程思政的统筹。高校发挥课堂育人的主渠道作用，就是要强化和落实每门课程的育人功能，充分挖掘和利用每个课堂的思想政治教育元素。既要系统性建强思想政治理论课，使之不断提升育人效果和发挥对其他课程育人的示范引领作用；又要整体推进哲学社会科学、自然科学等课程的育人方式改革，使之与思想政治理论课同向同行、协同发力。二是教师思政和学生思政的统筹。高校立德树人的主体是教师，对象是学生。高校落实立德树人根本任务，一方面要加强教师思想政治工作，坚持教育者先受教育，既提高他们的教育教学水平，又加强师德师风建设，教育引导广大教师做学生锤炼品格的引路人、做学生学习知识的引路人、做学生创新思维的引路人、做学生奉献祖国的引路人；另一方面要加强学生思想政治工作，坚持"五育"并举、德育为先，既提高他们的科学文化知识水平，又提高他们的思想政治素质，使他们成为又红又专、德才兼备、全面发展的社会主义建设者和接班人。三是线上思政与线下思政的统筹。在网络环境下加强和改进高校思想政治工作，必须构建线上线下同频共振的工作格局。既要在课堂育人主渠道中加强网络教学和网络育人，使思想政治理论的课堂教学在网络上得以延伸、拓展和深化；又要在实践育人主阵地中加强网络思想政治教育，使网络空间的建设与网络空间人的建设相得益彰，从而将互联网这个最大的变量转化为思想政治工作的最大增量。

（三）坚持高校管党治党与治学办校的职责统筹

全面加强党对高校的领导，是加强和改进高校思想政治工作的根本前提和重要保障。而落实全面加强党对高校的领导这一要求，必须通过加强高校党的建设和思想政治工作，来进一步强化和落实高校党委管党治党、治学办校的主体责任。高校坚持管党治党的主体责任，就是要坚持党要管党、从严治党，着力加强党的政治建设、思想建设、组织建设、作风建设、纪律建设，切实提高高校党委全面领导学校各项工作的能力，做到把方向、管大局、作决策、保落实。高校坚持治学办校的主体责任，就是要贯彻党的教育方针，坚持正确的办学方向，以提高人才培养质量为核心，推进现代化治理体系改革，促进内涵式发展。高校落实管党治党与治学办校两项主体责任具有内在的辩证统一性。一方面，管党治党是治校办学的政治前提和保障，管党不严、治党不力，必然导致治校办学的方向不明、优势不显、特色不足；另一方面，治学办校是管党治党的根本目的和落脚点，只有不断提高治学办校的能力，才能落实好立德树人的根本任务，才能彰显管党治党的成效和巩固党在高校的领导地位。

高校坚持管党治党和治学办校的职责统筹，必须进一步完善党委领导下的校长负责制和院系党政联席会议制度，形成以加强党的建设促进各项工作蓬勃开展的局面。一是加强党的领导与民主管理的统筹。坚持党的领导是高校开展各项工作的核心，但党的领导不能狭隘化，要尊重高等教育的发展规律，充分发挥教授治学和民主管理的作用，特别是将民主参与、民主决策、民主监督作为加强党委集体领导的重要形式，同时坚持党政合理分工，学校层面党委书记要支持校长依法履行法人职责，院系层面党委书记要支持院长（系主任）依法管理教学科研、学术学科等业务工作。二是加强意识形态建设与学术创新的统筹。加强意识形态管理是高校党的建设和思想政治工作的重要任务，既不能"去意识形态化"，也不能"泛政治化"，应正确区分坚持真理与批驳谬误的差别，将鼓励学术创新与加强意识形态管理有机结合起来。三是加强党的建设与业务工作的统筹。高校加强党的建设有着明确的要求、程序和规范，既要严格执行，又要避免形式主义倾向，不能以党的建设替代、弱化具体的业务工作，而要以党的建设提高各级组织、各个部门管理效率和工作水平，使加强党的建设与加强各项业务工作相统一、相促进。

三、坚持科学推进

高校思想政治工作的作用能否得到有效发挥，关键在于其能否坚持党的新发展理念，对自身各项任务进行科学设计、科学管理、科学推进。作为一项长期性、系统性工程，加强和改进高校思想政治工作必须立足新时代，把握新形势、掌握新特点、落实新要求。

（一）把握新形势

中国特色社会主义进入新时代，高等教育面临的新形势，一方面是党和国家对科学知识和优秀人才的需求更加迫切，另一方面是人民群众对更高质量的高等教育的需求更加迫切。高校适应新形势，必须把满足党和国家、人民群众的需求作为改革创新的根本动力，把提高人才培养质量作为一切工作的出发点和落脚点。高校思想政治工作坚持以立德树人为根本任务、以提高人才培养质量为中心，自身面临着十分严峻的挑战。一是抢夺接班人的斗争更加激烈。当今世界正处于百年未有的大变局之中，随着我国综合国力和影响力的日益提升，以美国为首的西方国家加大对我国的围堵，"中国威胁论""中国渗透论""中国霸权论"等甚嚣尘上，境外敌对势力和国内一些别有用心的人将高校作为渗透重点，急于在青年学生中打开缺口，培植"代言人"和"领军人物"。高校的阵地之争、青年之争、人心之争，使思想政治工作培养接班人的任务之艰巨前所未有。二是凝聚师生思想共识的局面更加复杂。当前我国深化改革进入深水区，正处于战略机遇期、改革攻坚期，也是矛盾凸显期。一些敌对势力和别有用心的人不惜一切代价把一般问题扩大化、普通问题政治化，"经济悲观论""改革失败论""中国必输论"等频频发表，特别是近年来恶意炒作涉及高校师生的事件层出不穷，严重混淆了高校师生的视听，使凝聚师生思想共识的任务之艰巨前所未有。三是破除顽瘴痼疾的任务更加繁重。当前高校正在加快"双一流"建设、推动内涵式发展，现代化治理体系改革面临着思想观念不一致、体制机制不顺畅、方式方法不适应等诸多问题，师生的获得感、幸福感、安全感与高校发展不平衡不充分之间的矛盾依然突出，使破除阻碍改革发展的各种顽瘴痼疾的任务之艰巨前所未有。

（二）掌握新特点

当前高校师生的思想主流呈现积极向上的良好态势，他们视野开阔、意识超前、敢于创新、个性奔放，对中国共产党、对社会主义制度、对习近平同志的核心地位高度认同、衷心拥护，在涉及国家和民族根本利益的问题上立场坚定、旗帜鲜明、敢于发声。但与此同时，高校师生仍然不同程度地存在着一些思想错误倾向和行为偏差。如一些大学生存在政治追求功利化、政治和价值观念狭隘化、集体意识淡薄化、心理素质脆弱化等倾向，导致享乐文化、泛物质文化、极端个人主义文化等在高校中有不同程度的体现；一些教师对培养接班人战略任务的政治认同、情感认同、思想认同不够，导致在课堂教学、学术研究等活动中失德失范的现象时有发生。高校师生思想和行为上的这些问题，导致高校思想政治工作出现了新的特点。一是强调斗争性。高校思想政治工作既注重理论性，更要强调实践性。当前高校师生思想和行为中出现的一些问题，一方面反映了已有的思想政治工作存在"自说自话""自弹自唱"的现象，另一方面反映了西方敌对势力的渗透力度在不断地加大。高校思想政治工作不能只是基于"狼要来了"的思维，停留在理论说教上，而要面对"狼真的来了"的事实，加大"驱狼""赶狼""打狼"的工作力度，在敢于、善于批驳错误思想、言论和行为中，用事实和行动加强对师生的思想理论教育和价值引领。二是增强精准性。以问题为导向，坚持有的放矢，是高校思想政治工作提高针对性和实效性的基本原则。随着高校思想政治工作队伍专业化、职业化程度的提高，其对师生各种思想和行为问题的把握更加全面、及时和准确，这就要求思想政治工作要针对每一个人、每一个具体问题，提高分析问题和解决问题的能力，既解决具体问题，又解决思想问题。三是提高技术性。随着网络在高校师生中的普及化运用，网络成为高校思想政治工作的重要阵地。加强网络思想政治工作，不能只停留在提高思想认识和更新理念的层面，而要更加注重现代信息技术的实践运用，以网络技术、大数据技术、人工智能技术等切实加强网络平台和资源建设管理，既以新技术提高师生的网络素养和丰富他们的网络文化生活，又以新技术提高思想政治工作的吸引性和鲜活性。

（三）落实新要求

党的十八大以来，以习近平同志为核心的党中央高度重视加强教育、加强宣传思想工作、加强高校思想政治工作，召开了一系列重要会议，制定了一系列重要文件，特别是习近平总书记发表了一系列重要讲话。高校思想政治工作必须认真学习领会党中央的精神，将党中央提出的新要求落实好。一是增强思想行动自觉。加强和改进高校思想政治工作，既要有思想自觉，坚持思想高站位，以习近平新时代中国特色社会主义思想为指导，不断增强对科学理论和思想政治工作规律的认识，在思想上解决"为什么"的问题；又要有行动自觉，坚持原则性、系统性、协同性、创造性，把党中央的各项要求真正落实到每一个人、每一项工作、每一个环节上，在行动上解决"如何干"的问题。二是注重持久发力。加强和改进思想政治工作一方面要立足当前，既以问题为导向，科学制订路线图、时间表、任务书，又以效果为目标，处理好速度、力度和质量的关系，务求实效；另一方面要着眼长远，围绕高校的内涵式发展，健全体制、理顺机制、革除弊制，坚持持久发力、久久为功，不断提高自身的科学化水平。三是强化责任落实。加强和改进思想政治工作是高校各级组织、各个部门、每名教师的共同责任，要形成层层抓落实的工作机制，既要有评价激励的政策也要有责任追究的规定，既要有抓牢底线的意识和举措也要有创建一流思想政治工作的目标和措施等，从而使思想政治工作由"软指标"变为"硬约束"、由"守底线"变为"促发展"。

第二章

高校思想政治工作的目的和规律

马克思主义认为，任何事物的发展都是合目的性与合规律性的统一。只有做到合目的性，事物的发展才能完成特定的目标、实现自身的价值；同时要做到合目的性，又必须遵循事物发展的内在规律，从而体现合目的性与合规律性的统一。作为中国特色社会主义高等教育的一项根本性制度，高校思想政治工作有着特定的目的，也在实践中逐步形成了自身特有的规律。

第一节　高校思想政治工作的目的

高校思想政治工作的目的是由思想政治工作的目的和高校的目的共同决定的。一方面，思想政治工作的目的在于用党的先进理论统一人们的思想、协调人们的行动，使之全面发展，并与党和国家的需要保持高度一致；另一方面，高校的目的在于坚持党的教育方针，以立德树人为根本任务，建设中国特色社会主义现代化高等教育体系，为坚持和发展中国特色社会主义提供智力支持和人才支撑。

一、高校思想政治工作的根本目的

我国坚持以马克思主义为指导，坚定不移地走中国特色社会主义道路，这是一个长期的历史过程，需要一代又一代人的不懈努力。区别于其他的社会组织，高校的立身之本在于立德树人，即培养社会主义合格建设者和可靠接班人。中国特色社会主义进入新时代，我们比历史上任何时期都更接近中华民族伟大复兴的目标，党和国家对高等教育的需要、对科学知识和优秀人才的需要，比以往任何时候都更为迫切。因此，围绕高校的立身之本，高校思想政治工作的根本目的就是培养社会主义建设者和接班人；立足新时代，高校思想政治工作的根本目的就是培养担当民族复兴大任的时代新人。

（一）培养社会主义建设者和接班人

高校坚持以立德树人为根本任务，就是要解决"培养什么样的人、如何培养人以及为谁培养人"这一根本问题。思想政治工作推动高校立德树人根本任务的落实，必须坚持为党育人、为国育才，以育人为中心，把培养又红又专、德才兼备、全面发展的社会主义建设者和接班人作为根本目的，并为实现这一根本目的而努力，从而实现自身的目的和价值。

高校思想政治工作以培养社会主义建设者和接班人为根本目的，具有三层含义：一是培养合格公民。坚持和发展中国特色社会主义关键在坚持党的领导和全体社会公民的共同参与。大学生既是当前社会公民群体的重要组成部分，也是未来社会公民群体的中坚力量，增强他们对伟大祖国的认同、对中华民族的认同、对中华文化的认同、对中国共产党的认同、对中国特色社会主义的认同，教育引导他们自觉培育和践行社会主义核心价值观，是培养合格公民的核心任务，也是高校思想政治工作的重要目标。二是培养具有创造创新精神的骨干力量。大学生是国家最宝贵的人才资源，是民族的希望、祖国的未来，肩负着建设未来社会的历史责任。思想政治工作增强大学生的历史使命感、社会责任感，不断培养他们的创新精神和提高他们创造能力，事关未来社会建设的质量，事关中国特色社会主义现代化强国建设目标能否实现。三是培养坚持党的事业的可靠后备力量。党和国家事业的兴旺发达，需要有源源不断的可靠接班人。思想政治工作在大学生中加强党的创新理论宣传教育和后备力量的培养，就是要着力培养一批对马克思主义有着坚定的信仰，既能仰望星空，又能脚踏大地，能够将中国特色社会主义事业持续推向前进的可靠力量。

（二）培养担当民族复兴大任的时代新人

培养社会主义建设者和接班人在党和国家不同的历史时期有着不同的表述。中华人民共和国成立初期，毛泽东同志强调要培养又红又专的人才，指出："我们的教育方针，应该使受教育者在德育、智育、体育几方面都得到发展，成为有社会主义觉悟的有文化的劳动者。"① 改革开放初期，邓小平同志强调要培养有理想、有道德、有文化、有纪律的社会主义"四有"新人，指出"教育要面向现代化，面向世界，面向未来"②。中国特色社会主义进入新时代，习近平总书记强调要不断提高学生思想水平、政治觉悟、道德品质、文化素养，让学生成为德才兼备、全面发展的人才，指出"要把培养担当民族复兴大任的时代新人作为重要职责"③。

高校思想政治工作培养担当民族复兴大任的时代新人，就是培养具有新时代基本素质和精神状态的社会主义建设者和接班人。具体来说，要在以下几个方面做出努力。一是坚定理想信念。即坚定共产主义远大理想和中国特色社会主义共同理想。习近平总书记指出："理想因其远大而为理想，信念

① 《毛泽东文集》第七卷，人民出版社1999年版，第226页。
② 《邓小平文选》第三卷，人民出版社1993年版，第35页。
③ 《习近平在全国宣传思想工作会议上强调：举旗帜聚民心育新人兴文化展形象　更好完成新形势下宣传思想工作使命任务》，《人民日报》2018年8月23日。

因其执着而为信念。我们要把理想信念教育作为思想建设的战略任务……自觉做共产主义远大理想和中国特色社会主义共同理想的坚定信仰者、忠实实践者……"① 浇花要浇根，育人要育心，理想信念是立德树人之根，高校思想政治工作要在坚定理想信念上下功夫，筑牢大学生的思想之根。二是厚植爱国主义情怀。爱国是人世间最深沉、最持久的情感，是我们每个人的民族心、民族魂。高校思想政治工作要在厚植爱国主义情怀上下功夫，把爱国主义与社会主义统一起来，把爱国主义与时代要求融会起来，让爱国主义精神在大学生心中牢牢扎根。三是加强品德修养。人无德不立，国无德不兴。立德为先，修身为本，这是人才成长的基本逻辑。高校思想政治工作要在加强品德修养上下功夫，教育引导大学生自觉培育和践行社会主义核心价值观，把社会主义核心价值观融入大学生的生活、渗透到他们的心灵中去，帮助他们系好人生的第一粒扣子。四是增长知识见识。一个人只有知识全、见识广，才能把知识掌握得系统、把道理理解得透彻，才能把所学的知识运用到恰当的地方。高校思想政治工作要在增长知识见识上下功夫，教育引导学生珍惜学习时光，心无旁骛求知问学，增长见识，丰富学识，沿着求真理、悟道理、明事理的方向前进。五是培育奋斗精神。奋斗精神是一种战胜困难、战胜自我的意志和品质，只有奋斗的人生才称得上幸福的人生。高校思想政治工作要在培育奋斗精神上下功夫，教育引导学生树立高远的志向，历练敢于担当、不懈奋斗的精神，具有勇于奋斗的精神状态、乐观向上的人生态度，做到刚健有为、自强不息。六是增强综合素质。即德智体美劳全面发展的素质。培养大学生的综合素质、提高他们的创新思维能力，是高校提高人才培养质量的重要目标。高校思想政治工作要在增强大学生的综合素质上下功夫，全方位、多形式地培养和锻炼人才，构建和完善"五育"并举的人才培养体系，切实提高大学生的综合素质和能力。

① 《习近平谈治国理政》第二卷，外文出版社 2017 年版，第 35 页。

二、高校思想政治工作的具体目的

高校思想政治工作是一个大的系统，贯穿于高校教育教学的全过程，渗透在高校完成人才培养、科学研究、社会服务、文化传承与创新、国际合作与交流五项基本职责之中，并起着重要的引领、保障和促进作用。因而，高校思想政治工作的目的与高校各项具体工作任务的完成有着紧密的关联性，既相互依托、不可分割，又相互促进、整体推进。高校完成各项具体工作任务必须依靠和贯穿思想政治工作，从而也就体现出思想政治工作与之相适应的具体目的。

（一）提升人才培养质量

人才培养是高校立德树人的中心环节，是高校各项工作的落脚点。思想政治工作以提高高校人才培养质量为目的，就是对自身培养社会主义建设者和接班人这一根本目的的具体化。从整体上看，高校思想政治工作在明确人才培养方向、制定人才培养标准、优化人才培养过程、强化人才培养保障等方面起着重要的作用，特别是在提高教师思想政治素质和提升课程思政效果，以及提高大学生思想政治素质和促进他们自主学习、自我发展等方面，其作用无可替代。从具体上看，思想政治工作本身是高校人才培养体系的重要环节，其中思想政治理论课是大学生必修课程，社会实践、科技创新、校园文化活动等是加强大学生实践能力培养的重要形式，因而加强和改进思想政治工作的目的就是为了提高人才培养质量。

（二）提高科学研究水平

高校加强科学研究是实现我国科技强国战略的重要组成部分。一方面高校本身是科学研究人员的聚集地，高校教师在完成专业教学任务的同时，承担和完成大量的科学研究任务，是促进我国科技事业发展的重要力量；另一方面高校是培养科学研究人员的主要阵地，高校教师将科研成果直接转化为教学资源，极大地促进人才培养质量的提升，其中在师生合作科研中更是培养了一大批高素质的科研人才。思想政治工作以提高高校科学研究水平为目的，主要体现在三个方面。一是引领科研工作的正确方向。坚持科技无国界、科学家有祖国，引导高校的科研工作者坚持祖国利益至上的原则，在放眼世界之中始终坚守中国情怀。二是落实科研育人的各项职责。坚持科学研究无禁区、课堂讲授有纪律的要求，将科研育人的职责落实到每一个科研人员身上，既鼓励他们勇于科技创新，又加强意识形态管理；既使高校科研成为研究阐释马克思主义理论及其中国化最新成果的高地，又使其成为以最新科研成果育人的重要阵地。三是促进科技创新及其成果转化。坚持思想政治素质是科研人员的第一素质，鼓励他们瞄准和对接国家和社会发展的重大战略、关键领域、核心技术等开展科技攻关，弥补基础研究的短板，努力改变我国在一些核心技术上受制于人的局面，将创新主动权、发展主动权牢牢掌握在自己手中。

（三）增强社会服务能力

现代高等教育是一个社会化的开放体系，面向社会自主办学必须要求高校增强社会服务能力，即通过知识转化、科技成果转让等为经济社会的发展提供直接的服务。思想政治工作以增强高校社会服务能力为目的，就是要引导高校教师更新办学理念，打破"象牙塔"式的封闭办学模式，主动围绕中心、服务大局，为我国经济发展、社会进步、民生改善作出积极贡献。一是鼓励教师以多种形式服务社会。高校思想政治工作要加强对教师进行党和国家重大战略、政策的宣传，鼓励教师通过承接课题、调研献策、智库咨询、挂职服务等多种方式，为国家及各级地方政府、企事业单位、社区、农村等提供多种形式、多元内容的服务。二是引领高校社会服务的价值。高校的社会服务既要讲经济效益，更要讲社会效益，这是由高校的公益性社会组织的特性决定的。高校思想政治工作在引导教师进行社会服务活动中，要把坚持社会效益优先、兼顾经济效益的道理讲清楚，鼓励他们更多地面向生活艰苦、基础薄弱、条件恶劣的地方或领域开展社会服务。三是转化社会服务资源为育人资源。社会是高校坚持实践育人最大的也是最好的课堂。高校思想政治工作在动员和鼓励师生参与社会服务活动中，通过与社会服务单位共建实践基地等形式，加强大学生的社会责任感和创新精神教育，积极地将可利用的社会资源转化为实践育人资源。

（四）促进文化传承与创新

大学文化对于大学而言，犹如阳光和空气一般不可或缺，直接作用于师生的思维和行为，健全他们的人格；又犹如血液一样，浸润营养并循环于大学整个肌体之中，彰显大学价值，凝炼和熔铸大学精神。思想政治工作以促进高校文化传承与创新为目的，就是要加强大学精神塑造、建设先进的大学校园文化，以文化人、以文育人。一是以先进的教育文化精神激励师生。高校思想政治工作要大力推动中华民族优秀传统文化、革命文化、社会主义先进文化进校园，并以此为引领，推动民族文化、地域文化、国际文化等融合发展，使广大师生在先进的教育文化中不断地获取精神营养和动力支持。二是以深厚的人文关怀感染师生。大学文化是高校育人理念、育人文化的历史积淀，体现着高校独特的人文情怀和人文关怀。高校思想政治工作要充分挖掘和利用高校的办学传统和文化特色，同时以社会主义核心价值观为主导，建设丰富多彩的校园文化，构筑大学精神文化。三是以创新的大学文化引领社会。高校师生是社会中最具活力和创造力的群体，因而大学文化也是社会文化中最有辐射力和引领力的文化。高校思想政治工作要充分调动广大师生的积极性、创造性和创新性，在自觉抵制社会腐朽文化侵蚀的同时，加大创新校园先进文化，以新理念、新内容、新形式等引领社会文化的创新发展。

（五）扩大国际合作与交流

进一步加强教育对外开放，开展教育国际合作与交流，是我国高等教育加快国际化进程的必然要求。思想政治工作以扩大高校国际合作与交流为目的，就是要以推动国际化，提高办学水平和人才培养质量，不断增强高校的国际竞争力。一是加强"走出去"的方向引领。全面参与国际教育竞争，扩大我国高校的国际影响力，是高校坚持"走出去"的战略目标。思想政治工作坚持这一目标，一方面要鼓励高校增强办学实力、厚植办学特色和优势，坚定自信心，着力解决"走不出去"的问题；另一方面要引导高校把握世界教育的发展趋势和特点，以创新人才培养为重点，以中华文化国际传播为依托，着力解决"如何走出去"的问题。二是加强"请进来"的意识形态管理。学习世界各国有益的科技、文化和管理经验，引进国际优质的教育资源和优秀的人才资源，推动我国教育的发展，是高校"请进来"的战略重点。高校思想政治工作要把握这一重点，通过加强意识形态的有效管控，着力提高判断、吸引、转化的能力，既不能全盘照收，也不能盲目排外。三是加强薄弱环节的管理。高校在坚持"走出去"和"请进来"战略中，还存在着一些管理上的薄弱环节，如一些来华教师和留学生对大学生的意识形态和宗教渗透，出国留学、合作交流中师生的思想政治教育出现空白地带等。高校思想政治工作要针对这些薄弱环节，加强教育引导工作，使高校师生出得去、回得来，成为既具有国际视野又坚守中国情怀的国际型人才。

第二节　高校思想政治工作的规律

对高校思想政治工作规律的把握，可以从理论和实践两个维度进行。从理论上看，高校思想政治工作要做到因时而进、因事而化、因势而新，必须遵循教书育人的规律、思想政治工作的规律和大学生成长成才规律。从实践上看，2018 年习近平总书记在庆祝改革开放 40 周年大会、全国教育大会、全国宣传思想工作会议等活动中发表一系列重要讲话，系统总结和深刻阐述了我国在坚持改革创新、加强教育工作、加强宣传思想工作等方面的规律性认识，为我们科学认识高校思想政治工作的规律遵循提供了根本指导。

一、党的理论灌输规律

先进理论是对事物发展内在规律的深刻揭示，是破除人们思想认识迷雾的灯塔，是引领人和社会实践发展的行动指南。坚持用马克思主义理论及其中国化最新成果武装人们头脑，是思想政治工作的首要任务。列宁强调："思想一经群众所掌握，就会变成力量。"① 但这种思想从何而来？"只能从外面灌输进去"②。高校思想政治工作的根本目的是将大学生培养成为社会主义建设者和接班人，这一方面意味着大学生实际的思想道德水准和政治觉悟，还达不到党和国家对他们提出的要求，另一方面意味着要以党的思想体系来影响、武装大学生，使他们的思想道德水平和政治觉悟达到党和国家的教育要求。高校思想政治工作遵循党的理论灌输规律，坚持对大学生进行党的先进理论灌输，具有以下三个特点。

（一）坚持系统性的课程灌输

课堂教学是高校育人的主渠道，也是思想政治工作的主渠道。高校要加强在课堂教学中对大学生进行系统性的马克思主义理论及其中国化最新成果的教育，使之成为教学体系、课程体系、教材体系的重要内容。一是不断加强高校思想政治理论课程体系建设。高校目前建设了"马克思主义基本原理概论""毛泽东思想和中国特色社会主义理论概论""中国近现代史纲要""思想品德修养与法律基础"四门主要的思想政治理论课，同时也将"习近平新时代中国特色社会主义思想三十讲""马克思主义哲学十讲""世

① 《列宁全集》第 60 卷，人民出版社 2017 年版，第 460 页。
② 《列宁选集》第 1 卷，人民出版社 2012 年版，第 317 页。

界社会主义五百年"等作为思想政治理论课的重要内容。党的十八大以来，教育部先后制定出台《普通高校思想政治理论课建设体系创新计划》《高等学校思想政治理论课建设标准》《新时代高校思想政治理论课教学工作基本要求》等一系列文件，同时制定实施加强高校马克思主义学院、马克思主义理论学科、思想政治理论课教师培养培训等一系列措施，有力地推进了高校思想政治理论课的课程体系建设、教学体系建设、教材体系建设和师资队伍建设等。二是不断加强形势政策课程建设。高校将"形势与政策"课纳入思想政治理论课程建设体系，坚持发挥其紧贴时事热点、吸引性大、针对性强等优势，第一时间推动党的理论创新成果进教材、进课堂、进学生头脑，及时引导大学生准确理解党的基本理论、基本路线、基本方略，不断增强党的先进理论武装的时效性、释疑解惑的针对性、教育引导的综合性。教育部成立了全国高校"形势与政策"教育指导委员会，每年发布"形势与政策"教学要点，对"形势与政策"课教师进行专题培训等。2018 年教育部印发《教育部关于加强新时代高校"形势与政策"课建设的若干意见》，从加强"形势与政策"课的教学管理、保证规范开课、把握教学内容、规范建设教学资源、择优遴选教师队伍、创新设计教学方式、注重考核学习效果、大力加强组织领导等方面，对高校提出明确要求。三是加快构建中国特色的哲学社会科学体系。培养社会主义建设者和接班人，高校哲学社会科学具有不可替代的重要作用。2017 年中共中央印发《关于加快构建中国特色哲学社会科学的意见》，明确提出要以坚持马克思主义为指导，加快构建中国特色哲学社会科学的学科体系、学术体系和话语体系，加强哲学社会科学的人才队伍建设和加强党对哲学社会科学的领导。教育部明确要求高校发挥优势，以学生为根本、以学术为基础、以学科为支撑，加快构建全方位、全领域、全要素的哲学社会科学体系和构筑学生、学术、学科一体的综合发展体系等。

（二）坚持贯穿性的日常灌输

日常思想政治工作是大学生思想政治教育的主阵地，也是对大学生进行理论灌输的主阵地，其贯穿于大学生日常学习生活的全过程。主要体现在如下方面：一是坚持将党的先进理论教育作为大学生党团组织的主要任务。大学生党团组织是高校思想政治工作的重要载体，是培养大学生党团骨干并发挥他们带领大学生、团结大学生、凝聚大学生、服务大学生等重要作用的重要途径。高校思想政治工作将学习宣传贯彻党的先进理论作为大学生党团组织活动的必要内容，引导大学生党团骨干多形式、多途径地学习马克思主义经典原著、学习党的重要会议文件精神、学习先进典型等，极大地提高大学生党团骨干的思想政治理论素质。二是坚持加强大学生理论性社团组织建设。除党团组织外，理论性社团成为大学生学习、宣传、研究党的先进理论的重要途径。这些理论社团是由大学生基于兴趣、爱好、志向等因素自愿组织起来的，具有一定的自发性、广泛性、松散性等特点。高校思想政治工作通过社团骨干的选拔和培养、指导教师的选聘和配备、学习活动的指导和管理等形式，加强对大学生理论社团的教育引导，使之与党团活动相辅相成，不断提高大学生课外学习思想政治理论的质量。三是积极开展学习贯彻党的先进理论主题社会实践活动。社会实践活动是大学生参与意愿最高、参与人员最广泛的教育活动。高校思想政治工作教育引导大学生利用重大纪念日、重大事件节点等，广泛开展"不忘初心跟党走""践行社会主义核心价值观、弘扬青春正能量""我的中国梦"等多主题、多形式的社会实践活动，进一步深化他们对党的先进理论的学习和理解。

（三）坚持课堂灌输与日常灌输相统一

从理论上讲，课堂灌输与日常灌输具有辩证统一性。课堂灌输是日常灌输的基础，课堂灌输建构大学生的思想政治理论体系，使大学生对党的先进理论掌握更全面、更具有理论深度，从而为日常灌输提供基础性的理论支撑。日常灌输是课堂灌输的重要延伸和重要补充，既结合大学生日常生活对课堂灌输的有关内容进行进一步阐释和深化，又根据大学生的思想实际增加一些课堂灌输未能涉及的内容。从实践上看，课堂灌输与日常灌输各有利弊。课堂灌输是以课堂为单位，是对一群大学生的集中教育，体现个性化需求不够，同时受教师主观因素的制约，课堂灌输一定程度上存在理论脱离实践的问题。日常灌输贴近大学生日常生活，在针对性、及时性和个性化方面具有较大的优势，但在灌输的内容和形式上容易出现碎片化、简单化等倾向。高校思想政治工作坚持课堂灌输与日常灌输相统一，就是在坚持二者同向并进的同时，更加注重二者的融合发展。一方面以改进课堂灌输的方式推动日常灌输。如一些高校在思想政治理论课教学中增加实践教学环节，根据日常灌输中存在的问题优化课堂灌输的内容和方式，将日常灌输的评价情况纳入课堂灌输的成绩考核指标体系等。另一方面以强化对日常灌输的管理推动课堂灌输。如一些高校通过大学生党团、社团等组织专题或主题理论学习活动，与思想政治理论课的教学形成互动；有的高校通过聘请思想政治理论课教师担任大学生的辅导员、班主任，或邀请他们参加各种日常灌输活动，以此来增强他们的实践感知和问题意识，从而不断推动思想政治理论课的教学改革。

二、人的思想和行为互动转化规律

思想和行为是思想政治工作的起点范畴，人的思想和行为既相互作用又相互转化。首先，思想是行为的先导。人的行为的发生离不开一定思想的支配，人的需要、愿望、动机、意志等驱动人的行为。其次，行为体现着思想。人的思想是在人的行为实践中产生并不断得到丰富的。最后，思想与行为相互转化。人的思想通过实践转化为人的行为，而在人的行为实践中又会产生新的思想，如此不断转化。任何实践活动都要改造客观世界，而高校思想政治工作作为一种特殊的实践活动，并不直接改造客观世界，而是通过改造大学生的主观世界来间接地达到改造客观世界的目的，即通过改造大学生的思想来促进他们做到知行合一、以知促行、以行求知。

（一）坚持思想价值的先导性

即通过思想价值的引导，促进大学生认知系统和动力系统的平衡发展，既解决当前思想认知问题，又不断激发前进的动力。"在教育与学习活动中，人的各种心理因素可分为两个子系统，即认知心理系统和动力心理系统。"[①] 认知心理系统以感觉、记忆、思维等为主要因素，动力系统则以需要为核心要素。马克思和恩格斯早在 1845—1846 年间合著的《德意志意识形态》一书中，就已经十分明确地指出，是人的需要推动着人类历史不断向前发展。"一切历史的第一个前提……是：人们为了能够'创造历史'，必须能够生活……首先就需要吃喝穿住以及其他一些东西。因此第一个历史活动就是生产满足这些需要的资料，即生产物质生活本身……第二个事实是，已经得到满足的第一个需要本身、满足需要的活动和已经获得的为满足需要而用的工具又引起新的需要……"[②] 一定的需要产生一定的动机，一定的动机诱发相应的行为，行为的结果不仅有客观世界的改变也有主观认知的变化。根据马克思主义唯物史观基本原理，人们认知能力的提升必然导致实践能力的增强，实践能力增强的结果是人们生活环境的变化，而社会环境的变化必然引起社会需求的变化，由此认识系统和动力系统相互作用，处于动态平衡之中。高校思想政治工作对大学生加强思想价值引导，就是要不断激发他们对培育和践行社会主义核心价值观的需要，以需要促进行动、以行动满足需要，并不断产生更高层次的需要，从而不断激活大学生成长成才的内生动力。

（二）坚持思想引导的适度张力

即坚持思想政治工作要求的适度超越性，"是指在思想政治教育活动

---

① 洪宝书：《教育本质与规律》，成都科技大学出版社 1992 年版，第 208 页。
② 《马克思恩格斯文集》第 1 卷，人民出版社 2009 年版，第 531 页。

中，教育者所提出的教育要求要适当超越受教育者目前的思想品德基础，有提升其思想政治素质水平的可能，同时这一超越又不能高到受教育者经过努力难以达到的高度"①。保持思想引导的适度张力，是由高校思想政治工作的特性与发展需要决定的。首先，高校思想政治工作的政治性决定了其目标的设定、内容的安排和方法的选择，都要对接党和国家的需求、受到时代条件的制约，而不仅仅是满足大学生思想和现状需要，这势必导致思想引导的目标与大学生思想政治素质现状之间产生一定的"落差"，而正是这种"落差"推动着思想政治工作不断地向前推进。其次，高校思想政治工作为了缩小这一"落差"，必然对大学生提升思想政治素质提出更高的要求，并为此组织实施多方面的思想教育引导活动。而当这一"落差"有了某种程度的缩减之后，高校思想政治工作又会对大学生提出新的缩减"落差"要求。从这个角度看，高校思想政治工作就是一个不断缩减"落差"的过程，即推动大学生的思想政治素质从"它现在怎么样"向"社会希望它怎么样"的持续性、递进式提升。

（三）坚持思想引导和行为规范相结合

思想引导是指以说服教育的方式，动之以情，晓之以理，从而提高工作对象的思想政治素质。行为规范即"组织运用经济、行政、纪律、法规等手段规范工作对象的行为，以维护正常的工作和生活秩序的实践活动，带有一定的强制性"②。高校思想政治工作中，对大学生进行思想引导和行为规范在目标和内容上具有一致性，二者相互渗透、相互促进、相辅相成。一方面，思想引导离不开行为规范。对大学生行为进行合理规范，不仅可以促进他们的学习生活保持有序的状态，为思想引导创造良好的条件；而且行为规范本身作为一种教育力量，可以直接促进大学生提升思想政治素质和养成良

---

① 张耀灿等：《现代思想政治教育学》，人民出版社 2001 年版，第 316 页。

② 陈万柏主编：《思想政治教育学原理》，中国人民大学出版社 2013 年版，第 12 页。

好的行为习惯。另一方面，行为规范也离不开思想引导。大学生对各种行为规范的遵守是在一定的思想价值引导下实现的，思想引导既可以增加行为规范中的人性关怀，缓解师生双方关系可能出现的紧张；同时也可以帮助大学生增强对行为规范的认同，使他们在行为上更加自觉。

（四）坚持解决思想问题和解决实际问题相结合

人的思想问题往往与实际问题密不可分，而人的实际问题又通常表现为思想认知与利益满足之间的矛盾。从理论上看，一方面，解决人的实际问题必须首先解决人的思想问题。只有坚持以正确的思想价值为指导，才能正确地分析问题和解决问题；反之，不解决深层次的思想认识问题，即使解决了实际问题，也是片面的、暂时的，还可能导致新实际问题的产生。另一方面，解决人的思想问题又必须注重解决人的实际问题。实际问题的存在，客观地影响和制约着人的思想认识的提高，不注重人的实际问题的解决，就谈不上解决人的思想问题，只能陷入"假、大、空"的形式主义。正如马克思主义认为的："'思想'一旦离开'利益'，就一定会使自己出丑。"[1] 从实践上看，大学生在学习生活中往往存在着许多具体的困难，其中一些困难依靠自身无法得到解决，必须借助思想政治工作的专业化指导和帮助。因此，高校思想政治工作将满足自身的工作要求与满足大学生的利益诉求、引导大学生的需求与满足大学生的需求等有机结合起来，既注重解决他们的思想认知问题，又注重解决他们的具体问题，有针对性地做好资助育人、心理育人等工作。

三、教育与自我教育相统一规律

现代教育是一个教育者与被教育者共同发力的过程。一方面，教育者居

---

① 《马克思恩格斯文集》第 1 卷，人民出版社 2009 年版，第 286 页。

于主导地位，通过对受教育者实施有目的、有计划、有组织的教育活动来发挥育人的主导作用。另一方面，被教育者既是教育的客体，又是自我教育的主体；既通过接受教育者的教育而得到提升，又在教育过程中通过发挥自身的主体作用，不断地将教育内容进行吸收、内化和转化。从一定意义上说，教育者的教育是促进人的发展的外因，而被教育者的自我教育是促进自身发展的内因，根据马克思主义唯物辩证法的观点，在事物的发展中外因是条件，内因是根据，外因通过内因起作用。也就是说，在高校思想政治工作中，教育者的教育只有通过被教育者的自我教育才能最终发挥作用。

（一）坚持各主体的协同育人

高校教书育人是一个复杂的系统工程。从内部看，既需要发挥专业教师、思想政治工作者、管理服务人员等围绕人才培养质量共同发力；又需要发挥大学生的自我教育、自我管理、自我服务作用，从而构建教师与教师、教师与学生、学生与学生之间互动互促的育人机制。从外部看，高校教书育人需要发挥各级党委政府、社会力量及家庭的协同作用，形成高校教育与社会教育、家庭教育相互联通、相互促进的工作格局。思想政治工作贯穿于高校教书育人这个大系统的各个环节，体现着各主体的协同育人规律，主要表现在以下方面。一是高校教师是教书育人的主导力量。高校每门课程、每个课堂都负有育人职责，教师既要承担科学文化知识的传授，也要承担思想政治教育的任务。二是高校思想政治工作队伍是大学生思想政治教育的骨干力量。高校思想政治工作渗透在各项具体的工作之中，各级党政干部和思想政治工作队伍以育人为中心，通过加强党的建设和思想政治工作来保障各项具体任务的完成。三是大学生是自我教育的主体力量。大学生党团组织、学生会组织和各类学生社团等发挥着不同的育人作用，极大地促进大学生的自主发展。四是各级党委政府、社会、家庭等是高校育人的协同力量。党委指导、政府扶持、社会参与、企业共建、家庭配合等，是做好高校思想政治工作的重要保障和重要途径。

（二）坚持教育的阶段性和连续性

大学生的成长既具有阶段性，体现着他们在不同时间阶段上不同的素质能力水平；又具有连续性，体现着他们不同阶段的素质能力水平之间的关联性，整体上呈现出从低水平向较高水平发展的态势。高校教书育人根据这种阶段性和连续性特点，在育人的具体目标、内容和方式方法上都坚持与学生不同发展阶段的需求相适应，其中也体现了思想政治工作的阶段性和连续性规律。一是以加强新生的适应性教育为起点。新生一入学，高校就通过加强校史校情教育巩固他们的专业思想，通过加强学业指导、成才典型宣传等教育引导他们明确成才目标、端正学习态度、掌握科学方法，以增强他们对大学生学习生活的适应性。二是以加强毕业生的就业创业指导为最后环节。高质量就业或自主创业，是大学生普遍的愿望，帮助他们最大程度地实现这个愿望，是高校思想政治工作的重要环节，也是大学教育的最后一个环节。三是构建从低年级到高年级的递进性教育体系。同一大学生个体在不同的学年或学期有着不同层次、不同内容的具体需求，高校思想政治工作不断总结经验、把握规律，既从整体上设计和实施大学生从入校到毕业离校的递进性教育方案，又根据不同阶段大学生发展的实际情况，适时修改和完善这一方案，使之更具有针对性、操作性和实效性。

（三）坚持共性教育与个性教育相结合

共性教育是当前高校教书育人最普遍的形式，是根据教育的共性要求、内容和问题进行集体式的教育，具有受众面广、成本低以及方式简约高效等特点。个性教育是现代教育的基本理念和追求的目标，以尊重和满足学生的个性化需要为基础，充分激发学生的个性化潜能，使学生个性化的发展需要得到满足、个性化的发展特色得到彰显。高校思想政治工作坚持共性教育与个性教育相结合，既发挥共性教育的优势，为个性教育的实施提供前提和基础；又发挥个性教育的优势，使每一个大学生的主动性和创造性都得以充分发挥。一是坚持以集体主义教育为主要形式。高校思想政治工作普遍坚持以院系、班团、课堂等为主要途径，对大学生进行集体教育、集体管理、集体授课，既培育和增强大学生的集体主义精神和团结合作意识，又发挥各类集体在实施教育管理中的优势作用，不断提高工作效率。二是坚持以特殊群体教育解决大学生的共性问题。高校针对大学生中存在的一些共性问题，如学习能力不足、人际交往困难、心理障碍、经济困难学生自立意识弱等，通过加强群体辅导帮扶、群体素质拓展、群体能力提升等形式，不断创新有效解决大学生共性问题的群体思想政治工作方式方法。三是坚持"一对一"的个性化教育探索。高校思想政治工作通过组建专业化的机构、建设网络化的平台、组织高素质的志愿者队伍等，为有着特殊需求的大学生个体提供"一对一"的专业辅导、网络咨询和行为指导等，既促进这些大学生个体的健康发展，又彰显高校的人文关怀。

（四）坚持言教与身教相统一

教师发挥育人作用，一靠言教，即通过"说"去宣扬真理和传播知识；二靠身教，即通过"做"来展现自身人格的力量，达到感染人、教育人、引导人的目的。高校思想政治工作坚持教师的言教与身教相统一。一方面要求教师做好言教，即提高教师的思想理论素养和教育教学水平，使他们说好该说的话、讲好该讲的理。另一方面要求教师规范自身的行为，既严于律己，不做不该做的事；又严于律人，尽教师应尽的"学为人师、行为世范"之责。一是加强教师队伍的标准化建设。高校坚持将教师队伍建设作为一项基础工作，既重视在数量结构上优化教师队伍的选聘管理，又重视在质量标准上加强教师队伍的培养培训。2018年，《中共中央　国务院关于全面深化新时代教师队伍建设改革的意见》印发、教育部等五部门印发《教师教育振兴行动计划（2018—2022年）》等，对新时代教师队伍建设改革作出全面部署，明确了提升教师思想政治素质、加强师德师风建设的任务目标和重要举措。二是坚持师德师风第一评价标准。高校坚持把师德师风建设摆在教师队伍建设的首要位置，突出师德师风第一标准，不断完善师德师风建设长效机制。教育部先后制定出台《新时代高校教师职业行为十项准则》《关于高校教师师德失范行为处理的指导意见》等系列文件，为进一步强化教师思想政治引领、明确高校教师行为规范、建立健全师德违规行为受理处理和责任追究机制等确立了行动指南。三是加强选树和培育教书育人的先进典型。各级党委政府和高校重视营造教书育人和师德师风建设的良好氛围，通过定期评选教书育人楷模和师德师风标兵、培育黄大年式教师团队等活动，不断加强教师先进典型的选树和培育，使高校教师中言教与身教相统一，身教重于言教的育人理念与文化氛围日益浓厚。

（五）坚持教育、管理、服务相统一

教师队伍、管理人员、服务人员是高校教师队伍的三种主要分类，这种划分是按照他们各自承担的主要任务来进行的。其中教师队伍主要承担教育任务，包括思想政治教育和专业知识教育等；管理人员主要承担各类事务管理任务，包括行政事务管理、教学事务管理和学生事务管理等；服务人员主要承担各类运行保障任务，包括后勤保障服务和一些社会化服务等。在高校中，教育、管理、服务三者有机统一，管理任务和服务任务要与教育任务相适应，管理任务决定教育任务、服务任务完成的质量，服务任务决定着教育任务、管理任务能否有效完成。高校思想政治工作坚持教育、管理、服务相统一，一方面从宏观上强调这三者都负有育人职责，即教书育人、管理育人、服务育人；另一方面从微观上将自身的工作分为思想理论教育、事务管理、事务服务三个主要部分，并据此对相关人员的主要职责进行界定。如思想政治理论课教师和辅导员的主要任务都是对学生进行思想理论教育和价值引导，但为了提升理论育人水平和质量，高校既强调思想政治理论教师应适当地参与学生事务管理与服务，以增加对学生思想和特点的了解，又强调辅导员应切实做好学生事务管理与服务，在高质量的学生事务管理与服务中促进思想理论教育与行为实践指导相结合。

四、人与环境互动规律

人与环境的互动是指"人"与"环境"相互影响、相互作用，既促进"人"和"环境"的共同发展，又实现"人"和"环境"和谐统一。马克思认为："环境的改变和人的活动的一致，只能被看做是并合理地理解为变革的实践。"① 高校坚持人与环境互动规律，就是重视发挥环境育人作用，一方面通过加强校风学风建设，在广大师生中培育和践行社会主义核心价值观，从而营造良好的校园育人环境；另一方面通过净化美化校园环境，为师生提供安全舒适、文明优美、健康温馨的学习生活空间，从而充分发挥校园环境在培育师生理性平和心态、引导师生文明健康生活、鼓舞师生积极向上士气等方面的育人作用。

(一)坚持加强大学精神塑造

任何一所大学在自身的存在和发展中，都会形成具有独特气质的大学精神，塑造和弘扬大学精神对于高校加强思想引领、凝聚师生力量、传承校园文化等具有重要的作用。高校思想政治工作坚持大学精神的塑造，一方面继承和弘扬高校的育人传统，充分挖掘和利用高校的历史资源、文化资源、区域资源等，形成具有特色的育人理念和建设具有底蕴的育人文化；另一方面创新和塑造高校的育人精神，将育人传统进行创造性转化和创新性发展，形成具有现代大学特质的创新精神、批判精神和人文精神，从而不断深化以文化人、以文育人的效果。主要做法有：一是科学总结和凝炼大学校训和精神。高校纷纷结合对校史校情、现代高等教育发展趋势及自身办学目标定位等的分析，精心凝炼出具有各自特色的校训、大学精神、办学理念等，并在师生中和社会上进行广泛宣传，较好地起到了凝聚师生思想共识、团结广大

---

① 《马克思恩格斯文集》第 1 卷，人民出版社 2009 年版，第 504 页。

校友、弘扬高校先进文化等重要作用。二是充分挖掘利用高校优秀的文化传统资源。高校通过建设校史馆、博物馆、人文馆、科技馆及校园纪念物等形式，对自身优秀的育人传统和育人文化进行宣传展示，拓展了高校文化育人的内容和形式。三是广泛开展具有时代气息的校园文化活动。高校通过组织大学生排演校园话剧、拍摄微电影、举办诗会等丰富多彩的校园文化活动，推动校园的传统文化、红色文化、现代文化等的可视化呈现和全媒化传播，使大学精神进一步深入人心。

（二）坚持加强文明校园创建

高校精神文明建设是国家精神文明建设的重要组成部分，对社会精神文明建设起着重要的示范引领作用。多年来，高校一直将建设精神文明单位作为加强思想政治工作的重要任务。2015年教育部、中央文明办印发《关于深入开展文明校园创建活动的实施意见》，将高校精神文明建设的目标定位为创建文明校园，并对文明校园提出"六好"标准，即领导班子好、思想政治教育好、活动阵地好、教师队伍好、校园文化好、校园环境好。高校创建文明校园活动，既是对高校精神文明建设的具体化，也是对高校加强党的建设和思想政治工作成效的大促进、大检验。高校一方面加强大学生基础文明行为教育，通过建立健全校园文明行为规范、学生管理规章制度等，切实加强大学生的学风建设和文明礼仪教育；另一方面通过建设文明班级、文明寝室、优秀社团和评选表彰先进个人等，形成人人参与文明校园创建的生动局面。

（三）坚持加强校园网络环境建设

随着互联网的普及化，校园网络成为高校师生重要的学习生活空间，网络学习、网络教学、网络管理、网络服务等成为高校思想政治工作的重要手段。高校网络思想政治工作在经历了"进网络"阶段后，正在向"互联网+"阶段前进。一方面，互联网拓展了高校思想政治工作的空间、内容、形式和方式方法，另一方面也带来了网络空间治理、网络舆情引导、网络风险防范等难题。高校思想政治工作将传统优势与现代信息技术相融合，不断探索如何将互联网这个"最大变量"转化为自身发展的"最大增量"。一是坚持内容为王。高校要不断建强校园网络阵地，构建全媒体宣传思想矩阵，提高网络文化资源对大学生的吸引力，使校园网络空间成为大学生"进得来、留得住、学得好"的新平台。二是坚守阵地意识。高校思想政治工作要将网络意识形态工作摆在重要位置，不断加强网络空间的规范管理，不断提高对网络言论及舆情的引导能力，切实打造清朗的网络空间，使之成为高校宣传马克思主义的新高地。三是不断提高大学生信息技术素养。高校思想政治工作要将提高大学生的网络意识、网络素养、网络能力等作为重要的教育内容，通过组织大学生网络科技创新活动、网络文学作品大赛、网络名篇名栏名作评选等，不断引导大学生坚持网络运用的价值理性，使互联网成为大学生自主学习、文明交往和健康生活的新空间。

五、思想政治工作与党的建设相辅相成规律

思想政治工作和党的建设是高校加强党的领导的两个重要方面。其中，党的建设是高校治学办校的基本功，基本功不牢，地动山摇；思想政治工作是高校治学办校的生命线，生命线不牢，同样也是地动山摇。思想政治工作与党的建设虽然工作的侧重点有所不同，但二者相辅相成、缺一不可。党的建设是高校加强思想政治工作的基础和保障，党的建设不牢固，思想政治工作就无法向前推动；同时，思想政治工作是加强高校党的建设的重要手段，思想政治工作不扎实，党的建设的各项任务就得不到有效落实。

（一）坚持以党的建设为龙头

党的领导在高校能不能有效实现，取决于党的组织体系健不健全、党的

建设抓得好不好。高校加强和改进思想政治工作，坚持以党的建设为龙头，就是坚持全面加强党对思想政治工作的领导，通过加强党的建设为思想政治工作的开展提供政治上和组织上的保障。一是强调高校各级党组织的思想政治工作职责及其落实。高校加强党的建设，其中一项基础性工作就是建立健全高校党的各级组织建设，并以政治建设为统领，全面推进党的政治建设、思想建设、组织建设、作风建设、纪律建设，落实好各项管理制度，其中就包括落实思想政治工作制度，明确要求各级党组织落实好思想政治工作职责。二是推动思想政治工作与高校各项业务工作的融合发展。高校党的领导体现在对各项工作的全面领导之中，高校对各项工作的管理和考核也必须体现党的建设和思想政治工作的要求，在各项工作中提升党的建设能力，也必须促进思想政治工作的开展。三是促进思想政治工作专门力量的培养。高校思想政治工作专门力量既是专业教师，又是管理干部，具有双重身份。加强干部队伍建设是高校党的建设的重要内容，其中包括将思想政治工作专职队伍建设纳入高校干部队伍培养培训体系，使他们既会做党的建设工作，也会做思想政治工作。

（二）坚持以思想政治工作为贯穿

高校加强党的建设离不开思想政治工作，通过加强干部的思想政治工作，切实增强他们加强党的建设的素质和能力，不断促进他们增强政治意识、提高思想认识、提升组织能力、改进工作作风、强化纪律观念等，从而不断提升党的建设质量。在高校党的建设中，思想政治工作的贯穿作用还表现在以下方面。一是密切党与群众的关系。高校通过思想政治工作，将党的理论和政策、高校党委的决策决定等传达到广大师生，同时将广大师生的建议意见反馈给高校党委，推动党委决策的民主化和科学化。这种上传下达作用，无疑增进了广大师生对高校党的建设的理解，从而也密切了党组织与群众之间的关系。二是加强党的政治文化建设。在高校党的建设中，不可避免地存在着一些思想上的分歧和矛盾，化解这些分歧和矛盾必须通过加强思想政治工作，对存在分歧和矛盾的各方进行利益协调和情感沟通，使他们在思想上取得共识，从而在行动上达到一致。

（三）坚持思想政治工作与党的建设融合发展

从一定意义上讲，高校加强思想政治工作与加强党的建设是一个总体性概念，加强思想政治工作的目的就是为了加强党的建设，而加强党的建设的落脚点就在于加强思想政治工作。因此，高校坚持思想政治工作与党的建设齐头并进、融合发展。一是在制度上进行一体化设计。高校加强各级组织党的建设制度设计，包含着对各级组织思想政治工作职责任务的规定；同时，在加强思想政治工作制度设计中，首先要将党的建设的相关规定贯穿其中。二是在措施上进行"一揽子"推进。高校采取多种措施加强党的建设，一方面这些措施本身就包含有加强思想政治工作的措施，另一方面这些措施在推进党的建设的同时，必然也推进思想政治工作的发展。三是在管理上进行一条线评价。对高校党的建设的评价，其内容不能缺少对思想政治工作的评价；同样，对高校思想政治工作的评价，其内容也不能缺少对党的建设的评价。因而在实践中，各级党委政府对高校、高校党委对院系等的工作考核评价，通常都是将党的建设与思想政治工作进行同时评价。

第三节　构建高校思想政治工作体系

新时代高校思想政治工作要实现自身的目的和遵循自身的发展规律，必然需要构建更高水平的工作体系。思想政治工作体系是指思想政治工作系统内部和外部各要素的整体性构成，包括思想政治工作的目标、主体、客体、环境、方法等要素以及相互之间的关系整合。2018 年习近平总书记在考察北京大学时强调指出："人才培养体系涉及学科体系、教学体系、教材体系、管理体系等，而贯通其中的是思想政治工作体系。加强党的领导和党的建设，加强思想政治工作体系建设，是形成高水平人才培养体系的重要内容。"① 新时代高校加强和改进思想政治工作，必须以构建思想政治工作体系为着力点，把思想政治工作贯穿于教育教学全过程。

一、构建思想政治工作的实施体系

高校思想政治工作经过 70 年的发展，虽然总体上形成了自身较为成熟的实施体系，但与高校其他各项工作之间仍然存在力量不够协同、阵地不够协同、创新不够协同等问题，"全员育人、全过程育人、全方位育人"一定程度上仍然停留在理念的层面，没有做到把思想政治工作贯穿到教育教学的全过程。新时代构建思想政治工作体系，既要把思想政治工作原有的内部"小体系"建好，也要立足于人才培养的全过程、全方位，以学生为中心，构建思想政治工作的"大体系"，使之更具有科学性、系统性和实效性。

（一）构建多元化的协同育人管理体系

毛泽东曾指出："思想政治工作，各个部门都要负责任。共产党应该管，青年团应该管，政府主管部门应该管，学校的校长教师更应该管。"② 构建多元化的协同育人管理体系，就是要明确建立各级党委政府、社会和家庭、高校以及高校内各部门、教师等多元主体相互协同的工作体系。一是围绕"谁来干"的问题，构建多元主体合力育人的责任体系。各级党委政府和教育部门负有对高校思想政治工作的领导和指导职责，高校党委负有具体领导和指导各院系、职能部门开展思想政治工作的职责，各院系党委和职能部门负有组织实施思想政治工作各项工作的职责，高校教师和党务干部、思想政治工作队伍等负有落实思想政治工作各项目标任务的职责，等等。二是

---

① 习近平：《在北京大学师生座谈会上的讲话》，《人民日报》2018 年 5 月 3 日。
② 《毛泽东文集》第七卷，人民出版社 1999 年版，第 226 页。

围绕"干什么"的问题，构建多元主体分工明确的任务体系。各级党委政府重在组织领导，通过顶层设计、规划引领、全面指导、督查评估等，严肃政治纪律、强化监督问责、坚守安全底线。高校党委书记承担思想政治工作第一责任人的职责，其他校领导承担相应的思想政治工作主体责任。高校教务部门重点推进在课堂教学中贯穿思想政治工作，宣传思想和学生工作部门重点推进日常思想政治工作，马克思主义学院重点加强思想政治理论课建设，各院系重点推动课程思政体系建设和落实好科研育人工作，等等。三是围绕"怎么干"的问题，建立健全多元主体协同推进的工作体系。在高校外部，构建各级党委统筹部署、政府扎实推动、社会广泛参与、家庭及时联动、高校着力实施的联动机制，使各主体之间上下贯通。在高校内部，构建党委统一领导、党政群团齐抓共管、各部门分工协作、教师和学生广泛参与的合力机制，使各主体之间彼此衔接。

（二）构建立体化的课程育人教学体系

课程育人是高校思想政治工作的主渠道，这个"课程"不仅仅指思想政治理论课程，而且包括其他哲学社会科学课程、自然科学课程等在内的每一门课程。高校发挥好课程育人的主渠道作用，必须着力构建思想政治理论课程、哲学社会科学课程和其他专业课程同向同行的立体化的课程育人体系。一是建强思想政治理论课程体系。思想政治理论课是高校人才培养的第一课程，是落实立德树人根本任务的首要阵地，提升其教学质量至关重要。高校一方面要通过加强马克思主义学院建设，持续打好提高思想政治质量和水平的攻坚战，在思路、师资、教材、教法、机制等方面加强体系化改革；另一方面要通过加强思想政治理论课教师队伍建设，提高他们的思想政治素质和育人能力，在理论教学、实践教学、网络教学等方面不断改进方式方法。二是加快构建中国特色的哲学社会科学课程体系。哲学社会科学课程具有鲜明的意识形态属性，高校要像重视思想政治理论课建设一样，重视加强哲学社会科学课程建设，在意识形态属性较强的课程中充分体现马克思主义的指导地位，加快构建中国特色的高校哲学社会科学的育人体系。三是构建各门专业课程的育人体系。高校每一门课程既都负有育人的职责，又都具有可挖掘利用的思想政治教育元素和资源。高校思想政治工作要通过加强专业教师的思想政治教育，提高他们的育人意识和能力，调动他们的育人主动性和创造性，全面细化和落实每门课程、每名教师、每个课堂的育人职责，使高校课程教学能够实现知识传授、价值引领和能力培养的有机统一。

（三）构建专业化的课外育人实践体系

在课堂之外，推动理论教育与学生行为实践相结合是高校思想政治工作质量提升的着力点。高校思想政治工作要针对一些学生存在的政治信仰淡化、价值观念偏差、功利主义抬头、心理障碍多发等思想问题，针对一些学生存在的学习困难、生活困难、就业困难等行为问题，加强构建专业化的课外育人实践体系，为学生提供专业的教育咨询和行为指导。一是构建专业化的组织育人体系。高校要加强基层党组织建设，根据人才培养改革的新特点创新组织建设形式、扩大组织的覆盖面，不断增强党组织的政治引领能力。同时加强对群团组织、学生会组织、学生社团等的领导，使之在育人中发挥政治性、先进性和群众性的引领作用。二是构建专业化的实践育人体系。高校要根据不同专业、不同学段、不同特点的人才培养需求，科学设计和统筹推进专业实践教学、志愿服务与社会实践、科技创新创业、军事训练等实践育人活动，形成不同主题、不同内容、不同形式的高校实践育人共同体。三是构建专业化的网络育人体系。高校要在建强学校门户网站、专题性网页、功能性新媒体终端等基础上，指导各级组织和各个部门建好各具特色的网络平台和资源，形成学校、院系、班级、师生个人等多级互通互联、共建共享的网络育人新矩阵。四是构建专业化的心理育人体系。高校要以学校心理健康课程和心理咨询机构建设为平台，建好心理专业教师、辅导员班主任、学生心理委员、专业心理医生相互协作的教育干预机制，同时建好学校、公安、校外医疗机构相互联动的危机应急机制。五是构建专业化的资助育人体系。高校要加强经济资助专业化人员和机构建设，增强运用大数据对学生进行精准资助的能力，同时积极争取社会爱心资助，统筹使用国家、学校和社会设立的各类奖助学金，在切实帮助大学生解决经济困难的同时，对他们加强感恩、诚信、自立、自强教育。

二、构建思想政治工作的评价体系

坚持以质量评价改革为驱动，是构建科学化、规范化的高校思想政治工作体系的重要路径和突破点。2017 年 12 月，教育部党组印发的《高校思想政治工作质量提升工程实施纲要》指出，要"健全高校思想政治工作质量评价机制，研究制定高校思想政治工作评价指标体系，创新评价方式"①。高校坚持育人导向，通过树立评价目标、制定科学的评价标准及指标体系、运用科学的评价方法等，来加强思想政治工作的评价，实现"以评促建"。

（一）构建系统的评价目标体系

评价目标解决的是"评什么"的问题。高校思想政治工作既要评思想政治工作的育人目标是否完成、育人效果是否达到，又要评思想政治工作各主体是否履职尽责、各项工作的具体任务是否完成，从而形成系统性的评价目标体系。一是明确育人效果的整体评估目标。即以高校人才培养质量评价为统领，对思想政治工作在人才培养过程中所起的综合性作用进行评价，既包括对人才培养质量的总体性评价，也包括对人才培养质量指标中涉及思想政治工作的部分进行评价，如明确学生的思想政治素质、教师的师德师风等的评价目标。二是明确各主体育人职责的分级评估目标。高校思想政治工作

---

① 《中共教育部党组关于印发〈高校思想政治工作质量提升工程实施纲要〉的通知》，2017 年 12 月 6 日，http：//www.moe.gov.cn/srcsite/A12/s7060/201712/t20171206_320698.html。

效果的呈现是一个长期过程，有的效果需要通过对毕业生进行长期跟踪评价才能完成。因而在大学阶段对这些效果的评价，只能通过思想政治工作各主体职责是否完成来进行。如明确辅导员、班主任工作的评价目标等。三是明确各项工作具体任务的分类评估目标。高校思想政治工作效果具有一定的隐藏性，有些效果的评价无法通过确定的指标来评价，只能通过某些具体工作任务是否完成来进行。如明确对学生的学风、教师的教风的评价目标等。

（二）构建规范的质量标准体系

质量标准解决的是"用什么来评"的问题。高校思想政治工作一方面要根据党和国家对学生和教师的培养要求，制定具体的学生和教师的思想政治素质评价指标体系，使对人才培养质量和师德师风情况的评价能够做到有据可依；另一方面要根据党和国家对思想政治工作的实施要求，制定具体的思想政治工作评价指标体系，使其评价目标体系能够进一步细化和具体化。一是精确对接国家标准。党和国家制定出台一系列关于高校思想政治工作、教师队伍建设、大学生思想政治教育、辅导员班主任队伍建设等文件，事实上形成了加强和改进高校思想政治工作的国家标准。高校要系统学习和贯彻这些标准，使对接和落实这些标准的要求更加明确。二是创建地方标准。各省各地党委政府及教育部门既要严格贯彻落实党和国家的各项要求，又要结合具体的省情、地情，创造性地建设本省本地的建设标准和实施办法，从而形成富有地方特色的地方标准。三是建设高校标准。高校根据党和国家、本省本地的各项要求，坚持因地制宜、因校制宜，制定更具有操作性的建设标准和实施办法，从而形成能够落地落实、具有高校个性化特色的学校标准。

（三）构建多元的评价方法体系

评价方法解决的是"如何评"的问题。高校思想政治工作要坚持多主体、多形式、多元素评价，不断丰富和创新评价的方式方法。一是坚持静态评价与动态评价相结合。静态评价主要是对思想政治工作的目标和效果进行评价，动态评价主要是对思想政治工作的过程进行评价。二是坚持定性评价与定量评价相结合。定性评价主要是运用分析与综合、比较与分类、归纳与演绎等逻辑分析方法，通过对高校思想政治工作的现实呈现状态或过程呈现资料等进行分析，从而得出结论性价值判断。定量评价主要是运用测量与统计、模糊数学等方法，通过收集和处理数据资料对高校思想政治工作进行数据呈现和数值描述，从而得出非结论性的价值判断，并为定性评价提供依据。三是坚持系统内评价与系统外评价相结合。系统内评价包括上级部门对下级部门的评价、教师和学生的评价等。系统外评价主要指借助第三方力量进行评价，包括高校之间的同行评价、社会中介机构的专业评价等。

（四）构建科学的评价反馈体系

评价反馈解决的是"评了之后怎么办"的问题。对高校思想政治工作进行评价，是一项重要的管理工作任务，属于加强思想政治工作过程中必不可少的重要环节，其价值关键在于评价结果的有效运用，既强化思想政治工作各主体的职责意识、调动他们的积极性，又强化思想政治工作各环节的精细化管理，促进思想政治工作各主体不断进行工作总结和水平提升。高校思想政治工作构建科学的评价反馈体系，一方面要坚持评价结果与主体职责考核挂钩。即将评价结果纳入各级党委政府及教育部门、高校及院系等的综合考核体系，与精神文明单位创建、年度工作目标考核、领导干部履职考核、教师各类人才和成果项目评审、干部选拔聘用等相挂钩，从而强化评价的政治性和严肃性。另一方面要坚持评价结果与人员培养培训挂钩。即将高校思想政治工作评价中总结出的先进经验、问题与不足等，上升到理论层面，并纳入高校思想政治工作各类人员培养培训的内容，使之在高校思想政治工作者素质能力提升中发挥针对性指导作用。

三、构建思想政治工作的保障体系

将高校思想政治工作的各项职责和任务落地落实，需要构建强有力的保障体系。一方面，要构建将高校思想政治工作贯穿于教育教学全过程的保障体系，使之能够对人才培养的全过程、全方位发挥引领和促进作用；另一方面，要构建高校思想政治工作系统内各要素相互协同、相互促进的保障体系，使之能够充分激活思想政治工作的全要素，并发挥好它们各自的作用。

（一）构建政策保障体系

高校思想政治工作是一项政策性极强的工作，保持各项政策的相对稳定性和可持续性，对于推动其科学发展具有十分重要的意义。高校思想政治工作政策保障体系的构建，一方面要坚持党和国家各项政策的权威性、各省各地政策的指导性，既强调贯彻这些政策从上到下的坚定性，又强调完善这些政策从下到上的实践性；另一方面要坚持高校各项政策的完整性和可操作性，既强调制定和执行这些政策与党和国家、各省各地政策对接的严格性和严肃性，又强调制定和执行这些政策的连续性和创新性，不能因人、因事的变化而随意改变，同时要因时、因事、因势不断进行政策创新。

（二）构建条件保障体系

加强和改进高校思想政治工作，需要在人、财、物等方面切实加强条件保障。高校思想政治工作构建条件保障体系，就是要在人力、财力、物力等得到充分保障的基础上，做到人尽其才、财尽其力、物尽其用。一是构建"后继有人"的人才队伍保障体系。一方面要充分建好、用好校内的人才队伍，既增强教师的思想政治教育素质能力，又要统筹推进党务干部和思想政治工作专门力量的建设；另一方面要善于借力，聘请符合条件的专家学者、地方党政领导、知名企业家、社会各条战线的先进人物等参与思想政治理论课教学、形势与政策宣讲以及兼职担任辅导员班主任、课外实践指导教师等。二是构建高效率利用的财物保障体系。高校根据工作的实际需要，既要提供充足的经费保障，也要提供设施和功能齐全、运转高效的工作场地，从而为思想政治工作的顺利开展提供坚强的物质保障。

（三）构建制度保障体系

加强和改进高校思想政治工作需要有常态化、长效化的制度保障。"制度问题更带有根本性、全局性、稳定性、长期性。"① 高校思想政治工作构建制度保障体系，就是要规范各项工作的管理，使之得到高校师生的集体认同和制度认同，始终处于稳定推进的状态。一方面要将思想政治制度纳入高校现代化治理制度体系，使之与高校其他各项制度相衔接，既坚持这一制度的根本性，又保持这一制度的特殊性；另一方面要加强高校思想政治工作内部各项具体制度的规范化建设，使其充分发挥制约和激励的双重保障功能。

---

① 《习近平谈治国理政》第一卷，外文出版社 2018 年版，第 391 页。

第三章

高校思想政治工作的任务与内容

任务与内容是高校思想政治工作研究的重要范畴，二者之间具有内在的逻辑关联。高校思想政治工作的任务反映了高校思想政治工作的目的与目标要求，规定了高校思想政治工作的基本内容；而高校思想政治工作的内容则是高校思想政治工作任务的具体化，直接关系着高校思想政治工作目的的实现和任务的顺利完成。高校思想政治工作内容是依据思想政治教育目的、任务以及高校师生的精神世界发展需要确定的，具有目的性、系统性与时代性等特征。明确高校思想政治工作的主要任务，确定高校思想政治工作的主要内容，是促进高校思想政治工作创新发展的内在要求。

第一节 高校思想政治工作的主要任务

高校思想政治工作的任务是指思想政治工作在高校教育教学过程中承担的特定责任，既要完成教育的任务，也要完成宣传思想工作的任务。2018年全国教育大会提出，教育要以凝聚人心、完善人格、开发人力、培育人才、造福人民为工作目标；全国宣传思想工作会议提出，宣传思想工作必须自觉承担举旗帜、聚民心、育新人、兴文化、展形象的使命任务。作为全国教育工作和宣传思想工作的重要组成部分，高校思想政治工作必须将完成上述任务与落实立德树人根本任务紧密结合，以培养社会主义建设者和接班人为根本目的，以"四个坚持不懈"为根本要求，推动高校各项事业的创新发展。

一、以习近平新时代中国特色社会主义思想武装师生头脑

党的十九大明确习近平新时代中国特色社会主义思想是马克思主义中国化的最新理论成果，是中国特色社会主义理论体系的重要组成部分，是新时代我国坚持和发展中国特色社会主义的指导思想和根本理论遵循。高校必须坚持马克思主义的指导地位，全面加强研究、阐释和宣传党的创新理论，使广大师生坚定理想信念，不断增强为实现中华民族伟大复兴的中国梦而努力奋斗的理论认知和行动自觉。

（一）加强马克思主义理论的宣传教育，坚定广大师生的理想信念

马克思主义是无产阶级争取自身解放和全人类解放的科学理论体系。2018 年五四青年节前夕，习近平总书记在北京大学师生座谈会上强调："马克思主义是我们立党立国的根本指导思想，也是我国大学最鲜亮的底色。"[①]引导高校师生坚定对马克思主义的信仰是高校思想政治工作的重要使命。坚持用马克思主义，尤其是马克思主义中国化最新成果指导高校思想政治工作，确保高校思想政治工作的正确方向，是我国高校思想政治工作的一个基本经验。习近平总书记在全国高校思想政治工作会议上强调："要坚持不懈传播马克思主义科学理论，抓好马克思主义理论教育，为学生一生成长奠定科学的思想基础。"[②]

---

① 习近平：《在北京大学师生座谈会上的讲话》，《人民日报》2018 年 5 月 3 日。
② 《习近平在全国高校思想政治工作会议上强调：把思想政治工作贯穿教育教学全过程 开创我国高等教育事业发展新局面》，《人民日报》2016 年 12 月 9 日。

　　全面加强党对高校的领导，必须坚持正确的理论指导，坚持马克思主义在高校的指导地位，而将高校建设成为研究、阐释、宣传马克思主义的理论高地，不断坚定广大师生的马克思主义政治信仰，是我国高校思想政治工作的重要历史使命。一是加强对马克思主义基本理论的宣传教育。马克思主义是科学的理论，主要包括马克思主义哲学、马克思主义政治经济学、科学社会主义三大组成部分，是无产阶级的科学世界观和方法论，是关于自然、社会和思维发展的普遍规律的学说。坚持马克思主义是中国特色社会主义各项事业健康发展的本质要求。高校只有加强马克思主义基本理论的宣传教育，才能不断增强广大师生运用马克思主义基本观点和方法观察问题、分析问题和解决问题的能力。二是加强对 21 世纪马克思主义的理论研究。马克思主义是发展的理论，自产生以来在人类社会的发展中显示出强大的时代解释性和批判性，是人类历史上迄今为止最科学的世界观和方法论。21 世纪以来人类社会发生着深刻变革，一方面社会主义与资本主义两种社会制度的斗争依然尖锐，在"资强社弱"的国际格局下，国际共产主义运动呈现出新的特点，展示出 21 世纪马克思主义的勃勃生机；另一方面，现代科学技术的发展使世界各国人民的联系日益紧密，在解决人类面临的共同问题中，世界各国对马克思主义的研究非但没有停止，相反越来越深入，展示出马克思主义强大的当代价值。高校只有加强 21 世纪马克思主义的理论阐释，才能不断增强广大师生运用当代马克思主义理论来分析世情、国情、党情的能力，从而把握当代马克思主义的时代价值和精神实质。三是加强对马克思主义中国化的理论阐释。马克思主义是实践的理论，只有将马克思主义的基本原理与本国的实际相结合，才能真正地做到坚持和发展马克思主义。在马克思主义中国化的进程中，无论是毛泽东思想，还是邓小平理论、"三个代表"重要思想、科学发展观，都做到了既始终坚持马克思主义的理论精髓，又充分结合我国的实际，从而把坚持马克思主义与发展马克思主义有机地结合起来。党的十八大以来，以习近平同志为核心的党中央不断开辟马克思主义发展的新境界，使马克思主义在中国显示出蓬勃生机与活力，为国际共产主义运动作出了中国贡献，为世界各国人民坚持和发展马克思主义提供了中国智慧和中国方案。高校只有加强马克思主义中国化理论的研究阐释，才能促使广大师生自觉地学习党的创新理论，从而不断增强思想行为自觉，提高对办学治校和学生成长成才规律的把握能力。

（二）加强习近平新时代中国特色社会主义思想的宣传教育，增强广大师生的理论武装

党的十八大以来，以习近平同志为核心的党中央以全新的视野，不断深化对共产党执政规律、社会主义建设规律、人类社会发展规律的认识，理论与实践相结合，系统回答了新时代坚持和发展什么样的中国特色社会主义、怎样坚持和发展中国特色社会主义这一重大时代课题，取得了重大理论创新成果，形成了习近平新时代中国特色社会主义思想。高校坚持马克思主义的指导地位，必须加强对习近平新时代中国特色社会主义思想这一当代中国的马克思主义理论的研究、阐释和宣传。一方面，要加强习近平新时代中国特色社会主义思想如何继承和发展马克思主义的研究，把其内容体系和精神实质学懂弄通做实；另一方面，要加强习近平新时代中国特色社会主义思想如何发展和创新马克思主义中国化理论的研究，把其理论特色和实践价值学懂弄通做实。

高校思想政治工作以习近平新时代中国特色社会主义思想为根本指导，必须要加强对这一思想的研究、阐释和宣传工作力度。一是要在学习贯彻上下功夫。习近平新时代中国特色社会主义思想为新时代坚持和发展中国特色社会主义高等教育提供了根本遵循和行动指南，思想政治工作贯穿于高校人才培养、科学研究、社会服务、文化传承、国际交流合作等各项工作之中，起着重要的政治保障和思想价值引领的作用，必须准确把握新时代党对高校提出的时代课题，把扎根中国大地办好社会主义大学的要求落实好、把立德树人的根本任务完成好。二是要在研究阐释上下功夫。我国高校历来都是研究阐释马克思主义理论的重要阵地，具有研究阐释习近平新时代中国特色社会主义思想的学科优势、学术优势和话语优势，思想政治工作要充分整合和发挥这些优势，加强对党的创新理论中重大问题的研究阐释，以马克思主义学科建设为龙头，加快构建中国特色哲学社会科学的学科体系、学术体系和话语体系，使高校成为研究阐释习近平新时代中国特色社会主义思想的高地。三是要在宣传教育上下功夫。高校以立德树人为根本任务，承担着宣传和传播马克思主义理论的重要任务，思想政治工作要切实发挥课堂教学的主渠道作用，加强习近平新时代中国特色社会主义思想的系统性理论教育，同时要发挥日常思想政治工作的主阵地作用，深入推进习近平新时代中国特色社会主义思想进班级、进社团、进宿舍、进网络等，从而构建高校宣传习近平新时代中国特色社会主义思想的立体化教育体系，使这一思想在高校深入人心、落地生根，并对社会产生重大的示范引领作用。

（三）加强中国特色社会主义高等教育理论的宣传教育，凝聚广大师生的思想共识

新中国成立 70 年来，我国高等教育事业取得了长足的进步，毛入学率超过 30%，正在实现由精英化教育、大众化教育向普及化教育的阶段性转变。但从国际比较角度来看，我国高等教育尚处在"大而不强"的阶段，在人才培养模式、理论创新能力、现代化技术水平等方面存在许多薄弱环节。党的十八大以来，习近平总书记围绕教育、高等教育等发表了一系列重要论述，为构建中国特色的高等教育理论提供了根本遵循。中国特色社会主义高等教育理论是中国特色社会主义理论体系的重要内容，是高校坚持以习近平新时代中国特色社会主义思想为根本指导、贯彻党的教育方针，结合我国高校具体的实际，在坚持走中国特色社会主义发展道路的过程中所形成的理论体系。思想政治工作加强对这一理论的宣传教育，有利于进一步统一师生思想认识，形成行动合力。

当前我国高等教育正在加速与国际接轨，高校在强调国际化合作与交

流中，必须处理好坚持国际借鉴与坚持中国特色的辩证关系，在构建现代化大学治理结构、以"双一流"建设促进内涵式发展等工作中，必须加强对中国特色社会主义高等教育理论的宣传教育。而思想政治工作加强这一理论的宣传教育，着重在于强调我国高等教育的三个基本属性：一是政治属性，即高等教育的发展要服从党对高校的领导，坚持正确的办学方向和育人导向，解决好"培养什么样的人、如何培养人、为谁培养人"这一根本问题。二是社会属性，即高等教育的发展要尊重教育的基本规律，坚持以提升师生的思想政治素质、道德素质、法治意识等为重点，培养中国特色社会主义各项事业所需要的、能够担当民族复兴大任的时代新人，使高校成为助推社会主义现代化强国战略的人才库和智力库。三是文化属性，即高等教育的发展要以继承和弘扬中华民族优秀传统文化、革命文化和社会主义先进文化为重要依托，坚持以文化人、以文育人，使高校成为传承优秀传统文化、实践革命文化、创造社会主义先进文化的重要阵地。

二、引导师生自觉培育和践行社会主义核心价值观

党的十八大提出"三个倡导"、24 个字的社会主义核心价值观，是马克思主义与我国社会主义现代化建设相结合的产物，与中国特色社会主义发展需求相契合，与中华民族优秀传统文化和人类文明成果相承接，是党凝聚全社会价值共识所作出的重要判断。习近平总书记高度重视在高校中培育和践行社会主义核心价值观，强调："青年要从现在做起、从自己做起，使社会主义核心价值观成为自己的基本遵循，并身体力行大力将其推广到全社会去。"[1] 中共中央、国务院印发的《关于加强和改进新形势下高校思想政治

---

[1] 中共中央文献研究室：《十八大以来重要文献选编》（中），中央文献出版社 2016 年版，第 6 页。

工作的意见》强调，"要培育和践行社会主义核心价值观，把社会主义核心价值观体现到教书育人全过程，引导师生树立正确的世界观、人生观、价值观"①。加强和改进新形势下高校思想政治工作，必须加强培育和践行社会主义核心价值观。

（一）加强社会主义核心价值观的教育引导

社会主义核心价值观是历史传承与时代发展的内在统一。作为一个国家、民族文化自觉的必然结果，社会主义核心价值观彰显了一个社会进行道德评判的价值准则，具有强大的价值引领功能，能够极大地弘扬社会正气、凝聚社会共识、培育文明风尚，为建设社会主义文化强国、提升国家文化软实力提供了价值支撑。高校加强社会主义核心价值观教育，有助于提高广大师生的价值判断和价值选择能力，提高他们的道德自律和道德自觉；有助于教育引导当代大学生将个人的成长发展与国家民族的前途命运紧密相连，既要学习提高科学文化知识和现代化建设本领，更应注重提高自己的身心素质和道德修养，在坚定理想信念、升华道德境界、投身火热实践中不断完善自我，促进自身的全面发展。

高校加强社会主义核心价值观的教育引导，首先必须全面准确地理解社会主义核心价值观的科学内涵。社会主义核心价值观不是凭空产生的，而是根源于中国特色社会主义伟大实践并为其服务的。既要坚持用马克思主义的立场、观点、方法来阐释社会主义核心价值观的内在本质，也要结合对社会错误价值观的批判，来揭露资本主义核心价值观的阶级本质与历史局限，揭露其所宣扬的所谓"普世价值"的虚伪性和欺骗性，教育引导高校师生自觉增强对社会主义核心价值观的理论认同和情感认同。其次要全面系统地宣传解读社会主义核心价值观。高校思想政治理论课应充分发挥自身的主渠

---

① 《中共中央国务院印发〈关于加强和改进新形势下高校思想政治工作的意见〉》，《人民日报》2017 年 2 月 28 日。

道、主阵地作用，围绕社会主义核心价值观教育这一主线，向大学生全面系统地解读社会主义核心价值观的思想渊源与本质内涵，宣传社会主义核心价值观的精神实质和意义价值，让青年学生在更好地认同社会主义核心价值观的基础上明确自身进行价值判断和价值抉择的基本遵循。此外，高校哲学社会科学课程和其他专业课程也要充分挖掘自身蕴含的价值观教育资源，将社会主义核心价值观教育有机融入课堂教学全过程。最后要提高社会主义核心价值观教育的吸引力、感染力。高校应紧密结合我国经济社会发展形势、教育改革发展动向和大学生学习生活实际，创新教育的方式方法，积极探索搭建既富有思想性、价值性，又便于组织大学生广泛参与的教育平台，探索在各类新媒体中有机融入教育内容，提高教育的渗透性和有效性，积极推进社会主义核心价值观教育入耳、入脑、入心。

（二）加强社会主义核心价值观的实践养成

实践是价值认识的来源，也是价值生成的基本途径。高校开展社会主义核心价值观教育，不能"关起门来搞教育"，既要把社会主义核心价值观教育与课堂教学、管理服务、社会实践、校园文化建设等结合起来，形成培育和践行社会主义核心价值观教育的强大合力；也要教育引导高校师生在日常学习、生活和工作中，自觉地培育和践行社会主义核心价值观，积极主动地参加各种社会实践活动，在价值生活实践中将社会主义核心价值观内化为自己的价值观念，并自觉指导新的价值实践活动。

高校加强社会主义核心价值观的实践养成，一方面要高度重视高校师生价值生活实践教育，大力组织开展富有价值内涵和价值意义的社会实践活动。高校应积极组织开展校园艺术文化、科技体育、社会公益等实践活动，引导高校师生在社会实践活动中自觉接受价值生活教育，努力提高自身的价值思维意识和价值判断能力。另一方面要将社会主义核心价值观教育有机融入大学生实习实践活动全过程和各环节。大学生专业实习、实验模拟、参观考察、勤工俭学等实习实践活动是专业课程学习的重要组成部分，为社会主义核心价值观教育开辟了新的"第二课堂"实践体系。为此，高校要注重将社会主义核心价值观教育从课堂宣讲拓展延伸到实习实践活动第一线，教育引导当代大学生在社会调研、支教扫盲、志愿服务、红色旅游等实习实践活动中体验社会主义核心价值观的真理性和科学性，在强化价值感性认知和理性认同的基础上作出正确的价值判断和价值选择，进而更好地理解和认同社会主义核心价值观。

（三）加强社会主义核心价值观的制度保障

培育和践行社会主义核心价值观是一项复杂的系统工程，高校必须坚持育人为本、德育为先的教育理念，切实加强制度建设，在规范化的教育、管理、服务中不断弘扬彰显社会主义核心价值观，做到既坚持"物的尺度"——符合高等教育改革发展的客观规律，又坚持"人的尺度"——符合高校师生的发展规律和价值追求。

高校加强社会主义核心价值观的制度保障，首先要加强培育和践行社会主义核心价值观的顶层制度设计。坚持从每一个人做起、从小事做起，将培育和践行社会主义核心价值观贯穿到师德师风建设、人才培养等全过程，在目标设计、过程管理、结果考核等方面突出社会主义核心价值观教育的制度性规定。其次要加强培育和践行社会主义核心价值观的具体制度执行。坚持将培育和践行社会主义核心价值观的要求落细、落小、落实，在各项教学、管理、服务等实际工作中制定具体的行为标准和执行规范，使培育和践行社会主义核心价值观可量化、可评测、可考核。最后要积极营造培育和践行社会主义核心价值观的良好氛围。通过坚持各级领导带头、党员干部带头、骨干教师带头，积极选树先进典型人物、开展先进事迹展示活动等，在校园中广泛营造培育和践行社会主义核心价值观的先进文化，从而对高校师生的思想观念、道德准则、价值取向与行为方式产生潜移默化的积极影响。

三、切实维护高校的和谐稳定

高校的和谐稳定极其重要和特殊。一方面，高校作为国家管理和社会治理的重要单元，其和谐稳定本身就构成国家安全和社会稳定的重要内容；另一方面，高校作为国家人才培养、科学研究、社会服务、文化传承、国际交流合作的重要主体，其和谐稳定直接关系到中国特色社会主义高等教育质量的提升，关系到高等教育对中国特色社会主义其他各项事业基础性支撑作用的发挥。当前，人们思想活动的独立性、选择性、多变性、差异性日益增强，社会思想文化越来越多样多变多元且频繁交流交融交锋，各种价值观念和社会思潮纷繁变幻、相互激荡，这些必然体现在高校思想文化建设中，从而对高校思想政治工作提出新的挑战。

（一）切实维护国家意识形态安全

从世情看，高校日益成为社会主义与资本主义两种意识形态斗争的主战场。西方敌对势力对我进行"西化""分化""和平演变"的政治图谋没有改变，他们打着学术探讨、访问交流、项目资助等幌子更加隐蔽地对我国高校意识形态领域进行渗透，其本质就是与我们争夺接班人，妄图通过培植代言人等方式在高校打开缺口。近年来，"西方发达国家正在利用'生态'、'反恐'、'时尚'等日常生活性的新型话语工具，塑造新的'全球共识'"，"以世界人民关注的全球性问题制造话语工具，抢夺话语权，借机植入资本主义意识形态"①。从国情看，高校日益成为社会各利益主体关注和借机"炒作"的重要战场。我国改革发展过程中遇到的许多突出矛盾和尖锐问题，一方面通过互联网、手机移动终端等新兴媒介对高校师生产生越来越大的影响，一些错误的思想舆论借机在高校师生中泛滥传播；另一方

---

① 李艳艳：《警惕西方意识形态渗透的新型话语工具》，《红旗文稿》2014 年第 13 期。

面，高校师生中的一些错误及不当言行在网络上被恶意"炒作"，其真正意图在于攻击党和政府、攻击中国特色社会主义制度，不仅严重损害了高校师生的正当权益，也给高校的和谐稳定带来严重的威胁。

高校思想政治工作必须牢牢掌握社会主义意识形态的主导权，坚决打赢意识形态这场没有硝烟的战争。一是要在师生中广泛开展整体国家安全观教育。坚持以人民安全、政治安全和国家利益至上为根本原则，将高校的和谐稳定与整个教育战线的安全稳定、国家的安全稳定高度统一起来，坚持安全无小事，坚守高校社会主义意识形态安全这一"底线"。二是加强社会主义意识形态安全教育。教育引导师生准确把握社会主义意识形态的本质特征及其与资本主义意识形态的本质区别，充分认识互联网时代资本主义意识形态传播的长期性、隐匿性，切实加强社会主义意识形态的理论教育，不断增强广大师生的风险意识、忧患意识、安全意识。三是加强高校网络意识形态的管理。网络的匿名性与交互性使网络意识形态监管成为一道亟待破解的难题。高校不仅应高度重视网络思想政治教育这块高地，创新网络思想政治工作，而且必须坚决抵制错误社会思潮的网络渗透和错误思想文化的网络传播，以抢占网络思想舆论阵地，重点开发建设一批蕴含社会主义主旋律和正能量的网络思想文化精品资源，在规范高校师生网络行为中引导他们形成积极健康的思想倾向和价值取向。

（二）正确处理高校改革、发展、稳定的关系

改革是提高我国高等教育质量的动力，只有积极推动改革，才能解决困扰高校发展的各种障碍和问题；发展是推动我国高等教育改革的目的，是硬道理，只有能够有效促进高校发展的改革才能得到认可和具有可持续性；稳定是我国高等教育改革、发展的前提，是硬任务，高校一切改革、发展都离不开稳定的环境，凡是影响稳定的改革、发展都需要慎重对待。新时代高校以改革促发展，通过构建现代化治理体系、推进"双一流"建设、改革人才培养机制和评价机制等，促进高校的内涵式发展，必须正确处理改革、发

展、稳定之间的关系，增强各项工作之间的统筹性和协调性。

高校思想政治工作正确处理改革、发展、稳定的关系，必须始终强调坚持以下三点：一是树立正确的改革发展观。高校改革发展涉及广大师生的切身利益，必须以正确的改革发展观来统一师生的思想认识，达成最大的思想共识来谋求改革过程的最优化和发展成果的最大化。坚持以育人为中心，以创新、协调、绿色、开放、共享五大发展理念为引领，以问题为导向，将高校的改革与国家的发展、高校现实问题的解决与长远发展、师生的个人利益与高校的整体利益等有机结合起来，形成人人参与改革、人人共享发展成果、人人维护团结稳定的良好格局。二是构建改革发展稳定的协调机制。高校要加强对改革发展稳定的顶层设计和宏观统筹，明确不同部门坚持改革、促进发展和维护稳定的主体责任和协同责任，在改革的力度与深度、发展的数量与质量、维稳的可能性与可行性等问题上，进行一体化考量和整体性推进，特别是要在改革和发展中全面分析和把握影响稳定的各种因素，将维护稳定工作做在日常，切实构建化解重大风险的体制机制。三是提高突发事件的研判力、发现力、处置力。高校要高度重视稳定工作，坚持稳定压倒一切，通过人防、物防、技防等多种手段切实提高对各种突发事件的研判力、发现力、处置力，如建立重大改革事前风险研判机制，加强对发展中各类风险点的监测与防控，提高及时处置突发事件的联动应急能力等。

（三）大力提升师生的获得感、幸福感和安全感

维护高校的和谐稳定，既要加强党对高校的领导，也要充分调动广大师生的积极性、主动性和创造性。当前影响高校和谐稳定的原因比较复杂，除西方国家意识形态的蓄意渗透破坏之外，还有一些社会问题在高校的映射、高校自身办学过程中产生的不和谐不稳定因素——如有心理问题的学生人数增多，涉及高校的网络舆情事件此起彼伏，网络传销、网络诈骗等侵害师生个人身心健康的事件时有发生等—— 一定程度上使部分高校师生缺乏安全感、幸福感和获得感。

高校思想政治工作以人为对象，必须高度关注师生的思想需求，帮助他们解决面临的思想问题和具体困难。一是要切实提高高校的办学水平，以更高质量的发展来满足师生日益增长的美好生活需要。既加强教育教学改革，以创新人才培养模式和提高人才培养质量来提升学生的获得感，使他们能够学有所成、学有所用，成为社会需要和欢迎的人才；也要加强管理服务改革，以提高管理效率和服务水平来对接师生不同的需求，使高校管理服务的育人元素得以充分激活与利用。二是要扩大师生对高校民主管理的参与，以更加开放共享的管理体制提高师生的主人翁意识和责任感。坚持以师生为中心，畅通高校的问题收集、解决和反馈机制，使师生关心的问题能够得到快速反映与有效解决。要充分发挥工会、共青团、学生会等群团组织在带领师生、团结师生、联系师生、维护师生合法权益等工作中的重要作用，广泛吸引师生中的骨干分子参与高校重大事项、重大活动的民主管理与民主决策，使高校的管理结构更加科学、管理方式更加优化、管理过程更加透明。三是要构建专业化的成长成才帮扶机制，切实加强对学生的人文关怀。针对学生中的一些特殊问题，要通过建立专业化的教育机构和加强专业化的人员队伍建设，提供"一对一"的个性化、精准化的救助与帮扶。如高校建设大学生心理健康教育和咨询服务中心，为有心理困惑或心理问题的学生提供及时性、专业化的咨询服务；建设大学生经济资助中心，在为家庭经济困难大学生提供物质资助的同时，注重加强资助育人，帮助他们树立自信、自强、自立、自尊、自爱的品格等。

四、积极培育优良的校风学风

构筑人的精神世界是文化的本质使命，坚持以文化人、以文育人，就是要充分发挥文化对人的精神世界的塑造功能，帮助人们提高思想意识、道德观念、价值追求、精神风貌与文化素养等要素。高校是文化传承与文化创新的重要场所，注重校园文化建设，注重以文化人、以文育人，既是大学的本质要求，也是大学特有的文化特质。伴随着全球化、信息化等时代潮流的汹涌而至，我国社会正经历着前所未有的历史变革与转型创新。在这个新旧价值碰撞交替的时期，长期以来人们固守的思想观念、道德标尺、价值取向等都经受了巨大的考验和冲击，致使一些师生不同程度地出现了思想意识迷茫、价值取向功利、心理承受力脆弱等问题。高校思想政治工作注重继承和弘扬中华民族优秀传统文化、革命文化和社会主义先进文化，其目的在于以优秀文化来滋养师生的精神世界，帮助他们构筑积极、健康、向上的精神家园。

要加强高校的校风学风建设。文化是一所高校的灵魂，而校风学风是高校文化最集中的体现。任何一所高校在自身的办学过程中，必然积淀着治校办学的优良传统，反映着历年来高校师生的思想取向与价值追求，其中具有相对稳定性的优秀精神标帜就形成了代代相传的校风学风。优良的校风学风是高校文化育人的宝贵资源，对师生发挥着凝聚、教育、激励、规范、评价、辐射等重要功能。高校思想政治工作加强校风学风建设，首先要重视对校园文化精神的提炼。通过学校精神、校训等的提炼和宣传，使大学文化与大学精神为广大师生所知晓，并入脑入心，从而转化为学生的特殊气质，既表现为学生在校期间的精神追求，也表现为学生毕业后的精神支撑。其次要重视将校风学风建设融入高校教育教学全过程。对于高校教师来说，要注重师德师风建设，以优良的教风来引导学生的学风；对于高校管理服务人员来说，要注重工作作风建设，以优良的管理服务来促进学生的成长成才；对于大学生来说，要注重提高思想政治素质，以明确的学习目标、端正的学习态度、科学的学习方法、持之以恒的学习毅力等来约束自身的学习行为。最后要重视形成全员参与校风学风建设的激励和约束机制。坚持将校风学风建设与教师的师德师风考核评价、学生的纪律管理与评优评先等工作结合起来，使校风学风建设既成为师生的思想激励，也成为师生的行为约束。

第二节　高校思想政治工作的主要内容

高校思想政治工作的内容是思想政治工作目的、任务的具体化，直接关系着高校思想政治工作目的的实现和任务的顺利完成。高校思想政治工作内容是依据思想政治教育目的、任务以及高校师生的精神世界发展需要确定的，具有目的性、系统性与时代性等特征。2017 年 2 月，中共中央、国务院印发《关于加强和改进新形势下高校思想政治工作的意见》，为高校准确把握新时代思想政治工作的主要内容提供了政策遵循。

一、强化大学生的思想理论认知

加强思想理论教育与价值引领是高校思想政治工作的核心，要求把理想信念教育放在首位，切实加强党的创新理论武装，教育引导师生坚定"四个自信"，自觉培育和践行社会主义核心价值观，在加强高校文化建设中做到以文化人、以文育人等。培育又红又专、德才兼备、全面发展的社会主义建设者和接班人是高校思想政治工作的根本任务，而其重中之重在于强化大学生的思想理论认知，指导和帮助大学生解决好"四个正确认识"的问题。

（一）正确认识世界和中国发展大势

马克思指出："人们自己创造自己的历史，但是他们并不是随心所欲地创造，并不是在他们自己选定的条件下创造，而是在直接碰到的、既定的、从过去承继下来的条件下创造。"[1] 开展高校思想政治工作，必须立足于一定的时代境遇，把握人类社会发展的历史必然性与内在规律。教育引导学生

---

① 《马克思恩格斯文集》第 2 卷，人民出版社 2009 年版，第 470—471 页。

正确认识世界和中国发展大势，应注重培养青年大学生的理论思维能力和历史思维能力，掌握社会历史发展的必然性。具体而言，就是要通过深入学习、正确理解马克思主义理论，从我们党探索中国特色社会主义历史发展和伟大实践中，认识和把握人类社会发展的历史必然性，认识和把握中国特色社会主义的历史必然性，进而不断树立为共产主义远大理想和中国特色社会主义共同理想而奋斗的信念和信心。新时期，正确认识世界和中国发展大势，要在高校各项教育教学实践中帮助大学生系统、准确地了解掌握"四个全面"战略布局、"五位一体"总体布局、中华民族伟大复兴的中国梦、"一带一路"、"双创"、"互联网+"等国内外发展热点，在对事物的清晰认识中培养自身的宏大发展视野。

（二）正确认识中国特色和国际比较

坚持和发展中国特色社会主义，必须正确认识中国特色和国际比较，处理好全面客观地认识当代中国与看待外部世界两个方面。一方面，要对中国特色发展模式具有正确认识，既要积极肯定我国发展所取得的伟大成就，也要敢于面对发展中出现的问题，不断坚定中国特色社会主义道路自信、理论自信、制度自信与文化自信。另一方面，要培养大学生的国际视野，用开放的眼光和辩证的方法看待外部世界，善于批判借鉴国外先进的科学文化知识和管理经验，服务于中国特色社会主义建设事业。

（三）正确认识时代责任和历史使命

青年的成长发展总是在一定的社会历史条件下进行的，不可避免地带有特定的时代印记，必须把握时代主旋律，紧跟时代潮流，勇做时代发展进步的急先锋。要引导大学生正确认识时代责任和历史使命，就是用中国梦激扬青春梦，为大学生点亮理想的灯、照亮前行的路，激励大学生自觉把个人的理想追求融入国家和民族的事业中，勇做走在时代前列的奋进者、开拓者。2014年5月4日，习近平在同北京大学师生代表座谈时强调："时间之河川流不息，每一代青年都有自己的际遇和机缘，都要在自己所处的时代条件下谋划人生、创造历史。青年是标志时代的最灵敏的晴雨表，时代的责任赋予青年，时代的光荣属于青年。"①

（四）正确认识远大抱负和脚踏实地

指导和帮助大学生选择正确的人生道路，必须教育引导他们正确认识远大抱负和脚踏实地，使之能够珍惜韶华、脚踏实地，把远大抱负落实到实际行动中，让勤奋学习成为青春飞扬的动力，让增长本领成为青春搏击的能量。一方面，教育引导大学生树立共产主义远大理想和坚定理想信念。邓小平同志高度重视对青年学生加强理想信念教育。1985 年 3 月，邓小平在全国科技工作会议上强调："要特别教育我们的下一代下两代，一定要树立共产主义的远大理想。"② 习近平总书记形象地将理想信念比作人精神上的"钙"，强调"理想信念坚定，骨头就硬；没有理想信念，或理想信念不坚定，精神上就会'缺钙'，就会得'软骨病'"③。另一方面，教育引导大学生扎根实践实现远大抱负。毛泽东同志曾指出，"人的正确思想，只能从社会实践中来"④。实践才是实现远大抱负的唯一途径。加强和改进大学生思想政治教育，要积极开拓大学生社会实践基地、搭建志愿服务平台等，教育引导大学生不怕吃苦、不怕牺牲，敢于在艰苦的环境中用实干一步一步朝着梦想前进。

二、发挥课堂教学的主渠道作用

学生的主要任务是学习，课堂教学是学生学习的主要形式，因而课堂教

---

① 《习近平谈治国理政》，外文出版社 2014 年版，第 167 页。
② 《邓小平文选》第三卷，人民出版社 1993 年版，第 111 页。
③ 《习近平谈治国理政》第一卷，外文出版社 2018 年版，第 414 页。
④ 《毛泽东文集》第八卷，人民出版社 1999 年版，第 320 页。

学也是高校育人的主渠道。2004 年中共中央、国务院印发《关于进一步加强和改进大学生思想政治教育的意见》中指出"高等学校各门课程都具有育人功能","高等学校思想政治理论课是大学生思想政治教育的主渠道","高等学校哲学社会科学课程负有思想政治教育的重要职责"等，为高校进一步加强课程育人、发挥课堂教学的主渠道作用指明了方向。

（一）加强马克思主义学科建设

马克思主义是我们立党立国的根本指导思想，是全党全国人民团结奋斗的共同思想基础。高校加强马克思主义学科建设，用马克思主义及其中国化最新成果武装当代大学生，是贯彻落实党的教育方针的具体体现。以大力推进马克思主义理论研究和建设工程为契机，一方面要充分发挥马克思主义理论研究和建设工程的优势，推动形成思想政治教育重大创新理论成果；另一方面要充分发挥"马工程"在思想理论建设中的龙头作用，组织高校教师深入研究阐释习近平新时代中国特色社会主义思想，阐释 21 世纪马克思主义中国化、时代化、大众化的最新理论成果，不断深化对重大现实问题、重大理论问题和重大实践经验的研究，切实帮助高校师生提高思想理论素养。

高校加强马克思主义学科建设，建强马克思主义学院是关键。高校要按照党中央决策部署和高校马克思主义学院建设标准，大力推进马克思主义学院建设。坚持"马院姓马，在马言马"，充分发挥马克思主义学院在理论教育与人才培养方面的组织优势与基础作用，努力将其建设成为马克思主义理论教学、研究、宣传和人才培养的坚强阵地。全国及各省重点建设的示范马克思主义学院要发挥带头示范作用，在学院管理、学术治理、师资队伍建设等方面整合资源、改革方式、创新方法，将马克思主义学院打造成高校的"第一学院"，将马克思主义学科建设成高校的"第一学科"。

（二）加快构建中国特色哲学社会科学

高校哲学社会科学在认识世界、传承文明、创新理论、咨政育人、服务社会等方面具有重要作用。2016 年 5 月 17 日，习近平总书记在全国哲学社会科学工作座谈会上发表重要讲话，提出要"着力构建中国特色哲学社会科学，在指导思想、学科体系、学术体系、话语体系等方面充分体现中国特色、中国风格、中国气派"①。2017 年 5 月 16 日，中共中央印发《关于加快构建中国特色哲学社会科学的意见》，强调坚持和发展中国特色社会主义，必须加快构建中国特色哲学社会科学，为实现"两个一百年"奋斗目标、实现中华民族伟大复兴的中国梦提供强大思想理论支撑。加快构建中国特色哲学社会科学，是当前和今后一段时间内高校的一项重大政治任务和艰巨历史使命。

新时代我国发展的新的历史方位，决定着高校哲学社会科学的发展应当更加注重理论的本土化，扎根中国大地，讲好中国故事、传播好中国声音、阐释好中国特色。同时，哲学社会科学的意识形态本质属性，决定着高校哲学社会科学的发展应当紧密地服务于党和国家的发展战略，着力提高理论原创能力和解决中国实践问题的能力。高校加快构建中国特色的哲学社会科学，一是要坚持马克思主义的指导地位，将学校建设成为研究、阐释、宣传党的创新理论的高地。二是要构建全方位、全领域、全要素的哲学社会科学体系，对接世界一流的建设标准，建设具有中国特色的学科体系、学术体系、话语体系、教材体系、评价体系。三是要构筑学生、学术、学科一体的综合发展体系，以学生为中心创新人才培养，以学术为基础促进科教融合，以学科为支撑强化学科育人。四是要改革科研管理机制激发创新活力，推动科学研究与党的建设、"双一流"学科建设、各类人才计划、校风学风建设等的深度融合，进一步改革评价机制和优化管理流程，不断提高教师的获得感。

（三）统筹推进"思政课程"和"课程思政"改革

高校思想政治理论课承担着对大学生进行系统的马克思主义理论教育的

---

① 习近平：《在哲学社会科学工作座谈会上的讲话》，《人民日报》2016 年 5 月 19 日。

任务，是大学生思想政治教育的主渠道。高校加强马克思主义学院建设，就是要进一步建强思想政治理论课，深入实施高校思想政治理论课建设体系创新计划，完善教材体系、提高教师素质、创新教学方法，通过理论教学与实践教学融合、线上课程与线下课程同构等，切实增强教学的吸引力、说服力、感染力，将思想政治理论课打造成为高校的"金课"，使之成为高校人才培养的"第一课程"、立德树人的首要阵地，做到让学生"真心喜欢、终身受益、毕生难忘"。

高校各门课程都负有育人的重要职能，都具有思想政治教育元素。高校要充分挖掘各类课程中的思想政治教育元素和资源，全面推进"课程思政"建设。一是要明确和落实每门课程、每名教师、每个课堂的育人职责。哲学社会科学要充分体现马克思主义的指导地位，坚持"学术研究无禁区、课堂讲授有纪律"，特别是在课程建设上要加强社会主义意识形态的宣传教育。自然科学要充分体现正确的政治方向，坚持在课程讲授中贯穿爱国主义和科学精神的宣传教育。二是要统筹推进课程改革。将促进思想政治教育作为课程改革的核心要素，提升各门课程教学的质量，使"课程思政"在各门课程中拓展深化，实现思想政治教育与知识体系教育的有机统一。三是要充分发挥思想政治理论课对其他课程的示范带动作用。加强专业教师的思想政治教育素质和能力培养培训，不断促进各门课程中思想政治教育与专业教学的融合创新，使"思政课程"与"课程思政"形成同向同行的育人合力。

三、加强宣传思想文化阵地的建设管理

宣传思想文化阵地是高校加强思想政治工作的重要依托，是高校进行马克思主义理论及其最新成果宣传、发出党和人民声音、传播先进思想文化等的重要载体，是高校意识形态斗争的主要战场。阵地不牢，地动山摇。高校牢牢掌握意识形态斗争的主动权、主导权，必须牢牢掌握宣传思想文化阵地的管理权、控制权，增强阵地意识，坚持底线思维，不断加强对校园宣传思

想文化工作的管理和引导。

（一）加强课堂讲坛的制度管理

各类课堂讲坛是高校师生思想交流的主要途径，特别是教师在课堂讲坛上的一言一行，都对学生起着极大的影响。规范课堂讲坛管理，必须严格制定和执行教学管理制度，坚持课堂教学有规范、讲坛管理有制度，使课堂讲坛的管理规范成为师生的基本遵循。一是落实教师的社会主义意识形态教育的主体责任。一方面强化教学纪律，规范教师课堂上的言行，不能让课堂成为发牢骚、泄怨气、造谣生事的场所；另一方面倡导传播正能量，激发教师坚持学高为师、身正为范，用自己的学识、阅历、经验激发学生对真善美的向往，使课堂讲坛成为传播弘扬社会主义核心价值观、激发正能量的坚强阵地。二是落实讲座报告审批制度。凡举办讲座、报告、论坛、学术沙龙等活动，事前必须经过严格的报告和审批；活动过程中必须加强纪律管控，不能出现"办而不管"现象，特别是一旦出现有政治偏差的不良言论，应立即叫停并及时消除影响。三是加强课堂讲坛纪律执行情况的督查检查。高校各级党组织及相关管理部门的负责同志应坚持深入课堂讲坛，并采取多种形式收集师生、家长对课堂讲坛情况的意见，对教师传播错误言论、违反教学规范等现象，及时进行处置和问责。

（二）加强校园文化活动阵地的规范管理

高校师生对校园各类文化活动阵地的关注度、参与度较高，要切实加强建设与管理，绝不给任何错误观点和有害言论提供传播渠道，坚决抵制各种消极文化和腐朽生活方式对高校师生的侵蚀和影响。一是加强高校出版物的管理。对校内编印或公开出版的各类报刊、书籍、张贴物必须加强审批，杜绝采购和使用盗版图书或来历不明的出版物，加强对校内随意张贴现象的及时清理，加强对展板、通知栏、电子显示屏、黑板报、校内外围墙等场所的监看，发现违规内容要第一时间清理。二是加强纪念设施和展览管理。在校园文化建设、校史陈列馆等纪念设施的建设过程中，加强内容审核，严格按照党的有关决议进行科学、准确的表述和呈现。三是加强学生社团及学生活动管理。落实党组织对学生社团的领导责任和共青团组织对学生社团的指导责任，规范学生社团指导老师的选聘与管理，重视在学生党员或入党积极分子中选拔学生社团的负责人，同时完善对重大社团活动、社会实践活动的报备、审核机制。

（三）加强校园网络阵地的建设管理

随着信息化的快速推进，使用校园网络特别是新媒体了解社会动态、获取思想文化信息，已成为高校师生的日常生活方式与学习方式。高校加强校园网络阵地的建设管理，就是要将互联网这个"最大的变量"转变为宣传思想文化建设的"最大的增量"。一方面，高校要加强校园网络的建设，坚持正确的舆论导向，不断丰富网络建设的内容与形式，着力打造一批富有吸引力和引导力的校园网络"名站、名栏、名篇、名师"，将传统媒体的内容优势与新媒体的渠道优势有机结合起来，推动网上网下深度融合、线上线下立体覆盖，发挥校园网络文化对社会的辐射、示范和引领作用。另一方面，高校要加强校园网络空间管理，加强校园舆情的大数据管理、分析与预警，加大网络风险防范工作力度，建立多部门联动的网络治理机制，营造文明健康、积极向上的网络育人环境，维护高校网络文化信息安全。

四、加强教师思想政治工作

教师是教育的基础，师德是教师之本。教师在育人过程中不仅要向学生传授专业知识，更应注重培养学生的优良品德，在情感、态度、价值观上对学生进行激励和引导。高校落实立德树人的根本任务，最根本的就是要建立一支思想作风过硬、专业素质扎实、道德修养高尚的教师队伍。高校加强教师思想政治工作，就是加强师德师风建设，提高教师的思想政治素质，强化教师的育人意识和能力，激励广大教师以渊博的知识素养、高尚的人格魅力和良好的道德情操熏陶感染大学生。

（一）以"四有"标准明确教师队伍建设的目标

2014 年教师节之际，习近平总书记在与北京师范大学师生座谈中，明确提出好教师的"四有"标准，即好教师要有理想信念、要有道德情操、要有扎实学识、要有仁爱之心。高校必须深入学习贯彻习近平总书记关于教师队伍建设的重要讲话精神，以"四有"好教师标准加强教师队伍建设。一是加强教师的理想信念教育。高校教师肩负着培养社会主义建设者和接班人的历史重任，坚定学生的理想信念，必须首先坚定自己的理想信念。高校要在广大教师中深入开展马克思主义理论和党的创新理论宣传教育，深入开展世情、国情、党情、教情教育，引导他们树立正确的世界观、人生观和价值观，坚定中国特色社会主义的道路自信、理论自信、制度自信和文化自信，努力使他们成为先进思想文化的传播者、党执政的坚定支持者，更好地担起学生健康成长指导者和引路人的责任。二是加强教师的道德教育。教师是人类灵魂的工程师，承担着塑造灵魂、塑造生命、塑造人的工作，必须以高尚的道德情操来感染学生。高校要在广大教师中坚持培育和践行社会主义核心价值观，制定和执行教师的行为规范，引导广大教师增强道德自律和为人师表的意识，努力使他们成为具有高尚道德品格的人。三是加强教师的专业知识和技能教育。专业教学能力是高校教师职业的基本功，高校要采取多种形式加强教师的教学能力培养培训，建立职前、职中、职后一体化培养培训体系，使他们具有扎实的知识功底、过硬的教学能力、勤勉的教学态度、科学的教学方法等。四是加强教师的职业素养教育。教育需要有科学的育人理念和务实的育人行动，高校要教育引导广大教师更新教育理念，用仁爱之心平等对待每一个学生，尊重学生的个性，理解学生的情感，包容学生的缺点和不足，在紧要之处和关键节点帮助和指导学生，让所有学生都成长为有用之才。

（二）以"四个引路人"强化教师的使命担当

2016 年，在第 32 个教师节到来之际，习近平总书记在北京市八一学校考察时强调："广大教师要做学生锤炼品格的引路人，做学生学习知识的引路人，做学生创新思维的引路人，做学生奉献祖国的引路人。"① "四个引路人"既是高校教师队伍的建设目标，也是建设内容，即明确了教师育人的主要内容是什么，其作用在于强化广大教师的责任意识和使命担当，使他们能够把握育人的着力点，正确地引导大学生的成长成才。一是坚持把教育学生"如何做人"作为出发点。高校培养人重在提升大学生全面发展的能力，特别是政治素养、思想素养、道德素养、法治素养、心理素养等的提升。高校教师要以促进大学生全面发展、终身发展为目标，教育引导学生的个性化发展，使之与社会的需求相一致。二是坚持把引导学生"求真学问"作为基本点。学习科学文化知识是大学生的主要任务，是其成长成才的基础，不能"唯学分论""唯分数论"。高校教师要不断提高教学水平，以最新的科学文化知识教育引导学生求真学问、练真本领。三是坚持把培养学生创新精神作为突破点。高等教育质量的提升，关键在于能否培养出社会所需要的创新型人才。高校教师要不断增强自身的创新意识、提高自身的创新能力，加强对大学生创新精神和实践能力的培养。四是坚持把指引学生的成长成才道路作为落脚点。高校的人才培养要立足于满足党和国家各项事业的发展需要，不能只看就业率、升学率、出国率，而要看学生的贡献率。高校教师要引导大学生将自己的专业特长与社会发展的需要有机结合起来，鼓励大学生到西部、到基层、到祖国最需要的地方去建功立业。

（三）以"四个相统一"加强师德师风建设

2016 年 12 月，习近平总书记在全国高校思想政治工作会议上，强调高

---

① 《努力培养出更多更好的人才——习近平总书记在北京市八一学校考察时的讲话引起热烈反响》，《人民日报》2016 年 9 月 11 日。

校要用"四个坚持"加强师德师风建设，引导广大教师以德立身、以德立学、以德施教，即坚持教书和育人相统一、坚持言传和身教相统一、坚持潜心问道和关注社会相统一、坚持学术自由和学术规范相统一。高校以"四个坚持"加强师德师风建设，一是要坚持将师德师风作为评价教师的第一标准。2018 年五四青年节前夕，习近平总书记在北京大学师生座谈会上再次强调："评价教师队伍素质的第一标准应该是师德师风。"① 在教师的录用中，要加强思想政治素质考核，将其摆在学术能力、学术素质、教学能力考核等的首位；在教师的日常管理、课堂教学、科研工作、校外活动等工作中，制定和执行明确的行为规范，将思想政治表现列为核心的考核指标。二是要坚守师德师风的"底线"。高校要加强《新时代高校教师职业行为十项准则》的宣传教育，坚持"高线"引领，对违反师德师风的行为绝不姑息，以"零容忍"的态度加大加快处置力度，形成"带电的高压线"。三是要选树师德师风的典型。榜样示范是思想政治工作的重要方法之一，高校要在广大教师中选树和培养严于律己、勤于育人的先进典型，加强对典型集体、典型个人的表彰，加大对他们先进事迹的宣传推广，最大范围地形成示范带动效应，形成重视和加强师德师风建设的良好氛围。

（四）大力提升青年教师的思想政治素质

2016 年 4 月教育部发布的《中国高等教育质量报告》显示，全国高校专任教师中，45 岁以下的青年教师占专任教师总数的 2/3，成为建设高等教育强国的中坚力量。高校青年教师与大学生年龄接近、接触较多，对学生的思想行为影响更为直接，加强青年教师思想政治教育构成了高校思想政治工作的一个重要课题。当前，具有海外留学、交流学业背景的高校青年教师占比越来越大，高校要及时了解掌握他们的回国任教适应问题与思想动态，及时予以引导、化解。同时建立中青年教师社会实践和校外挂职制度，在改革

---

① 习近平：《在北京大学师生座谈会上的讲话》，《人民日报》2018 年 5 月 3 日。

的第一线培养锻炼高校青年教师，帮助他们更好地了解社情民意。

五、加强思想政治工作专门力量建设

实践证明，高校思想政治工作的成效与其专门力量建设密切相关。一方面，重视加强专门力量建设是我国高校思想政治工作的优良传统，已取得了显著成绩。在全国高校思想政治工作会议上，习近平总书记指出："长期以来，高校思想政治工作队伍兢兢业业、甘于奉献、奋发有为，为高等教育事业发展作出了重要贡献。"① 另一方面，高校思想政治工作专门力量建设面临着巨大的挑战。随着经济社会的发展，高校思想政治工作的任务更为繁重、工作更为艰巨、使命更加光荣，这也对思想政治工作专门力量建设提出了更高的要求。

（一）坚持统筹推进

高校思想政治工作专门力量包括高校党政干部和共青团干部、思想政治理论课教师和哲学社会科学课教师、辅导员班主任和心理咨询教师等。思想政治工作是落实全面加强党对高校领导的重要保障，是党的政治优势和优良传统，而加强和改进新形势下高校思想政治工作必须依靠和建设一支专职为主、专兼结合、数量充足、素质优良的工作力量。

坚持统筹推进高校思想政治工作专门力量建设，一是要统筹高校思想政治工作队伍与教师队伍的建设。高校思想政治工作队伍具有教师和管理人员双重身份，要纳入高校人才队伍建设总体规划，加强和完善制度设计，要像重视专业教师队伍建设一样重视思想政治工作队伍建设，使之待遇有保障、工作有平台、发展有空间。二是要统筹高校思想政治工作体系内的几支队伍

---

① 《习近平在全国高校思想政治工作会议上强调：把思想政治工作贯穿教育教学全过程 开创我国高等教育事业发展新局面》，《人民日报》2016 年 12 月 9 日。

建设。一方面在总量上要保证专职思想政治工作人员和党务工作人员不低于全校师生人数的1%；另一方面根据党务人员、思想政治理论课教师、辅导员、班主任、心理咨询教师等不同的具体规定，配齐建强这几支队伍，使之能够分工协作、形成育人合力。三是要统筹当前队伍与未来队伍的建设。既要坚持和落实国家标准，以问题为导向，着力破解加强当前思想政治工作专门力量建设中存在的薄弱环节；又要着眼于未来，科学把握高校思想政治工作的创新发展趋势，加强思想政治工作专门力量的培养培训、完善建设规划，确保这支队伍"后继有人、源源不断"。

（二）以强化政治引领为核心

加强对高校师生的政治引领，是培养能够担当民族复兴大任的时代新人的战略之举，是应对敌对势力"西化""分化"和意识形态渗透的关键所在。高校要以提升思想政治工作队伍的政治引领能力为核心，引导每一个思想政治工作者都能够强化"四个意识"——政治意识、大局意识、核心意识、看齐意识，不断坚定"四个自信"——中国特色社会主义道路自信、理论自信、制度自信、文化自信，切实做到"两个维护"——坚决维护习近平总书记在党中央和全党的核心地位，坚决维护党中央的权威和集中统一领导。

提升高校思想政治工作队伍的政治引领能力，一是要提高政治站位。高校要从保持红色江山永不变色的战略高度，把加强政治引领作为一项战略工程来抓，其中首先就要抓好思想政治工作者的政治引领，切实增强他们对培养社会主义接班人这一根本任务的政治认同、情感认同、思想认同。二是要突出强调担当作为。高校要从压实意识形态工作责任制的高度，引导思想政治工作队伍把抓好意识形态工作的主体责任担当起来，以刚性约束解决领导不力、不担当、不作为等问题。三是要加强推进党团机关改革。党团组织是高校实施政治引领的重要载体，高校要把强化政治引领作为党团机关改革的首要任务，充分发挥党团干部政治引领的主导作用，切实指导学生会组织、学生社团等加强政治引领工作。

（三）以高素质专业化为目标

建设一支高素质专业化的干部队伍是新时代全面加强党的建设的基本要求。高校要认真落实新时代党的组织路线，把德才兼备的优秀干部选拔充实到思想政治工作队伍中来，使之更好地承担起思想政治工作的组织、实施和指导任务。一是坚持政治标准。高校思想政治工作队伍建设既要坚持教育标准，注重队伍对高等教育的熟悉度、熟练度，又要坚持政治标准，注重队伍的思想政治素质和工作能力，其中政治标准是前提。二是促进职业化发展。一方面要加强专职队伍建设，确保数量充足、结构合理；另一方面要加强队伍的职业化管理，建立职业化的工作标准和管理流程，形成队伍选拔、管理、培养培训、考核等系统化的职业化管理体系。三是提升专业化水平。高校要加强思想政治工作队伍的专业化培养培训，使之在马克思主义理论教育、学生思想政治教育、党团事务管理、学生就业创业指导、心理咨询等工作中不断提高专业化的知识与技能水平，形成专业化的发展体系。

第三节　以改革精神推动高校思想
政治工作创新发展

当代大学生是改革开放的新一代、全球化浪潮的新一代、网络信息化的新一代，加强和改进高校思想政治工作，必须围绕新时代大学生思想和行为的新特点树立新的思政观，以改革精神推动各项工作的创新发展。

一、树立新的思政观

高校思想政治工作坚持以习近平新时代中国特色社会主义思想为指导，

贯彻党的新发展理念和以人民为中心的发展思想，以人才培养为中心，推动全员育人、全过程育人、全方位育人格局的形成，必须树立新的思政观。

（一）树立新的工作理念

新时代加强和改进高校思想政治工作，需要树立新的工作理念，既要严格贯彻落实党中央关于思想政治工作的各项战略部署；也要坚持因地制宜、因校制宜，正确处理传统继承与特色创新的辩证关系，从而使思想政治工作既能沿着正确的方向前进，又能在每一所高校落地落实。

一是坚持以生为本。以人为本是思想政治工作的基本理念。高校思想政治工作落实这一理念，就是要做到以生为本，即做到始终围绕学生、关照学生、服务学生。新时代高校思想政治工作贯彻以生为本的理念，一方面要坚持德育为先的原则，进一步加强大学生的思想政治教育，使之成为具有新时代基本素质和精神状态的时代新人；另一方面要坚持全员育人、全过程育人、全方位育人的理念，推动思想政治工作在教育教学全过程中的渗透，既使人才培养成为高校各项工作的中心环节，又使思想政治工作成为高校人才培养中的中心环节，从而不断提高人才培养的质量，提高学生的获得感。

二是突出思想政治工作的首位首要性。新时代思想政治工作在高校中的生命线地位和作用，需要通过进一步凸显其首要地位和首要因素来予以落实。而要做到这一点，需要高校加强制度性的设计和推进，其中评价制度的改革无疑成为重中之重。高校要坚持正确的评价导向，在深入育人方式、办学模式、管理体制、保障机制改革中，注重加强思想政治工作的考核评价改革，将思想政治素质作为高校人才培养质量评价的首位要素，将落实思想政治工作任务作为其他各项工作考核的首要内容，将开展思想政治工作情况作为各级领导干部考核任用的关键指标等，从而使思想政治工作的首位首要性得以彰显。

三是坚持思想政治工作的主线贯穿地位。加强和改进思想政治工作，是高校提高办学水平和人才培养质量的主线，任何时候这条主线都只能加强，不能削弱。在高校的教学体系、学科体系、学术体系、话语体系、教材体系、管理体系、评价体系等全方位改革过程中，要坚持思想政治工作的主线贯穿，使思想政治工作体系与高校各项工作体系做到"你中有我、我中有你"，并始终处于核心地位和发挥关键作用。

四是坚持思想政治工作的落地落实。各级党委政府要进一步健全责任机制，加大对高校思想政治工作的部署、指导、督查力度，把高校思想政治工作作为高校政治巡视、领导班子考核和领导干部述职评议等的重要内容。高校党委要层层压实思想政治工作责任，将责任分解到每一个部门、每一个岗位、每一个人；同时要加大改革力度，聚焦问题，理顺体制，畅通机制，将思想政治工作作为"双一流"建设成效评估、学科专业质量评价、人才项目评审、教育科研成果评比、干部选拔任用等的核心指标，从而使思想政治工作由"软指标"变为"硬约束"。

（二）树立新的工作思维

新时代高校要按照德智体美劳"五育"并举的要求，全面加强和改进思想政治工作。一方面需要遵循思想政治工作科学化的基本要求，加强对其系统内部各要素的优化，充分发挥各要素的作用；另一方面需要立足于大学生成长成才全过程的发展需要，加强其系统内部各要素之间、系统内与系统外各要素之间的因果关联与互动互促，从而使思想政治工作呈现出系统性、整体性、协同性等新特点。与此相适应，高校思想政治工作者必须树立新的工作思维。

一是坚持系统性思维。高校思想政治工作从理念更新、目标设计、任务落实、方法创新等各个方面都需要加以系统设计，不同部门、不同人员、不同阶段等都有着不同的育人职责与要求，这就要求高校要围绕立德树人的根本目标，系统性地加强思想政治工作的主渠道和主阵地建设，使思想政治理论课教学和日常思想政治工作相互依托、相互促进，防止出现思想理论教育与日常行为引导"两张皮"的现象。

二是坚持贯穿性思维。思想政治工作对高校各项工作起着重要的政治保障和促进作用，但其并不是孤立地发挥着作用，而是贯穿在高校各项工作之中，与专业教学、科学研究、管理服务、文化建设、实践活动等融为一个有机整体，不可分割。这就要求高校将思想政治工作贯穿于教育教学的全过程，推进立德树人融入思想道德教育、文化知识教育、社会实践教育等各环节，不仅强调以思想政治素质的提升为核心，更强调以思想政治素质的提升促进专业文化知识的培养。

三是坚持协同性思维。高校思想政治工作是一个多主体协同育人和主客体互相促进的过程。优化这一过程，需要高校构建"大思政"格局，不断增强各主体之间的协同性。既形成政府、社会、家庭与高校共同发力的协同机制，也形成基础教育、职业教育、高等教育互相衔接的循序递进机制；既形成专业教师、管理服务人员与思想政治工作队伍分工协作的全员育人机制，也形成大学生自教自律、互帮互助的自我教育、自我管理、自我服务机制。

四是坚持精准性思维。高校思想政治工作促进大学生的个性化发展，需要精准对接每一位大学生的需求，并为其提供精准教育指导和服务。同时，网络化学习生活和大数据技术、人工智能的发展，为高校思想政治工作者精准把握学生的个性化特点、精准对接他们的个性化需求、精准指导他们的个性化发展提供了可能性和可行性。高校思想政治工作应构建线上线下相互联通的思想政治工作机制，通过大数据和人工智能等现代信息技术的价值性利用，不断提高工作的及时性、针对性、有效性，从而推动"精准思政"的实现。

二、全面推进"三全育人"综合改革

高校以改革精神推动思想政治工作的创新发展，必须始终立足于培养人这个根本点，构建育人新模式、营造育人新生态，这就要求高校建立健全党委统一领导、党政群团齐抓共管、各部门各单位共同发力的工作机制，全面推进全员育人、全过程育人、全方位育人的综合改革。

（一）深入推进"三全育人"综合改革试点

"三全育人"从理念走向实践，需要在领导体制、落实机制、实施体系、保障体系、评价体系等方面进行综合改革试点，做到以点带面、以面带全局，促进各级党委政府、高校及基层院系分级负责、共同推进局面的形成。从国家层面看，需要加强"三全育人"综合改革的政策设计和总体部署，制定"三全育人"综合改革的管理规范和建设标准，有重点地在部分省（自治区、直辖市）、高校、院系进行改革试点，指导和要求试点单位深刻领会改革的重大意义、明确改革的目标任务，敢于先行先试，迈开步子、趟出路子，形成可借鉴、可转化、可推广的制度和模式，不断引领全国高校"三全育人"综合改革走向深入。从省级层面看，需要建立健全经常性的高校思想政治工作指导、调研和检查工作制度，统筹发挥学校、家庭、社会教育的育人资源，构建大中小学不同学段相衔接的思想政治教育体系。从高校层面看，需要坚持聚焦问题，将思想政治工作具体地贯穿、融入、结合到办学治校、教育教学各个环节，形成可操作、可评估的具体的管理制度和工作办法。从院系层面看，需要坚持发挥院系党组织的政治保障功能，将育人育才与院系党建工作有效对接，全面落实各群体、各岗位的育人职责，着力打通盲区、断点，切实提升课程育人、科研育人质量，形成学生思政与教师思政的合力，打通育人的"最后一公里"。

（二）全面实施"十大育人"质量提升工程

2017年12月，教育部党组印发《高校思想政治工作质量提升工程实施纲要》，明确提出构建课程育人、科研育人、实践育人、文化育人、网络育人、心理育人、管理育人、服务育人、资助育人和组织育人"十大育人"质量提升体系，其目的在于强化基础、突出重点、建立规范、落实责任，一体化构建内容完善、标准健全、运行科学、保障有力、成效显著的高校思想政治工作质量体系。全面实施"十大育人"质量提升工程是高校推动"三全育人"改革的重点，要求系统梳理归纳各个群体、各个岗位的育人元素，并作为职责要求和考核内容融入整体制度设计和具体操作环节。

高校实施"十大育人"质量提升工程，必须明确目标、突出重点。在课程育人质量提升上，要推动以"课程思政"为目标的课堂教学改革，实现"课程思政"的全覆盖，促进思想政治教育与知识体系教育的有机统一。在科研育人质量提升上，要发挥科研育人功能，培养师生至诚报国的理想追求、敢为人先的科学精神、开拓创新的进取意识和严谨求实的科研作风。在实践育人质量提升上，要坚持理论教育与实践养成相结合，教育引导师生在亲身参与中增强实践能力、树立家国情怀。在文化育人质量提升上，要注重以文化人、以文育人，优化校风学风，繁荣校园文化，培育大学精神。在网络育人质量提升上，要推动思想政治工作传统优势同信息技术高度融合，引导师生强化网络意识，树立网络思维，提升网络文明素养，守护好网络精神家园。在心理育人质量提升上，要坚持育心与育德相结合，着力培育师生理性平和、积极向上的健康心态，促进师生心理健康素质与思想道德素质、科学文化素质协调发展。在管理育人质量提升上，要强化科学管理对道德涵育的保障功能，大力营造治理有方、管理到位、风清气正的育人环境。在服务育人质量提升上，要把解决实际问题与解决思想问题结合起来，在关心人、帮助人、服务人中教育人、引导人。在资助育人质量提升上，要把"扶困"与"扶智"、"扶困"与"扶志"结合起来，着力培养受助学生自立自强、诚实守信、知恩感恩、勇于担当的良好品质。在组织育人质量提升上，要把组织建设与教育引领结合起来，强化高校各类组织的育人职责，把思想政治教育贯穿于各项工作和活动，促进师生全面发展。

（三）大力开展思想政治工作精品项目建设

在思想政治工作中加强精品项目建设是高校思想政治工作方式方法的重

要创新，一方面使思想政治工作任务以具体项目的形式得以落实，另一方面，精品项目建设促进高校思想政治工作资源的进一步整合，所形成的工作经验对思想政治工作其他项目建设可以形成示范推动作用。教育部在深入推进"十大育人"质量提升工程中，明确要求高校要围绕"十大育人"加强思想政治工作精品项目建设，形成"一校一品"或"一校数品"的生动局面。高校加强思想政治工作精品项目建设，一是要有针对性，即要针对不同类型项目建设内容和管理模式，选择一些前期实施基础好、有固定的工作或活动平台、有一定实效的项目进行重点培育和建设。二是要有可持续性，项目建设既要呈现常态化特征，不能随着某项具体活动或任务的结束而结束；也要能够持续推进，不能因具体人或具体事的变化而变化。三是要有良好的实效，学生反响要好，解决问题要实，社会评价要高。四是要有示范推广价值，通过成果的固化、可视化及示范化等，发挥对其他育人项目建设的推动和促进作用。

三、切实提高思想政治工作的亲和力和针对性

以改革精神推动高校思想政治工作创新发展，落脚点在于增强思想政治工作的亲和力和针对性。这就要求高校思想政治工作要坚持以人为中心的发展思想，贴近实际、贴近生活、贴近师生，不断创新方式方法，做到以亲和力吸引师生参与和融洽师生关系，以针对性满足师生成长发展的需求和期待，让广大师生有更强的获得感。

（一）坚持以理服人

高校提升思想政治工作质量首先要在增强理论育人的实效性上下功夫，做到以理服人，而这个"理"就是指马克思主义及其中国化的最新成果。高校要做到以理服人，一方面要坚持理论育人的正确方向，做到以科学的理论培养人、以正确的思想引导人、以辉煌的成绩鼓舞人；另一方

面要创新理论育人的方式方法，在思想政治理论教学中注重将理论教学与释难解惑相结合、"大水漫灌"与"精准滴灌"相结合，在日常思想政治工作中注重将严格要求与热情爱护相结合、解决思想问题与解决实际问题相结合，从而使各项工作"有虚有实"，"虚"功"实"做，"实"功落地。

（二）坚持以情动人

增进情感沟通、做到以情动人，是做好思想政治工作的基本要求，而要做到这一点，需要高校思想政治工作找准师生情感的"触发点"、思想的"共鸣点"，在人性化、个性化的关心关怀中教育人引导人。高校党委书记和校长要带头履行好教师的第一身份，经常性、固定式地深入课堂、深入宿舍、深入师生，将思想政治工作做在平时、做在日常；高校教师、思想政治工作队伍要将育人与育己相结合，坚持师德师风第一标准，把深入学生开展交心谈心、回应热点、解答疑问等作为基本要求，做到关键时刻"冲得上、顶得住、打得赢"。

（三）坚持以新促人

高校思想政治工作是一项常学常新、常做常新、永无止境的工作，这就要求各个主体一方面要坚持学习新理论，不断学习和更新知识体系，做到以新理论教育人、以新思想培育人、以新知识培养人；另一方面要坚持创新方式方法，不断学习和运用新方法，做到以新平台管理人、以新资源教育人、以新技术服务人。当前高校思想政治工作的方式方法创新，重点就是要将思想政治工作的传统优势与现代信息技术进行深度融合，既要通过建强网络育人平台、丰富网络育人文化、提高网络育人技术等扩大现代信息技术在思想政治工作的工具性运用，也要将思想政治工作传统的优势平台、优势活动、优势方法等不断地进行网络化改造，从而可持续性地推进"互联网+"思想政治工作这一新形态的发展。

（四）坚持以文化人

高校是重要的文化育人场所，坚持以文化人、以文育人，既是高校思想政治工作的基本要求，也是其独特的育人优势。高校发挥文化对人的浸润作用，一是要加强主流文化建设。通过大力推动中华民族优秀传统文化、革命文化和社会主义文化进校园，推动中华优秀传统文化融入教育教学，深化中国共产党史、中华人民共和国史、改革开放史和社会主义发展史的学习教育活动等，充分挖掘利用校园红色资源和育人传统，让学生潜移默化地受到教育，从而使社会主义先进文化成为高校以文化人的主导和主流。二是要加强对校园非主流文化的引导和调控。通过加强社会主义核心价值观的宣传教育、加强宣传思想文化阵地建设等，弘扬主旋律、传播正能量，不断增强广大师生拒绝和抵制低俗、庸俗、流俗、恶俗文化的自觉性。

| 第四章 |

统筹推进高校课程育人

　　课程育人是高校教育思想、教育目标、教育内容、教育方法及教育效果的集合体，一方面集中体现党和国家各项事业发展对科学知识和人才培养的需要，另一方面集中反映高校对各级各类人才培养的能力水平。课程育人不仅指思想政治理论课，还包括其他各门类专业知识必修课、选修课及通识课程等。中共教育部党组于 2017 年 12 月印发《高校思想政治工作质量提升工程实施纲要》（以下简称《实施纲要》），明确提出要统筹推进课程育人工作。高校统筹推进课程育人，需要促进包括通识课、专业课在内的各类课程与思想政治教育有机融合，挖掘和充实各类课程的思想政治教育资源。

第一节　统筹推进高校课程育人的时代价值

　　统筹推进课程育人工作，就是要发挥每一门课程、每一个课堂、每一位教师的育人作用，坚持把思想政治工作贯穿到教学体系、学科体系、教材体系等人才培养体系之中，将知识教育与思想政治教育结合起来，既建强思政课程，又不断深化课程思政改革，从而形成思政课程和课程思政的协同育人格局。习近平总书记强调："要用好课堂教学这个主渠道，思想政治理论课要坚持在改进中加强，提升思想政治教育亲和力和针对性，满足学生成长发展需求和期待，其他各门课都要守好一段渠、种好责任田，使各类课程与思想政治理论课同向同行，形成协同效应。"① 这为我们正确理解统筹推进高校课程育人的时代价值提供了根本遵循。

一、建强课程育人主渠道

高校立德树人是一个综合性体系，既有课程育人，也有非课程育人。课程育人通常是指有明确课程教学目标、内容和形式的课堂教学，因其是大学生最主要的学习途径，因而通常被称为高校立德树人或育人的主渠道。非课程育人是课程教学之外其他所有育人活动的统称，其既是课程育人的内容延伸和形式拓展，也是课程育人重要的功能补充和体系互补。加强和改进高校思想政治工作，必须充分发挥课程育人的主渠道作用，既强调重视专业知识教学，也强调将思想政治工作贯穿其中，以思想政治工作促进人才培养质量的提升。

（一）课程教学是高校人才培养的主渠道

高校课程教学主要依托学科专业资源和力量，以课堂教学活动为主要形式，以实验实习实训等专业教学实践活动为辅助形式，对学生进行系统性的知识传授。可以说，课程教学是高校进行专业知识传授的主要途径。这是因为：其一，课程教学是实现高校人才培养目标的主要手段。高校的人才培养区别于其他社会组织的人才培养，主要特征就是可以系统地、递进式地对大学生进行专业知识的传授，每一门专业课程之间都有着密切的关联性，共同

① 《习近平在全国高校思想政治工作会议上强调：把思想政治工作贯穿教育教学全过程 开创我国高等教育事业发展新局面》，《人民日报》2016 年 12 月 9 日。

支撑着高校专业人才培养目标的整体实现。其二，课堂教学是学生获取各类专业知识的主要场所。高校人才培养依托于不同的学科专业，有着不同的人才培养目标，而实现这些不同的目标必须通过不同的课程教学。同时，高校每一个专业都有规定的课程体系，每一门具体课程都有规定的课时和学分，而完成这些规定的课程、课时和学分，就成为大学生的主要学习任务。其三，学分成绩是人才培养质量评价的硬性标准。评价高校人才培养质量时，对教师的一项硬性指标是规定课时是否完成、学生成绩如何等，而对学生的一项硬性指标是规定课程是否完成、课程成绩是否合格等。从这个角度来看，课堂教学在高校人才培养中的重要性可想而知。强调从课程教学到课程育人，就是强调将思想政治工作贯穿于课程教学全过程，使课程教学回归课程育人本位，既以思想政治工作促进课程教学质量的提升，又以学生思想政治素质的提高作为评价课程教学质量的首位要素，从而将课程教学这一知识传授的主要途径转变为专业知识传授与思想政治工作并重、学生专业知识素质能力与思想政治素质能力共同提高的育人主要途径，从而使其成为高校落实立德树人根本任务的主渠道。

（二）思想政治理论课是大学生思想政治教育的主渠道

在高校系统开设思想政治理论课是中国特色高等教育制度的重要特色。1950 年政务院批准教育部《关于实施高等学校课程改革的决定》，明确提出在高校开设思想政治理论课的要求，强调要"废除政治上的反动课程，开设新民主主义的革命的政治课程"①。此后我国不断探索和完善高校思想政治理论课课程体系的改革，先后经历了"56 方案""61 方案""85 方案""98 方案""05 方案"等。2006 年，根据"05 方案"，高校思想政治理论课开设 4 门课程，即"马克思主义基本原理概论""毛泽东思想、邓小平理论和'三个代表'重要思想概论""中国近现代史纲要"

---

① 《关于实施高等学校课程改革的决定》，《人民教育》1950 年第 5 期。

"思想道德修养与法律基础"，并同时开设"形势与政策"课。2008 年，教育部将"毛泽东思想、邓小平理论和'三个代表'重要思想概论"改名为"毛泽东思想和中国特色社会主义理论概论"。党的十八大以来，教育部先后印发《普通高校思想政治理论课建设体系创新计划》《高等学校思想政治理论课建设标准》《新时代高校思想政治理论课教学工作基本要求》等一系列文件，对高校思想政治理论课坚持以习近平新时代中国特色社会主义思想为指导加强课程体系建设作出明确规定。70 年来的历史证明，高校思想政治理论课在加强大学生思想政治教育中发挥了主渠道作用，成为高校对大学生系统性进行马克思主义理论及其中国化最新成果、党的基本路线和各项方针政策等教育的主要途径，其地位和作用无可替代。新时代加强和改进高校思想政治工作，必须认真总结高校思想政治理论课建设的宝贵经验，以改革创新精神加强教学体系、教材体系和教师队伍建设，不断将其建设成为高校坚持课程育人和理论育人的坚强阵地和高地。

（三）各类课程是高校思想政治工作的主渠道

对高校课程育人有三个认识维度：一是将学科专业作为一个育人的基本单位，突出学科专业发展的中心环节，即坚持教学育人；二是将课堂作为一个育人的重要阵地，突出阵地的育人功能，即坚持课堂育人；三是将教师作为一个落实立德树人的重要主体，突出发挥教师的主体作用，即坚持教师育人。从这三个维度来看，高校各类课程都归属于特定的学科专业，都必须利用课堂开展教学，都必须由专业教师来实施教学。因而，高校各类课程都负有育人职责，都应履行教学育人、课堂育人、教师育人的职责。高校将思想政治工作贯穿于各类课程建设之中，通过加强教学内容和方式的改革强化教学育人的目标，通过加强阵地建设增强课堂育人的功能，通过加强师德师风建设增强教师的育人意识和能力，从而使各类课程建设成为思想政治工作的主渠道、立德树人的主渠道。

二、推动以人才培养为中心的课程教学改革

人才培养是高校一切工作的核心，建设现代化的高等教育必须坚持以人才培养质量提升为着力点和落脚点，不断构建符合教育规律、体现时代特征、具有中国特色的人才培养体系。2018 年习近平总书记在考察北京大学时强调指出："人才培养体系涉及学科体系、教学体系、教材体系、管理体系等，而贯通其中的是思想政治工作体系。"① 新时代高校人才培养体系改革，只有坚持以思想政治工作为贯穿，才能坚持正确的育人方向，真正做到以人才培养为中心，构建各环节相互配套、协调一致、高质量的人才培养机制，把立德树人的根本任务落实好。

（一）坚持课程育人是坚持"五育"并举的基本要求

坚持德育为先、促进学生全面发展是我国教育的基本原则和目标主线。1949 年以后，党将"又红又专"确定为人才培养目标的关键词，"红"强调的是无产阶级世界观的改造，"专"强调的是专业技术技能的学习，"又红又专"体现着思想政治工作与课程专业教学在人才培养目标上的高度统一。改革开放之后，为适应以经济建设为中心的需要，党将"四有"确定为人才培养目标的关键词，即"有理想、有道德、有文化、有纪律"，而高校培养"四有"新人，必须通过加强课程育人，系统性地对大学生进行理想信念、道德观念、文化素质和纪律意识等教育。党的十八大以来，以习近平同志为核心的党中央高度重视教育、重视高校思想政治工作、重视大学生的培养质量。2018 年全国教育大会召开，习近平总书记提出要构建德智体美劳全面培养的教育体系，强调德育、智育、体育、美育、劳育"五育"并举，在坚定理想信念、厚植爱国主义情怀、加强品德修养、增长知识见

---

① 习近平：《在北京大学师生座谈会上的讲话》，《人民日报》2018 年 5 月 3 日。

识、培养奋斗精神、增强综合素质六个方面下功夫，形成更高质量的人才培养体系。高校坚持"五育"并举必须加强课程育人，提高思想政治理论课和各类专业课教学质量的同时，要开齐开好体育课、美育课、劳动课，既在思想上高度重视，也要切实落实课时、学分、场地、教材、教师等管理保障措施。

（二）坚持课程育人是全面深化课程改革的基本要求

课程改革是教育改革的重要环节，既要对接党和国家对人才培养的需求，也要对接学生成长成才的实际需要；既要让教师教得好，又要让学生学得好，不断促进教学相长。2014 年《教育部关于全面深化课程改革 落实立德树人根本任务的意见》对全面深化课程改革在落实立德树人根本任务中的重大意义、已取得的成效、面临的新形势和新问题等进行了深刻的阐述，对新时期全面深化课程改革的指导思想、基本原则、工作目标、主要任务等予以明确，其中特别强调要把教育教学的行为统一到育人目标上，既发挥好各学科独特的育人功能，也发挥好各学科之间综合育人功能。2016 年《教育部关于中央部门所属高校深化教育教学改革的指导意见》要求中央部门所属高校要把提高人才培养质量作为核心任务，不断推进教育教学改革，创造可复制可推广的经验和做法，在全国高校起到引领和示范作用。

（三）坚持课程育人是推动"双一流"建设的基本要求

"双一流"建设是新时代我国高等教育的一项重大发展战略，其目标是"到本世纪中叶，一流大学和一流学科的数量和实力进入世界前列，基本建成高等教育强国"[1]。2017 年 10 月，党的十九大明确要求"加快一流大学和一流学科建设，实现高等教育内涵式发展"。习近平总书记强调，"只有

---

[1] 《国务院印发：统筹推进世界一流大学和一流学科建设总体方案》，《人民日报》2015年 11 月 6 日。

培养出一流人才的高校，才能够成为世界一流大学"，"办好我国高校，办出世界一流大学，必须牢牢抓住全面提高人才培养能力这个核心点，并以此来带动高校其他工作"①。2018 年教育部召开新时代全国高等学校本科教育工作会议，强调一流的本科教学质量是"双一流"建设的重要支撑和核心要素，高校要树立"不抓本科教育的高校不是合格的高校""不重视本科教育的校长不是合格的校长""不参与本科教育的教授不是合格的教授"的理念，教育引导大学生增加学业挑战度，激发他们的学习动力和专业志趣，改变轻轻松松就能毕业的情况，真正把内涵建设、质量提升体现在每一个学生的学习成果上；同时教育引导教师回归本分，做到热爱教学、倾心教学、研究教学，潜心教书育人等。

三、统筹推进课程思政体系建设

长期以来，高校虽然大多重视思想政治理论课主渠道作用的发挥，但相对来说，对其他课程的育人功能挖掘和利用不足。新时代高校落实立德树人根本任务，必须聚焦短板弱项，着力破解课程育人中的不平衡不充分问题，加大工作的统筹推进力度，积极推动以"课程思政"为目标的课堂教学改革，实现思想政治教育与知识体系教育的有机统一。

（一）建强思想政治理论课是重要前提

高校思想政治理论课是巩固马克思主义在高校意识形态领域指导地位、坚持社会主义办学方向的重要阵地，是大学生学习了解、掌握马克思主义基本原理的核心课程，对于大学生树立马克思主义世界观、人生观、价值观，形成正确分析、判断历史与现实问题的立场、观点、方法，加深对中国特色

---

① 《习近平在全国高校思想政治工作会议上强调：把思想政治工作贯穿教育教学全过程　开创我国高等教育事业发展新局面》，《人民日报》2016 年 12 月 9 日。

社会主义的认同，具有不可替代的重要作用。70 年来，高校思想政治理论课在加强中改进，一方面取得了显著成效，形成了其特有的发展规律，如坚持加强党对思想政治理论课体系建设的领导、坚持以人为本、坚持用发展的马克思主义武装学生头脑、坚持理论联系实际、坚持加强教师队伍建设、坚持创新教学方式方法等；另一方面存在着许多薄弱环节，亟须得到加强和改进，如教师在教学理念、教学方法、实践教学、评价方式等方面具有不适应性，对学生思想政治理论的需求引导不够、满足不够，学生在学习态度、学习方法、学习精力投入等方面存在行为偏差，在理论运用实践方面针对性不强等。党的十八大以来，以习近平同志为核心的党中央高度重视思想政治理论课的建设和改革，把培育担当民族复兴的时代新人放在更加突出和重要的地位。2016 年 12 月，习近平总书记在全国高校思想政治工作会议上强调，"思想政治理论课要坚持在改进中加强，提升思想政治教育亲和力和针对性，满足学生成长发展需求和期待"①。在课程育人一体化体系构建中，高校一方面要充分发挥思想政治理论课程的示范效应，凸显其作为主渠道、主课堂的显性功能，进一步推进教学改革，优化教学内容，创新教学形式，规范课程和教材建设，提高教师队伍综合素质，提升课堂教学实效；另一方面要建立能够融合不同学科的课程体系，推进其他学科、课程以及专业教师参与思想政治理论课教学的制度化和常态化，形成学科、课程、教师、教学多位一体的高校思想政治理论课教育教学新模式。

（二）构建中国特色的哲学社会科学是重要基础

哲学社会科学具有鲜明的意识形态属性，在大学生思想政治教育中具有重要功能。一是育德功能。哲学社会科学各课程是人类文化长期发展积淀的文化成果，其中蕴含了丰富的道德思想和人类发展普遍遵循的道德规律。大

---

① 《习近平在全国高校思想政治工作会议上强调：把思想政治工作贯穿教育教学全过程 开创我国高等教育事业发展新局面》，《人民日报》2016 年 12 月 9 日。

学生在学习这些课程时会受到潜移默化的文化熏陶和道德教育，并将高尚的道德思想内化，学会明辨是非善恶，形成高尚的道德情操、积极的生活态度、较强的审美能力。二是育智功能。教育心理学研究表明，任何知识的学习过程，都包含着一系列复杂的心理活动，其中有一类是有关学习积极性的，如注意、情感、情绪、意志等，另一类是有关认识过程本身的，如感觉、知觉、记忆、想象和思维等。前者与个性特征和学习动机密切相关，后者则直接涉及学习本身。实践也证明，哲学社会科学课程可以激发学生的学习兴趣，让学生更爱学习，从而达到良好的效果。三是育心功能。哲学社会科学中的历史学、文学、教育学、美学等课程具有十分重要的人格教育功能，它们从大学生的成长规律、人际交往准则等不同角度引导大学生正确地看待人生、挫折和成功，从而保持良好的心态、稳定的情绪、乐观的精神，形成健全的人格。四是育美功能。美育的有效开展，既要通过开设美术课程让学生学习相关理论知识和赏析艺术作品，也要通过哲学社会科学课程形成合力来使学生形成美感，从而提高他们的审美意识和审美能力。五是创新素质培养功能。哲学社会科学知识是构成和完善文化科学知识结构的重要组成部分，它们从不同侧面和角度展现着中华民族的伟大精神，将人类文化的精髓传授给大学生，并对民族精神进行时代提升，从而对当代大学生的思想观念产生深远影响。①

加快构建中国特色的哲学社会科学，是党中央的重大部署，也是高校扎根中国大地办好社会主义大学、实现内涵式发展的重要途径。2016 年 5 月 17 日，习近平总书记在全国哲学社会科学工作座谈会发表重要讲话，提出要"着力构建中国特色哲学社会科学，在指导思想、学科体系、学术体系、话语体系等方面充分体现中国特色、中国风格、中国气派"。2017 年 5 月 16 日，中共中央印发《关于加快构建中国特色哲学社会科学的意见》，强调坚

---

① 张红霞：《文化多样化背景下高校哲学社会科学课的育人功能》，《学校党建与思想教育》2011 年第 35 期。

持和发展中国特色社会主义，必须加快构建中国特色哲学社会科学，为实现"两个一百年"奋斗目标、实现中华民族伟大复兴的中国梦提供强大思想理论支撑。高校在加快构建中国特色哲学社会科学的同时，要将学科专业的学术优势转化为教学优势，不断形成中国特色的哲学社会科学的课程育人体系。近年来，部分高校依托各自办学特色，推出了一批"中国系列"品牌课程。如复旦大学开设"治国理政"课程，组织哲学社会科学的教授为学生授课，加强对大学生科学精神、人文精神的培育和国际视野的拓宽。华东政法大学开设"法治中国"课程，让学生了解中国的法治现状，培养学生正确的法治观念，引导学生主动践行社会主义法治理念，也让"笃行致知，明德崇法"的校训精神与依法治国的国家战略同频共振。

（三）推动课程思政教学改革是重要目标

高校思想政治工作质量的提升，需要整体架构和建设课程思政体系，立足学科的特殊视野、理论和方法，创新专业课程话语体系，实现专业授课中知识的传授与价值引导的有机统一，扭转目前专业课程教学中"重知识传授、轻思想教育"的状况，使各门课程都能守好一段渠、种好责任田，与思想政治理论课同向同行、形成协同效应。推动课程思政改革，一方面要坚持每一门课程都有育人职责、育人资源和育人元素。无论是哲学社会科学课程，还是自然科学课程，都可以充分挖掘自身特色和优势，提炼专业课程中蕴含的文化基因和思想价值元素，将其转化为思想政治教育具体化、生动化的有效教学载体。另一方面要处理好课程思政与思政课程的相互关系，既要避免以课程思政取代思政课程，又要避免所有课程思政化。课程思政与思政课程并非同一概念范畴，前者是一种课程观和课程设置理念，后者乃是一门或一类具体的课程。从课程之间的相互关系来看，课程思政所主张建立的课程体系，乃是各门类课程既相互独立又相互统一的整体。在这一体系中，思想政治理论课作为高校思想政治工作的主渠道，承担系统化开展马克思主义理论教育教学的主要职责；通识教育课、公共基础课等综合素养课程，注重在培养人的综合素质过程中牢铸理想信念，以人文素养涵养人心、培育人格；哲学社会科学和自然科学课程则作为专业教育课程，在具体的知识、学理、技术等的教育中凸显价值引领和精神塑造功能。各类课程相辅相成，体现课程思政知识传授与价值引领相结合、显性教育与隐性教育同发展的目标和导向，共同作用和服务于立德树人根本任务。①

第二节　统筹推进高校课程育人的基本思路

课程育人的提出是改进和加强高校思想政治工作的需要，是落实教书育人的主体责任、将立德树人落实到课程教学环节的具体举措。中共教育部党组印发的《实施纲要》对高校构建课程育人体系和统筹推动课程育人提出了明确的要求，为坚持课程育人目标、明确统筹推进课程育人的任务、把握统筹推进课程育人的要求提供了指导。2019 年 3 月 18 日，习近平总书记在学校思想政治理论课教师座谈会上指出："党和国家高度重视学校思政课，今后只能加强不能削弱，而且必须提高水平。"② 座谈会上，习近平总书记再次强调办好思政课的长远意义，分析了课程改革创新和教师队伍建设的关键要点，为统筹推进高校课程育人改革创新指明了方向和路径。

一、统筹推进课程育人的工作目标

统筹推进课程育人要以《实施纲要》为指导，坚持课程育人导向、明确课程育人目标。一方面以高校教育教学改革为促进，准确把握各类课程教学改革和人才培养的基本目标，在课程内容、教学方法、教材建设、师资队

---

① 闵辉：《课程思政与高校哲学社会科学育人功能》，《思想理论教育》2017 年第 7 期。
② 吴晶、胡浩：《一堂特殊而难忘的思政课——习近平总书记主持召开学校思想政治理论课教师座谈会侧记》，《人民日报》2019 年 3 月 19 日。

伍建设等环节上贯彻落实思想政治工作的基本要求；另一方面以高校加强和改进思想政治工作为促进，准确把握思想政治工作的基本目标，在学生思想理论教育、师德师风建设、校风学风建设等方面发挥好课堂教学的功能作用。

（一）坚持课程育人导向

课程育人是高校教育教学的重要环节，其在导向上必须始终与高校教育教学、思想政治工作的导向保持高度一致，并在具体实施中将育人导向落实到每一个环节、每一个要素。从总体上讲，课程育人要以立德树人为根本任务，坚持德育为先、"五育"并举的基本原则，把思想政治工作的基本要求与专业课程建设的基本要求高度统一起来，实现专业知识教育与思想政治教育的相互促进，不断提高人才培养质量。从具体上讲，课程育人融合于课程建设、课堂教学和教师队伍建设等各个环节，不同环节在育人导向上既有共性，又有个性。共性体现为对课程育人总体目标和导向的遵循，个性体现为坚持课程育人导向的具体要求。坚持课程育人导向需要强化课程建设、课堂教学与教师主体三个导向作用。一是要强化课程建设的政治引领导向。高校课程建设要突出政治建设，始终立足于党和国家事业发展的需要，并充分结合自身学科特色，统筹建设各类课程，使基础课程与应用课程、专业课程与通识课程、必修课程与选修课程、理论课程与实践课程等并重，共同构建符合社会发展需求与学生成长成才规律的课程体系。同时根据新时代加强教育工作新要求，突出思想政治理论课在其他课程建设中的主导地位，将体育课、美育课、劳动课纳入必修课程体系。二是要强化课堂教学的阵地育人导向。高校课堂教学要突出育人阵地建设，充分挖掘和利用蕴含在课程和课堂中的思想政治教育资源和育人元素。一方面教育引导广大教师以新理论、新知识、新方法、新技术活跃课堂学习气氛、提高课程教学的效果；另一方面教育引导广大学生明确学习目的、端正学习态度、改进学习方法、提高学习效率。三是强化教师的主体育人导向。高校要突出师德师风建设，充分调动和发挥广大教师的主体性、主动性、积极性和创造性，教育引导他们将教书与育人相结合、言教与身教相结合、课堂内与课堂外相结合，从思想上、学习上和生活上关心、指导和帮助学生。

（二）坚持课程育人目标

课程育人是高校人才培养的具体实施环节，高校既要遵循高校人才培养的根本目标，即培养社会主义建设者和接班人；又要根据不同学科专业特定的人才培养目标，制定不同课程的具体育人目标。从主要任务看，高校课程育人要以培养人为根本目标，坚持以学生为中心，用科学的思想理论和专业知识教育大学生，指导他们不断提高思想认知水平、专业技术能力和人文科技综合素质。从具体任务看，高校各门课程承担着政治理论教育、思想价值引导、知识技能培养、综合素质教育和创新创业教育等任务，从而体现着其相应不同的育人目标。一是坚持政治理论教育目标。高校要突出思想政治教育的引领作用，坚持和巩固马克思主义理论及其最新理论成果在各门课程建设、各个课堂教学中的指导地位，加强对大学生进行党的创新理论、基本路线和方针政策等的宣传教育，发挥好思想政治理论课对其他课程的示范带动作用，将所有课程都建设成为宣传阐释党的创新理论的坚强阵地，不断增进大学生对中国特色社会主义的理论认同、情感认同和思想认同。二是坚持思想价值引导目标。高校要突出社会主义核心价值观的教育引领作用，坚持在课程教学中贯穿社会主义核心价值观的宣传教育，通过加强学风教风建设，切实引导广大学生自觉践行社会主义核心价值观。三是坚持知识技能培养目标。高校要突出社会责任感教育的重要作用，坚持在知识技能教学中对大学生加强爱国主义和社会责任感教育，增进他们对世情、国情、党情的了解和理解，教育引导他们将专业知识学习与创新精神培育相结合，将理论学习与实践锻炼相结合，将个人的获得感、成就感与社会责任感、历史使命感相结合，从而不断提高他们服务祖国、服务社会的意识和能力。四是坚持素质教育目标。高校要突出人格塑造的重要作用，坚持加强综合素质课程教学。一方面通过在文科生中开设自然科技类课程、在理科生中开设哲学社会科学类课程等，不断拓宽学生的知识结构和科学视野；另一方面通过在全校学生中开设体育、美育、劳动课程，不断增强大学生的身体素质和心理素质。五是坚持创新创业教育目标。高校要突出创新创业教育的重要作用，坚持加强创新创业素质课程教学，通过开设创新创业基础理论课程、交叉应用课程、实战实训课程等，不断激发大学生创新创业的热情和活力。

二、统筹推进课程育人的主要任务

统筹推进课程育人的主要任务，就是统筹推进思政课程与课程思政的建设，使高校各门课程都切实承担起育人职责、发挥好协同育人作用。从概念内涵上讲，课程思政应包括思政课程，但从现实情况看，思政课程的主渠道作用发挥得较为明显，但其他课程的育人作用发挥相对不明显。统筹推进课程育人以课程思政为目标，一方面要在进一步建强思想政治理论课的基础上，发挥好思政课程对其他课程的示范带动作用；另一方面要像办思想政治理论课一样，加强其他课程建设，从而使高校课程育人主渠道作用的发挥由思政课程向课程思政转变。

（一）全面加强思想政治理论课建设

高校思想政治理论课是对大学生系统讲授马克思主义理论及其中国化最新理论成果的主渠道和核心课程，承担着深入推进习近平新时代中国特色社会主义思想进教材、进课堂、进头脑的重要职责。全面加强思想政治理论课建设，是加强和改进高校思想政治工作的首要任务，也是统筹推进高校课程育人的首要任务。

一是构建好高校思想政治理论课创新体系。思想政治理论课建设是一个综合体系，涉及教材、教师、教学、学科支撑及教学评价等多个环节。根据2015年中央宣传部、教育部印发的《普通高校思想政治理论课建设体系创新计划》的要求，高校要着力构建思想政治理论课建设的五个体系，包括：立体化教材体系，即建设和推行面向不同对象、不同层次、不同学段的全国统编教材；结构合理的教学人才体系，即建设一支思想政治素质高、教学效果良好的专兼职师资队伍；组织管理高效的教学体系，即建设不同教学方法、不同教学形式相互支撑的课堂群；有效的学科支撑体系，即建设以马克思主义学科为引领，相关学科为补充的学科融合体系；科学的综合评价体系，即制定有利于激发各方面积极性的评价标准和实施办法。

二是制定执行高校思想政治理论课建设标准。思想政治理论课建设既要遵循共性的要求，又要发挥各省各地的创造性，需要制定和执行科学的建设标准。教育部2011年1月颁布了《高等学校思想政治理论课建设标准（暂行)》。2015年9月又对这一标准进行了修订，颁布了《高等学校思想政治理论课建设标准》。新修订的标准是对《普通高校思想政治理论课建设体系创新计划》的具体化，其共分5个一级指标和22个二级指标，从组织管理、教学管理、队伍管理、学科建设、特色项目等方面对加强高校思想政治理论课进行了具体规定，具有极强的针对性和可操作性。在此基础上，各省（自治区、直辖市）、高校纷纷结合各自的实际情况，制定了具体的实施办法。

三是制定执行高校思想政治理论课教学标准。教学是思想政治理论课建设的重中之重，高校组织实施思想政治理论课教学工作，不能随意为之，要制定和执行科学的教学标准。2018年教育部印发《新时代高校思想政治理论课教学工作基本要求》，从明确指导思想、坚持基本原则、严肃落实学分、合理安排教务、规范建设教研室（组）、统一实行集体备课、创新集体备课形式、严肃课堂教学纪律、科学运用教学方法、改进完善考核方式、强化科研支撑教学、健全听课指导制度、综合评价教学质量、落实高校主体责任、强化地方统筹管理、加强全国宏观指导16个方面，为高校加强和推进思想政治理论课教学改革提供了统一的标准。

四是制定执行高校马克思主义学院建设标准。思想政治理论课建设需要强有力的学科支撑，其中马克思主义学科是主导；而建强马克思主义学科，必须加强高校马克思主义学院建设。2017 年教育部印发《高等学校马克思主义学院建设标准（2017 年本)》，共分组织领导与管理、思想政治理论课教学、马克思主义理论学科建设、社会服务与社会影响、党的建设与思想政治工作 5 个一级指标及其下设的 17 个二级指标，对高校加强马克思主义学院建设提出了科学化、规范化、现代化的建设要求。

五是切实加强高校思想政治理论课教师培养培训。加强思想政治理论课建设，教师是关键。2018 年教育部办公厅印发《高校思想政治理论课教师队伍建设专项工作总体方案》，从四个方面对加强高校思想政治理论课教师队伍建设进行专项部署：突出顶层设计，完善思政课教师队伍建设规划；突出精准施策，创新思政课教师队伍培养举措；突出教学质量，加强思政课教师教学工作指导；突出协同推进，不断夯实高校思政课教师队伍建设各项保障。同时，教育部、各省（自治区、直辖市）教育部门、高校对加强思想政治理论课教师队伍在科学研究、教学研究、专项培训等方面制定和实施了一系列有效措施，也组织开展了各级各类的教学技能比赛、人才项目评审、科研成果评比等，为进一步提高思想政治理论课教师的教学质量创造了良好条件。

（二）全面深化课程思政改革

课程思政是高校统筹推进课程育人的目标，强调发挥思想政治理论课的示范带动作用，在思想政治理论课之外所有综合素养课程与专业课课程的知识传授过程中，加强思想政治工作的引领和渗透，特别是抓住课程最核心、最基本的内容，将之与社会主义核心价值观相匹配，充分挖掘和利用思想政治教育资源和育人元素。一是发挥好思想政治理论课的示范带动作用。高校要构建思想政治理论课建设与其他各类课程建设之间的衔接和协作机制，组织思想政治理论课教师进行专项培训，宣讲马克思主义基本理论、毛泽东思想和中国特色社会主义理论、党的路线方针政策等，在思想政治工作的方向、目标、任务、内容及方法等方面，指导专业教师提高思想理论水平，帮助他们提高做好学生思想政治工作的素质能力。同时，高校要探索思想政治理论课堂与各类专业课堂相互交叉、融合的方式方法。二是发挥好哲学社会科学课程的育人功能。高校要按照党中央部署，加快构建中国特色的高校哲学社会科学。一方面通过成立哲学社会科学建设专门机构或专家委员会，加强对各类哲学社会科学教材编写、教学方案和过程设计、教学科研项目申报及成果鉴定等的审查，充分挖掘蕴含其中的思想政治教育资源和育人元素，从而进一步强调和落实各类哲学社会科学课程的育人职责；另一方面通过示范课程、示范项目、示范团队及典型人物等的培育，教育引导广大哲学社会科学教师积极地将学科优势、科研优势转化为教学优势。三是发挥好其他各类课程的育人功能。高校除思想政治理论课、哲学社会科学课外，其他各类课程的育人作用也不能忽视，如自然科学课程对培养大学生的理性思维和科学精神具有重要作用，体育、劳动等课程对完善大学生人格也具有重要功能等。高校要通过课程教学目标的审查、课堂教学过程的管理、教师师德师风建设等途径，加强对其他课程专业教师的教育引导，既使他们增强课程育人的自觉性，又筑牢师德师风底线，确保所有课程能够与思想政治理论课程同向同行，只做加法，不做减法。

（三）深入推动课堂教学方法改革

统筹推进高校课程育人，要抓住教师的"教"与学生的"学"这两个关键要素，通过深入推动课堂教学方法改革，探索行之有效的教学方法，充分调动教与学两个方面的积极性。一是坚持第一课堂与第二课堂联动。一方面，第一课堂要采用多种教学方法来活跃课堂气氛，启发学生思考，力争化繁为简，把科学理论通俗化，让学生听得进、记得住、传得开。如以讲授法为主，以提问法为辅，以案例法为重，同时提倡启发式、参与式、互动式、研究式等教学方法。另一方面，第一课堂要主动对接第二课堂，利用第二课堂进一步深化和拓展课堂教学的内容，加深学生的理解与加强理论的应用，同时根据第二课堂的需求，不断丰富教学内容、改进教学方式等。二是理论教学与实践教学互补。理论教学要结合大学生的思想和行为实际，突出重点、难点、热点问题，在授课内容新、互动方法新、呈现载体新等方面下功夫，着力激发大学生的学习兴趣。实践教学要对接大学生成长成才的需求，突出专业实习实训、志愿服务与社会实践、创新创业等主题，在内容实、形式实、效果实等方面下功夫，着力培养大学生的社会责任感、创新精神和实践能力。三是课堂教学与网络教学同构建。高校要充分发挥网络科技优势，通过加强网络学习空间和资源建设，教育引导大学生利用网络进行自主学习；通过构建在线互动学习平台，促进教师与学生利用网络进行讨论交流，从而构建线上线下同频共振的教学新模式。此外，高校还要加强优秀教学方法的培育和推广，加大现代信息技术在教学中的运用等，不断增强教学的体验性、互动性和可视化。

三、统筹推进课程育人的基本要求

统筹推进高校课程育人，要在"推进"，重在"统筹"，即要对课程育人中的核心问题、关键环节进行通盘考虑、加强顶层设计，以确保课程育人目标的实现。一方面，统筹推进思政课程和课程思政，反映的是当前工作重点和发展方向，将加强思想政治理论课建设和发挥其他课程的育人功能相统筹，改变课程育人中思想政治理论课发力多、其他课程发力少的局面。另一方面，统筹思政课程和课程思政建设中的几对矛盾，使之转化为推动课程育人发展的内在动力。

（一）统筹"建"与"育"

即统筹课程建设与课程育人的关系。课程建设以课程育人为目标，课程育人以课程建设为载体，课程建设得越好，课程育人的功能作用就越大。课程建设有其内在规律性，如教学目标的设计、教学过程的实施、教材的选择与使用、教学效果的评价、教师的培训与管理等。高校课程育人又有着特殊性，如课堂教学的时间短，一般为每周2—4学时；上课的学生变动大，同一门课程在不同学期开设，上课的学生不同，而同一课堂上课的学生，也存在专业、年级不同的现象等。这些问题容易使高校教师专注课堂教学"硬"任务的完成，而对于育人"软"任务的完成不重视。高校推动课程教学向课程育人转变，既要充分考虑课程教学的特殊性，又要结合育人目标的根本性，加强各个环节的统筹。

一是人才培养目标设计的统筹。即在各个学科专业人才培养目标的设定和培养方案的制定中，必须将提高学生的思想政治素质作为核心素养列入目标，将落实思想政治工作体现在教学管理的要求中。特别是在各门课程具体的教学目标设定和教学方案制定中，要将思想政治工作各项要求细化到每一个步骤、每一个时间节点、每一个环节等，使之既具有规定性和指导性，又具有可操作性。

二是教学过程管理的统筹。课程教学的过程管理需要统筹好硬件建设和软件建设两个方面。硬件建设主要解决实施课堂教学所必需的各种物质条件，包括教室、教材、教案等；软件建设主要解决实施课堂教学中教师与学生的态度和精力投入问题，如教师是否遵守教学管理规定和相关纪律、学生是否遵守学生管理规定和学习纪律等。高校统筹教学过程管理要加强两个方面的建设，既要加强教室的硬件条件建设、优化教学环境和提供现代化的教学设施设备等，又要加强制度化、规范化建设，围绕教学全过程管好人、管好事、管好阵地。

三是课堂阵地与课外阵地的统筹。现代化的课堂教学不是孤立存在于课堂之中，而是与第二课堂保持着密切的互动联系。高校推动课程育人，一方面要通过密切专业教师与辅导员班主任的沟通联系，及时地了解和掌握大学生的思想和行为动态，从而根据大学生的需求变化及时、有针对性地调整教学进度、改进教学方式；另一方面要通过密切课堂教学活动与课外党团、实践、文化等活动的合作协作，促进大学生党团骨干扩大对课堂教学过程的组织管理，同时也可以增加专业理论教学的实践环节。

（二）统筹"教"与"学"

即统筹教师"如何教"与学生"如何学"的关系。高校课程育人中，教师既要传授专业理论知识，又要开展思想政治工作，而学生同样既要接受专业理论知识教育，又要接受思想理论教育和价值引导。可以说，"教"和"学"二者在目标、内容和要求上是明确的，关键在于"如何教"和"如何学"，需要高校加强统筹。

一是统筹专业教学与思想政治教育的关系。高校各类课程的专业教学要不要贯穿思想政治工作，这个问题无须争论，重要的是如何贯穿。思想政治理论课的专业教学本身就是以思想政治理论灌输为主要任务，思想政治工作贯穿于思想政治理论专业教学之中，就是要进一步提高思想政治理论课教学的实效性，在内容上加强对马克思辩证唯物主义和历史唯物主义世界观和方法论、习近平新时代中国特色社会主义思想的宣传阐释，在形式上紧密结合形势与政策、社会现象和问题、大学生关注的热点难点等进行深度讲解等。其他各类课程贯穿思想政治工作，就是要进一步巩固马克思主义在各类课程中的指导地位，教师要坚守马克思主义基本立场来制定教学目标、选择教材和教学内容，将传播马克思主义基本观点和科学方法作为专业知识传授的重要前提和核心任务。

二是统筹教师的思想政治素质与思想政治教育能力的关系。教师是实施课程育人的关键主体，提高他们的思想政治素质，主要解决主观意愿和自觉性问题，即愿不愿意在专业教学中贯穿思想政治工作；而提高教师的思想政治教育能力，则主要解决客观能力问题，即能不能做好在专业教学中贯穿思想政治工作。高校一方面要通过加强教师思想政治理论学习和师德师风建设，进一步提高他们的思想政治素质，使他们不断增强育人意识；另一方面要通过加强教师思想政治工作素质能力培养培训，进一步提高他们开展思想政治工作的素质能力，包括明确主要内容、把握基本要求、掌握方法技巧等，使他们能够发挥主动性和创造性，在专业知识传授中找到思想政治教育的切入点、结合点、深化点。

三是统筹学生的思想政治素质与专业知识能力的关系。对大学生来说，学习专业课程主要是完成人才培养的规定环节和内容，包括获得成绩和学分。但教师，应当教育引导大学生解决"为什么学习、学习什么、如何学好"这一前提性问题，而这就体现了思想政治教育的一些基本内容与要求，包括帮助大学生树立科学的学习观和成才观、巩固专业思想、掌握正确的学习方式方法等。高校统筹学生的思想政治素质与专业知识能力的关系，就是要坚持思想政治素质是人才培养的首要评价因素，教育引导大学生摒弃功利主义的唯成绩论、唯学分论等错误价值观，使他们能够坚持又红又专、德才兼备、全面发展的价值标准，做到自主学习、深度学习、合作学习、创新学习等。

（三）统筹"管"与"评"

即统筹课程育人管理与课程育人评价的关系。实现课程育人的目标，必须坚持系统规范的管理，包括上级部门对下级部门的管理、高校各级组织对教师的管理、教师对学生的管理以及学生的自我管理。实施课程育人管理，离不开科学有效的评价，这既是对一个阶段内课程育人各项工作进行总结，也为下一个阶段加强和改进课程育人工作提供决策依据。可以说，课程育人评价是课程育人管理的必要环节，起着重要的促进作用。但与课程育人管理不同的是，课程育人评价既可以依托课程育人管理系统进行评价，如上级部门对下级部门的评价、管理者对管理对象的评价等；也可以依托课程育人管理系统之外的力量进行评价，即第三方评价。高校统筹课程育人管理与课程育人评价的关系，既要解决课程育人管理中的行政化、实用化等功利主义倾向，又要解决课程育人评价中的泛物质化、痕迹化等形式主义倾向。

一是统筹课程标准与育人标准的关系。高校各类课程建设都要制定自身的课程标准，既以国家、各省（自治区、直辖市）制定的标准为指导，又充分结合高校学科专业建设的实际情况；既从总体上体现对上位标准的具体化和细化，又在指标体系上体现高校不同学科专业人才培养特色的不同。对于同一门课程来说，课程建设的标准是相对固定的，课程育人的目标和要求也是相同的，但不同时期受教师主观因素等影响，其课程建设与课程育人在标准的具体执行上会出现相互不一致和上下波动等情况。对于不同的课程来说，课程建设的标准是不同的，但课程育人的核心指标和基本要求应是相同的；而不同课程建设水平的差异性，必然导致不同课程育人效果的差异性。因此，高校统筹课程标准与育人标准，既要注重同一课程在时间上的可持续性，又要注重不同课程之间的相对平衡性。

二是统筹管理绩效与育人成效的关系。对课程育人管理绩效的评价，应当包括对课程育人成效的评价，并且对课程育人成效的评价应当起决定性作用。但在实践工作中，对课程育人成效的评价一方面受主客体主观因素的限制，一定程度上不能准确地反映课程育人管理的绩效，如大学生民主评教中容易出现偏激心理和趋众行为等；另一方面课程育人成效评价是一个当前评价与长远评价相结合的过程，管理绩效评价往往只能反映育人成效的当前评价，而对一些长远影响大学生发展的因素难以做到有效评价。高校统筹管理绩效评价与育人成效评价，既要在管理绩效评价中做到过程评价与绩效评价相结合，在育人成效评价中做到当前评价与长远评价相结合；又要将管理绩效评价与育人成效评价高度统一，特别是要注重学生的知晓度、参与度、满意度和社会的影响力等内容评价。

三是统筹系统内评价与系统外评价的关系。高校课程育人评价中，系统内评价具有情况熟悉、成本较低、操作便捷等优点，但也容易出现狭隘的经验式思维、只顾当前不重长远的行政化倾向等；而系统外的第三方评价在客观性、专业性、公正性等方面具有明显的优势，但也存在操作难、成本高等不足。高校统筹系统内评价与系统外评价，既要发挥系统内评价的优势，加强规范化、常态化建设；又要合理发挥系统外评价的优势，特别是注重加强系统外评价结果的有效应用，使第三方的科学评价成为助推课程育人质量提升的重要途径。

第三节　统筹推进高校课程育人的关键环节

统筹推进高校课程育人，需要着重解决三个问题：首先，必须发挥全体教师的主体作用，解决课程育人"谁来干"的问题；其次，必须发掘各类课程的思想政治教育元素，解决课程育人"用什么来育人"的问题；再次，必须构建长效机制，解决课程育人"如何持续推进"的问题。上述三个层面的问题，构成了统筹推进高校课程育人的三个关键环节。

一、坚持教师队伍建设的课程育人目标

课程育人从理念走向实践、从要求转变为实施，关键在于教师这一实施主体。马克思说："思想根本不能实现什么东西。思想要得到实现，就要有使用实践力量的人。"① 教师队伍建设是高校存续发展的前提和基础，是一项各类高校都始终重视和必须完成的"硬任务"。如何在教师队伍建设中落实好课程思政的主体责任，是新时代高校加强教师队伍建设的核心目标。

（一）坚持教师队伍建设的政治方向

我国高校是党中央治国理政的重要补充力量，无论是公办大学还是民办大学，都承担着为党育才、为国育才的历史重任。建设一支什么样的教师队伍，事关高校的办学方向是否正确，事关高校立德树人根本任务是否能够完成，事关高校人才培养质量是否能够提高。党的十八大以来，以习近平同志

---

① 《马克思恩格斯文集》第1卷，人民出版社2009年版，第320页。

为核心的党中央高度重视高校教师队伍建设，先后提出"四有好老师"标准、强调高校教师要做"四个引路人"、坚持"四个相统一"等。2018 年教育部印发《中共中央 国务院关于全面深化新时代教师队伍建设改革的意见》《教师教育振兴行动计划（2018—2022 年)》等文件，对全面加强高校教师队伍建设进行总体部署。高校认真学习贯彻落实习近平总书记系列重要讲话精神，以教育部相关文件精神为指导，切实提高政治站位和增强政治意识，在全面深化教师队伍建设改革中不断加强对教师队伍的政治引领，着力培养造就一支党和人民满意的师德高尚、业务精湛、结构合理、充满活力的教师队伍。

（二）坚持教师队伍建设的育人导向

教师的根本任务在于育人。2018 年习近平总书记在全国教育大会上强调指出："教师是人类灵魂的工程师，是人类文明的传承者，承载着传播知识、传播思想、传播真理，塑造灵魂、塑造生命、塑造新人的时代重任。"[1] 高校在教师队伍建设中要坚持育人导向，强化教师的课程思政职责。一方面，教育引导教师正确处理教书与育人的关系，即坚持知识的教育与品德的培养相统一。注重知识的教育就是要努力提高教学水平，通过丰富教学内容、改进教学方式等，激发大学生的学习积极性、主动性和有效性，不断促进他们的智力开发。注重品德的培养就是要充分发掘课程的思想政治教育资源，注重对学生进行思想道德、精神思维、价值观念等的引导。知识教育是品德培养的前提和依托，而品德培养是知识教育的动力和旨归，品德培养既推进知识教育的深化，也提升知识教育的价值。另一方面，教育引导教师正确处理教学与科研的关系，即完成教学任务与完成科研任务的关系。高校教师既要重视教学，又要重视科研，但应以教学为本，可以通过完成科研任务

---

[1] 《习近平在全国教育大会上强调：坚持中国特色社会主义教育发展道路 培养德智体美劳全面发展的社会主义建设者和接班人》，《人民日报》2018 年 9 月 11 日。

来提高教学水平，但不能为了完成科研任务而轻视、忽视教学，任何"重科研轻教学"的行为都是教师本职任务的错位。

（三）坚持教师队伍建设的底线意识

高校教师队伍建设既要坚持"高标准"，更要坚持"守底线"。坚持教师队伍建设的底线意识，是党和国家对高校的基本要求，更是促进教师队伍健康发展的内在要求。一方面，教师队伍建设要坚守政治底线。高校是意识形态斗争的主要战场，教师队伍要在这场接班人争夺战中站稳政治立场，在政治上为大学生引好路、引对路。教师既要加强自身的思想政治理论学习，自觉地用发展的马克思主义理论武装自己、指导自己，坚持"学术研究无禁区、课堂讲授有纪律"的原则，正确处理个人的学术言行与教学言行之间的关系；又要加强对大学生进行正面、正向、正能量的思想引导，不能利用个人的学术报告、课堂教学及其他方式的活动，对学生进行错误思想观念和价值倾向的灌输。另一方面，教师队伍建设要坚守师德底线。高校教师是一种社会职业，更是一种社会身份，必须遵守符合教师身份的职业道德和行为规范。2018 年教育部印发《新时代高校教师职业行为十项准则》，为高校教师的师德师风划定了红线和底线。高校要把师德师风建设作为基本要求、底线要求贯穿于教师队伍建设全过程，教育引导广大教师既要做到尊重关爱学生、教育指导学生、关心帮助学生，也要做到严于律己，坚持言教与身教相统一、身教重于言教，正确处理师生之间的交往，绝不能把师生关系庸俗化、市场化、功利化。

二、充分挖掘课程思想政治元素

统筹推进高校课程育人，既不是简单地增开几门育人课程，也不是仅仅在课程教学中增加一些育人内容或活动，而是要充分挖掘所有课程内在的、潜在的思想政治元素，找准思想政治教育与课程教学的结合点，从而真正地推动课程教学向课程育人的转变和提升。

（一）在编写教材讲义上下功夫

编写教材讲义是课程教学首先必须完成的环节，体现了对课程教学的目标设计、内容把握、进度安排和方式方法的选择等。如何挖掘课程中蕴含的思想政治元素，必须抓住编写教材讲义这一重要环节。首先要科学选择教材。思想政治理论课程和哲学社会科学课程必须按照要求使用马克思主义理论研究和建设工程重点教材，其他专业课程在教材选取中必须坚持正确的政治导向，杜绝唯西方译著、唯英文原版等取向。其次要科学编写教材讲义。各类课程都必须根据国家或高校审定的教学大纲来编写教材、教案和讲义，在必要章节中进行思想政治教育内容的设计和切入。哲学社会科学课程要紧密结合世情、国情、党情对马克思主义理论和党的创新理论进行深度宣传阐释，把习近平新时代中国特色社会主义思想的精神实质和时代价值讲深讲透；同时紧密结合学生关注的热点、难点与重点问题，通过国际比较、历史分析、正反对比等，把世界和中国的发展大势、中国的优秀传统文化思想、大学生的时代责任和历史使命等讲深讲透，引导大学生将远大抱负与脚踏实地相统一。自然科学课程要结合人类科技发展的进程与趋势、特点与作用、成绩与问题等的讲授，将蕴含在自然科学发展中的辩证唯物主义思想、科学思维与创新精神、正确价值导向与成才励志故事等编入教材讲义，让大学生在科学知识学习、创新精神培育中不断增强人文情怀。

（二）在改进课堂讲授上下功夫

课堂讲授是实现课程育人的现场环节，既是对教材讲义中思想政治元素的具体呈现和深化提升，也可以弥补教材讲义对思想政治元素挖掘不充分、不及时等不足。在高校各类课程的课堂教学中，一方面广大教师要根据教材讲义的相关内容，采用理论阐述、案例分析、分组讨论、价值澄清等方式，进行深入浅出、生动形象、富有感染力的课堂教学，深入阐释专业课程知识中所蕴含的思想政治教育元素，从知识点的讲解升华到引导学生世界观、人生观、价值观教育上来，实现知识传授与价值塑造、人格培育相统一。另一方面，教师要根据学生的需求特点，找准课程育人的创新点和学生的兴趣点，不断拓展和丰富课程的思想政治元素，如艺术类课程可以将革命历史元素纳入课堂教学，外语类课程可以将中国传统文化、华为事件、中美贸易谈判等热点问题导入课堂，计算机类课程可以将人工智能与社会伦理、中国制造与中国智造等问题搬上讲台等，从而做到每类课堂、每节课堂都能发挥思想政治教育功能。

（三）在制定知识考核点上下功夫

课程考核是检验课程育人成效的重要环节，也是促进教师和学生重视课程育人的重要手段。高校在制定课程知识考核点上，一方面要充分体现对教材讲义、课堂教学中已经挖掘的各类思想政治元素的考核，将已经规定和讲授的思想政治教育知识点列入课程考核的关键知识点，纳入期中测试、期末考试内容范围。另一方面要将大学生思想道德素质列入课程考核的指标体系，对他们参与课程学习时所表现出来的思想道德行为，如按时上下课、完成作业、参与讨论等情况进行打分，并按一定的比例折算进课程成绩总分。此外，高校教师还可以结合思想政治元素挖掘与利用的形式，进行课程考核的方式改革，如结合案例分析、情景设计、论述问答等方式，科学地进行成绩评定。

三、构建课程育人的长效机制

统筹推进高校课程育人，既需要立足当前，以问题为导向，以示范项目建设为带动，着力破解难点问题，打好提升课程育人质量的攻坚战；更要着眼长远，以目标为导向，以体制机制改革为切入点，着力构建课程育人的长效机制。

（一）构建高校教师队伍思想政治素质评价机制

建设一支数量充足、结构合理的高素质教师队伍，是有效推进课程育人的重要前提和基础。当前高校在"数量充足"与"结构合理"这些标准上认识高度统一，但在对"高素质"这一标准的理解上存在分歧。一些高校将"高素质"片面地定位为专业素质高，只注重对教师专业学习背景和科学研究能力的考察，如是否留过学、是否发表高影响因子论文、是否申报或承担重大课题项目等，而对教师的政治倾向和道德素质等只坚持最低标准，即无违法违纪行为即可。但是在实践教学中，推进课程育人是一项高标准的工作，既要进行高质量的专业知识教育，也要进行高水平的思想理论教育和价值引导。如果高校教师队伍建设只坚持专业知识的"高素质"，而不坚持思想政治素质的"高标准"，那课程育人只能停留在理念层面。近年来，一些坚持思想政治素质"低标准"建设的高校教师失德失范、违反课堂纪律甚至违反政治纪律的现象屡见不鲜。因此，高校建设教师队伍不仅要注重数量结构、专业素质、教学能力等要素，而且要把思想政治素质作为评聘、培养、考核教师的核心要素，坚持思想政治素质和专业素质的双重考核。

高校构建教师思想政治素质评价机制，既要以国家、各省（自治区、直辖市）制定出台的各项政策为依据，也要充分结合具体的校情，使之科学化、规范化、常态化。一是坚持涉及教师事件必查机制。即凡涉及教师的事件，如评聘管理、职称职级晋升、评优评先及各类人才项目申报、课题申报、成果评定等，都必须进行思想政治素质评价，重点考察教师是否牢固树立"四个意识"，是否在事关政治原则、政治立场和政治方向的问题上与党中央保持一致以及是否有违法违纪和学术不端行为等。二是制定教师思想政治工作素质能力评价标准。如考察教师是否具备马克思主义科学理论功底，是否掌握思想政治教育专业基本理论、基本知识、基本方法，是否熟悉思想政治工作规律、教书育人规律、学生成长规律，是否注重教育教学研究、不断提高工作能力和水平等。三是制定教师课程育人成效评价标准。通过对教师组织实施课程育人的情况进行科学评价，包括教材讲义、课堂教学、知识考核等各环节对思想政治元素挖掘充不充分、课堂内与课堂外与学生交流互动充不充分以及学生获得感充不充分等，从而达到重点考察他们的育人意识强不强、育人能力强不强、育人作用强不强等目的。

（二）构建课程育人落实机制

加强和改进高校思想政治工作，必须构建立德树人的落实机制，而其中构建课程育人的落实机制又是首当其冲的重要任务。一是要构建上下贯通的协同机制。在构建高校立德树人上下贯通的协同机制中，突出课程育人协同机制的建设和落实，包括：各级党委、政府和高校切实担负起推进课程育人落实的领导责任，加强政策统筹和条件保障；充分发挥政府、社会、家庭与高校在课程教学中的协同育人作用，加强实践教学基地和资源建设；构建大学、中学与小学不同学段之间思想政治理论课教学体系的衔接，使之体现循序渐进性；构建高校各个部门之间保障课程育人的协同机制，如教务部门在课堂教学的硬件建设、课堂教学的人数规定和学生选课安排、教学事务管理服务等方面发挥作用，学工部门在促进第一课堂与第二课堂相衔接、加强学生教育和规范学生管理等方面发挥作用等。二是落实院系主管责任机制。院系是高校内设的二级组织，既是各学科专业、各类课程建设的主体，也是教师队伍建设的主管。落实院系主管责任机制，就是要求院系坚持将学科专业建设与课程思政建设相统一、将教师队伍建设与课程育人工作相统一，在人才培养方案制订、组织开展专业建设和课程改革、组织实施教育教学活动、开展教师培训、加强教学管理和考核、保障教学质量等方面能更加充分地发挥主管作用，并以课程思政建设来促进院系的内涵建设。三是落实教师培养培训机制。教师是高校课程育人的第一责任人，落实他们的育人主体责任，不仅需要通过加强管理规范和考核评价，而且更需要加强培养培训，帮助他们增强育人意识和提高育人能力。高校要将课程育人的素质能力培训作为教师队伍培养培训的必需内容，坚持区分对象、区分课程、区分阶段对教师进行针对性培训，特别是要对意识形态属性较强学科的教师、青年教师以及有海外留学背景的教师等加强思想政治素质培养培训，探索通过组织他们到基层、企业等挂职锻炼等方式，提高他们的思想政治素质和育人能力。

| 第五章 |

着力加强高校科研育人

当今世界，科学技术已深刻地影响着人类的生产方式、生活方式和价值观念。《国家中长期教育改革和发展规划纲要（2010—2020年）》指出："高等教育承担着培养高级专门人才、发展科学技术文化、促进社会主义现代化建设的重大任务。"① 作为科教兴国和人才强国主力军的高校，是科学研究的主阵地，承担着科研育人的重要职责。2017年12月，中共教育部党组印发《实施纲要》，明确提出要着力加强高校科研育人的任务和要求，旨在将思想政治工作贯穿于高校科学研究全过程，在大力提升科研水平和促进科研成果应用转化中，不断提高师生的思想政治素质，培养担当民族复兴大任的时代新人。

第一节　高校科研育人的时代价值

当今世界，科技作为第一生产力、人才成为第一资源、创新作为第一动

---

① 《国家中长期教育改革和发展规划纲要（2010—2020年）》，《人民日报》2010年7月30日。

力的时代特征日益凸显。而在以改革创新驱动我国高校的内涵式发展中，促进和实现人才培养与科学研究的融合发展成为重要特征。为此，我们"要瞄准世界科技强国和教育强国的新目标，坚持原创引领，培育领军人才，强化科研育人，持续产出引领性原创成果，把高校建成全球科技创新的重要策源地，若干大学和学科进入世界一流前列，为全面建成小康社会、基本实现社会主义现代化提供坚强保障"①。这为我们科学把握高校科研育人的时代价值提供了根本遵循。

一、突出科研工作的根本任务

区别于其他社会组织，高校的立身之本在于立德树人，这就决定着高校各项工作都要围绕立德树人这一根本任务来展开，而科学研究作为高校一项重要的工作，必然也要将立德树人作为根本任务。

（一）高校科研工作的根本任务在于立德树人

我国高校的社会主义属性决定着高校必须始终坚持"四个服务"的发展方向，即为人民服务、为中国共产党治国理政服务、为巩固和发展中国特色社会主义制度服务、为改革开放和社会主义现代化建设服务。而当前中国特色社会主义进入新时代，党和国家对科学知识和优秀人才的需求比历史上任何时期都更加迫切。高校科研工作承担着传播和创新科学知识的重任，大学生既是科学知识的传播对象，也是传播和创新科学知识的重要力量。将立德树人根本任务贯穿于科研工作全过程，就是要求高校各项科研工作要坚持"四个服务"的发展方向，以人才培养为中心，既传播科学知识，也创新科学知识；既对在传播和创新科学知识中起主导作用的教师加强教育，也对参

---

① 《新时代　新使命　新作为　奋力谱写高校科技工作新篇章》，2017 年 11 月 30 日，http：//www. moe. edu. cn/jyb_ xwfb/gzdt_ gzdt/moe_ 1485/201711/t20171130_ 320316. html。

与传播和创新科学知识的学生加强教育；既加强对科学知识本身的传播和创新，又加强对蕴含在传播和创新科学知识过程中的先进思想、科学理论、创新精神、价值观念等的宣传教育，从而使立德树人根本任务在科研过程中得到全面落实。

（二）高校科研工作的核心价值在于提高人才培养质量

高校科研工作的价值定位既具有社会各类科研工作所具有的共性特点，即注重知识、理论和技术的创新，同时又具有其他社会科研工作所不具有的个性特点，体现在三个方面。其一，高校科研工作是具有自由探索价值的创新。作为科研机构，高校科研工作以基础性理论研究为多，偏重于原始理论和原创理论的自由探索。其二，高校科研工作是具有文化传承价值的创新。作为文化机构，高校更加重视文化的传承创新，各项科研工作也是在文化的传承创新中得以开展的。其三，高校科研工作是具有教育价值的创新。作为教育机构，高校不仅承担着教育教学自身的科研任务，而且注重将各项科研成果运用到教育教学之中，使教育教学水平和人才培养质量不断提高。高校科研工作这三种价值的实现，都离不开人才和人才培养，提高人才培养质量处于科研各项工作的中心地位，因而也就表明了高校科研工作的核心价值在于人才培养质量的提高。

（三）高校科研工作的基本特征在于科研育人

从基本特征上看，高校科研工作具有其他社会科研工作的一般性特征，如创新性、前沿性、实践性等，同时也具有其他社会科研工作所不具有的特殊性，主要表现在科研与育人紧密结合的综合性。首先，高校师生共同参与科研工作，使科研工作本身就成为一项育人工作。即教师通过吸引和鼓励学生加入科研任务中，引导他们在科研工作环境中开展研究性学习，积累科研工作的实践经验，从而不断培养学生的创造意识、创新精神和创业能力。其次，高校教师既是科研主体，又是教学主体，使得科研成果可直接转化为育人资源。教师在教学过程中，将自身在科研工作中所获得的最前沿的科学知识、创新成果、科研经验和研究方法等传授给学生，使他们的视野不断开阔，使他们对科技发展和社会进步的动向保持高度的敏锐性。最后，高校科研工作评价既重成果评价，又重育人成效评价，使得科研优势与育人优势相融合。高校科研并非单纯以取得某项研究成果作为唯一评价标准，而是更加注重研究成果在教学实践中的应用转化。高校科研与育人的综合性，就体现了其特有的科研育人这一基本特征。

二、加强科研领域的思想政治工作

高校将思想政治工作贯穿于教育教学全过程，其中包括要将思想政治工作贯穿于科研全过程。这一方面体现着党对高校的领导，确保党管人才、党管科研等政策在高校的落实；另一方面是由科研在高校中的地位和作用决定的。"在当代世界，科研活动在高校各项工作中占的比重有一种不断增大的趋势。从我国高校来看，科研在高校中占有日益重要的地位。科研活动越来越成为教育教学本身的内在要求，成为大学生培养的场合和途径。"[①]

（一）科研工作是高校意识形态斗争的重要阵地

高校科研工作具有鲜明的意识形态属性，是敌我双方意识形态斗争的重要领域。从要求上看，高校科研工作一方面要以研究、宣传、阐释马克思主义理论及其中国化最新成果为己任，促进马克思主义的中国化、时代化、大众化传播；另一方面要以习近平新时代中国特色社会主义思想为根本指导，坚持辩证唯物主义与历史唯物主义世界观和方法论，加强哲学社会科学、自然科学等领域的基础研究、应用研究和交叉创新研究。从实践上看，西方敌

---

① 刘建军：《进一步重视科研在高校育人中的地位和作用》，《中国高等教育》2015 年第 6 期。

对势力加强对高校进行意识形态渗透，其中常用的伎俩就是打着学术研究或学术交流的幌子，通过学术项目资助或学术活动资金扶持等方式在高校师生中培植代言人，处心积虑、别有用心地将一些学术问题政治化，或者将一些政治问题学术化，以达到混淆视听、扰乱思想的目的。加强和改进高校科研工作的管理，既是牢牢把握意识形态主动权、主导权的需要，也是促使科研工作回归育人本位的需要；既要加强对科研育人主体的教育引导，也要加强对科研育人对象的教育引导，从而使高校科研育人始终沿着正确的方向发展。

（二）科研育人是教师思想政治工作的重要途径

教学与科研是高校广大教师最为关注、参与最广的两项工作，而提升教学能力和科研水平也是高校教师队伍培养培训最重要的内容。一定意义上讲，高素质教师队伍的培养，离不开科研对教学的重要支撑。"虽然上课精彩、关爱学生都是好老师的特征，但本质上，还是要通过精深的学术水平、不断突破极限的科研成就与贡献来体现人类才智的崇高境界，确立大学教师领路人的资格。"[①] 当前高校教师队伍建设中，一定程度地存在着"重科研轻教学"的倾向，既反映了高校教师对科研工作的重视，也反映了部分教师对科研育人的忽视、对教学育人的轻视。高校加强教师思想政治工作，既要以提高教师的思想政治素质、增强他们的育人意识和能力为核心目标，也要把提高教师的科研能力和水平作为重要内容和依托，使科研与育人深度融合，既提升教师科研水平，又提高教师育人成效。

（三）科研育人是大学生思想政治教育的重要载体

高校大多数教师都会以多种方式参与到各类科研活动之中，同时，高校各类科研活动也会以多种形式吸引部分学生参与，或以多种形式对学生产生

① 陆一：《本科教育的追求在智识与尊严》，《中国教育报》2018 年 7 月 3 日。

直接影响。在师生参与的各类科研活动中加强大学生思想政治教育，不仅提升他们的科研能力和专业素质，而且引导他们树立正确的政治方向、价值取向、学术导向，培养他们至诚报国的理想追求、敢为人先的科学精神、开拓创新的进取意识和严谨求实的科研作风等。实践证明，科研育人作为大学生思想政治教育的重要载体，对提升大学生思想品德和专业素质能力越来越重要，如大学生通过参与教师科研项目研究、参与"挑战杯"课外科技作品竞赛、申报大学生创新创业项目、撰写学位论文或者课程小论文等科研活动，既提升了自身的思想政治素质，也促进了专业知识学习的提高。

三、以育人质量引领科研水平提升

在高校科研育人中，科研和育人二者是紧密相连、相互促进的良性循环体。一流的科研水平需要一流的学科支撑，一流的学科需要一流的人才保障。而无论是学科建设还是高校科研水平的整体提升，均需要师生拥有优良的思想政治素质和突破关键核心技术的创新能力，以及培养出相当规模的科研领军人物和拔尖人才。从这层意义上说，提升育人质量乃是提升科研水平的应有之义。

（一）育人质量的提升反映科研水平的提升

当前我国正在大力统筹推进世界一流大学、一流学科建设，并以"双一流"建设推动高校内涵式发展。一方面，"双一流"建设强调要以提高人才培养质量为核心，"办好我国高校，办出世界一流大学，必须牢牢抓住全面提高人才培养能力这个核心点，并以此来带动高校其他工作"[1]。另一方面，高校内涵式发展同样强调以人才培养质量提高为出发点和落脚点。2018

---

[1] 《习近平在全国高校思想政治工作会议上强调：把思想政治工作贯穿教育教学全过程 开创我国高等教育事业发展新局面》，《人民日报》2016年12月9日。

年颁布的《教育部等六部门关于实施基础学科拔尖学生培养计划 2.0 的意见》，旨在"强化使命驱动、注重大师引领、创新学习方式、促进科教融合、深化国际合作，选拔培养一批基础学科拔尖人才，为新时代自然科学和哲学社会科学发展播种火种，为把我国建设成为世界主要科学中心和思想高地奠定人才基础"[①]。无论是"双一流"建设，还是内涵式发展，高校都要把提高人才培养质量摆在中心位置。随着人才培养质量的不断提高，作为高校"双一流"建设和内涵式发展重要组成部分的科研工作，其水平的提高也必然得到体现和反映。

（二）育人质量的提升促进科研水平的提升

当前，"高校承担了全国 60% 以上的基础研究，承担 60% 以上包括 863、科技支撑、重点研发等重大科研任务，建设 60% 国家重点实验室，获得 60% 以上国家科技三大奖励，院士、杰青、千人、万人等高层次人才占 60% 以上"[②]。可以说，高校既是我国科研的重镇，也是人才聚集的重镇。但与此同时，我国在一些关键和核心技术上受制于人的局面没有得到根本性改变，成为威胁国家安全和制约经济发展的重要因素，而这也在一定程度上反映了高校人才培养存在短板，特别是创新型人才培养不足。习近平总书记强调指出："我们坚持创新驱动实质是人才驱动，强调人才是创新的第一资源，不断改善人才发展环境、激发人才创造活力，大力培养造就一大批具有全球视野和国际水平的战略科技人才、科技领军人才、青年科技人才和高水平创新团队。"[③] 因此，高校提升科研水平，必须坚持以提高人才培养质量为驱动，一方面大力提高人才的专业素质，促进智力性因素作用的发挥；另

---

① 《教育部等六部门关于实施基础学科拔尖学生培养计划 2.0 的意见》，2018 年 10 月 8 日，http://www.moe.gov.cn/srcsite/A08/s7056/201810/t20181017_351895.html。

② 《新时代　新使命　新作为　奋力谱写高校科技工作新篇章》，2017 年 11 月 30 日，http://www.moe.edu.cn/jyb_xwfb/gzdt_gzdt/moe_1485/201711/t20171130_320316.html。

③ 习近平：《在中国科学院第十九次院士大会、中国工程院第十四次院士大会上的讲话》，《人民日报》2018 年 5 月 29 日。

一方面大力提高人才的思想政治素质，促进先进思想、科学理论、创新精神等非智力因素作用的发挥。

第二节　着力加强高校科研育人的基本思路

着力加强科研育人，是高校实施思想政治工作质量提升工程、构建一体化育人体系的重要内容，《实施纲要》对其基本目标、主要任务、基本要求等都作出了十分明确的规定。高校应以《实施纲要》为指导，结合具体实际，以坚持科研育人导向、明确科研育人内容、拓展科研育人途径、构建科研育人责任落实机制等为基本思路，促进各项工作的有序开展和顺利实施。

一、着力加强科研育人的正确导向

育人导向事关高校"为谁培养人""培养什么样的人""如何培养人"这些根本问题。高校坚持正确的科研育人导向，就是要在科研工作中加强政治引领和思想价值引导，以政治引领为科研育人提供方向导航，以思想价值引导为高校科研育人提供动力牵引。

（一）坚持政治引领

科研育人既是一项日常性的业务活动，更是一项政治性的育人活动，高校要在科研育人活动中加强对师生的政治引领。一是要坚定政治方向。科研育人作为高校立德树人的重要环节，必须坚定地与我国高等教育事业的发展同向同行，高校要教育引导广大师生始终坚持"四个服务"，把科研服务方向与育人导向统一到党和国家事业的需求上。二是突出政治素质。在科研工作中，高校要加强党的创新理论教育，不断提高师生的思想政治素质，把思想政治表现作为组建科研团队的底线要求，在人员选拔中重点考察参与人员的思想政治表现，在项目建设过程中注重考察参与人员的思想政治表现，等等。三是强化政治担当。高校师生的科研要加强对马克思主义理论及其中国化最新成果的研究、宣传和阐释，加大对西方资本主义意识形态和社会错误思潮的批判和揭露，对关键领域和核心技术加大创新攻关力度，将关键核心技术牢牢掌握在我们手中。四是严格政治纪律。高校要教育引导广大师生正确认识"科学无国界、科学家有祖国"的要求，坚持国家利益高于一切，将鼓励学术创新与坚守政治底线相统一，既要避免学术问题政治化，也要避免政治问题学术化。

（二）坚持思想价值引导

高校师生在科研育人活动中，需要妥善处理个人利益与集体利益、自身利益与他人利益、经济利益与社会效益等之间的关系，这就要求高校要把社会主义核心价值观教育贯穿于科研管理之中，以正确的思想价值引导广大师生的思想和行为。一是指导科研人员树立正确的价值观。高校科研是为立德树人服务的，而不是"作为换取名利、地位、财富、权利的工具"①。但在实践中，由于科研成果往往与教师职称晋升、职务升迁甚至奖金分配等直接挂钩，导致一些教师出现明显的功利主义倾向，不仅把主要精力放在了发表论文、申报课题和出成果上，有的甚至不惜以牺牲教书育人和破坏学术道德为代价。树立正确的价值观，就是要教育引导教师坚定理想信念和坚持正确的价值导向。一方面把个人的命运与党和国家的命运、把个人的发展与社会的发展紧密相连，自觉克服"为科研而科研"的浮躁情绪和功利主义倾向；另一方面发扬科研攻关精神，勇于攀登科学高峰，做到耐得住寂寞、淡泊明志、弱化物欲，将潜心问道与关注社会相统一。二是强化教师的育人意识。教师提升科研水平的目的在于育人，高校要在教师选题设计、科研立项、项

---

① 周光礼等：《高校科研的教育性——科教融合困境与公共政策调整》，《高等工程教育研究》2018 年第 1 期。

目研究、成果运用等各个环节中，对他们加强教育理念、育人价值的宣传教育，使他们既能够严格要求自己，又能够严格要求学生，共同遵守学术道德和抵制各种学术不端行为；既能够重视提高自身的科研能力，又能够不断强化对学生的学术规范训练和学术素养提升。

二、着力加强科研育人的主要内容

科研育人蕴含着十分丰富的内容，既在整个内容体系上指向培养又红又专、德才兼备、全面发展的人，又结合科研活动的规律和特点，不断形成、丰富和凸显自身的独特内容。

（一）坚定科研理想信念

理想信念是人精神世界的核心。理想信念不仅能为人的成长和发展指引方向，而且能提供源源不断的精神动力。在高校科研育人活动中，高校师生应当坚定马克思主义远大理想和中国特色社会主义共同理想，坚持用马克思主义的立场、观点和方法来指导自己所从事的一切科学研究活动。一方面要具有为实现远大理想的奉献精神。习近平总书记要求广大科研人员，"要热爱我们伟大的祖国，热爱我们伟大的人民，热爱我们伟大的中华民族，牢固树立创新科技、服务国家、造福人民的思想，继承中华民族'先天下之忧而忧，后天下之乐而乐'的传统美德，传承老一代科学家爱国奉献、淡泊名利的优良品质，把科学论文写在祖国大地上，把科技成果应用在实现国家现代化的伟大事业中，把人生理想融入为实现中华民族伟大复兴的中国梦的奋斗中"[1]。另一方面要具有为追求真理的探索精神。科研是一个不断探索、追求真理的过程，其过程对于培养大学生的理想信念、科学精神等方面均具

---

① 中共中央文献研究室编：《习近平关于科技创新论述摘编》，中央文献出版社 2016 年版，第 109 页。

有重要作用。"科研活动是学生自主探索的活动，在这个过程中形成的信念是最坚定的，从而也有利于坚定他们科学的理想信念。"① 此外，高校科研育人还应在师生中弘扬改革创新精神，培养师生开拓创新的进取意识，以改革创新精神突破科学研究中的重大难关，不断实现科学研究的重大突破。

（二）遵守科研学术道德

学术研究是高校科研的主要呈现方式，学术道德是在学术研究过程中遵守的准则和规范。2018 年 5 月，中共中央办公厅、国务院办公厅印发的《关于进一步加强科研诚信建设的若干意见》指出："科研人员要恪守科学道德准则，遵守科研活动规范，践行科研诚信要求，不得抄袭、剽窃他人科研成果或者伪造、篡改研究数据、研究结论；不得购买、代写、代投论文，虚构同行评议专家及评议意见；不得违反论文署名规范，擅自标注或虚假标注获得科技计划（专项、基金等）等资助；不得弄虚作假，骗取科技计划（专项、基金等）项目、科研经费以及奖励、荣誉等；不得有其他违背科研诚信要求的行为。"② 学术道德是高校学人的学术良心，遵守学术道德是问道治学的基本要求。高校教学科研人员、管理人员和学生，在科学研究及相关活动中要抵制各种学术不端行为，纠正"为科研而科研"的错误导向，恪守学术道德，遵循学术准则，促进学术创新和发展。

（三）夯实科研专业知识基础

科学研究的本质在于揭示自然、社会、思维等现象的规律，它是一种探索未知的创造性活动。高校科研育人肩负着探索学科领域重要理论问题和技术问题，夯实专业知识以及推动学科创新发展的使命。高校科研涉及

---

① 刘建军：《论高校思想政治工作的育人格局》，《思想理论教育》2017 年第 3 期。
② 《中办、国办印发〈关于进一步加强科研诚信建设的若干意见〉》，《人民日报》2018 年 5 月 31 日。

全学科领域，包括自然科学、技术科学、人文科学和社会科学领域等，涉及基础性知识研究、应用性知识研究和开发性知识研究等。高校大力组织师生开展科研活动，就是以育人为中心，充分整合各学科领域的科研资源，将传承知识与创新知识相结合，既发挥科研育人对学科专业发展的支撑作用，也通过科研成果的转化应用不断丰富和拓展已有的学科专业知识基础。

（四）培育科学精神和人文素养

马克思指出："在科学上没有平坦的大道，只有不畏劳苦沿着陡峭山路攀登的人，才有希望达到光辉的顶点。"① 毫无疑问，科学研究充满艰辛和挑战，要想取得科学研究的重要突破，除了需要科研人员的聪明才智之外，还必然需要科学精神和人文素养的有力支撑，因而培育科学精神和人文素养也必然成为高校科研育人的重要内容。就科学精神而言，高校师生要具有开拓创新的进取意识和严谨求实的科研作风，在科研工作中积极崇尚真理、不迷信权威、善于批判、勇于创新等；就人文素养而言，它体现为在科研活动中显现出的关于人自身的独特价值意蕴，是在科研过程中展示出的人性光辉，如人对真善美的体验，人的价值关怀，人的团结协作精神，人追求卓越、不畏艰难、敢为人先、奋力拼搏精神状态和意志品质等。

三、着力加强科研育人的主要途径

高校科研体现出鲜明的育人属性，这是高校同其他研究机构的一大重要区别。"在高等学校中进行的科学研究活动，从其动机，到过程，再到结果的各个方面和各个环节，都要有利于教育目标的实现，有利于高级专门人才

———————

① 《马克思恩格斯文集》第5卷，人民出版社2009年版，第24页。

的培养，有利于学生思想道德、情感意志、智力能力、专业技能、身体要素等方面的和谐发展，尤其是要有利于学生道德品质的发展，使人变得'高尚而不是变坏'。"① 高校科研育人途径应体现出高校自身的特点，在牢牢把握学生成长成才规律基础上拓展自身的形式和载体。

（一）通过课堂教学

正如"科研是知识的创新过程，教学是知识的传授过程，生产是知识的应用过程"②，知识把科研、教学和生产有机联系起来。课堂教学是科研知识传播的有效途径，它通过课堂讲授把科研发现和积累的学科前沿知识、研究过程、研究方法、高水平的研究成果、科学道德、科学精神及人文素养等传给学生，让学生在课堂上直接体会科学研究的价值和魅力。2018 年教育部办公厅印发《关于开展"三全育人"综合改革试点工作的通知》，指出："建立教研一体、学研相济的科教协同育人机制，制定产学研合作协同育人计划。坚持学术研究无禁区，课堂讲授有纪律。统筹安排教学资源与科研资源，配套设计教学大纲与科研计划。"③ 可以说，课堂教学改革对深化科研育人具有重要作用。

（二）通过项目研究

一般来讲，科学研究划分为基础研究、应用研究和开发研究。科研项目包括国家各级政府成立基金支持的科研项目、来自企业事业单位的横向科研合作开发项目和高校自主设立的科研项目。"越来越多的研究表明，如果每位本科生都有机会，甚至被要求在有经验的教师指导下参与原创性研究或创造性工作，将会极大丰富他们的学习经验，提高他们的学习主动性、积极

---

① 周川：《论高等学校科学研究的教育性原则》，《高等教育研究》2007 年第 3 期。
② 谷菲菲等：《高校科学研究的六大关系探析》，《中国高校科技与产业化》2009 年第 11 期。
③ 中华人民共和国教育部：《教育部办公厅关于开展"三全育人"综合改革试点工作的通知》，2018 年 5 月 25 日，http://www.moe.gov.cn/srcsite/A12/moe_1407/s253/201805/t20180528_337433.html。

性，培养他们的实践能力、跨界整合能力、创新能力。"① 可以说，项目研究是高校科研育人的主要形式。它通过师生合作的形式开展一个个项目研究，提升师生学术水平、创新实践能力和思想品德水平。

（三）通过学术论文写作

从事学术论文写作是高校科学研究的重要形式，也是高校师生工作学习、提升自我的一种常态。学术论文是对所从事学科领域相关问题的深入的探讨，是对科研成果的总结、凝炼和提升。高校科研育人要通过撰写学术论文来提高师生对相关学科理论的研究能力，将关注学科专业发展前沿与关注社会现实问题相结合，将传承创新专业知识与训练缜密的思维能力、学术思考能力、文字表达能力等相结合，不断地以项目攻关、团队合作、创新研究等形式来进一步提高师生的思想理论素质，促进他们的学术道德实践和科学精神培育。

（四）通过学科竞赛

学科竞赛是对学生专业水准和综合素质的有效检验，为学生全面发展尤其是创新人才的脱颖而出创造了良好的平台，可有效地推动高校拔尖人才培养模式和实践教学的改革，促进人才培养质量的提升。各级教育行政部门和高校都十分重视组织各类学科竞赛活动，既有以某个学科为主的基础知识和技术技能比赛，也有跨学科的应用知识和创造创新比赛，如数学建模、程序设计、机器人大赛、电子商务谈判、英语作文竞赛等。同时，各级党委和政府部门、群团组织、企事业单位等越来越重视通过多种形式组织各类学科知识和创新创业大赛，如教育部、团中央等多个政府部门联合组织开展"挑战杯"全国大学生课外学术科技创新和创业大赛、全国高校

---

① 周光礼等：《高校科研的教育性——科教融合困境与公共政策调整》，《高等工程教育研究》2018 年第 1 期。

"互联网+"创新创业大赛等，各地各高校又纷纷组织校赛、省赛，从而呈现出师生知晓度高、关注度高、参与度广等特点，极大地调动了他们参与科研创新的热情和活力。近年来，一些专业性的学科学术协会、高校学科学术联盟等社会组织不断加大跨地域、跨学科组织学科竞赛活动的力度，为提升大学生的学科专业能力、创新实践能力和锻炼意志品质等提供了较多较好的实践平台。

（五）通过社会实践活动

辩证唯物主义认识论认为，实践是认识的来源，是认识发展的动力和目的，是检验真理的唯一标准；同时，认识对实践具有能动的反作用，科学的理论对实践有巨大的指导作用。这就要求高校要加强与社会的发展对接，一方面通过与政府、企业等共建科研合作和人才培养实践平台，加强科研创新实践的推进，提高科技攻关能力，促进科研成果的市场化应用，并着力培养应用型的创新实践型人才；另一方面通过组织大学生开展专业科研创新实践、志愿服务与社会实践、创新创业等实践活动，既提高学生对学科专业知识的掌握程度和运用能力，也指导学生将所学的专业知识有效地运用于社会实践，并在社会实践中着力培养他们观察问题、发现问题和解决问题的创新实践能力。

四、构建科研育人责任落实机制

高校着力加强科研育人，关键在于落实各级管理部门和广大教师的科研育人职责，特别是强化科研负责人的责任担当意识，做到责任到岗、责任到人，从而不断构建目标清晰、责任明确、实施高效、监督有力和可持续推进的科研育人责任落实机制。

（一）加强校级层面统筹

高校党委对本校科研育人工作实行全面领导，充分体现党委对科研育人的主体责任，切实发挥党委为科研把关、为育人导向的领导核心作用。高校科研管理职能部门负责科研育人政策制定、管理推进和服务协调等，把高校思想政治工作贯穿于全校科研工作规划、各类课题的申报与管理、学科建设、科研成果审核、科研成果统计及其转化、对外学术交流、科研队伍建设等活动之中。科研部门、教务部门、学生工作部门等要密切配合，加强大学生科技活动项目立项、管理、成果认定及其评奖工作，增设高校思想政治工作专项课题，积极组织开展学术道德和学风建设，积极引导大学生自主开展各项科研活动。

（二）落实院系的主管职责

高校院系是教师队伍建设的重要主体，也是组织实施科研育人活动的重要主体。高校要进一步明确院系党委对科研育人的具体领导职责，院（系）要把科研育人纳入党政联席会重要议题，明确院（系）领导的科研育人职责。一方面加强科研机构建设，配齐配强科研机构负责人，加强学术科研带头人及骨干队伍的培养，充分发挥科研机构在育人中的组织保障作用；另一方面加强院系基层党支部建设，探索以科研机构、科研项目、科研团队等加强党支部建设，推进科研与基层党建"双带头人"培养工作，选拔思想政治素质高、学术科研能力强、在师生中有影响的学术科研骨干担任党支部书记，切实发挥科研党支部在意识形态工作、学术道德建设、学术团队建设等方面的政治保障作用。

（三）发挥教师的主体作用

推动高校科研育人工作，关键在教师。一方面，高校要通过制度化建设，进一步明确高校教师科研育人的责任和要求，教育引导科研机构、科研项目、科研团队等相关负责人切实承担科研育人的主体责任和具体责任，落实好导师是研究生培养第一责任人的要求，将思想政治工作素质能力作为学术科研培养培训的首要和核心内容，将思想政治工作开展情况及成效作为评价科研机构、科研项目、科研团队建设的核心内容，将教师科研育人情况作为科研成果申报、个人年度考核等的重要参照内容。另一方面，高校要通过系统化的培养培训，进一步提高教师的科研育人能力，既要对他们加强党的路线方针政策和思想政治工作理论的宣传教育，又要加强科研育人的实操性培训，通过培育榜样人物、典型机构、精品项目、示范团队等，进一步促进先进理念、典型经验、感人事迹等的推广传播和示范带动。

第三节　着力加强高校科研育人的关键环节

对新时代的高校科研育人工作应进行系统把握，坚持因时而进、因事而化、因势而新的原则，牢牢抓住高校科研育人关键领域和关键环节，以科研项目研究为主要载体，把思想政治工作融入科研评价、科研成果转化应用、科研环境优化等关键环节之中，从而有重点地破解科研育人中的矛盾，不断提升科研育人的实效。

一、深入科研项目研究，促进科研项目育人

以科研项目形式开展科学研究已经成为高校科研最为普遍的现象。项目研究有利于进一步凝炼科研方向，整合团队优势和前期研究成果，在获得经费资助的基础上，取得更多的创新性科研成果。高校着力加强科研育人，应以深入开展项目研究为主要抓手，把思想政治工作融入科研项目申报、项目立项、项目实施、项目结题等全过程之中。

（一）融入选题设计

以科研项目育人应从选题开始，好的选题既对科研项目立项和项目开展研究具有前提性作用，又对师生学术科研积淀和创新能力提升具有重要作用。高校师生在科研项目选题上，一方面要体现对国家重大理论问题和现实问题的关注，突出鲜明的问题意识和目标导向，把回应社会关切和引领社会发展作为选题的重要原则；另一方面要体现学科研究的前沿性和创新性，突出鲜明的时代特征和价值导向，把回应学科质疑和引领学科发展作为选题的重要标准。

（二）融入项目立项

高校科研项目立项既要重视严格标准，也要重视规范程序。在严格标准方面，各类项目审批应对项目申报书的政治导向和涉及意识形态的内容、项目负责人及其团队成员的思想政治表现和道德品质等进行严格审查，把好立项关。在规范程序方面，各类项目正式立项前要充分征求和听取高校党委、院系基层党组织的政治审查意见，对涉及有错误政治倾向、违反师德师风的项目或成员，严格实行"一票否决"。此外，各类项目立项时，要注重把项目的育人导向与学术导向高度统一起来，使项目立项的原则和标准作为一种学术价值导向，对师生的学术科研活动发挥积极的示范促进作用。

（三）融入项目实施

项目实施是科研项目研究的关键环节，也是高校实施科研育人的中心环节。高校把思想政治工作融入项目实施全过程，主要是加强三个方面的正确引导：一是加强运用科学方法的引导，使师生能够正确地借助先进仪器设备或者翔实的文献资料，深入调查研究，同时凝聚整个科研团队的力量扎实有效地开展各项工作；二是加强科学精神的引导，使师生能够正确对待科学项目实施过程中的各种艰辛和挑战，脚踏实地、持之以恒地按照预先设定的路线图、时间表严谨地推进各项工作，做到胜不骄、败不馁；三是加强科研作风建设的引导，使整个科研团队能够保持优良的科研作风，严格项目研究和育人活动管理，不断培育团队成员攻坚克难的坚强意志、科学精神、创新意识、学术诚信等，从而不断形成整个团队联合攻坚的团结精神和协作意识。

（四）融入项目结题

科研项目结题是高校科研管理的必备环节，也是对科研项目实施及其成果的重大检验。高校加强项目结题环节的思想政治工作，一方面要严格按照科研管理的相关规定，对照项目研究的目标、计划和预期成果等内容，对结题项目进行评估，重点考察其过程与成果是否具有真实性、是否完成预设目标和达到预期效果等；另一方面要严格按照科研育人的相关要求，按照学术道德评价的要求、标准和程序，对项目负责人的育人作用发挥情况、师生的学术诚信情况等加强审查，重点考察科研项目的育人目标是否达到、育人作用是否落实等。

二、改进科研评价管理，促进科研评价育人

评价是人类的一种认识活动，是人的一种价值认识和判断活动，客观公正的科研评价有利于形成正面的激励和导向作用。科研评价是高校科研育人的重要环节，"是由评价主体基于某种特定的目的，遵循一定的原则，按照某种价值标准，对评价客体和属性进行定性及定量测定，并用以度量评价客体的行为过程"①。改进科研评价机制，是当前高校促进科研育人的关键环节。

（一）坚持去"五唯"的评价导向

评价导向对于评价活动至关重要，它制约和影响着价值主体、评价标

---

① 杨力：《高校科研管理研究》，中南大学出版社 2005 年版，第 82 页。

准、评价视域、评价格局的形成，是整个评价活动的先导性因素。科研育人评价能够使高校对自身的科研育人水平有一个清晰的认识，对进一步推动科研育人工作的创新发展具有十分重要的作用。高校科研育人评价坚持正确的导向，要以是否落实立德树人根本任务为核心依据，坚决克服高校唯分数、唯升学、唯文凭、唯论文、唯帽子等共有的顽瘴痼疾，也要克服自身工作的唯项目、唯经费、唯论文、唯专利、唯评奖的功利主义倾向。一方面，高校在科研目标评价上要坚持以育人成效为重。对高校科研工作来说，经费的获取、论文的发表、成果的评奖等固然重要，但这些并不是全部的目的，科研目标还应包括科研过程中有多少学生参与和受益、师生合作研究中教师对学生起到什么样的教育作用等。将育人成效作为高校科研育人评价的核心目标，体现了高校科研育人工作最核心的价值性，即以科研活动为载体促进育人目标的实现。另一方面，高校在科研成效评价上要坚持以质量标准为重。对高校科研成效的评价，发表论文的数量与等级、获取项目的来源和经费的多少、成果是否获奖等，虽然可以从一定层面反映科研的质量，但不能片面地唯这些指标是从，还要充分考察研究成果对基础理论的发展性和创新性、应用成果的实用性和可转化性等。高校坚持以质量为重评价科研成效，可以使评价目的突破评价本身的工具性束缚，让科研评价走出"为评价而评价"的藩篱，进一步使科研活动回归知识本位、育人本位，走向更高的自觉。

（二）建设科研育人的标准体系

标准是指衡量和判断事物的准则和规范，具体到认识领域，就是对某一认识进行检验的尺度和依据。马克思主义价值论认为，价值标准是指衡量客体对主体有无价值和价值大小的准则和依据，它所要解决的是"好不好"的问题。客体的价值并不能由客体本身来证明，必须由主体依照一定的标准来衡量和认定。① 对高校来说，着力加强科研育人，需要制定和实施科学的

---

① 罗国杰主编：《马克思主义价值观研究》，人民出版社 2013 年版，第 24 页。

标准，包括建设标准和评价标准。建设标准主要解决科研育人如何有效实施的问题，既从学校整体上进行政策设计和制度规范，又着眼于具体的科研活动进行程序规定和操作指导。评价标准主要解决科研育人的可持续性发展问题，通过对特定时空境遇下的科研育人工作进行总结评估，从而既形成这个特定阶段科研育人的工作闭环，又有利于促进下一阶段科研育人的工作提升。从二者的关系看，建设标准主要体现主体对目标、内容和形式等的设计，是制定评价标准的依据；而评价标准主要体现主体或第三方对已经采取的措施、推进的过程和形成的结果等的评价，既是对建设标准的细化和落实，也是对建设标准的丰富和拓展。因此，高校科研育人既要制定建设标准，以充分体现党和国家、高校对科研育人的目标和要求，更好地指导广大教师开展科研育人活动；又要制定评价标准，在客观反映建设标准落实情况的基础上，对推动科研育人过程中师生的主观能动作用发挥情况进行科学评估，从而更好地促进建设标准的不断更新和完善。

（三）推动科研育人的评价方式改革

当前高校科研育人的评价方式多以上级部门对下级部门、高校同行之间的评价为主，由于科研评价是学校整体实力评估、教师职称评聘、校内津贴发放、评优评先以及学生升学、奖学金评定等的重要影响因素和支撑条件，在这种情况下，"极少数同行专家违背负责任评价的核心要义，不能忠于真理的召唤，不能坚守独立的学术人格，在'谋部门利益''走人情、打招呼''彼此投桃报李'等不良风气的影响下，采取不当的做法"[①]。一些师生出现片面追求科研成果的功利化倾向，各种复制粘贴、学术造假、买卖论文专利等学术不端行为频频发生，严重阻碍了高校科研育人的科学发展。2018 年中共中央办公厅、国务院办公厅颁布《关于深化项目评审、人才评价、机构评估改革的意见》，明确要求各类评价必须"客观、真实、准确反

---

① 姜春林：《完善负责任的学术评价体系》，《中国社会科学报》2018 年 7 月 24 日。

映不同评价对象的实际情况，推行同行评价，引入国际评价，进一步提高科技评价活动的公开性和开放性，保证评价工作的独立性和公正性，确保评价结果的科学性和客观性"①。高校推动科研育人的评价方式改革，一方面要突出改革的重点方向，突出品德、能力、业绩导向，推行代表作评价制度，注重标志性成果的质量、贡献、影响；另一方面要突出改革的重点内容，构建政府部门、用人单位、学术共同体、第三方评估机构等各类评价主体相互配合和协同联动的评价机制，探索和完善同行评价、第三方评价、国际评价等多种方式方法，以负责任的科研评价为营造良好的学术风气作出表率和提供保障。

三、推动成果应用转化，促进科研成果育人

"科研成果是指人们通过研究活动，如实验观察、调查研究、综合分析、研制开发、生产考核等一系列脑力、体力劳动所取得的，并经过同行专家评审或鉴定，或在公开的学术刊物上发表，确认具有一定的学术意义或实用价值的创造性结果。"② 一般来讲，科研成果包括基础研究成果、应用研究成果和技术开发成果。科研成果只有进行现实的应用转化，才能真正变为现实的生产力。对于高校来说，科研成果在转化应用的过程中还具有育人的功能。

（一）以成果转化应用促进师生自主科研能力提升

无论是基础研究、应用研究还是技术开发，检验科研成果是否真正具有价值，需要将之与社会需求对接，实现转化应用，接受实践的检验。高校注重科研成果的转化应用，将有利于促进师生自主科研能力的提升，这是因

---

① 《中办、国办印发〈关于深化项目评审、人才评价、机构评估改革的意见〉》，《人民日报》2018 年 7 月 4 日。

② 李新荣：《高等院校科研管理研究》，中国经济出版社 2008 年版，第 122 页。

为：第一，以科研成果的转化应用为导向，将促使师生在课题设计时力求与社会现实需要紧密结合，在课题研究中也会尽量考虑实用性和应用性等，这就增强了师生的问题意识和自主探索能力；第二，科研成果在转化应用中，由于离开了原来的科研环境，会暴露出一些新的矛盾和问题，而解决这些矛盾和问题将有助于师生进一步提高改进和完善研究成果的能力；第三，科研成果的转化应用，将会给高校和师生带来一定的经济效益，弥补高校和师生在科研经费上的不足，从而进一步提高师生自主科研的积极性。因此，高校要建立健全科研成果转化应用的推广机制，对外密切与社会机构和企业的合作，畅通研究成果的输出渠道；对内要制定科学规范的成果转化应用管理制度，将鼓励成果转化与规范成果转化行为相结合，既要提高师生转化应用成果的积极性，又要依法依规地保护国家和高校的合法利益不受到损害。

（二）以成果转化应用培养大学生的实践创新能力

实践创新能力是大学生发展的核心素养之一，"主要是学生在日常活动、问题解决、适应挑战等方面所形成的实践能力、创新意识和行为表现。具体包括劳动意识、问题解决、技术应用等基本要点。"[1] 高校科研成果的转化应用，为大学生提高实践创新能力提供了难得的契机，这主要是因为在科研成果的转化应用过程中，大学生将获得更多深入社会、深入企业、深入基层参与实践锻炼的机会，从而在实践中不断提高自身分析问题、解决问题的能力。一方面，大学生在参与科研成果转化应用的过程中，可以发现在学校学习中发现不了的一些问题，在分析和解决这些问题的过程中，他们的实践创新能力将获得大大提高。另一方面，在科研成果转化应用过程中，大学生经常会收到成果实际运行的效果反馈，这将为他们进一步改善产品质量和创新创造新产品提供难得的实践机会。此外，科研成果的转化应用，还有利

---

① 《中国学生发展六大核心素养敲定》，2016 年 9 月 18 日，http：//edu. sina. com. cn/zl/edu/2016-09-18/11143922. shtml。

于激发大学生学习和掌握相关学科前沿性、应用性科学知识技术的积极性和主动性，增强他们对所从事的科研活动的成就感和责任感。因此，高校在促进研究成果转化应用中，要教育引导大学生将理论创新与实践创新相结合，引导他们不断培养勤勉、细致、务实、创新的科研作风，从而使他们在科研道路上变得更加坚定和自信。

四、优化科研育人环境，促进科研文化育人

马克思指出，"人创造环境，同样，环境也创造人"①。一方面，环境给人以深刻影响，制约着人的思想和行为；另一方面，人以自身的实践活动反过来改造环境，并在改变环境的同时也改造人自身。对高校师生来说，科研能力和水平已经成为深刻影响和制约他们发展的关键因素，而加强和改进高校科研育人工作，既需要一如既往地发展学校的科研事业，提升整个学校的科研能力和水平，还需要进一步营造良好的科研育人环境，并使之转化为一种独特的文化场域，对广大师生产生潜移默化的影响。

（一）加强科研设施建设，促进科研物质文化育人

高校师生从事科研活动，离不开物质条件的支撑保障，包括必要的科研仪器设备、实验室、图书馆、资料室、科研楼、博物馆、校园网及校园环境等。当这些物质条件与师生科研活动紧紧联系在一起时，便打上了人的活动印记，从而也就具有了更多的文化内涵和育人的价值。"在学校物质环境建设的过程中，教职工通过自身的感受和理解，对学校物质景观所蕴涵的信息进行选择吸收，获得精神上的建构。"② 重视加强科研物质文化建设，是高校科研育人必须完成的基础性工作之一。一方面，高校要加强科研的物质条

---

① 《马克思恩格斯文集》第 1 卷，人民出版社 2009 年版，第 545 页。
② 杨德山：《地方高校科研文化的重构》，《教育评论》2010 年第 4 期。

件保障建设，使各项科研活动具有坚实的物质基础；另一方面，高校在加强科研物质条件建设的过程中，要挖掘和利用蕴含在物质条件建设中的文化育人因素，使科研物质条件建设的过程同时成为物质文化建设的过程，既满足广大师生从事科研活动的物质性需要，也满足他们从事科研活动的精神性需要。

（二）加强科研政策落实，促进科研制度文化育人

政策落实是科研育人的硬指标，是取得良好育人成效强有力的保障。当前，做好高校科研育人工作应严格按照党中央国务院以及各省各地制定出台的一系列相关政策文件精神和要求，结合自身实际制定有利于增强科研育人实效的具体实施方案和操作办法。高校以落实各项政策为基本要求，不断建立健全科研育人的制度体系，既要做到以制度约束人，使广大师生能够坚持科研育人的价值底线，不出现有违学术道德的行为；更要做到以制度激励人，使制度成为思想保障、遵守制度成为行为支撑，从而形成人人愿参与、人人能参与的科研制度文化。

（三）加强科研风气建设，促进科研精神文化育人

科研精神文化是高校师生在科研活动中表现出来的良好精神状态和价值取向。"精神文化是科研文化的主导，决定了物质文化和制度文化的发展方向，集中体现了高校科研文化的特色，是科研文化建设的最高目标。"① 高校科研精神文化应体现出至诚报国的理想追求、开拓创新的进取意识、严谨求实的科研作风、开放包容的学术品格、孜孜以求的奉献精神和精诚团结的协作精神等内容。高校要通过加强学术名家和优秀学术团队先进事迹的宣传、培育"全国高校黄大年式教师团队"、建设科研育人示范项目与示范团队等途径，来加强优良的科研风气建设，从而进一步发挥科研精神文化的育人作用。

---

① 杨德山：《地方高校科研文化的重构》，《教育评论》2010 年第 4 期。

第六章

扎实推进实践育人

实践是人类社会存在和发展的基本方式，是社会生活的本质。实践育人是指将思想政治工作贯穿于人的社会实践活动之中，不断提高人认识世界和改造世界的能力。高校实践育人"是以马克思主义实践论为指导，通过组织实践教学、社会实践、创新创业、军事训练等活动，有效提升大学生社会责任感和实践能力的重要教育形式"①。2017 年 12 月，中共教育部党组印发的《实施纲要》明确提出"实施实践育人质量提升体系""扎实推动实践育人"等要求。高校要立足新时代中国特色社会主义的伟大实践，充分认识扎实推进实践育人的时代价值，既明确基本思路，又把握关键环节，不断推进实践育人的创新发展。

第一节　扎实推进高校实践育人的时代价值

高校培养社会主义建设者和接班人，离不开对大学生进行社会主义事业

---

① 刘宏达、许亨洪：《我国高校实践育人共同体建设的内涵、问题及对策研究》，《华中师范大学学报》（人文社会科学版）2016 年第 5 期。

发展的实践教育。实践本身是不断变化发展的过程，时代的进步与社会的发展也赋予了高校实践育人全新的内涵与更高的地位。中国特色社会主义伟大实践进入新时代后，高校实践育人呈现出了新的时代价值。

一、坚持马克思主义的实践育人观

列宁指出："生活、实践的观点，应该是认识论的首要的和基本的观点。"① 马克思主义的实践育人基本观点是在批判继承人类实践育人思想的基础上形成的，并在其中国化的进程中不断得到发展。高校思想政治工作以马克思主义为根本指导，其中实践育人也必须坚持马克思主义实践育人这一基本观点。

（一）实践育人是马克思主义的基本观点

人类对实践这个古老的哲学概念的探究源远流长。以孔子、老子、朱熹、王阳明等为代表的中国传统哲学家、思想家围绕"知行观"对实践问题进行了一系列有益的探索。以亚里士多德、康德、费希特、黑格尔和费尔巴哈为代表的西方哲学家分别从精神性的"自我"、实践是"概念的外化"和唯物主义的角度，把实践纳入认识论，提升到哲学世界观高度，指明了实践在人类认识和改造世界过程中的重要意义。但受历史和阶级局限，在马克思主义诞生之前，人类的实践观具有片面性和唯心主义色彩。

马克思批判地继承了黑格尔和费尔巴哈的实践观，建立了科学而完整的哲学实践育人观。马克思在《关于费尔巴哈的提纲》开篇中便指出："从前的一切唯物主义——包括费尔巴哈的唯物主义——的主要缺点是：对对象、现实、感性，只是从客体的或者直观的形式去理解，而不是把它们当做人的

---

① 《列宁全集》第 18 卷，人民出版社 2017 年版，第 144 页。

感性活动，当做实践去理解，不是从主体方面去理解。"① 马克思认为："全部社会生活在本质上是实践的。凡是把理论引向神秘主义的神秘东西，都能在人的实践中以及对这种实践的理解中得到合理的解决。"② 在他看来，实践活动是人所从事的"感性活动""对象性活动"，"环境的改变与人的活动的一致，只能被看作是并合理地理解为变革的实践"。③ 他提出："人的思维是否具有客观的真理性，这不是一个理论的问题，而是一个实践的问题。人应该在实践中证明自己思维的真理性，即自己思维的现实性和力量，自己思维的此岸性。"④ 综上，在马克思主义看来，实践是主观见之于客观的过程，是理论联系实际的过程，是改造主观世界与改造客观世界相统一的过程，实践可以有效地影响人的思想和行为，培育和提高人的思想道德素质，促进人的全面发展和健康成长，对人的思想进步和全面发展起着基础的、根本的、决定性的作用。

（二）推进实践育人是坚持马克思主义指导的基本要求

高校扎根中国大地办好社会主义大学，必须坚持以马克思主义实践观为指导，解决好理论教育与实践教育相统一的问题。马克思曾指出："体力劳动是防止一切社会病毒的伟大的消毒剂。"⑤ "在再生产的行为本身中，不但客观条件改变着……而且生产者也改变着，他炼出新的品质，通过生产而发展和改造着自身，造成新的力量和新的观念，造成新的交往方式，新的需要和新的语言。"⑥ 在《资本论》中，马克思进一步指出，未来教育"就是生产劳动同智育和体育相结合……是造就全面发展的人的唯一方法"⑦。列宁

① 《马克思恩格斯选集》第 1 卷，人民出版社 2012 年版，第 137 页。
② 《马克思恩格斯文集》第 1 卷，人民出版社 2009 年版，第 501 页。
③ 《马克思恩格斯选集》第 1 卷，人民出版社 2012 年版，第 138 页。
④ 《马克思恩格斯选集》第 1 卷，人民出版社 2012 年版，第 137—138 页。
⑤ 《马克思恩格斯全集》第 31 卷，人民出版社 1972 年版，第 538 页。
⑥ 《马克思恩格斯文集》第 8 卷，人民出版社 2009 年版，第 145 页。
⑦ 《马克思恩格斯全集》第 23 卷，人民出版社 1972 年版，第 530 页。

指出：“……没有年轻一代的教育和生产劳动的结合，未来社会的理想是不能想象的：无论是脱离生产劳动的教学和教育，或是没有同时进行教学和教育的生产劳动，都不能达到现代技术水平和科学知识现状所要求的高度。”①

我国高等教育坚持以“四个服务”为根本方向，必须坚持以马克思主义实践育人观为指导。党和国家历来高度重视实践育人的重要作用。毛泽东同志强调指出：“几千年来，都是教育脱离劳动，现在要教育劳动相结合，这是一个基本原则。”② 江泽民同志先后提出要“坚持学习书本知识与投身社会实践的统一”③，“成为知行统一、脚踏实地的人”④。胡锦涛同志在清华大学百年校庆讲话中提出要把创新思维和社会实践紧密结合起来，理论联系实际，投身社会实践，在解决实际问题的过程中增长才干，不断提高实践能力、创新创业能力。⑤ 习近平总书记高度重视实践对青年成长成才的重要作用，多次以亲身经历指出劳动实践是宝贵的人生财富，是个人成长和进步的起始。他提出学习的“根本目的”是“增强工作本领、提高解决实际问题的水平”，“实践是提高本领的途径”，“道不可坐论，德不能空谈。于实处用力，从知行合一上下功夫”；他还多次指出当前的深化改革要以“空谈误国，实干兴邦”为指导，并勉励广大青年学生“在实现中国梦的伟大实践中创造自己的精彩人生”。⑥ 因此，高校应坚持将思想政治工作与社会实践相结合，在推进中国特色社会主义伟大实践中教育人、培养人，使广大学生通过认识和参与各类社会实践活动，不断增进对坚持和发展中国社会主义

---

① 《列宁全集》第 2 卷，人民出版社 2013 年版，第 463 页。

② 中共中央文献研究室编：《毛泽东著作专题摘编》，中央文献出版社 2003 年版，第 1638 页。

③ 江泽民：《在庆祝北京大学建校一百周年大会上的讲话》，《人民日报》1998 年 5 月 5 日。

④ 江泽民：《在庆祝清华大学建校九十周年大会上的讲话》，《北京高等教育》2001 年第 5 期。

⑤ 胡锦涛：《在庆祝清华大学建校 100 周年大会上的讲话》，《人民日报》2011 年 4 月 25 日。

⑥ 《习近平谈治国理政》第一卷，外文出版社 2018 年版，第 406、51、173、176 页。

事业的政治认同、理论认同和情感认同。

二、推动思想政治工作的实践活动发展

高校思想政治工作落实立德树人的根本任务，必须要解决如何培养人的问题，而理论育人和实践育人相结合是解决这一问题的基本途径。一方面，实践育人主要解决理论的实践应用和实践发展问题，既根据理论教育的需要促进人在实践中加强对理论认知的深化，又根据实践的需要促进人在实践中加强对理论认知的创新。

（一）坚持实践育人是高校思想政治工作发展的逻辑主线

坚持教育与生产劳动和社会实践相结合，是我国高等教育人才培养的基本原则，也是高校思想政治工作发展的一条主线。毛泽东同志曾强调，"人的正确思想，只能从社会实践中来"①。新中国成立 70 年来，高校始终重视发挥实践育人在思想政治工作中的重要作用，广泛开展以"振兴中华，从我做起、从现在做起""学雷锋　送温暖""五讲四美三热爱""百村调查"等主题突出、内容丰富、形式多样的社会实践活动。2004 年，中共中央、国务院印发《关于进一步加强和改进大学生思想政治教育的意见》，明确指出"要建立大学生社会实践保障体系，探索实践育人的长效机制"②。2012年，教育部等部门印发《关于进一步加强高校实践育人工作的若干意见》，从充分认识实践育人的重要意义、统筹推进各项实践育人工作、加强对实践育人工作的组织领导等方面对高校实践育人工作进行了系统部署。党的十八大以来，以习近平同志为核心的党中央始终强调实践育人的必要性与重要性。2017 年，中共中央、国务院印发的《关于加强和改进新形势下高校思

---

① 《毛泽东文集》第八卷，人民出版社 1999 年版，第 320 页。
② 《中共中央国务院发出〈关于进一步加强和改进大学生思想政治教育的意见〉》，《人民日报》2004 年 10 月 15 日。

想政治工作的意见》强调要强化社会实践育人。提高实践教学比重，加强实践教学基地建设。① 2018 年，习近平总书记在全国教育大会上明确要求"要把立德树人融入思想道德教育、文化知识教育、社会实践教育各环节"②。纵观我国高校实践育人的发展历程，实践育人始终作为思想政治工作的一条主线被予以重视和强调，其独特作用也在不断推动思想政治工作发展中得以发挥和显现。

（二）坚持实践育人是高校思想政治工作体系的重要组成部分

高校思想政治工作以人才培养为核心，必须坚持思想理论教育与价值引导、创新思维培养与社会实践相统一，教育引导大学生坚持向实践学习、向人民群众学习。实践育人在大学生思想政治教育中的主要作用体现为如下几个方面：一是通过组织大学生参与各类实践育人活动，增强他们服务国家和服务人民的社会责任感、勇于探索的创新精神、善于解决问题的实践能力；二是通过组织大学生参与各类实践育人活动，教育引导他们坚定"四个自信"，增强他们为实现中华民族伟大复兴而奋斗、成为中国特色社会主义合格建设者和可靠接班人的自信心和自觉性；三是通过组织实施各类实践育人活动，进一步深化教育教学改革、不断提高人才培养质量，从而增强高校为加快转变经济发展方式、建设创新型国家和人力资源强国等服务的能力。

当前，高校实践育人的主要形式包括实践教学、志愿服务与社会实践、创新创业、军事训练等。其中，实践教学是高校教学工作的重要组成部分，是深化课堂教学的重要环节，是学生获取、掌握知识的重要途径，同时实践教学方法改革是推动课堂教学改革和人才培养模式改革的关键；社会调查、

---

① 《中共中央国务院印发〈关于加强和改进新形势下高校思想政治工作的意见〉》，《人民日报》2017 年 2 月 28 日。

② 《习近平在全国教育大会上强调：坚持中国特色社会主义教育发展道路　培养德智体美劳全面发展的社会主义建设者和接班人》，《人民日报》2018 年 9 月 11 日。

生产劳动、志愿服务、公益活动、科技发明和勤工助学等社会实践活动是高校人才培养的有效载体，是第二课堂中最受学生欢迎也是参与人数最多的育人活动；创新创业是高校人才培养体系改革的重点内容，是培养创新型人才的关键环节，是大学生参与热情较高但素质能力相对较弱的实践活动；军事训练是实现人才培养目标不可缺少的重要环节，是国防教育的重要组成部分，是培养和储备我军后备兵员和预备役军官、壮大国防力量的重要手段。

三、以实践育人促进思想政治工作质量提升

实践是一切思想、政治和道德教育产生和发展的根源，是高校思想政治理论内化为自觉意识与行动的重要中介和关键环节。实践育人的过程既是教育者传道授业解惑的过程，也是受教育者将教育要求内化为理想信念与价值追求，并外化为道德实践与行为选择的过程。

（一）实践育人质量是高校思想政治工作质量的重要体现

质量是指产品满足规定需要和潜在需要的特征和特性的总和，对事物发展具有基础性的作用与决定性的影响。对高校实践育人的目的质量的考量，有两个维度：其一，育人目标是否达成的维度。即高校通过组织实施各类实践育人活动，是否促使大学生不断消化、吸收实践育人的要求和内容，是否帮助他们深化感性体验后形成理性认识，从而达到内化和提高政治素质、思想水平、道德品质等目的。其二，育人工作是否有效推进的维度。即实践育人工作的优劣程度，既体现在对主体需要的满足、对预设目标的达成等方面，也体现在实践活动本身的性能、品质及水平等方面，如师生参与实践育人活动的方式方法、实践育人工作运行的体制机制等。新时代高校加强和改进思想政治工作，在要求上包括必须扎实推进实践育人工作，在内容上包括必须构建实践育人质量提升体系。因此，高校必须坚持以《实施纲要》为指导，坚持理论教育与实践教育相结合，整合各类实践资源，强化项目管

理，丰富实践内容，创新实践形式，拓展实践平台，完善支持机制，不断推动实践育人工作的深入开展。

（二）实践育人质量是检验高校思想政治工作质量唯一标准

实践是检验真理的唯一标准。从这个角度说，实践是检验高校思想政治工作的唯一标准，因而实践育人质量也是检验高校思想政治工作质量的唯一标准。一方面，思想政治工作是以人为对象的实践性活动，是培养人的德性和铸造人的灵魂的精神生产工程。实践育人绝不是教育者单向地对受教育者的理论教育活动，也不是受教育者被动地、单纯地学习理论与知识，其实质是受教育者把习得的理论知识在实践中予以内化、在反复的实践中提高思想境界的过程。另一方面，社会实践是实现人的全面发展的根本途径，是个人成长进步和发展的阶梯，实践教育"是将知识转化为能力'精神'品格的必由之路和根本途径，是人才成长的决定性因素"①。大学生的全面发展，不仅体现在知识水平的不断提升和知识结构的不断丰富上，更体现在各种素质和能力的全面提高与协调发展上，即在实现个人发展的基础上，适应社会发展的需要，实现个人与社会的和谐发展。新时代坚持加强和改进思想政治工作，坚持扎实推进实践育人，二者高度统一于并体现着建立在马克思主义实践哲学基础上的党的教育方针。因而，新时代高校思想政治工作扎实推进实践育人，就是"鼓励大学生参与实践环节的锻炼和教育，在实践中巩固理论知识，提高应对困难、承受挫折、分析问题、解决问题的实际动手能力"②，就是教育引导大学生深入新时代中国特色社会主义的伟大实践，主动融入社会，增强社会责任感和历史使命感，不断地提升个人综合素质，争优担当民族复兴大任的时代新人。

---

① 申纪云：《高校实践育人的深度思考》，《中国高等教育》2012 年第 Z2 期。
② 刘川生：《高校实践育人工作有效机制研究》，《思想理论教育导刊》2016 年第 12 期。

第二节　扎实推进高校实践育人的基本思路

实践育人是在尊重教育发展规律和人才培养规律的基础上形成的科学教育理念，是对马克思主义实践观的深化。《实施纲要》明确规定了新时代提升高校思想政治工作质量的基本原则，包括坚持育人导向、突出价值引领，坚持遵循规律、勇于改革创新，坚持问题导向、注重精准施策等。这就为高校扎实推进实践育人提供了基本指导。新时代高校实践育人要坚持以立德树人为根本任务，进一步明确实践育人目标，不断完善实践育人组织体系，分类推进实践育人活动的深入开展。

一、扎实推进实践育人的工作目标

高校思想政治工作注重理论教育与实践教育相结合，既是理论教学走向实践的现实需要，也是大学生参与社会生活的现实需要。高校实践育人目标的实现就满足了这两方面的需要，既能够促进思想政治理论教育的实践化，又能够促进大学生行为价值引导的社会化。

（一）深化思想政治理论认知

高校思想政治工作重在培养和提高大学生的政治素质、思想素质和道德素质，既需要通过理论教育来提高他们的思想认知，又需要通过实践教育来指导他们的实践行为。从理论上看，思想认知和实践行为之间具有辩证统一性，思想认知是实践行为的前提和基础，起着理论指导和价值引导的作用，实践行为是思想认知的落脚点和具体体现，二者之间相互印证、相互促进，统一于思想政治理论教育的实践过程之中。从实践上看，一方面，高校思想政治理论教育系统地对大学生进行马克思主义及其中国化最新成果的教育，使大学生能够自觉地以党的创新理论武装自己，从思想上认识到坚定理想信念、自觉培育和践行社会主义核心价值观等的重要性和必要性。另一方面，高校思想政治理论教育从理论走向实践、从思想转变为行为，需要在教育方式上从课堂教学走向实践教学，通过引导大学生参与各种主题实践活动，加深他们对思想政治理论的知识性理解，促进他们对思想政治理论的价值性遵循，既体现为心中有德，又体现为行为上守德。

（二）强化社会责任感

大学教育以课程教学、校园生活为主要阵地，但又不局限于此，相反，现代化大学与社会之间的交往交互越来越频繁、越来越密切，体现在思想政治工作上，就是大学生参与各类社会生活的人数越来越多、范围越来越广、内容越来越丰富、形式越来越多样。在这种背景下，大学生的思想观念、价值倾向、生活方式等越来越多元化。在这种背景下，高校培育和践行社会主义核心价值观面临着越来越大的挑战，特别是一些负面的社会现象和问题一定程度上消解着思想政治理论教育的效果，部分大学生出现了社会责任感淡薄、集体主义观念淡化、功利主义抬头等不良的思想倾向和错误的行为方式。高校思想政治工作正视和解决这些问题，不能只停留在思想政治理论教育的层面，必须通过组织开展多种形式的社会实践活动，加强世情、国情、党情、教情教育和社会责任感教育，指导和帮助大学生进一步坚定理想信念、明确成长成才的目标、坚持正确的行为选择。特别是在社会实践中，当大学生面临思想政治理论与社会现实问题、思想认知与实践行为之间不对称时，高校思想政治工作应进一步以正确的思想理论和价值导向来教育引导大学生，使他们能够坚持以辩证唯物主义和历史唯物主义的世界观和方法论为指导、以社会主义核心价值观为遵循，来正确分析问题和解决问题，做到既坚持科学的理论武装和价值选择，又自觉抵制错误思想倾向、错误行为方式等的侵蚀和诱导，从而不断强化为中华民族伟大复兴而努力的社会责任感和历史使命感。

（三）增强实践创新能力

高校实践育人活动在提高大学生思想政治素质的同时，也必然促进其专业知识能力的实践化，从而提高他们的实践动手能力和创新能力。一方面，高校实践育人注重学习和实践的全面性、系统性，强调学习不仅仅是理论的学习，还要与社会实践相结合。在专业实践教学、创新创业实践以及一些紧密结合专业的志愿服务、社会实践活动中，大学生将专业理论知识与社会服务需求相对接，既促进专业理论知识的实践应用，提高实践动手能力，又在实践应用中补齐专业理论学习中的短板，以及学习更多、更新的专业理论知识。同时，在各类实践活动中，大学生发扬不怕苦、不怕累的艰苦奋斗精神，积极地从事社会服务、生产劳动、创新创造等工作，极大地增强了社会适应能力。特别是在军事训练中，大学生的意志品质、身体和心理素质、作风习惯等多方面受到锤炼，为适应大学生活、适应社会发展打下了良好的基础。另一方面，实践的变化性不可避免地带来大学生理论学习和行为认知的变化性，高校思想政治工作将这种变化性引导好，就会转化为大学生理论创新和实践创新的动力源泉。改革开放40年来的实践证明，高校实践育人在培养大学生的创业精神和创业能力方面发挥着不可替代的重要作用，也极大地带动了大学生创新创业活动的蓬勃开展。

二、完善实践育人的组织体系

运行顺畅、科学合理的组织体系，是高校实践育人得以持续发展的组织保障和前提条件。高校实践育人组织体系的建构，要围绕实践育人的目标，立足于高校自身的学科专业特色，对接学生和社会发展需求，加强顶层设计和制度设计，充分整合优化各种资源的配置，确保实践育人各项工作能够顺利推进和保持健康发展态势。

（一）加强实践育人的组织领导

各省各地党委和政府要加强对本区域高校实践育人的顶层设计和制度推进，既要落实中共中央、国务院及教育部和相关部门关于加强高校实践育人的各项政策规定，又要因地制宜制定出台具有区域特色的实践育人政策规定；既要从政策指导、经费资助、人员队伍建设、实践育人基地建设等方面加强扶持力度，又要从政府、企业、社区、高校等不同的角度对各项政策和制度的执行情况加强督导检查。高校党委要高度重视对实践育人工作的领导，将之纳入人才培养和思想政治工作的中心环节，在学校层面成立实践育人领导小组，把握学校实践育人的方向，制定工作目标和发展规划，并使之与学校总体发展的目标规划相结合，同时还要加强实践育人的环境建设、年度计划制订、基地建设、文化培育、经费保障、监督考核与评价反馈等系列工作。高校院系党委要切实担负实践育人的领导职责，成立院系级实践育人工作小组或办公室，负责制订实践育人的人才培养方案、课程体系及教学内容，具体负责实践教学、实习实训、创新创业、军事训练等组织实施工作。同时，通过建立项目开发指导团队，负责协同相关部门、企事业单位、社区等力量，加强实践育人的基地建设和项目化管理。

（二）构建多元主体的实践育人协作模式

高校实践育人是一个长期性、综合性、常规性系统工程，既需要以高校为主体来推进和实施，也需要以高校为中心，构建政府、企业、社区等与高校相互协作的工作模式。从高校内部看，一方面要广泛协同学校办公室、人事、财务、教学、科研、学生管理、宣传、团委、国际交流、院系等主体，建立定期会商机制，以加强实践育人各方面资源的统筹协调，为实践育人工作的开展提供相应的条件保障，确保育人工作成效。另一方面，要科学组织安排实践育人活动，既结合党和国家重大战略布局，紧扣地方和行业需求，保证活动主题鲜明、重点突出、弘扬主旋律、富有时代感，还要关注大学生的专业、知识结构等特点，充分尊重大学生的实践主体地位与成才需求差异性，增强实践内容与实践主体需求的契合度，做到学生参与面广、实施过程顺畅、组织管理到位。从高校外部看，要以高校为中心，以各省各地教育主管部门为主导，一方面横向构建党委和政府各部门之间的协作机制，在政治、经济、文化、社会、环境等不同系统中充分挖掘本区域的实践育人资源，形成主体共建、资源共享、信息互通、管理互促的工作模式；另一方面纵向构建党委和政府部门、企业、社区等与高校之间的协作机制，充分整合本地企业资源、文化资源、社区资源和教育资源等，形成不同内容、不同形式、不同特色的多种实践育人共同体。

（三）推进实践育人项目化管理建设

近年来，各省各地各高校对实践育人模式的改革创新有了诸多有益的探索，其中，具有代表性的做法是将管理学中的项目化管理模式引入高校实践育人体系。高校实践育人推行项目化管理，最大效能在于确保在资源有限的条件下能够出色地完成工作目标，一定程度上可以解决实践育人中人力、物力等不足的问题。高校加强实践育人项目化管理，一是要尊重学生的主体地位，并根据学生的需求确定好项目，在引导需求中鼓励学生变被动为主动，在亲身参与中增强实践能力、树立家国情怀。二是要做好过程管理，通过前期调研、公开招募、培训指导等方式，确保实践育人过程动态管理的规范性运作。三是要科学评价绩效，将实践育人考核纳入人才培养学分体系，通过量化的指标如实反映学生及其所在团队在社会实践中的绩效水平。四是要扩大后期宣传，对于具有良好精神风貌和团结协作精神的团队、品牌影响力较大的实践活动，其典型经验要加大推广宣传力度。

三、分类推进实践育人活动

我国高校实践育人历经 70 年发展，内容不断丰富、形式更加多样，已经从初期的"生产劳动""社会调查"发展成为涵盖实践教学、志愿服务、社会实践、创新创业、军事训练等为主要内容的育人体系。新时代对高校深化人才培养模式改革提出了新要求，扎实推进实践育人需要，分类推进实践教学、志愿服务与社会实践、创新创业、军事训练等活动。

（一）强化实践教学

"实践教学是学校教学工作的重要组成部分，是深化课堂教学的重要环节，是学生获取、掌握知识的重要途径。"① 教学实践活动包括课程实践、课程实习、专业试验以及生产实习、毕业实习、毕业设计等与教学相关的实践内容。抓好实践教学活动，强化实践教学环节，能够更好地实现高等教育人才培养的目标。大学生通过参加实践教学活动，能加深对理论的理解和体验，强化专业技能和专业素质，增强自身对所学专业知识和理论知识的实践体会，激发创新意识和创新思维，锻炼解决实际问题的实践能力和抗压抗挫折能力，实现全面提升综合素质的育人目标。尽管不同层次、不同类型的高校教学实践活动的设置不尽相同，理工科类课程、人文社科类课程等各种不同课程对教学实践环节的体现也不尽相同，但都应该根据人才成长规律和教育基本规律，对于教学实践活动进行合理的安排。一是要进一步突出实践教学在人才培养中的重要地位。要强化对实践教学工作的领导，完善政策、统筹安排、加大投入，增加实践教学比重，确保各类专业实践教学学时学分，保证实践教学各环节总学分占全部学分的比例，切实提高实践教学质量。二是要进一步完善实践教学体系。随着社会经济的发展，人才培养模式已发生重大变革，为应对新的变化，应积极探索新形势下实践教学与理论教学相结合、实践教学与科学研究相结合、实践教学与社会服务相结合、实践教学与

---

① 《教育部等部门关于进一步加强高校实践育人工作的若干意见》，2012 年 1 月 10 日，http：//www. moe. edu. cn/srcsite/A12/moe_1407/s6870/201201/t20120110_142870. html。

就业创业相结合的实践教学体系。三是要切实提高实验教学、实习教学、课程设计和毕业设计（论文）的质量。要改革实验教学内容、教学方法和手段，利用现代化实验教学手段辅助实验教学，切实提高学生的实验动手能力。加强实习实训基地建设，推进校企合作、产学结合，探索多样化实习实训教学模式。要加强毕业设计（论文）的选题、答辩、成绩评定等主要环节的管理，提高毕业设计（论文）选题与社会需求和工程实际相结合的比例。此外，还要规范实践教学管理、加强实践教学教师队伍建设和理论研究。

（二）推进志愿服务与社会实践活动

志愿服务与社会实践活动是大学生正确认识世情、国情、党情新变化，提高自身本领与素质的有效途径，是社会文明程度的重要标志，也是加强大学生思想道德建设、培育和践行社会主义核心价值观的重要载体。《中国志愿服务发展报告（2017）》显示，我国每 10 人中就有一位志愿者，志愿服务已经成为部分人群的生活方式，成为一种新的精神时尚。志愿服务与社会实践活动具有价值导向、素质提升、精神塑造等功能。参与志愿服务与社会活动有利于帮助大学生提高专业与社会素质，增强社会责任感和历史使命感，树立正确的价值取向，坚定崇高的理想信念。不仅如此，在奉献社会、贡献社会的实践中，大学生脚踏实地、团结协作、艰苦奋斗的精神品质得到塑造，能更加深刻地感悟到生命的意义与人生的价值，个人精神世界得到充盈，这对社会精神文明发展也起到了积极的促进作用。推进志愿服务与社会实践活动，要在以下方面作出努力：一是要因时而进，加强志愿服务与社会实践活动的价值引领。高校要在志愿服务与社会实践活动中，加强"中国梦"宣传教育和社会主义核心价值观的引领，引导大学生树立"四个正确认识"，指引他们主动走出校门、走向社会、走入群众，把社会主流价值观外化为符合大学生认知的具体的实践行为，提升实践育人的思想性与价值高度。二是要因势而新，培养一支网络化志愿服务工作队伍。传统的志愿服务育人模式已经难以满足志愿者的个性化需求。高校要在志愿服务与社会实践活动中，注重培养一支政治纪律性强，既了解实践育人规律又具有网络信息技术优势的专兼职队伍，指导他们研究网络传播规律，引导他们把社会主流价值观融入网络志愿服务全过程，为增强网络志愿服务实效性提供技术运行、资源配置与评估考核保障，促进网络志愿服务的健康发展。三是要因事而化，完善志愿服务与社会实践活动的政策保障机制。高校要在志愿服务与社会实践活动中，注重关注大学生的个性化需求，化解他们在参与实践活动中的思想困惑，制定有利于激发大学生积极性的政策，把大学生在实践过程中最真实的动机、最渴望的获得感摆在重要位置。

（三）加强创新创业

创新是人类主观能动性高级的外在表现，是人类特有的实践能力，其本质是突破旧的思维定式，实现新发明、新创造和新描述。创业教育的概念最早由联合国教科文组织于 1989 年提出。我国的大学生创业活动和创业教育始于 20 世纪 90 年代。创业从本质上来讲是一种实践活动，是大学生运用个人所学，通过整合不同社会资源，为社会提供获得社会认可的产品和服务，实现个人社会价值的实践行为。中共中央高度重视高校创新创业教育活动的开展。2010 年，教育部在《关于大力推进高等学校创新创业教育和大学生自主创业工作的意见》中要求高等学校要大力开展创新创业教育，积极鼓励高校学生自主创业，服务于创新型国家建设的重大战略举措。2012 年 8月 1 日，教育部办公厅下达关于印发《普通本科学校创业教育教学基本要求（试行）》的通知，"创业基础"课纳入本科必修，创新创业教育再一次成为教育研究的关注点。2014 年 9 月，李克强总理在夏季达沃斯论坛上提出，要掀起"大众创业""草根创业"的新浪潮，形成"万众创新""人人创新"的新势态。党的十九大报告再次提出，"创新是引领发展的第一动力，是建设现代化经济体系的战略支撑"，要"提供全方位公共就业服务，促进高校毕业生等青年群体、农民工多渠道就业创业"。①

　　创新创业教育是一个完整的培育体系。历经三十余年发展,我国大学生创新创业教育呈现强有力的发展趋势,但与发达国家相比,还存在不少短板,包括实践硬件环境投入严重不足、师资配备和培养力度不够、缺乏有效的成果转化渠道等。新时代加强高校创新创业教育,一是要营造良好的创新创业氛围。高校要利用传统媒体和新媒体的共同作用,增加创新创业舆论呼声,增强对创业政策、创业精神的宣传力度和效果,培养大学生敢于冒险的精神,推动创新创业理念和意识深入人心。二是要建立个性化创新创业的人才培养模式。高校要注重尊重学生的个性,并结合个性化教育,以高素质创新创业人才的培养为价值目标和立项追求,以个性引导为基础开展工作。三是要发挥网络优势,让高校创新创业教育跟上社会变革的步伐。创新创业教育要适应互联网时代的快节奏,持续创新并创造性地利用好博客、微博、微信等网络平台,大力推进"互联网+"创新创业教育训练和实践计划。此外,还要做好加强创新创业师资队伍建设,落实和完善大学生自主创业扶持政策,加强创业指导和服务工作。

(四) 抓好军事训练

　　军事训练是根据《中华人民共和国兵役法》和《中华人民共和国国防教育法》等法律法规,在一定实践阶段内对大学生集中进行包括国防教育、队列训练、战术训练、内务训练等在内的一系列军事化训练的活动总称。军事训练是大学生接受国防教育、参与国防建设的专业途径,是培养大学生国防意识和军事素养的有效方式。加强大学生军事训练,按规定有计划地让普通高等学校学生掌握必备的军事知识、军事理论和军事技能,对增强大学生国防观念、国家安全意识以及综合素质具有重要意义。中共

---

① 习近平:《决胜全面建成小康社会　夺取新时代中国特色社会主义伟大胜利——在中国共产党第十九次全国代表大会上的报告》,《人民日报》2017年10月28日。

中央、国务院和中央军委高度重视学生军训，多次就加强和改进学生军训作出战略部署。2017 年 5 月，教育部颁发《关于加强学生军事训练管理工作的通知》，提出要充分认识加强学生军事训练管理的重要性，切实加强学生军事训练的组织领导，认真做好学生军事训练管理各项工作等。当前高校抓好军事训练工作，一是要高度重视军训工作，科学制订规划。高校要把军事课列为普通高等学校学生必修课程，把军事训练和军事知识讲座纳入学校实践育人活动体系，科学提出具有前瞻性和指导性的学生军训目标、任务、路径和措施，切实搞好学生军训工作的顶层设计。二是要营造良好氛围。高校要协同政府和部队等多方力量，从战略高度，准确把握学生军训的本质内涵和基本要求，充分发挥大众传媒的舆论宣传作用，加大对学生军训政策、经验和做法的正面宣传报道，努力形成全社会关注、关心和支持学生军训的良好氛围。三是要传播红色正能量，培养青年学生的家国情怀。人民军队的英烈精神、光荣传统和优良作风是高校思想政治教育的鲜活教材，要通过军人的言传身教，感染和鼓舞大学生学习军人身上的优良作风；要增加贴近战场的多种形式的军事项目实践，通过强化军事技能训练激发大学生的血性；要传承赓续红色基因，增强学生的爱国情怀、社会责任感和国防观念，潜移默化地培养学生的爱国主义、集体主义和革命英雄主义意识，培养学生的家国情怀。

此外，主题教育活动、勤工助学等活动也是高校实践育人的重要内容和有效形式。高校应构建各类实践育人活动的协同机制，通过整合资源、完善保障机制，既坚持整体设计，又坚持分类推进，不断促进各类实践育人的质量提升。

第三节　扎实推进高校实践育人的关键环节

著名社会学家米尔斯曾指出："无论是个人生活还是社会历史，不同时了解这二者，就无法了解其中之一。"① 米尔斯的观点为我们正确认识扎实推进高校实践育人的重要作用提供了新的视角。面对新的历史机遇，高校必须以习近平新时代中国特色社会主义思想为指导，认真落实《实施纲要》的规定要求，把握好扎实推进实践育人的关键环节，不断促进实践育人新发展。

一、构建高校实践育人的协同体系

所谓协同，是指协调两个或者两个以上的不同资源或者个体，促进事物或系统在联系和发展进程中各要素之间的有机结合，其目的在于达到协同一致地完成某一目标的过程或能力。《实施纲要》提出："推动专业课实践教学、社会实践活动、创新创业教育、志愿服务、军事训练等载体有机融合，形成实践育人统筹推进工作格局，构建'党委统筹部署、政府扎实推动、社会广泛参与、高校着力实施'的实践育人协同体系。"高校实践育人是一个涉及面广、层次结构明显、内容丰富、关系复杂的系统工程，其内部包括多项要素和子系统，它们相互联系，从而组成了相应的结构。掌握实践育人内部运动特点和发展规律，协调各要素之间产生协同效应，整合发挥出"1+1>2"的功效，能够促使实践育人朝着有序方向发展。

（一）坚持以协同发展理念为指导

高校实践育人形式多样、主体众多、内容庞杂，扎实推进各项工作必须以党的创新、协同、绿色、开放、共享五大发展理念为指导，坚持走与国家管理、生产劳动、文化发展、社会治理、生态保护等紧密结合的可持续发展道路。其中尤其要坚持协同发展理念，促进不同实践主体力量之间的协同、

---

① ［美］赖特·米尔斯等：《社会学与社会组织》，何维凌等译，浙江人民出版社 1986年版，第 4 页。

不同内容和形式的实践育人活动之间的协同、不同功能和特点的实践育人活动之间的协同等，从而形成向上向好的整体性发展态势。一是主体协同。即推进政府领导、学校主导、社会关注、家庭支持、企事业单位等相互合作的协同发展模式。在各省各地党委和政府的领导下，高校根据实践育人系统内部各主体的职责分工、管理特点和工作规律，通过运用一定的方式和手段，促进他们既相互分工又紧密合作，既主导各自子系统的有效运行又促进各子系统之间的相互关联等，从而使高校实践育人各主体、各子系统之间形成相对稳定、有序、高效的管理结构，充分发挥协同效应。二是载体协同。即推进实践育人课程教学、活动、管理等不同载体相互促进的协同发展模式。推进实践教学课程的协同，主要是加强专业理论课教学与实践教学、第一课堂与第二课堂之间的衔接，使专业理论课教师、辅导员班主任、校外实践指导教师等增进彼此之间的沟通与合作，不断建立和完善高校实践育人的课程体系。推进实践育人活动的协同，主要是加强不同主题与形式、不同时间与地点、不同学科与专业等实践育人活动之间的关联与促进，不断建立和完善高校实践育人的活动体系。推进实践育人管理的协同，主要是加强不同制定主体、不同管理层级、不同服务对象等各项实践育人政策和制度之间的对应与互补，不断建立和健全高校实践育人的制度体系。三是功能协同。即推进主题活动、国情教育、传统文化和革命文化教育、实习实训、志愿服务、创新创业等实践育人不同功能之间的协同发展模式。高校要根据教育教学的需求，一方面紧密结合国情省情地情，将实践育人活动与服务社会发展相结合，着力建设和组织一批育人主题突出、区域特色鲜明、社会反响良好的实践育人基地和项目；另一方面紧密结合校情院情系情，将实践育人与促进学科专业发展相结合，着力建设和组织一批学生知晓度广、参与度大、满意度高的实践育人团队和活动。

（二）构建实践育人协作机制

随着我国经济社会领域中的利益诉求机制逐渐自发形成，政府、社会、高校和企事业单位之间如何在人才培养和实践育人方面找到利益的平衡点，如何处理好长远利益与当前利益、整体利益与局部利益的矛盾等，是当前面临的问题。这需要高校主动出击，充分发挥其在实践育人的主导作用。一方面，高校要按照目标共同、机制共建、资源共享、责任共担的原则，协同好与政府、企业和社会的利益关系点，既要在顶层设计、支持力度和考核机制方面尽可能地与社会接轨，又要在满足学生需求的同时充分考虑社会和企业的利益诉求。另一方面，高校要不断推进实践育人协同管理的制度化和常态化，既在政策优化、制度细化以及队伍建设、平台保障、经费支持等方面不断完善现有协同管理机制，同时也要逐步加强以增强学生体验性为重点的创新协同机制建设，如依托高新技术开发区、大学科技园、城市社区、农村乡镇、工矿企业、爱国主义教育场所等，建立相对稳定的社会实践、创业实习基地等，分期分批地组织大学生去学习观摩和实习体验。

二、创新高校实践育人的方式方法

马克思主义实践观强调要根据时代变化和实践发展需要，实现理论创新和实践创新良性互动，要在实践中不断获得理论的检验与更新换代发展。高校一方面要适应人才培养体系改革的新变化，将实践育人纳入人才培养内容体系，构建实践育人课程化体系；另一方面要适应现代信息技术发展的新变化，将实践育人的传统优势与网络技术深度融合，构建实践育人网络化体系。

（一）推进高校实践育人课程化

当前高校实践育人方面已有相应的教学设计和教学规定，如 2012 年教育部等部门印发的《关于进一步加强高校实践育人工作的若干意见》中规定：在教学实践方面，人文社会科学类本科专业不少于总学分（学时）的15%、理工农医类本科专业不少于25%、高职高专类专业不少于50%等；在社会实践方面，每个本科生在学期间参加社会实践活动的时间累计应不少于4周，研究生、高职高专学生不少于2周，每个学生在学期间要至少参加一次社会调查，撰写一篇调查报告等；在军事训练方面，把军事训练作为必修课，列入教学计划，军事技能训练时间为2—3周，实际训练时间不得少于14天等。但从高校执行的情况看，实践育人课程化建设仍显不足，如教学实践有课时要求但执行不严格，社会实践有教学规定但无课程化管理支撑，军事训练有学分但规范性有待增强等。高校推进实践育人课程化，除了严格落实和执行教育部等部委制定的相关政策规定外，还要在课程化体系建设上进一步创新。一是要在实践育人的教材建设上下功夫。"有教学设计、无教材支撑"是当前许多高校实践教学面临的困难和短板，也是导致实践教学课时得不到严格执行的重要原因。加强实践育人教材建设，一方面可以细化实践教学的目标和教学进度，使实践教学在课时分配上更加明确、更具对应性；另一方面可以丰富实践教学的理论资源和案例资源，使实践教学的课时安排更加具体、更具针对性。二是要在实践育人的教学管理上下功夫。"管理难、操作难"是当前高校社会实践课程化建设面临的主要障碍和瓶颈，虽然团中央倡导高校实行"第二张证书"制度，将社会实践活动纳入素质学分体系，但社会实践活动如何设计、如何统计、如何考核等问题的存在，使得社会实践学分管理的实施进展缓慢。高校推进实践育人的教学管理，既要解决学分、课时的设计，也要解决学分统计、课时安排等具体困难。三是要在实践育人的教师队伍建设上下功夫。高校实践育人的教师队伍建设普遍存在两个方面的问题：一方面是现有的师资队伍实践教学的能力普遍不足，不愿、不敢、不会从事实践教学的倾向一定程度地制约着实践教学的开展；另一方面，社会实践、创新创业等实践育人活动普遍存在缺乏实践指导教师的情况。高校推进实践育人课程化，需要进一步加强实践育人教师队伍建设，既要加强现有教师队伍的实践教学能力，也要创新实践教学师资队伍的选聘方式，如采取灵活聘用方式，聘请政府、社会、企业等有关人员兼职担任校外实践育人指导教师等。

（二）推进高校实践育人网络化

面对信息化带来的深刻变化，一些传统的实践育人方式方法已经难以满足大学生的个性化需求，但与此同时，网络的虚拟性和体验性等特点为实践育人提供了新的平台资源。如 2016 年广受赞誉的"网上重走长征路"等大型主题实践育人活动吸引了包括大学生在内的网民的高度关注，2 个月时间内共发布新闻信息、微博、微信等各类信息 27.5 万多条，阅读量超过 110 亿次，转评点赞 2000 多万。新问题和新情况表明，推进实践育人网络化是高校未来要着力推进的一个关键的创新点。所谓实践育人网络化，是以马克思主义实践观为指导，以信息化时代发展为背景，借助网络新媒体手段，通过虚拟化的网络情景教学模式，提升大学生的思想道德素质的过程。实践育人网络化的优势在于，可以减少现实社会实践活动中的诸多不确定性和不可预见性，如安全隐患、资源配置、各种成本压力、实践环境等众多因素的制约与影响。高校推进实践育人的网络化，一方面要高度重视发挥网络社会实践的重要作用，如借助网络虚拟的社会实践情景，对大学生开展核心价值观主题教育活动，引导大学生在网络实践中汲取营养，坚定大学生为实现"中国梦"而奋斗的理想信念等。另一方面要进一步研究网络新媒体的发展特征与传播规律，既要建强网络实践育人平台和资源，加大新技术的运用，不断增强网络实践育人的吸引性、体验性和推广性，又要建强网络实践育人的教师队伍建设，使技术保障与思想政治保障切实得到加强。

三、加强实践育人的机制保障

高校实践育人成效如何，离不开科学化、制度化的运行机制。当前高校虽然总体上形成了较为健全的工作机制，保障了实践育人的组织实施，但也存在不平衡不充分的问题，如高校之间存在发展不平衡的问题，高校内部存在管理不畅、激励不足、保障不力等不充分的问题。高校要科学把握社会发展新需求、高等教育发展新态势和学生成长新特点，不断优化运行管理机制、发展动力机制和评价反馈机制，促进高校实践育人工作的科学有序发展。

（一）构建科学化的责任落实机制

一项工作的科学化推动，关键在于构建责任落实机制。各省各地各高校一方面要加强实践育人责任落实的顶层设计，将推进实践育人作为高校人才培养的关键环节，突出问题导向，瞄准薄弱环节，明确相应的机构和人员的职责，将责任落实到每一个层级、每一个部门、每一个人；另一方面要强化责任监管，既要建立快速而又高效的信息沟通和问题协商机制，及时解决实践育人过程中存在的困难和问题，纠正和弥补工作中的不足与失误，又要监督不同主体作用与功能的发挥，对于明显失职失责的主体予以责任追究。在此基础上，高校还要落实好两级主体责任：一是实践育人平台的主体责任，即通过加强各级各类实践育人基地、团队、项目等建设，落实好实践育人的平台管理主体责任；二是实践育人教师的主体责任，即通过加强实践育人师资队伍的培养培训、管理考核等，落实好实践育人具体实施人员的主体责任。

（二）构建可持续的动力发展机制

动力发展机制指的是"在一个事务中处于推动事物发展变化的构造、功能和条件，或是指一个事务赖以运动、发展、变化的不同层级的推动力量以及它们产生、传输并发生作用的机理和方式"①。高校实践育人工作是由政府、高校、社会组织、参与者等多主体共同完成的一项教育任务。每个人、每个组织做事都有动机，当动机、内容及结果相匹配时，会自然地触发完成这件事情的愿望。② 高校推进实践育人，一方面要发挥政策导向作用，

---

① 王浩斌：《马克思主义中国化动力机制研究》，中国社会科学出版社 2009 年版，第 9 页。
② 王显芳、李旭琬、蒋雪莲：《高校实践育人的动力机制研究》，《思想教育研究》2016 年第 12 期。

将学习贯彻落实中共中央、国务院以及各级教育部门等制定出台的各项政策规定作为基本要求，将切实提高实践育人各主体的政治站位、思想认识和政策水平等作为基本动力；另一方面要激发实践育人各要素的内驱力，将精准对接实践育人各主体的不同需要作为基本前提，将彰显实践育人的价值、激发各主体的社会责任感、提高各环节协同力等作为基本环节等，从而不断促进实践育人各要素作用的可持续发挥。

（三）构建科学的评价反馈机制

科学合理的评价反馈机制既是一种促进手段，又是一种必要手段，是有效推进实践育人工作开展、提升不同参与主体积极性的不可缺少的重要环节。从构建评价机制看，高校要把学生综合素质、创新精神、创业能力、解决实际问题能力的提升作为人才培养重要目标，一方面在评价方式上进行改革，打破传统的、单一的定性评价方式，采用定性评价与定量评价相结合的方式；另一方面在评价标准上坚持以学生是否形成正确的思想、丰富的专业知识及较强的实践能力作为核心评价要素。从构建评价反馈机制看，高校既要以评价结果的反馈，作为考核评价实践育人主体责任落实、实践育人工作成效等的重要依据，发挥好评价的激励和约束作用；又要及时地对评价结果加以分析利用，发挥好评价对进一步加强和改进实践育人的促进作用。

| 第七章 |

深入推进文化育人

　　文化传承与创新是高校五大基本职能之一，文化传承既要靠人来"传"文化，也要靠人来"承"文化，文化在这一个"传"与"承"的过程中就体现着自身的育人功能。高校完成文化传承的基本职能，必须围绕"以什么样的文化来育人"这一根本问题，既解决"如何建"的问题，又解决"如何育"的问题。2017年中共教育部党组印发《实施纲要》，强调高校要深入推进文化育人、构建文化育人质量提升体系和注重以文化人、以文育人等。新时代加强和改进高校思想政治工作，深入推进文化育人既是基本要求，也是重要途径。

第一节　深入推进高校文化育人的时代价值

　　从高等教育发展的基本规律看，既以人类不断创造的文化来丰富教育教学的内容和形式，又以教育教学的文化来促进人才培养质量的提升，从而体现了文化育人与文化化人的高度统一。中国特色社会主义进入新时代，高校推动现代化教育强国和文化强国目标的实现，其根本任务就是培养具有坚定文化自信的社会主义建设者和接班人，这既需要通过加强社会主义文化建设来增强大学生的文化自信，又需要通过加强现代化的人才培养来提高大学生的文化素质，从而体现高校文化育人鲜明的时代价值。

一、建设社会主义先进文化的育人高地

高校的立身之本在于立德树人，而落实好这一根本任务，离不开文化育人。一方面，这是由高校的文化属性所决定的，即高校的教育教学体现着文化的教育和教育的文化；另一方面，这是由高校人才培养的根本特点决定的，即高校培养有文化的人体现着文化的涵养作用。

（一）高校是社会主义文化建设的重要阵地

高校培养人，既要以文化为内容，又要以文化为载体，这就决定着文化建设是高校的一项主要任务，或者说高校是文化建设的重要阵地。我国高校的社会主义属性，决定着高校必须始终重视和加强社会主义文化建设，教育引导广大师生既继承和弘扬中华民族传统优秀文化、革命文化和社会主义先进文化，又不断创造性建设具有自身特色的、先进的大学校园文化，做到以文化人、以文育人。一方面，高校坚持马克思主义的指导地位，决定着其是党的宣传思想文化建设的重要阵地。任何一种理论的形成和传播，都是以一定的文化形式为呈现载体，有可视化的文化形式如文字、语言等，也有非可视化的文化形式如思想、观念等。高校是通过上述形式进行马克思主义宣传教育的重要阵地，因而也是党的宣传思想文化建设的重要阵地。另一方面，高校坚持以人类一切有益的文明成果教育师生，决定着其是传播社会主义文明的重要阵地。高校教育教学无论是在内容还是在形式上，都体现着文化的特征，既是显性的文化教育如课程教学、校园文化活动等，又是隐性的文化教育如教师的教风、学生的学风等。高校是传播人类文明的重要阵地，因而也是传播社会主义文明的重要阵地，是社会主义文化与其他非社会主义文化交融交锋的重要阵地。

（二）文化育人是高校人才培养的基本特点

文化是一个国家和民族的血脉，也是维系个体与国家和民族之间休戚与共关系的精神力量。高校培养社会主义建设者和接班人，就是要以正确的文化导向引导学生、以科学的文化知识教育学生、以先进的文化精神塑造学生，将坚持培养有文化的人与坚持有文化的教育有机结合起来。一方面，培养有文化的人是高校人才培养应坚持的正确价值观。从狭义上理解，"有文化的人"是指有文化知识的人，包括具有理性思维和掌握一定的知识技术。从广义上理解，"有文化的人"是指具有较高思想政治素质、道德素质、文化素质以及具有思维理性、心态平和、行为文明等特征的人。高校坚持为党育才、为国育才，不仅要培养狭义上"有文化的人"，而且更要注重培养广义上"有文化的人"。另一方面，坚持有文化的教育是高校人才培养应坚持的正确方法论。"有文化的教育"不仅指有文化内容的教育，如文化理论、专业知识、技术技能等的教育，而且指有文化内涵的教育，既注重把蕴含在文化知识中的理想信念、精神价值、社会美德等内容与文化知识一同传授给学生，又注重在教育过程中通过教师对文化内涵的亲自践行来感染和带动学生。高校在人才培养中，如果只重视文化知识的教育，就会模糊办学的方向和消解人才培养的价值；只有重视文化内涵的教育，才能真正把"育才"与"育人"辩证统一起来，使人才培养沿着德智体美劳全面发展的方向和路径前进。

二、引导师生不断坚定文化自信

高校社会主义文化建设与思想政治工作具有内在的统一性。一方面，文化建设是思想政治工作的重要载体，即思想政治工作必须依托文化阵地、文化活动、文化资源等才能有效推进；另一方面，思想政治工作又是文化建设的根本保证，即只有在文化建设中不断加强思想政治工作，才能使其坚持正确的发展方向和不断提升育人的价值。从这层意义上说，高校社会主义文化建设与思想政治工作高度统一于育人这一中心工作，坚持文化育人是加强和改进高校思想政治工作的内在要求。

（一）坚定师生文化自信是高校思想政治工作的重要目标

"培养什么人"是高校的首要问题，高校思想政治工作围绕这一首要问题，需要在教育引导广大师生坚定"四个自信"上下功夫。而"文化自信是更基本、更深沉、更持久的力量"①，"没有高度的文化自信，没有文化的繁荣兴盛，就没有中华民族的伟大复兴"②，因此，坚定师生文化自信就成为高校思想政治工作的重要目标。从内容上看，坚定师生的文化自信，就是坚定他们对中华民族优秀传统文化的自信、对革命文化的自信、对社会主义先进文化的自信。从作用上看，坚定师生对中华民族优秀传统文化的自信，就是坚定他们对中华民族生存和发展的情感认同；坚定师生对革命文化的自信，就是坚定他们对党坚持践行"为人民服务"这一根本宗旨的思想认同；坚定师生对社会主义先进文化的自信，就是坚定他们对坚持和发展中国特色社会主义的价值认同。从实践上看，由于高校是马克思主义文化与非马克思主义文化、社会主义文化与资本主义文化、社会先进文化与腐朽落后文化等交汇交融交锋的重要阵地，如何坚持以马克思主义文化为主导、以社会主义核心价值观为贯穿，坚定高校师生的文化自信，不断增强他们对传统文化的情感认同、对当代文化的正确判断、对未来文化的科学把握、对西方文化的理性辨识、对各种腐朽落后文化的自觉抵制等，是高校思想政治工作坚定师生文化自信的价值所在。

（二）培育优良的校风学风是高校思想政治工作的主要任务

文化建设的目的和价值都在于以文化人、以文育人，即以文化理论认知

---

① 习近平：《在哲学社会科学工作座谈会上的讲话》《人民日报》2016 年 5 月 19 日。
② 《中国共产党第十九次全国代表大会文件汇编》，人民出版社 2017 年版，第 33 页。

促进文化实践行为。高校思想政治工作发挥文化育人的作用，落脚点就在于培育优良的校风学风。一是突出文化的价值导向功能。大学文化体现着高校的办学方向、办学理念、办学传统等，对师生的思维方式、价值判断、行为习惯等产生着重要的影响。而大学文化又集中地体现在校风学风建设上，既引领和满足师生的精神需求，又规范和约束师生的思想行为。二是突出文化的精神激励功能。大学文化是师生高度认同的文化，必然在师生中产生强大的凝聚力、向心力和推动力，使高校各级组织、每一个人都能迸发出强大的向上力量，推动着校风学风建设的深入开展。三是突出文化的认知促进功能。大学文化是师生都能够自觉遵守和践行的价值理念和行为方式，体现了校风、教风和学风之间具有相互适应性和互促性；同时，大学文化在引领、适应和推动着社会文化的发展中，同时也促进和深化着师生对社会的认知。四是突出文化的人格塑造功能。大学文化对师生的影响具有深刻性、潜在性和持久性，包括文化知识的传授、校园环境的熏陶、师生行为的互相促进等，对师生的心灵陶冶和人格塑造等起着不可替代的促进作用。

三、提升社会主义先进文化的育人质量

新时代对加强和改进高校思想政治工作提出了新要求，也必然对加强和改进高校文化育人提出新要求。高校一方面要看到文化育人在教育引导广大师生自觉培育和践行社会主义核心价值观、促进校风学风建设持续向上向好、引领社会文化健康等方面起到的积极作用，另一方面也要充分认识到文化育人在引导和满足广大师生精神需求上存在的一些不足，从而进一步提高思想认识，在整体提升思想政治工作质量中，加强文化育人的深入推进工作。

（一）"兴文化"是新时代高校思想政治工作的使命任务

一直以来，加强校园文化建设是高校思想政治工作的重要任务。各省各

地各高校将校园文化建设作为人才培养的"第二课堂"，广泛开展主题鲜明、内容丰富、形式多样、效果显著的各类文化活动，在大学生提升思想政治素质、健全人格心理、培养兴趣爱好、促进成长成才等方面的地位和作用越来越凸显。正是源于对文化育人的重要性认识，2004 年中共中央、国务院印发《关于进一步加强和改进大学生思想政治教育的意见》，明确指出"校园文化具有重要的育人功能"①。党的十八大以来，以习近平同志为核心的党中央高度重视在宣传思想工作中加强文化育人工作，强调"兴文化"是宣传思想工作的使命任务。2018 年习近平总书记在全国宣传思想工作会议上指出："兴文化，就是要坚持中国特色社会主义文化发展道路，推动中华优秀传统文化创造性转化、创新性发展，继承革命文化，发展社会主义先进文化，激发全民族文化创新创造活力，建设社会主义文化强国。"② 高校思想政治工作是党的宣传思想工作的重要组成部分，落实好"兴文化"的使命任务，一方面要在认真总结校园文化建设先进经验的基础上，大力推动中华民族优秀传统文化、革命文化、社会主义先进文化进校园，广泛开展形式多样、健康向上、格调高雅的校园文化活动，发挥好校园文化在育人中的重要作用；另一方面要充分发挥高校独特的学科专业、人文科技等方面的优势，利用人才培养、科学研究、社会服务、国际合作与交流等多种途径，加强大学文化的社会传播和对外交流活动，发挥好大学文化对社会发展、人类进步的引领功能。

（二）推进文化育人是提升高校思想政治工作质量的重要内容

加强和改进高校思想政治工作，必须深入推进文化育人。这一方面是由文化育人所面临的新形势决定的。当前，高校校园自然人文环境日益美化、

---

① 《加强和改进大学生思想政治教育重要文献选编（1978—2014）》，知识产权出版社 2015 年版，第 267 页。

② 《习近平在全国宣传思想工作会议上强调：举旗帜聚民心育新人兴文化展形象 更好完成新形势下宣传思想工作使命任务》，《人民日报》2018 年 8 月 23 日。

文化载体日新月异、校园文化活动蓬勃发展等，既为实施文化育人提供了良好的基础保障，又对提升文化育人质量提出更高要求。另一方面是由高校文化育人面临的一些现实问题决定的。当前高校文化育人的内涵建设薄弱、缺乏品牌特色，如一些校园文化活动出现"丰富的娱乐、贫瘠的文化"等现象，部分高校的校园建设和文化建设存在趋同现象，等等。高校深入推进文化育人，既要在现代大学治理创新中，统筹好物质文化建设与精神文化建设之间的关系，把以文化人、以文育人作为人才培养模式改革的重要途径，从制度层面解决好"文化如何育人"的问题；又要在思想政治工作质量提升中，统筹好文化育人与育人文化之间的关系，把建设社会主义先进的育人文化作为人才培养的重要内容，从操作层面解决好"以什么文化育人"的问题，从而既不断优化文化育人的动力机制，又不断优化文化育人的供需结构。

第二节　深入推进高校文化育人的基本思路

高校文化育人既有自身相对独立的呈现形态，如文化课程、文化活动、文化环境等，同时也贯穿于管理育人、服务育人等其他育人活动之中，以管理育人文化、服务育人文化等形态予以呈现。高校深入推进文化育人，需要根据社会主义文化建设的基本要求和文化育人的呈现特点，以《实施纲要》为指导，明确工作目标，拓展实施路径，构建长效机制，既满足广大师生的精神文化生活需要，也引领社会风尚。

一、深入推进文化育人的工作目标

从总体目标看，文化育人与高校的办学目标、思想政治工作的目标具有根本一致性，统一于培养德智体美劳全面发展的社会主义建设者和接班人这一根本任务之中。从具体目标看，文化育人既承担高校社会主义文化建设各项工作的具体组织任务，又承担以文化建设各项工作为依托推动以文化人、以文育人任务的落实，从而根据高校各项文化建设任务的不同而具有相应不同的目标。

（一）建设中国特色的大学育人文化

文化是一个国家综合国力的重要体现，也是高校办学综合实力的具体体现。在建设中国特色社会主义大学过程中，发挥文化育人的深层次、基础性、持久力的作用，其前提在于构建中国特色社会主义大学的育人文化。区别于西方资本主义大学的育人文化，中国特色的大学育人文化具有四个显著的特征。

一是政治导向鲜明。高校是社会多元文化交汇交融交锋的集中地，一方面西方国家的教育理念、价值观念、文化思潮等通过多种文化方式向校园渗透，另一方面社会中一些腐朽落后的思想观念、生活方式、文化取向等也不同程度地影响着高校师生。在这种文化选择多元和价值观念多元的背景下，高校文化育人要树立鲜明的政治导向，坚持马克思主义在高校文化建设中的一元主导地位，深入开展中华优秀传统文化、革命文化、社会主义先进文化教育，牢牢掌握意识形态工作的领导权和主动权。

二是育人内涵丰富。中国特色社会主义文化有着深刻而丰富的内涵，如中华优秀传统文化中蕴含着爱国情怀、仁爱精神、诚信品质、和谐思想、人格信仰等道德理念，革命文化中蕴含着崇高理想、坚定信念、人民立场、牺牲精神、奋斗意志等精神力量，社会主义先进文化中蕴含着实事求是、与时俱进、开拓创新等时代品质。高校要充分挖掘和利用中国特色社会主义文化内涵的育人价值，将其创造性转化为具有大学特色的文化育人内涵，使之成为教育引导广大师生自觉培育和践行社会主义核心价值观的精神动力源泉和文化价值依托。

三是符合大学生身心特点。大学生是宝贵的人才资源，是国家和民族的希望，他们正处在世界观、人生观、价值观形成的关键期，对他们进行正确的文化思想价值引导和文化生活行为指导，要结合他们的身心特点进行，以他们的喜爱度、参与度、满意度、受益度为价值判断，不断地丰富文化育人的主题、内容和形式。

四是引领社会风尚。高校是社会主义精神文明建设的重地，引领和满足广大师生不断增长的精神文化生活需求是文化育人的主要任务。与此同时，高校又是社会主义精神文明建设的高地，其文化建设的先进性对社会的示范引领作用十分明显。高校要发挥自身的文化优势，不断更新文化育人理念、改进文化育人方式、创新文化育人内容，以主题高端、品质高尚、格调高雅等富有时代感的文化育人活动引领社会风尚。

（二）推动大学各类文化的育人作用发挥

建设中国特色的大学育人文化既具有整体性，体现为大学精神的构建和校风学风建设；也具有层次性，体现为精神育人文化、环境育人文化、制度育人文化、行为育人文化等。高校深入推进文化育人，着重点和落脚点在于充分发挥不同层次文化的育人作用。

一是突出大学精神文化的主导作用。大学精神是高校办学理念、办学传统、办学特色等的集中体现，广大师生包括校友继承和弘扬大学精神的过程，就是大学精神文化的育人过程。高校要对自身办学的历史传统、地域文化特色、学科专业特点以及人才培养特质等进行全面梳理、归纳和提升，形成富有时代性、特色性、个性化的大学精神，通过校训、校歌、校园标志性建筑和活动等，向广大教师、学生及校友进行广泛宣传，使之成为凝聚思想共识、维系爱校情感、催生行为自觉的强大精神动力。

二是发挥大学环境文化的熏陶作用。校园环境建设是高校治学办校的物质基础，是与广大师生利益最为相关的育人要素。高校组织动员广大师生参与建设和谐美丽校园环境建设的过程，就是大学环境文化的育人过程。高校要把为广大师生提供现代化的基础设施服务、建设和谐美丽的校园环境作为一项重要工作予以推进，以美丽校园空间建设管理来进一步物化育人理念，让广大师生在看得见、摸得着、感受得到的环境文化中受到熏陶，从而不断提升育人的获得感、幸福感和安全感。

三是强化大学行为文化的感染作用。严格意义上讲，大学行为文化是环境文化的重要组成部分，是大学的软环境、软文化。大学行为文化体现为广大师生的具体行为举止，是大学文化中最具活跃性的部分。高校倡导和规范师生各类校园行为的过程，就是大学行为文化的育人过程。高校要在教师中倡导教书育人、在学生中倡导自律自教等，通过选树榜样、培育典型、评选先进等方式，加强对具有先进性、引领性、示范性大学行为文化的建设，形成互帮、互学、互促的校园文化育人氛围。

四是重视大学制度文化的引导作用。制度建设和制度管理是高校治学办校的根本保障，教育引导广大师生自觉遵守各项规章制度的过程，就是大学制度文化的育人过程。高校一方面要重视制度的规范化建设，既通过建立健全各项管理的规章制度来约束师生的行为，又通过扩大对规章制度的宣传来引导师生增强遵守规章制度的自觉性；另一方面要重视制度管理的人性化，既紧密结合师生需求与特点的变化，及时修订和完善一些不合时宜的管理规定，又根据管理过程的实际情况，赋予制度管理一定的人性化空间，以育人为根本目的来强调制度文化的价值引导。

二、深入推进文化育人的实施路径

高校深入推进文化育人，需要在拓展实施路径上下功夫，即解决"如何深入推进"的问题。文化育人具有综合性特点，是高校各项工作发挥各自文化育人作用的综合体现，深入推进文化育人就是要在推进高校各项工作的过程中，同时推动文化育人作用的发挥。

（一）在高校人才培养目标设计中强化文化育人

人才培养改革是高校各项改革的中心点，而培养有文化的人是人才培养目标的重要内容。高校要按照德智体美劳"五育"并举的要求，认真研究不同学科专业文化育人的内涵、特点及要求，将培养有文化的人在人才培养目标上进行具体化设计，使之具有指导性、标准性和可操作性，不能简单地归结于思想政治素质或专业知识素质的提高。一方面，高校要坚持科学知识教育与人文精神教育相结合的人才培养目标。现代大学教育既是一种科学知识的教育，更是一种人文精神的教育；高校培养的人才既要掌握适应现代化发展的科学知识技术，更要具有引领人类社会发展所必需的人文情怀、人文思想和文化视野。高校在各个学科专业的人才培养目标设计中，要将培养大学生的人文精神作为重要内容，把如何指导学生学会观察文化现象、分析文化问题以及提高他们的文化接受、文化转化、文化创新等能力作为重要的教学目标要求进行科学设计。另一方面，高校要加强文化知识课程体系的设计。大学生人文精神的培养，需要通过开设一定的文化课程来予以实现。高校要立足于人类社会发展的文化脉络，对不同学科专业人才培养的课程体系进行补充和完善，增加必要、适量的人文课程和人文素质教育环节，使其成为大学生必选、必学的教学内容。

（二）在高校教学方式方法改革中突出文化育人

课堂教学是高校育人的主渠道，也是深入推进文化育人的主渠道。一方面，高校要在课堂教学中发挥好文化育人的作用，既包括推进人文课程教学改革，使人文课程成为大学生系统接受文化育人理念和知识的主渠道；又要推进其他各门课程教学中的人文教育，通过人文教育因素的挖掘、教师对学生的人文关怀、情感教学情境的设置和方法应用等，不断增强大学生对人文教育的感受和感知。另一方面，高校要在推动第一课堂与第二课堂的有机衔接中，进一步发挥第二课堂中文化育人因素对第一课堂的促进作用。如通过将第一课堂的教学向第二课堂进行延伸，增强管理文化、服务文化、活动文化等对专业知识教学的拓展与深化，同时也可将第二课堂中的文化育人活动移植到第一课堂，增加第一课堂教学的吸引力和鲜活性。

（三）在高校现代化治理中推进文化育人

构建现代化的大学治理结构是实现教育强国的内在要求，而推进和实现现代化的大学治理，必须强调现代大学的文化育人精神建构。一是坚持以人为本的文化育人理念。现代化大学治理是以人为本的治理，强调尊重教师的主体地位，重视发挥他们的育人作用，同时强调尊重学生的个性，重视培养他们的独立创造精神等。高校只有坚持以人为本的文化育人理念，才能充分调动教师与学生的积极性、主动性和创造性。二是秉持追求真理的文化育人态度。大学是传承和创新知识的重要阵地，而传承和创新知识是一个不断探索规律和追求真理的艰难过程，需要有不怕困难、持之以恒、勇于创新的态度和精神。高校只有加强弘扬追求真理的精神文化，才能使广大师生保持求真的态度，不断产生新思想、新理论、新方法。三是营造崇尚学术的文化育人氛围。大学的学术研究强调要勇于打破一切思想观念和教条的禁锢与束缚。高校只有不断地营造崇尚学术的文化育人氛围，才能使师生坚持独立人格、独立思考、独立判断，才能在自由的氛围中进行学术的理性思考和研究。四是坚守彰显特色的文化育人价值。现代大学的发展既要立足于我国国情，坚持民族的特色，又要放眼世界，坚持对外交流与合作。高校只有坚守彰显特色的文化育人价值，才能使高校在推进国际化进程中，始终坚持中国特色的社会主义办学方向。

（四）在高校文明校园建设中增强文化育人

文明校园建设是高校精神文明建设的重要目标，也是思想政治工作的重要任务。当前高校文明建设中存在"重硬件、轻软件""重形式、轻实效"等问题，不可避免地导致其文化育人作用发挥不足。高校深入推进文化育人，必须以文明校园建设为重要抓手，促进高校物质文明建设和精神文明建设"两轮驱动"，不断提高物质文化和精神文化的育人质量。一是加强校园基础设施建设。优美的校园环境、便捷的学习生活服务等，是高校文明校园建设的物质基础，也是文化育人的物质保障，有利于提高师生的审美能力，增强他们对学校文化的认同感和自豪感。二是提高教育教学管理服务水平。现代化管理与服务是高校各项工作得以高效运转的关键，也是文化育人的重要载体。高校只有既重管理又重服务，以为师生服务为中心，将育人理念与现代科技优势相融合，优化管理流程、丰富服务内容，才能不断提高文化育人的管理服务水平。三是培育优良校风学风。校风学风建设是高校文明校园建设的核心内容，也是文化育人的重要呈现方式。高校只有充分尊重广大师生的主体地位，调动他们参与文明校园创建的积极性和主动性，才能将"教"与"学"两个方面的主体性作用统一于良好校风的培育上，做到教风带动学风、学风促进教风。四是确保校园和谐稳定。安全问题是高校的工作底线，也是文化育人的底线。高校创建校园文明，一方面要通过党的创新理论的宣传教育，引导广大师生坚持正确的世界观、人生观和价值观，自觉抵制各种错误思想文化的侵蚀，确保意识形态工作安全；另一方面要通过科学知识文化的宣传教育，引导广大师生培育理性平和心态，营造和谐的师生关系，确保师生的生命财产安全。

三、构建文化育人的长效机制

深入推进文化育人是高校提高办学治校综合能力的内在要求，也是高校提高人才培养质量的具体要求。高校加强和改进思想政治工作，必须在一体化育人质量体系构建中，统筹构建文化育人的长效机制，既加强育人文化建设，又推动以文化人、以文育人。

（一）构建高校文化育人的责任机制

高校文化建设和文化育人是社会主义文化建设的重要组成部分，在群众性精神文明创建活动中，各省各地要突出对高校文化建设和文化育人的政策指导与工作支持，明确和落实各级党委政府及相关部门的主体责任，加大高校文明校园创建工作的督导、检查和推进力度。高校党委负有推进文化育人的主体和主管责任，要切实加强党对文化育人工作的领导，充分发挥各级党组织的作用，构建党委统一领导、各基层单位与相关部门具体实施和协同推进的工作机制，在推进"双一流"建设、促进内涵式发展中不断提高文化建设水平和提升文化育人能力。高校教师和学生既是文化建设的主体，也是文化育人的主体，每个人都负有贯彻落实文化育人要求的职责。高校一方面要加强教师文化建设，教育引导广大教师自觉遵守新时代师德师风建设要求，坚持教书与育人相统一、言传与身教相结合，文以载道、文以传道；另一方面要加强学生文化建设，教育引导广大学生自觉遵守各项学生行为管理规范，坚持成人与成才相统一、自律与他律相结合，以德立身、以文润身。

（二）完善高校文化育人的制度体系

制度建设是文化育人得以全面实施的重要保障，高校既要在各项制度建设中突出文化育人的导向、落实文化育人的要求，同时也要结合文化育人的具体要求，建立和完善各项管理制度。一是完善大学文化建设的管理制度。高校要在大学章程制定、现代大学治理体系设计、人才培养目标设计等环节中，突出大学文化建设的地位和功能，将办学方向和育人价值等凝炼在大学文化建设的各项制度要求之中，不断突出文化育人的价值规范。同时通过校史馆、博物馆、标志性校园建筑物、重大活动仪式等建设，加强大学精神的宣传阐释，使之成为广大师生及校友的普遍共识和精神追求。二是完善教师文化建设的管理制度。教师是文化育人的管理者、组织者和实施者，高校要在教师队伍的素质标准、人事管理制度等建设中，突出文化育人的职责要求。同时教师又是文化育人的对象，高校要通过加强教师培养培训、师德师风建设等，推动文化育人在教师队伍建设中的实施，形成老中青"传帮带"的优良育人传统。三是完善学生文化建设的管理制度。大学生既是文化育人的对象，也是文化建设的主体。高校一方面要将文化育人的要求贯穿于大学生的日常行为管理之中，完善文化育人与大学生日常学习生活密切关联的管理制度，既保障他们的权益，又激发他们的主体性和主动性；另一方面要将文化育人作为第二课堂建设的核心要求，完善第二课堂文化建设和文化育人各项管理制度，使大学生的政治文化、思想文化、道德文化、科技文化、体育文化、美育文化、劳动文化等各类文化建设和文化育人有着明确的制度依据和活动支撑。四是完善文化育人的评价制度。文化育人各项制度的落实，需要以科学的评价为促进。高校要根据文化育人的目标、结合各项文化建设的具体要求，科学制定文化育人的评价标准和评价实施制度，将文化育人作为教师职业考核评价、学生思想政治素质评价等的重要内容。

（三）加强高校文化育人的阵地建设

从广义上讲，高校所有的工作都具有文化建设的任务，都负有文化育人的职责，因而所有的工作阵地都是文化育人的阵地。从狭义上讲，高校文化育人阵地建设主要指以文化建设和文化育人为主要目的和内容的场所或手段。高校加强文化育人阵地建设，一方面要从广义上强调高校各项工作的文化育人职责，将每一项工作都作为文化育人的重要阵地加强建设；另一方面要着重加强狭义上的文化育人阵地建设。一是加强课堂文化育人阵地建设。高校要将文化育人与课程育人有机结合起来，加强对课堂、论坛和学术报告会等教学阵地的意识形态管理和思想文化价值引导，把课堂建设成为先进思想文化传播的重要阵地。二是加强校园文化活动阵地建设。高校要在校园文化建设中突出文化育人功能的增强和质量的提升，一方面加强校园文化阵地的组织管理，加大对大学生群团组织、学生会组织、社团组织等的政治引领，增强学生党团骨干的文化育人意识和能力，牢牢把握校园文化阵地建设的政治方向；另一方面加强校园文化阵地的活动管理，加大对各类校园文化活动的主题设计、过程实施、条件保障等的指导和管理，引导各类校园文化活动努力克服功利化、娱乐化、泛物质化等不良倾向，不断提升育人质量和扩大育人影响。三是加强校园文化传播阵地建设。高校要将文化育人与加强校园文化传播阵地管理相结合，既充分发挥宣传栏、出版物、网络新媒体等各类校园文化传播阵地的思想文化宣传功能，又根据相关规定和要求加强管理、审查和监督，引导它们规范有序地发展，弘扬主旋律、传播正能量。

第三节　深入推进高校文化育人的关键环节

当前深入推进高校文化育人，需要围绕育人质量提升这一主题，着重解决好三个问题：一是文化育人的价值导向问题，即要以培育和践行社会主义核心价值观来引领校园文化建设；二是文化育人的特色优势问题，即要大力推动中华优秀传统文化在高校的创造性转化、创新性发展；三是文化活动的育人实效问题，即要以文化育人活动的品牌化建设来探寻规律和总结经验，不断促进各类文化活动育人实效的提升。

一、坚持以社会主义核心价值观引领文化育人

文化育人是大学内涵建设的核心内容，坚持文化育人需要坚持正确的价值导向。2016 年 12 月，习近平总书记在全国高校思想政治工作会议上强调指出："要坚持不懈培育和弘扬社会主义核心价值观"，"要更加注重以文化人以文育人"[①]。2017 年 10 月，党的十九大报告进一步将"坚持社会主义核心价值体系"确定为新时代坚持和发展中国特色社会主义的基本方略之一。因此，高校准确把握文化育人的价值导向，就是以社会主义核心价值观为指导来建设先进的大学文化和推进文化育人。

（一）引领大学文化的发展方向

建设什么样的大学决定着建设什么样的文化，而建设什么的文化反过来

---

① 《习近平在全国高校思想政治工作会议上强调：把思想政治工作贯穿教育教学全过程 开创我国高等教育事业发展新局面》，《人民日报》2016 年 12 月 9 日。

支撑和丰富着建设什么样的大学。社会主义核心价值观是凝聚人们思想共识的"最大公约数",也是统一高校师生思想认识的"最大公约数",为高校正确把握文化建设的方向提供了价值遵循。正确把握大学文化建设的方向,一是坚持中国特色社会主义文化发展方向。大学是党治国理政的重要力量补充,其发展必须与党和国家的发展共命运、同方向。这就决定着大学文化建设必须把坚持和发展中国特色社会主义文化作为自身的使命和任务。习近平总书记对中国特色社会主义文化的内涵进行了科学揭示:"中国特色社会主义文化,源自于中华民族五千多年文明历史所孕育的中华优秀传统文化,熔铸于党领导人民在革命、建设、改革中创造的革命文化和社会主义先进文化,植根于中国特色社会主义伟大实践。"① 二是坚持以培育和践行社会主义核心价值观为基本要求。文化的本质在于育人,而文化育人的关键又在于用文化中蕴含的社会主义核心价值观来育人。党的十九大报告强调:"社会主义核心价值观是当代中国精神的集中体现,凝结着全体人民共同的价值追求。……发挥社会主义核心价值观对国民教育、精神文明创建、精神文化产品创作生产传播的引领作用,把社会主义核心价值观融入社会发展各方面,转化为人们的情感认同和行为习惯。"②

(二)增强大学文化的育人能力

社会主义核心价值观是文化建设的灵魂,也是文化育人的生命力、凝聚力和感召力之所在。以社会主义核心价值观增强大学文化的育人能力体现在三个方面:一是以社会主义核心价值观为指导凝炼大学文化精神。大学文化是高校师生共同建设、共同感受、共同获益的育人资源,坚持以社会主义核心价值观指导大学文化建设,既可以尊重差异性、包容多样性,又可以最大

① 习近平:《决胜全面建成小康社会 夺取新时代中国特色社会主义伟大胜利——在中国共产党第十九次全国代表大会上的报告》,《人民日报》2017 年 10 月 28 日。

② 习近平:《决胜全面建成小康社会 夺取新时代中国特色社会主义伟大胜利——在中国共产党第十九次全国代表大会上的报告》,《人民日报》2017 年 10 月 28 日。

程度地统一思想共识和凝聚力量。同时，将社会主义核心价值观的要求与师生认可度高的文化基因相结合，就可以凝炼大学文化精神，使之能转化为高校人才培养的精神资源，成为师生共同的思想自觉和行为遵守。二是以社会主义核心价值观为指导丰富文化育人活动。高校将社会主义核心价值观教育贯穿到各类校园文化活动之中，从而促进文化育人活动的开展。一方面要广泛开展"我的中国梦"等主题教育活动，利用重要节庆日、纪念日和重大活动，广泛开展以爱国主义为核心的民族精神和以改革创新为核心的时代精神宣传教育，引导师生坚定"四个自信"；另一方面要经常性开展社会公德、职业道德、家庭美德、个人品德教育，开展民族英雄、道德模范、时代楷模、身边好人、最美人物等学习教育活动。三是以社会主义核心价值观为指导营造文化育人氛围。高校师生人人都是文化育人的主体，同时人人都是文化育人的对象；处处都是文化育人的场所，同时处处都是育人文化的建设之地。高校将社会主义核心价值观教育贯穿于教育教学全过程，一方面发挥每个主体、每处场所、每项工作的文化育人作用；另一方面推广展示一批社会主义核心价值观教育典型案例、培育选树一批可亲可信可学的先进典型等，来不断地营造崇德向善的良好文化育人氛围。

（三）化解大学校园的文化冲突

2013 年中共中央办公厅印发《关于培育和践行社会主义核心价值观的意见》，强调社会主义核心价值观是社会主义核心价值体系的内核，"面对世界范围思想文化交流交融交锋形势下价值观较量的新态势，面对改革开放和发展社会主义市场经济条件下思想意识多元多样多变的新特点，积极培育和践行社会主义核心价值观"[①]。当前高校校园中普遍存在中华文化与西方文化、传统文化与现代文化、高校文化与社会文化、教师文化与学生文化等

[①] 《中共中央办公厅印发〈关于培育和践行社会主义核心价值观的意见〉》，《人民日报》2013 年 12 月 24 日。

的冲突，以社会主义核心价值观为指导，可以及时有效地化解这些文化冲突。一是在抵制西方文化渗透中坚持中国特色社会主义文化的主导性。高校是中西文化交流与冲突较为集中之地，并且西方文化的渗透之势日益增强。高校只有坚持以社会主义核心价值观为指导，才能教育引导广大师生在文化行为选择中坚守中国立场、中国情怀，自觉抵制西方敌对思想文化的侵蚀。二是在继承优秀传统文化中坚持现代文化的创新性。传统文化与现代文化的冲突，其本质上是传统价值观念与现代价值观念之间的冲突。只有坚持以社会主义核心价值观为指导，才能既在优秀传统文化继承中坚持创新性发展，又在现代文化创新中坚持对优秀传统文化的创造性转化。三是在适应社会文化发展中坚持大学文化的引领性。高校作为社会组织体系的重要组成部分，其文化的发展必然需要适应社会文化的发展需求。同时大学文化是社会文化体系中最有活力、最具创新力的部分，对社会文化的发展起着示范推动作用。只有坚持以社会主义核心价值观为指导，高校才能正确处理好高校文化对社会文化的适应与引领关系。四是在建设师生和谐文化中坚持教师文化的示范性。教师文化与学生文化是大学文化中不可分割的两个部分，二者之间相互促进、融合共生。但近年来频繁出现围绕师生关系的非理性事件，充分说明教师文化与学生文化之间的冲突不容忽视。高校只有通过对师生加强社会主义核心价值观的培育，才能在二者之间找准价值支撑点、情感共鸣点，从而营造和谐、理性、文明的师生关系。

二、大力推动中华优秀传统文化进校园

中华优秀传统文化是我国在世界文化趋同的态势下始终保持特色的核心优势，也是高校文化育人的特色优势。2017 年，中共中央办公厅、国务院办公厅印发《关于实施中华优秀传统文化传承发展工程的意见》，对将中华优秀传统文化教育贯穿国民教育体系始终提出了明确的目标和要求。高校深入推进文化育人，要把中华优秀传统文化这一核心育人优势利用好，大力推

动中华优秀传统文化进校园，不断增强大学生的文化自信。

（一）研究阐释中华优秀传统文化的科学内涵

高校有着独特的学科、专业、专家等优势，要集中组织专门力量加强对中华优秀传统文化的理论研究，构建具有中国底蕴、中国特色的思想体系、学术体系和话语体系。一是要把中华优秀传统文化的主要内容讲深讲透。包括中华民族和中国人民在几千年发展中培育和形成的基本思想理念，传承中华优秀传统文化要大力弘扬的核心思想理念；中华优秀传统文化中蕴含的道德理念和规范，传承中华优秀传统文化要大力弘扬的中华传统美德；中华优秀传统文化中积淀的精神财富，传承中华优秀传统文化要大力弘扬的中华人文精神等。二是要把中华优秀传统文化的历史渊源、发展脉络、基本走向等讲深讲透。包括从历史渊源上讲，丰富多彩的多民族文化是中华文化的基本构成；从发展脉络上讲，中华优秀传统文化是发展当代中国马克思主义的丰厚滋养，传承发展中华优秀传统文化是建设中国特色社会主义事业的实践之需；从基本走向上讲，中华文明是在与其他文明不断交流互鉴中丰富发展的；等等。

（二）大力推动中华优秀传统文化"引进来"

高校一方面要充分挖掘自身在中华优秀传统文化教育方面的资源，另一方面要充分利用社会上一切可以利用的中华优秀传统文化教育资源，把中华优秀传统文化教育贯穿于人才培养全过程。一是加强中华优秀传统文化教育的学科建设。高校要积极推动中华优秀传统文化相关学科建设，重视保护和发展具有重要文化价值和传承意义的"绝学"、冷门学科，特别是职业院校要加强民族文化传承与创新示范专业点建设。二是加强中华优秀传统文化教育的课程体系建设。高校要将中华优秀传统文化学习纳入必修课考核，在哲学社会科学及相关学科专业和课程中增加中华优秀传统文化的内容，创新教学形式、丰富教材内容体系，举办学习竞赛活动、开设中华文化公开课、抓好传统文化教育成果展示活动。三是加强组织中华优秀传统文化校园传承活动。高校一方面要大力推进戏曲、书法、高雅艺术、传统体育等进校园，实施中华经典诵读工程等，另一方面要加强组织师生广泛参与中华优秀传统文化的抢救保护、主题创作、宣传推广等活动。四是加强中华优秀传统文化教育的专门力量建设。高校既要加强面向全体教师的中华文化教育培训工作，全面提升师资队伍讲授、传承中华优秀传统文化的教学水平；同时也要根据中华优秀传统文化教育的学科专业、课程、活动等需要，着力建设一支思想政治素质高、热爱中华优秀传统文化的专门师资力量。

（三）大力推动中华民族优秀传统文化"走出去"

中华优秀传统文化的形成和发展，是中华民族创造的伟大成果，也是中华民族吸收人类社会进步中其他文明成果的结晶。江泽民同志强调："我国文化的发展，不能离开人类文明的共同成果。要坚持以我为主、为我所用的原则，开展多种形式的对外文化交流，博采各国文化之长，向世界展示中国文化建设的成就。"[①] "坚持交流互鉴、开放包容。以我为主、为我所用，取长补短、择善而从，既不简单拿来，也不盲目排外，吸收借鉴国外优秀文明成果，积极参与世界文化的对话交流，不断丰富和发展中华文化。"[②] 高校应利用和发挥对外交流与合作的独特优势，加强中华优秀传统文化的对外交流与使用。一是在国际交流中扩大中华优秀传统文化的对外传播。高校要利用自身的学科专业优势，积极宣传推介我国的戏曲、民乐、书法、国画等优秀传统文化艺术，推进国际汉学交流和中外智库合作，加强中国出版物国际推广与传播，通过与境外高校联合举办中国文化中心、人才联合培养项目、国际科研合作平台等，加大组织中国语言、中华医药、中华烹饪、中华武术、中华典籍、中国文物、中国园林、中国节日等中华传统文化代表性项目

---

① 《江泽民文选》第二卷，人民出版社2006年版，第35页。
② 《中共中央办公厅 国务院办公厅印发〈关于实施中华优秀传统文化传承发展工程的意见〉》，《人民日报》2017年1月26日。

走出去工作的力度。二是在国际合作中增强中华优秀传统文化的世界影响力。高校要发挥文化和科技的创新优势，探索中华文化国际传播与交流新模式，综合运用大众传播、群体传播、人际传播等方式，构建全方位、多层次、宽领域的中华文化传播格局，让更多体现中华文化特色、具有较强竞争力的文化产品走向国际市场，让国外民众在审美过程中获得愉悦，感受中国魅力和中国智慧。

三、创新推动文化育人活动的品牌化建设

高校文化育人活动具有数量多、类型多、层次多、形式多等特点，在这些活动中，存在育人作用发挥不充分不平衡的问题，如有的育人活动成效明显、深受师生喜爱，有的则存在"形式大于内容""宣传重于实效"等形式主义、功利主义倾向。高校深入推进文化育人，必须把提升育人质量摆在首位，通过加强品牌化建设来带动各类文化育人活动的质量提升。

（一）突出文化育人品牌活动的思想性

高校各类文化育人活动一定程度上都可以从不同的层面或角度起到育人的作用，但文化育人品牌活动建设，要在坚持知识性、娱乐性、艺术性等基础上，更加突出思想性，将蕴含在文化活动中的思想政治元素充分挖掘出来，增强思想政治引领和思想价值引导。从高校实践看，文化育人品牌活动建设要从以下四个方面突出其思想性：一是文化育人品牌活动建设要进一步凸显对党的创新理论的宣传教育。高校文化建设以马克思主义为指导，必须将宣传阐释党的创新理论作为首要任务，不断增强师生的理论武装，教育引导他们坚定文化自信，自觉培育和践行社会主义核心价值观。当前高校文化育人活动中，存在娱乐性文化育人活动开展多、理论性文化育人活动开展相对较少的不平衡问题，反映了文化育人的思想性突出不足。二是育人品牌活

动要进一步凸显中国特色社会主义文化的宣传教育。高校文化育人活动本身属于中国特色社会主义文化建设的重要组成部分，但在一些高校的文化育人活动中，出现了将中国特色社会主义文化概念化、口号化等现象，反映了这些文化育人活动的思想性提升不足，其育人作用的发挥也只能是浅层次性、表象化的状态。三是育人品牌活动要进一步凸显现代大学文化精神的宣传教育。高校文化育人活动要紧密结合自身教育教学的实际，既不能"政治化"，也不能"学术化"，更不能泛物质化，要将宣传现代大学的科学精神和人文精神作为重点，将对师生的思想引领落脚到人才培养质量提升上、落脚到促进校风学风建设上。四是文化育人品牌活动要进一步凸显培养时代新人的宣传教育。高校文化育人的根本任务在于培养大学生具有时代新人应有的精神状态和素质，各项育人活动要围绕促进大学生德智体美劳全面发展的要求开展，品牌活动更要在增强大学生的社会责任担当意识和能力上着力，在促进思想价值引领和专业技能提升的结合中，发挥先进文化的深层次精神激励作用。

（二）增强文化育人品牌活动的体验性

高校文化育人活动是显性作用与隐性作用的协同发力，但对于品牌活动建设来说，一定时间和空间里，要特别强调其显性作用的发挥，即通过增强大学生参与文化育人活动的体验性，来凸显育人的实效，从而有利于发挥品牌活动的示范带动作用。从高校文化育人活动的品牌化建设现状看，可以从四种形式来增强大学生的体验性。一是增强文化育人活动的仪式感。从人类文化发展的基本规律看，一定的活动仪式可以增强人们对文化的认同，如党员的入党宣誓仪式，可以增加党员的使命感责任感。高校要充分利用重要节日、关键节点、重大事件等，举办仪式感较强的文化育人活动，如开学典礼、毕业典礼、表彰大会等，使大学生在参与仪式中加深对活动育人价值的理解和接受。二是增强文化育人活动的现场体验。除注重活动仪式外，高校还可以通过增加现场教学、情景模拟、角色扮演等环节，让大学生身临其境地进行文化体验，如组织大学生去博物馆、文化传承基地等亲自观摩中华优秀传统文化，赴革命老区开展"红色之旅"革命文化体验活动，赴经济发达地区体验改革开放成果等。三是增强文化育人活动的网络体验。受各种客观条件的限制，高校难以组织大规模的学生现场体验活动，但可以充分利用现代信息科技优势，将现场教学资源搬入网络，通过3D制作、AR、VR、MR等技术增强学生的网络观感，既可以对同一时空环境下的文化育人资源直接进行体验，也可以对不同时空环境下的文化育人资源进行对比体验等。四是增强校园文化活动的原创性。大学生对文化育人活动最好的体验莫过于亲身组织和参与，而鼓励和支持他们开展原创性校园文化活动，可以事半功倍地增强他们的体验感和获得感。如支持大学生自编、自导、自演校园原创话剧、微电影和微视频等，既可以通过他们讲好校园里的中国故事，也可以深化他们对校园原创文化活动育人价值的认知，从而极大地提高文化育人实效。

（三）扩大文化育人品牌活动的示范性

高校加强文化育人品牌活动建设，其意义在于总结育人典型经验、探寻育人基本规律，从而发挥品牌活动对其他育人活动的示范带动作用。因而，是否具有示范性以及示范性大不大，是判断品牌活动建设价值的关键问题。高校扩大品牌活动建设的示范性，需要着重把握好四个环节。一是科学判断品牌活动的育人实效，即判定其"实效性"是否真实。高校要以文化育人活动中普遍存在的问题为导向，从师生反响好不好、解决问题实不实、社会评价高不高等角度，对品牌活动建设的实效性进行科学评价。二是认真总结品牌活动建设的典型经验和基本规律。高校要从文化育人的传统继承性、活动的创新性、建设的可持续性等方面，对品牌活动建设的情况进行全面梳理，从中总结出典型经验、特色案例、品牌效应、感人事迹等，并判断其是否具有可推广应用的价值。三是形成具有可推广价值的可视化成果。高校对总结出来的具有推广价值的典型经验和基本规律等，进一步予以理论提升和可视化改造，使其育人成果可传播、育人做法可复制、育人经验可推广。四是加强对可视化示范成果的宣传推广。高校要通过多种方式，如现场推介会、经验交流材料、政策咨询报告、理论研究成果等，加强对品牌活动建设典型经验的宣传推广和示范应用，使之最大限度地发挥品牌示范作用。

| 第八章 |

创新推动网络育人

网络育人是网络思想政治工作的简称，主要指通过加强网络空间的建设管理，不断提高网络空间中人的思想政治素质、科学文化知识和网络文明素养。在网络日益普及化、生活化的今天，网络育人通常泛指利用网络开展的所有思想政治教育活动。2017 年中共教育部党组印发《实施纲要》，明确要求构建"网络育人质量提升体系"，"创新推动网络育人"。对于出生和成长于网络化、数字化时代的当代大学生来说，网络已经成为他们赖以获取生活服务、娱乐消费、社会资讯和学习成长的重要媒介和手段，因此，把思想政治工作贯穿大学生的网络学习生活、创新推动网络育人是高校思想政治工作质量提升的重要任务。

第一节　创新推动高校网络育人的时代价值

网络时代以互联网为代表的信息技术革命给人们的生产、生活、学习、交往等方面带来了巨大而深刻的影响，改变了社会的生产方式，拓展了人们的生活空间，提高了人们认识世界、改造世界的能力。但与此同时，高校思想政治工作的许多新情况新问题，往往因网而生、因网而聚、因网而增，这就使得过好网络关、提高网络育人质量成为新时代加强和改进高校思想政治工作的必然需要。

一、推动网络从"最大变量"到"最大增量"

自 1994 年我国加入国际互联网以来，网络对人们学习、工作和生活的改变超乎想象，网络空间里人的思想和行为中，各种真实的与虚假的、理性的与非理性的、正确的和错误的等叠加存在和交错变化。2018 年，习近平总书记在全国宣传思想工作会议上强调："我们必须科学认识网络传播规律，提高用网治网水平，使互联网这个最大变量变成事业发展的最大增量。"① 对于高校思想政治工作来说，创新推动网络育人就是要把网络这个"最大变量"变成促进自身发展的"最大增量"。

（一）把握网络传播规律

当前网络对大学生的吸引具有客观性，主要源于网络传播所具有的独特吸引力，如网络信息的丰富性、网络使用的便捷性、网络交互的即时性、网络功能的多样性、网络呈现的个性化和自主性等。在"无人不网、无处不网、无时不网"的状态下，如何把握高校思想政治工作的网络传播规律，是创新推动网络育人的重要前提。一是网络热点与网络舆情是对大学生进行针对性思想政治教育的重要契机。利用网络浏览各类新闻资讯信息，是大学生上网的主要目的之一，也是他们每天花费时间和精力较多的一件事。并且在这个过程中，许多大学生不再满足于被动式、参与性的浏览，而是越来越多地以一种主动式、生产性的姿态参与讨论交流和发声发言，有的甚至是直接制造关注热点和舆论话题。创新推动网络育人，有利于高校抢占和把握网

---

① 《习近平出席全国宣传思想工作会议并发表讲话》，2018 年 8 月 22 日，http：//www. gov. cn/xinwen/2018-08/22/content_5315723. htm。

络热点教育和网络舆情引导的先机，有针对性地对大学生进行正确的思想理论教育和价值引导，使他们能够以积极向上、理性平和的心态对待和参与网络空间的思想互动。二是弘扬主旋律与传播正能量是对大学生进行思想理论教育和价值引导的关键力量。面对复杂多变的网络环境、参差不齐的网络内容、碎片化的网络传播等，部分大学生思想认识容易被网络舆论所左右，从而容易在网络和现实生活中产生一些过激言行。创新推动网络育人，有利于高校进一步加强主流网络媒体建设管理，以坚持弘扬主旋律和传播正能量为主导，在扩大网络传播的冲击力和满足大学生的情感需求中找准契合点，从而不断增强大学生对各类网络思想言论的辨别力和引导力。三是全媒体传播是全面提升大学生思想政治教育质量的最优模式。全媒体体现的是网络媒体与传统媒体之间的全面互动、全过程互补、全方位融合，从而呈现出覆盖面最广、技术手段最全、载体平台最大、群众受益最多等特点。创新推动网络育人，有利于高校不断创新网络育人的模式，即以内容建设为根本、以先进技术为支撑，大力推进传统媒体与新兴媒体融合发展，从而不断推动思想政治教育传统优势与现代信息技术的深度融合。

（二）提高用网治网水平

对于高校思想政治工作来说，提高用网治网水平，就是要解决如何既"建好网"又"育好人"的问题。解决"建好网"的问题，一方面有利于高校遵照党和国家关于互联网建设管理的有关法律法规，结合自身教育教学的特点，加强校园网站及各类新媒体平台的建设，使学生"进得来、装得下"；另一方面有利于高校根据大学生成长成才的需求和身心发展的特点，不断加强网络内容资源建设，从而做到以丰富的网络教育资源、多形式的网络师生互动、多样态的网络情感体验等吸引学生、教育学生和引导学生。解决"育好人"的问题，一方面有利于高校进一步加强对大学生的网络文明素养教育，即以科学世界观、人生观、价值观指导大学生的网络思想和行为，使他们能够正确对待网络学习和生活，既保持互联网在促进自身成长成才中的优势运用，又切实防范互联网各种错误意识形态和有害思想信息对自身健康生活的破坏侵蚀；另一方面有利于高校进一步提高创新型人才的培养质量，即在提升大学生网络文明素养的基础上，加强对他们进行网络职业素养教育，使他们不断增强科技创新的社会责任感、具备运用现代信息技术进行实践创新的综合素质能力，从而推动他们成长为党和国家各项事业科技创新的所需人才。

二、推动网络育人从"新形态"到"主形态"

随着互联网及其技术在高校思想政治工作中的开始应用，网络育人作为高校思想政治工作的一种新形态，受到高校的关注和重视。如 2000 年，教育部印发《关于加强高等学校思想政治教育进网络工作的若干意见》，明确要求高校思想政治教育要"进网络"。2004 年中共中央、国务院印发《关于进一步加强和改进大学生思想政治教育的若干意见》，首次提出要"主动占领网络思想政治教育新阵地"，"牢牢把握网络思想政治教育主动权"等。2007 年之后，随着新媒体快速发展，特别是手机微博、微信等的推出，高校师生对网络的依赖性急剧增强，网络教学、网络管理、网络服务等逐渐成为校园网络学习生活的常态模式。在这种背景下，如何在进一步完善网络育人这一"新形态"的基础上，构建线上线下相结合的育人"主形态"，就成为高校思想政治工作的重要发展方向。

（一）推动"互联网+"育人行动

"互联网+"是互联网思维进一步拓展的实践成果，其主要指在现代信息技术的支撑下，充分发挥互联网在社会资源配置中的优化和集成作用，创新性形成以互联网为基础设施和实现工具的一种社会发展的新形态。自 2015 年国务院印发《关于积极推进"互联网+"行动的指导意见》以来，"互联网+"在我国经济和社会发展中得到了快速发展，极大地改变了人们的思维和行动方式。相较而言，当前高校思想政治工作虽然重视加强思想政治工作，建设了丰富的网络育人平台和资源，但普遍存在平台"孤岛化"和信息"碎片化"等现象，一定程度上来说网络育人还停留在"进网络"阶段，对网络与育人的深度整合、思想政治工作传统传势与现代信息技术的深度融合体现不够、挖掘不够。创新推动网络育人，有利于进一步推动高校思想政治工作的"互联网+"育人行动。一是转变传统育人的方式方法。网络空间及其技术的发展，使更多主体与主体、主体与客体、客体与客体之间可以通过网络进行思想和行为的交互，通过网络载体既可以实现"人—人"互动，也可以实现"人—机"互动，从而也推动着高校思想政治工作由传统的人工经验模式向现代的人工智能模式转变。二是突破传统育人的时空限制。传统育人模式下，主客体之间通常需要在特定的时空中才能进行直接的思想和行为交互，但在现代网络通信技术支撑下，主客体之间可以实现跨空间、跨时间的思想和行为交互，从而使高校思想政治工作可以进一步打破主客观条件的限制，实现各种育人活动的多空间的叠加、超时间的融通等。三是拓展传统育人的过程融合。高校思想政治工作需要大力推进全员育人、全过程育人、全方位育人，但在传统模式下，"三全育人"大多停留在理念认识层面，存在操作难、评价难等问题。在"互联网+"育人模式下，高校不同部门、不同环节、不同要素之间的差异性必然通过信息的获取、储存、管理和利用等环节关联反映出来，既有利于不同部门和主体之间的扬长补短，也有利于以整体性资源的整合形成新的、更大的育人优势。

（二）推动线上线下育人模式同构

大学生既是网络空间的人，也是现实空间的人，这就决定着高校思想政治工作要注重"线上思政"与"线下思政"的同构。当前高校既重视"线下思政"，又重视"线上思政"，不足之处在于二者之间协同建构不足，存在"线下思政"对现代方法应用不足、"线上思政"对传统优势继承不够的现象。创新推动网络育人，有利于高校统筹推动"线上思政"和"线下思政"，使二者既各有侧重、优势互补、相互促进，又形成整体优势，不断推动思想政治工作传统优势的现代转化，以及推动现代信息技术优势在思想政治工作中的创新转化。高校推动线上线下育人模式同构，一是推动主客体协同。即推动教师与学生既在线下加强相互交流，又在线上加强相互交流，不能顾此失彼。如师生网络交流具有即时性和便捷性等优势，现场面对面交心谈心具有情景交融等优势，二者要彼此兼顾、协同推进，不能因为网络交流多而减少必要的现场谈心谈话环节。二是推动目标协同。即为了完成特定的育人目标，既要通过网络空间开展思想政治工作，也要同时加强现实空间的思想政治工作，使二者各自发挥优势，形成同向同行的育人合力。三是推动过程协同。即在某项具体育人活动的组织过程中，可以同时在网络和现实两个空间实施，既增强现场的育人效果，又通过直播、录播等技术进行网络传播，从而扩大活动对象的覆盖面和时空影响力。四是推动机制协同。即无论是线上思政还是线下思政，都需要加强工作机制建设。而推动二者相结合，则需要构建二者之间的协同机制，特别是在考核评价上，如对主体育人职责的界定、对客体思想政治素质的评价等，更要体现网上评价与网下评价的相互印证。

（三）推动"精准思政"模式创新

随着校园网络的普及化运用和大数据、人工智能等技术的广泛应用，一些高校开始了"精准思政"模式的创新探索。"精准思政"主要指在思想政治工作中，通过运用大数据等技术收集、处理和分析大学生思想需求和行为变化信息，从而及时地、有针对性地、个性化地帮助大学生解决各种思想问题和具体问题的工作模式。如有的高校推出"精准资助"模式，就是通过对大学生校园"一卡通"消费情况等的大数据分析，对一些经济困难的大学生及时作出判断并给予个性化资助。高校创新推动网络育人，有利于进一步探索和推广"精准思政"模式，使思想政治工作精准对接每一个学生在每一个关键时间节点上的差异性需要，从而不断增强工作的针对性和实效性。高校推动"精准思政"模式创新，一方面建立在对大学生实施全过程、全方位信息化管理的基础之上，使各种与大学生有关的信息能够得到及时、全面的收集、储存和处理；另一方面建立在能够将大数据分析与科学管理相结合的基础之上，使关于大学生个体或群体的大数据分析更具有科学性、操作性和应用性，既能够对不同的个体或群体在同一时间段内思想和行为的差异性进行分析，也能对同一个体或群体在不同时间段内思想和行为的变化性进行分析。随着大数据分析技术、人工智能技术等现代信息技术与高校网络育人融合创新的意识和能力进一步增强，高校"精准思政"将进一步向"智慧思政"升级，从而不断推动大学生思想理论教育的智慧化和大学生事务管理服务的智能化等目标的实现。

三、推动网络育人质量提升从需要到实现

从现实情况看，一方面高校网络育人发展迅速、成绩喜人，如网络育人意识能力日益增强、网络育人体制机制不断完善、网络育人平台资源日益丰富、网络管理服务方式日益便捷等；另一方面高校网络育人质量还需要进一步提升，体现在高校校园网络建设明显落后于社会网络建设、教师网络育人能力明显不适应学生网络学习生活需要等。从这层意义上讲，高校创新推动网络育人，是提升网络育人质量的现实需要。

（一）推动网络建设从满足学生需要向引领学生需要转变

从根本上说，高校加强网络建设是为了满足大学生成长成才的网络化学习生活需要。但从现实境况看，高校网络建设一方面面临着自身能力的不足，传播主旋律和正能量的校园网站、网页、网栏及各类新媒体平台对大学生的有效吸引和覆盖仍然有限；另一方面境内外网络错误意识形态和有害思想文化信息等的两面夹击，既分散了大学生对校园网络的关注度与参与率，也一定程度地消解着思想政治工作的成效。正是由于这两个方面的原因，一

部分大学生出现了网络行为的娱乐化和非理性现象。如调查数据表明：68.4%的大学生将"娱乐消遣"列为上网的最主要目的；对待网络热点问题，10.9%的大学生"容易受到网民或周围人群观点的影响"，1.6%的大学生"不关心"；对待网络的不良影响，20.3%的大学生"因上网影响了正常休息"，16.1%的大学生"因上网而不能专心于课堂学习"。① 正视高校网络建设能力的不足，需要创新推动网络育人，既要加强网络空间的内容和形式建设，最大程度地提高校园网络的吸引力和体验性，满足大学生不同层次的网络学习生活需要；同时更要针对当前学生网络思想和行为出现的问题和不良倾向，加大思想引领的力度，从而体现从满足学生基本网络学习生活需要向引领学生更高层次网络自主发展需要的转变。

（二）推动网络育人从教师主体本位向学生主体本位转变

高校网络育人体现的是教师主体与学生主体的双向互动，但当前高校存在教师主体本位的现象，对学生主体地位的重视不够。如在教育上，一些高校教师推出的网络教学资源，更多地是为了满足自身完成教学任务的需要，而对学生喜欢什么、需要什么等缺乏主动性建设；在管理上，一些高校设计推出的学生教育管理信息系统，更多地是从规范和方便管理者的角度出发，对学生的身心发展特点和实际需求考虑不足，导致这些系统教师好用、学生不好用等问题；在服务上，一些高校不同部门推行各自的网络资源服务平台，但相互之间存在信息不对称、不联通的问题等。高校创新推动网络育人，必须进一步贯彻"以生为本"的育人理念，充分发挥网络技术在教育、管理、服务学生中的重要作用，重视教学方式、管理方式、服务方式的网络化流程再造，不断激发学生的主体性、积极性和创造性，从而体现网络育人从教师主体本位向学生主体本位的转变。

---

① 《中国大学生思想政治教育发展报告 2016》，北京师范大学出版社 2017 年版，第 355、372、378 页。

第二节 创新推动高校网络育人的基本思路

党的十八大以来，以习近平同志为核心的党中央高度重视网络建设和网络育人工作，对各地各高校提高网络传播规律认识、加强网络意识形态治理、推进网络思想政治工作创新等提出了一系列明确要求。高校贯彻落实好这些要求，必须以《实施纲要》等为指导，进一步明确创新推动网络育人的目标和主要内容，不断创新网络育人的方式方法，从而使线上线下思想政治工作联动起来、鲜活起来。

一、创新推动网络育人的工作目标

经过二十多年的发展，高校网络育人从无到有，逐步形成了较为完整的育人体系，在引导大学生的网络学习生活中发挥了重要作用。从信息化发展及趋势看，新一轮科技革命带来传播格局深刻变革，使高校创新推动网络育人的任务日益艰巨，既要解决校园网络建设的不适应性问题，着力提高网络思想政治工作的吸引力和感染力，又要解决境内外社会网络对大学生意识形态的"西化""分化"和侵蚀等问题，着力提升网络思想政治工作的针对性和实效性。

（一）坚持网络育人的正确导向

当前高校师生对网络的应用，一方面具有客观性，主要源于网络科技的优势吸引具有客观性；另一方面具有主观性，主要体现为师生的知网、懂网、用网能力具有差异性。高校创新推动网络育人，就是要顺应网络发展的趋势，不断提高师生的知网、懂网、用网能力，使他们既成为网络发展的主体力量，以促进人的全面发展和社会全面进步为目标，坚持把网络管理好、发展好；同时又使他们成为网络发展的服务对象，以遵循网络发展规律和遵守网络管理规则等为要求，坚持把网络利用好、应用好。具体地说，坚持网络育人的正确导向，主要包括四个层面的内容。

一是引导师生强化网络意识。网络意识是指人们关于网络的诞生、构成、特征、功能及其趋势等基本知识的思想认识。在高校网络育人中增强师生的网络意识，主要是指强化师生的网络工具意识和网络安全意识。网络工具意识强调的是网络作为一种先进的现代科技工具，可以对人们的社会生活带来积极的影响，每个人都要重视网络、懂得网络和学会运用网络。网络安全意识强调的是网络在被不同主体以不同目的、不同形式等的运用中，可能对个人、国家和社会带来负面影响，每个人都要遵守网络的法律法规和道德要求，切实维护自身与他人、国家及社会的安全。

二是引导师生树立网络思维。网络思维是人们从整体上把握互联网及其特征，并以此作为前提来思考、认知、把握、评价其他事物的程序和方法。引导师生树立网络思维，就是强调师生要准确把握网络特点和发展规律，在学习、工作和生活中增强运用互联网来分析问题和解决问题的意识，如数字化思维、用户体验思维、关联互联思维、共建共享思维、开放创新思维等。

三是引导师生提升网络文明素养。网络文明素养是指人们关于网络价值认知、网络行为规范等的正确倾向，是支撑人正确使用网络、管理网络和发展网络应具有的网络思想理论、网络知识能力、网络道德法制素养等综合素质的简称。引导师生提升网络文明素养，就是强调师生要提高知网、懂网的素质能力，并不断增强维护网络安全、建设网络文明的自觉性。

四是引导师生养成文明网络生活方式。网络生活方式是指人们以网络为基础设施和实现工具进行物质生产和精神生产的生活模式。引导师生养成文明生活方式，强调的是对师生网络学习、工作和生活的价值引导和行为规范，即教育引导师生要自觉培育和践行社会主义核心价值观，做到理性上网、健康上网、文明上网等。

（二）坚持网络育人的建设方向

对于高校思想政治工作来说，网络不仅是一个信息传播、资源聚合、师生互动的虚拟空间，而且是一个理论宣传、思想沟通、价值引导的真实阵地。建强网络育人阵地的根本前提，在于将网络空间的建设与网络空间人的建设相统一，既坚持以工具理性推动网络科技的优势运用，又坚持以价值理性提升思想政治工作的育人价值，从而实现网络建设向网络育人的价值提升。一是进一步凸显高校网络育人的主旋律。即高校要进一步推动马克思主义理论及其最新理论成果进网络，将培育和践行社会主义核心价值观贯穿于网络建设全过程，不断坚定大学生的理想信念，激发他们成长成才的内生动力，教育引导他们增强网络意识、提高网络文明素养、养成理性健康文明的网络生活方式等。二是进一步增强高校网络育人的先进性。高校有着独特的教育、科技和文化等优势，要像重视学科专业建设一样重视加强网络建设，在新理念、新技术、新机制等方面增强网络建设对大学生的引导性和对社会网络建设的示范性，切实扭转校园网络建设落后于社会网络建设的被动局面。三是进一步推动网络空间与现实空间的互融互通。高校具有师生人员相对稳定、校园生活规律性较强等特点，这为网络空间与现实空间的互相贯通提供了实现条件。特别是在国家不断加强和规范网络空间建设管理的大背景下，高校通过实行实名上网、有线无线"一号通"等措施，可以进一步规范大学生的网络行为管理，通过构建各类课堂教学微空间、日常活动管理APP等，大力促进师生线上线下的交流互动，有效引导和解决大学生手机依赖的"低头族"等现象。

二、创新推动网络育人的主要内容

《实施纲要》对高校提升网络育人质量的任务进行了明确规定："大力

推进网络教育，加强校园网络文化建设与管理，拓展网络平台，丰富网络内容，建强网络队伍，净化网络空间，优化成果评价，推动思想政治工作传统优势同信息技术高度融合。"结合高校思想政治工作实际，可将这些任务分成六个层面的内容。

（一）以党的创新理论为指导提升网络思想理论教育的引领力

增强师生的思想理论武装是高校思想政治工作的首要任务，网络空间建设一方面为思想理论教育提供了新平台，使其打破时空限制，可以随时随地为师生提供自主学习理论和讨论交流学习体会等便利；另一方面为思想理论教育提供了新的方式方法，使其在理论教学上增强表现力和感染力、在实践教学上增强互动性、体验性等。高校创新推动网络育人，要大力开展党的创新理论的网络宣讲和传播活动，既要建设强大的思想政治理论课网络教学平台，又要加强思想政治理论教育的传播手段和话语方式创新，让党的创新理论"飞入寻常百姓家"。

（二）以社会主义核心价值观为贯穿提升网络行为指导的引导力

网络的普及和发展，逐渐赋予了网络社会真实的独立形态，但网络社会并不是现实社会在网络空间的完完全全、原原本本的反映，主体身份的虚拟性、匿名性可能会使其挣脱现实社会价值规范和行为准则的束缚，不顾现实社会"文明人"的标准，"随心所欲"地进行观点表达和行为选择，从而表现出与现实中大相径庭的多重自我和分裂人格。高校创新推动网络育人，要教育引导广大师生自觉培育和践行社会主义核心价值观，通过加强网络行为的针对性指导，使他们能够自觉遵守网络社会中的基本行为准则，养成良好的网络行为习惯，在虚拟世界中保持"慎独"，使健康真实的主体、自我和人格从现实向虚拟延伸。

（三）以推动中华优秀传统文化的网络传播提升网络文化建设的渗透力

网络文化建设是高校思想政治工作的重要载体，师生关注度高、参与面广。当前社会网络文化中充斥着一些低俗、庸俗、流俗甚至是恶俗的现象，对高校师生产生了一定的负面影响。中华优秀传统文化是中华民族的文化根基，推动其蕴含的思想观念、人文精神、道德规范等的网络传播，有利于明确网络文化建设的价值导向，引导人们共筑网络精神家园。高校创新推动网络育人，要准确把握网络文化传播规律，大力推动中华优秀传统文化进网络，鼓励引导广大师生积极参与网络文化作品的创作生产，既重趣味性、又重价值性，培育一批有态度、有温度、有厚度、有力度的网文、动漫、摄影、微视频等健康优质的网络文化作品，进一步满足师生精神文化生活新期待。

（四）以加强网络空间治理提升网络意识形态传播的管控力

网络空间治理是国家治理体系的重要组成部分，是一项涉及国家网络主权、国家政治安全和社会和谐稳定的战略任务。高校校园网络空间治理的主要任务是加强社会主义意识形态的网络传播，一方面要通过弘扬主旋律、传播正能量等加强网络主流舆论的引导，做到阵地建设不懈怠；另一方面要通过坚持真理、批驳谬误等加强对错误意识形态和高校舆情的引导，确保网络空间风清气正。

（五）以改革评价方式提升网络育人成果评价的影响力

网络空间育人是现实空间育人的延伸和拓展，意味着思想政治工作各主体要在时间、精力等方面加强投入。但从当前高校的情况看，已有的传统评价方式难以激发思想政治工作各主体深化网络育人的主动性、积极性和创造性。高校创新推动网络育人，要以改革评价方式为切入点，将广大教师和思想政治工作者开展网络育人工作纳入职责界定、任务考核和思想政治素质评价等内容体系，探索将网络活动、网文创作、网络作品等计入教学工作量、科研成果、人才绩效等实施办法，最大限度地发挥网络育人成果科学评价的促进作用。

（六）以健全管理运行机制提升网络育人过程实施的保障力

创新推动网络育人，离不开科学的管理运行机制保障。一方面，在各级党委政府的主导下，建立健全社会网络建设与高校网络建设，建立健全不同高校网络建设之间的互联互通、共建共享机制，通过加强资源整合，大力推动传统媒体和新兴媒体融合发展，深入推动全国性网络平台和校园网络平台融合发展，不断优化网络平台用户体验、强化网络平台有效管理，创新推动多平台联合、多媒体交叉、多群体覆盖的网络育人共同体建设。另一方面，高校要健全培育、评估、推广、保障四位一体建设机制，通过制定建设方案、工作规划，明确建设方向、重点、特色和实施步骤；通过建立完善各项工作制度，严格规范内容采集、编辑和发布，落实经费、场地、人员、硬件等必要的条件保障。

三、创新网络育人的方式方法

网络深刻地改变着大学生的思维方式、行为习惯和话语范式，使得他们获取、选择、使用、发布信息的自主性和能动性得到了空前释放，从而也使得他们在思想政治工作中的主体性地位和作用空前凸显。面对这些新特点新变化，高校创新推动网络育人，必须在方式方法上加大创新力度。

（一）注重网络双向交流

不同个体之间平等自由地进行双向或多向交流，是网络交往交互的特点和优势。高校要加强网络吸引和关注大学生网络思想行为，必须加强师生之间、生生之间的双向交流，切实改变网络教育停留在发布信息、提供资源的单向状态。一是尊重学生的主体地位。网络环境中大学生的自由选择性较强，其接不接受教育、如何接受教育等取决于教育者对他们需求的满足程度。高校教师和思想政治工作尊重大学生的主体地位，就要从关心、指导和帮助他们的角度，通过增加网络思想和情感沟通，来更多地了解他们的所思所想。二是加强师生即时性互动。高校要鼓励和引导师生通过建立微信群、QQ群、学习讨论空间、课程学习网络社区等，促进师生之间围绕思想理论学习、专业知识学习、班级日常活动、校园文化建设等开展深入、即时性的网络交流，特别要根据学生思想和情绪的变化情况及时地加以引导，不能简单地停留在关注、浏览、点赞等层面。三是重视网络问题的发现和解决。高校教师和思想政治工作者在与学生的网络互动中，要注意贴近生活、贴近学生、贴近实际，及时回应学生关注的热点、焦点和难点，善于从他们的网络言语中发现问题，在认真解答学生提出的各种思想困惑的同时，注重线上线下思想政治工作相促进，坚持把解决思想问题和解决实际问题相结合，进而不断增强网络交流的针对性和实效性。

（二）注重网络活动体验

坚持内容为王是网络建设的关键所在，而内容为王的关键又在于内容呈现方式要具有体验性。高校增强网络育人的体验性，一方面要充分激发大学生参与网络建设的积极性，让他们在组织网络文化活动中增强获得感；另一方面要利用新理念、新技术等增强网络内容建设的互动体验性。一是加强新媒体平台建设。新媒体融合了报刊、广播、电视、杂志等多种媒体的内容和形式于一身，从简单的文字到文字、图片、图像的整合，从静态的信息传播到动态信息音频、视频的融合，极大地提升了信息传播的效率。高校要根据大学生校园学习生活的各种需要，研发不同功能的APP，使他们能够利用手机随时随地查询所需的资源信息和办理各项事务。二是加强网络的新技术应用。高校要充分发挥网络新技术在增强师生体验性上的功能，一方面加大对校园传统活动的网络化再造，使其在网络平台上获得更大的传播优势；另一方面加强校园网络教育产品的开发，将 3D、AR、VR、MR 及大数据、人工智能等新技术大量植入思想理论教育资源制作、校园文化产品开发等活动之中，增强校园网络教育产品的可视化、立体化和智能化。三是加强网络文化的原创性建设。校园原创文化以"讲好身边的中国故事"为主题，可以极大地提高师生的关注度和喜爱度，同时大学生在原创文化的创意、制作和传播过程中，增强了对网络新理念、新技术等的了解和掌握，从而也不断地提高自身的网络自主创新能力。

（三）注重网络话语创新

话语体系是思想理论体系和知识体系的外在表达形式，或者说是对思想理论和科学知识的语言文字等表达。高校思想理论教育和价值引导要有效地进行，必须对其知识体系进行话语体系的重构，既要根据现实生活中人的发展规律进行话语内容体系重构，使人听得懂、听得进；又要根据网络自身发展的规律进行话语传播体系重构，使其传得开、传得广。一方面，在话语内容体系建构中，要学习运用"网言网语"，避免官话套话。网络话语强调通过简约的形式、开放的环境、共鸣的话语来达成最佳的传播效果。高校要结合这一特点，将思想政治工作的内容要求进行符合网络话语范式的表达和呈现，如生活口语化、精简便捷化、数字符号化等，力戒官话套话和空洞无物，学会将理论术语生活化、抽象术语形象化、学术术语简洁化，用师生易于理解和易于接受的方式表达出来。另一方面，在网络传播体系建构中，学会回应网络舆情热点，避免自说自话。对于思想理论教育来说，针对实际发生的舆情热点问题进行正确引导，是一种最具实效性的案例教学。近年来，各种社会舆情热点层出不穷，特别是涉及高校的舆情热点事件也此起彼伏，高校要加强对这些网络舆情的信息收集和分析，紧盯大学生关注的热点问题，强化网络舆论的研判和引导，澄清事实真相，驳斥错误观点，切实做到正面舆论在网上有声、有理、有据，从而教育引导大学生不断提高正确认识、分析和处理各种网络舆论热点难点问题的能力。

第三节　创新推动高校网络育人的关键环节

当前人类社会信息化发展正进入大数据阶段，而大数据、人工智能等新一轮信息化科技革命将进一步推动社会的深入变革。在网络强国战略和教育强国战略的双重推进中，高校创新推动网络育人迎来难得的发展机遇，只有牢牢掌握社会主义意识形态建设的主导权、大力推动高校思想政治工作的信息化建设、着力加强高校网络育人的队伍建设，才能将互联网这个"最大变量"转变成高校各项事业发展的"最大增量"。

一、牢牢掌握高校意识形态工作的网络主导权

建设具有强大凝聚力和引领力的社会主义意识形态，是新时代坚持和发展中国特色社会主义的一个重大命题，也是高校思想政治工作必须担负的一项战略任务。当前，社会思想意识纷繁复杂、主流价值观念不断受到侵蚀，敌对势力内外勾连加强对我国的意识形态渗透，特别是他们企图在高校打开缺口，通过在高校培植网络代言人、炒作高校涉教师涉学生个案网络热点舆情等，使高校意识形态工作面临前所未有的艰巨任务。

（一）切实增强社会主义意识形态的网络传播力

网络是高校师生学习、工作和生活的主要场域，也是不同意识形态交汇交融交锋的主要战场。当前高校社会主义意识形态的网络传播力在信息霸权和信息赋权的境遇下，正遭受不断被削弱的危机。一方面，在以美国为首的西方国家的信息霸权下，西方资本主义意识形态加紧对高校师生进行"西化""分化"和渗透，从而导致社会主义意识形态的传播遭受前所未有的挤

压；另一方面，在社会网络赋权下，人人都是信息发布的主体，各类虚假信息、垃圾信息、反动信息充斥网络，高校师生对信息的态度由"饥渴"转向"疲劳"、由"信任"转向"质疑"，从而使社会主义意识形态的传播被冲淡和削弱。高校创新推动网络育人，必须坚持以立为本、立破并举，不断增强社会主义意识形态的凝聚力和引领力。

一是强化网络社会主义意识形态宣传教育的价值引领。网络技术的发展和应用，不仅提供了新的媒介工具，形成了新的媒介场域，而且构建了新的社会空间，创造了新文化生活方式。高校要以马克思主义理论及其中国化最新成果为根本指导，认真研究网络媒介技术新结构、新特性和传播的规律性，正确判断网络媒介场域中各种社会思潮的冲突、影响和发展态势，准确把握网络社会交往关系的变化和影响、网络社会与现实社会的相互作用，理性分析网络对人们价值观念和社会心理、生活方式、行为方式等的影响。在此基础上，认真研究制订和实施网络社会主义意识形态宣传教育的整体推进方案和工作计划，其中特别要坚持以社会主义核心价值观为引领，结合校风学风建设、师德师风建设和文明网络空间建设等具体要求，科学制定教师和学生的网络文明素养建设标准和评价体系。

二是优化网络社会主义意识形态宣传教育的内容供给。社会主义意识形态宣传教育不是口号式、概念化的工作，而是一项有着明确内容和要求的系统性工作。高校要发挥学科专业建设和科学研究等优势，组织专家力量对社会主义意识形态的内涵、特征及精神实质等进行科学阐释，对马克思主义理论及其中国化最新成果进行科学阐释，对党的十八大以来党中央治国理政的新理念新思想新战略进行科学阐释，并认真对接高校人才培养方案的实施、中国特色的高校哲学社会科学构建、校园文化建设的开展和校园网络平台资源建设的推进等工作，将社会主义意识形态宣传教育的任务进行科学分解，对其内容体系进行话语重构，使之渗透到网络思想政治理论教学、网络日常管理服务、网络校园文化建设等各项工作之中，使之由"虚"变"实"、由"软"变"硬"。

三是深化网络社会主义意识形态宣传教育的路径创新。增强社会主义意识形态的网络传播力，关键在于充分利用网络传播的有效形式和渠道，将其内容和要求渗透于师生的网络学习、工作的生活之中，实现多元化、立体化、互动化传播。从多元化传播看，不仅要发挥教师的主导作用，也要发挥大学生在自我教育、自我管理、自我服务中的主体作用。从立体化传播看，借助先进的网络传播技术，利用文字、图像、音频、视频等多种表现形式，开展网络教学、网络讨论、网络动漫制作、网络文艺作品创作等多种渠道的可视化传播活动。从互动化传播看，充分利用新媒体即时互动等优势，推动校园全媒体的协同传播，同时发挥网络名微信、名微博以及名师、名人、名栏等的示范带动作用，使网络传播更具亲和力和吸引力。

（二）切实增强网络舆情的引导力

高度关注网络舆情是高校师生网络生活的一个重要特点，同时也是加强社会主义意识形态宣传教育的重要契机。近年来，社会网络舆情事件呈高发态势，其燃点之低、烈度之高、传播之快，常常超乎人们的想象，特别是在境内外敌对势力的有意操纵下，一些社会舆情事件有可能演变成大规模的街头抗议和社会骚乱活动，严重威胁国家的安全和社会的稳定。高校作为敌我意识形态争夺接班人的主战场，既有社会舆情事件对高校校园的负面渗透，也有涉高校网络舆情事件在社会中的恶意炒作。可以说，加强对高校师生进行网络舆情事件的及时有效引导，已经成为高校社会主义意识形态宣传教育不可回避的重要任务。

一是提高网络舆情的发现力。任何一起网络舆情事件都有一个从苗头、倾向到发生、发展的过程，高校要立足于防患于未然，着力提高网络舆情事件的发现力，力争将各种风险消除在萌芽状态。高校一方面要建立网络舆情信息"第一现场"发现机制，教育引导领导干部、辅导员班主任、学生骨干等深入学生班级、寝室、实验室等，及时发现和现场处置可能引发网络舆情事件的各种矛盾问题；另一方面要建立"第一时间"发现机制，通过运用大数据、人工智能等技术手段建立网络舆情监控系统，加强对网络热点事件、敏感词汇及涉高校事件等信息的搜索和收集，及时发现一些苗头性、倾向性问题并有效引导与解决。

二是提高网络舆情的研判力。网络舆情事件的发生既具有偶发性，也具有一定的规律性。高校要认真总结网络舆情发生、发展及变化的规律，着力提高对网络舆情事件发生、发展及变化过程的研判力。从网络舆情事件发生特点看，高校要加强对关键时间节点、重大社会事件、重点涉稳群体等各类风险隐患点的提前排查与分析研判，善于从承平中预见危机。从网络舆情事件发展特点看，高校要把握好回应网络舆论的最佳时机，对其潜伏期、爆发期、消退期等进行准确预判，并做好相应的应对预案。从网络舆情事件变化特点看，高校要综合做好对网络舆情事件的性质、背后介入的势力、最终演变的趋势及结果等的研判，努力掌握防范网络安全风险的主动权。

三是提高网络舆情的处置力。网络舆情事件的发生、发展及变化具有明显的阶段性特征，高校要针对每个不同的阶段认真做好防范处置工作，尽量避免出现网络舆情往"政治化"倾向发展变化。在网络舆情事件发生阶段，高校要坚持"宜疏不宜堵"的原则，组织专门力量及时主动地做好舆论引导和回应工作，公正、客观地向社会公开网络舆情的发生现状和学校的处置措施，避免出现滞后和被动局面。在网络舆情事件的发展阶段，高校一方面要积极与舆论事件的当事人保持良性沟通，争取依法稳妥地协调和处理有关问题，另一方面要积极与社会媒体保持良性的互动关系，及时向社会公开舆情事件的处置过程。在网络舆情事件的变化阶段，高校要坚持依法维稳与综合维稳，与各级党委政府、综合维稳部门等保持密切沟通与合作，敢于斗争、善于斗争，坚决维护高校和社会的和谐稳定。在网络舆情的消退阶段，高校要认真总结经验教训，完善教育管理制度，对相关人员进一步做好思想政治工作，确保网络舆情事件的最终平稳解决。

二、大力推动高校思想政治工作的信息化建设

创新推动高校网络育人，必须要有高水平的信息化建设作为支撑，既包括强大的信息化基础设施建设，如各级各类主题教育网站、微博微信群以及网络精品课程、网络教学管理软件、网络学生管理服务系统等平台资源；又包括系统的网络思想政治工作体系，如网络思想理论教育、网络学生信息管理、网络学生事务服务、网络校园文化活动等。高校大力推动思想政治工作的信息化建设，就是要着力推动"互联网+"育人能力建设，不断建立健全网络育人的管理新形态、服务新业态和文化新生态。

（一）构建网络育人的管理新形态

当前大学生处于"无人不网、无时不网、无处不网"的状态之中，高校要充分利用互联网的数据集成、信息动态管理、数据移动推送等先进技术，对学生事务管理服务的流程进行再造，用网络工具代替纸媒工具、用自助服务代替人工服务，体现网络事务管理服务的即时性和便捷性。同时，利用校园网监控、校园卡使用、学生信息管理等多系统数据融合，构建学生在校期间信息动态管理的网格化管理系统，构建学生从进校到毕业离校全程一体化的综合数据信息服务系统，同时还可以利用网络技术将一些社会化服务引入校园。例如：建立实体和网络两个事务服务大厅，引入社会化、市场化手段，为学生提供"一键式"网络信息服务，学生可通过网络自助办理各种学生事务，并享受网购、网银办理、自助取票及各类证书、证明打印服务；建立分级学生网格信息管理中心，将教学楼、图书馆、学生社区划为一个个管理网格，构建学生信息网格化动态管理系统，实施"一张网"学生行为网络实时监管；将学生信息登记表、学年小结表、学习成绩表、奖助学金申报表、毕业鉴定表、就业推荐表等在校期间所有信息集成"一张表"，实现"一张表"学生信息网络全程管理。

（二）构建网络育人的服务新业态

在"互联网+"育人模式下，高校要建设品牌化的网络服务资源和平台，既能够让学生"进得来、留得住、装得下"，也要让学生乐于参与这些资源和平台建设，使互联网成为深化思想政治教育的引擎。同时，网络思想政治工作在方式方法上要按互联网的特点和方式去创新，如思想政治教育工作者要学会用网络语言、网络工具与学生沟通，学会用网络数据、网络工具来分析学生的思想和行为变化，学会用网络平台和网络空间去引导学生自主学习，为学生提供各种学习服务等。例如：印制电子版学习服务卡、事务服务卡，以图文并茂的形式向学生宣传百科小知识；拍摄精品网络课程和微课程，建立在线学习网站，开设网络在线课堂和移动学习课堂；建设学生工作自媒体互动社区，将校院两级官博官微、各级团学组织及师生群体中网络名师、名人的自媒体集成于网络互动社区，加强网络舆论引导和网络文明社区创建等。

（三）构建网络育人的文化新生态

网络文化是指建立在计算机技术和信息网络技术以及网络经济基础上的精神创造活动及其成果，是人们在互联网中形成的活动方式及其反映的价值观念和社会心态等方面的总称，包含人的心理状态、思维方式、知识结构、道德修养、价值观念、审美情趣和行为方式等方面。网络思想政治工作只有植根于学生乐于接受的校园网络文化中，让学生在不知不觉中主动接受外在的思想改造和政治教育，进而内化为个人高尚的品德，外显于个人文明的举止，才能有效提升自身的吸引力和感染力。高校要利用互联网文化传播优势，对校园文化建设进行网络根植培育，如：建设校园思想政治工作网等网络与新媒体高地，编发"名人名家""名编名师""名篇名作"专栏专稿，推出一系列大学生思想政治教育的网络视频资源，加强网络育人的可视化建设；成立新媒体联盟，形成部门联动机制，开展微博之夜、微文竞赛、微话题讨论、微专题征集、微访谈茶坊、微电影观摩等系列教育活动；策划和实施"礼敬中华优秀传统文化""践行社会主义核心价值观"等系列教育专题；加强典型事迹网络宣传，选树师生先进典型，传递校园正能量，弘扬社会主旋律；举办大学生网络文化节，培育学生精品微电影作品、动漫作品、摄影作品、网文作品、网络创新创业作品等。

三、着力加强高校网络育人的队伍建设

创新推动高校网络育人，需要着力加强网络育人的队伍建设，既要着力提升思想政治工作队伍的网络育人能力，也要形成思想政治工作队伍与专业教师、网络建设管理队伍等的网络育人合力。

（一）增强思想政治工作队伍的网络育人能力

思想政治工作队伍是创新推动网络育人的骨干力量，高校要通过专题培训、学习交流、挂职锻炼等途径，帮助他们掌握网络育人的工作方法和艺术，特别是要注重在他们当中大力培育网络教学名师、网络骨干评论员、网络舆论引导员和网络文化信息员等，使他们当中的一部分人成为网络育人的领军人物和骨干人才。从内容上看，增强高校思想政治工作队伍的网络育人能力，主要包括四个方面：一是强化信息化的认知能力。高校要进一步提高思想政治工作者对信息的敏感性和察觉力，使他们能够对信息作出快速反应，并密切关注学生网络生存状态，参与不同学生网络社区或空间的话题讨论，利用有效的网络沟通渠道与学生进行深入交流、思想引导。二是强化信息化的应用能力。高校要增强思想政治工作者主动介入网络媒介、利用各类网络平台和工具有效地开展思想政治教育和学生事务管理的能力，帮助不同的思想政治工作育人主体主动学习网络知识，掌握网络技术，学好和用好现有的学生工作信息化平台和资源，深入开展网络思想政治工作。有条件的高校还应着力提升思想政治工作者的大数据创新运用能力，不断加强思想政治

工作与大数据技术深度融合创新，分类构建学生思想政治教育大数据模型。三是强化信息化的教育能力。引导大学生适应数字化学习生活、学会利用网络自主发展，是高校思想政治工作者的重要教育任务。高校要加强对思想政治工作者的网络教育教学能力的培养，使他们能够掌握大学生网络文明素养的基本结构和养成规律，学会结合思想理论教育和日常思想政治教育活动，有针对性地对大学生开展网络素质提升的理论教育和实践创新活动。四是强化信息化的自主创新能力。高校要在利用信息化推进思想政治工作的同时，增强思想政治工作者的数字化自主学习、自主创造、自主创新的能力，帮助他们在提高信息化素养的基础上促进自身综合素质的全面发展。

（二）促进高校网络育人的力量整合

高校网络育人是一个不同育人主体共同参与学生教育管理、实现全员全程全方位育人的过程。在信息化环境下，这种共同参与通过平台共建、资源共享、信息互通等途径，呈现出越来越紧密、越来越互补的发展态势。除思想政治工作队伍外，专业教师、其他党政管理干部、后勤保障人员、学生骨干、网络建设管理人员及学生家长等，都是创新推动网络育人的主体力量。高校可从以下几个方面构建网络育人合力：一是构建专业教师参与网络育人机制。高校要对专业教师进行网络育人能力培养培训，一方面鼓励他们利用网络课程教学空间有针对性地开展思想政治工作，从而构建以网络课程教学为依托、以专业教师为主导的网络课程育人共同体；另一方面鼓励专业教师参与大学生网络事务管理服务，如建立与辅导员、班主任、学生等的网络交流与信息互通平台，利用网络对学生进行学业成绩评定、成长成才推荐、请销假管理等。二是构建党政管理干部、后勤保障人员等网络协同育人机制。高校要鼓励各级党政管理干部、后勤保障人员通过信息化手段来解决学生党建工作、事务管理服务工作等的流程再造，不断提高网络精细化管理服务水平。三是构建网络建设管理人员参与网络育人机制。高校要明确各类网络建设管理人员的育人职责，鼓励他们将校园网络基础设施建设同推进网络育人工作相结合，在解决师生各类网络管理问题的同时，加强网络育人的条件保障和技术支撑。四是构建学生骨干参与网络育人机制。高校既要鼓励学生骨干主动参与网络文化建设，发挥他们的带头作用，也要有目的地加强网络"意见领袖""网络红人"等的培育，积极发挥他们在网络舆情引导中的正能量作用。五是构建学生家长参与网络育人机制。高校要建立与学生家长进行沟通的信息化渠道，通过建设家长交流群及举办网络家长会、直播学生活动等，既让家长能够随时了解孩子的学习和生活状况，也让家长有效地协助学校做好学生的思想政治工作。

| 第九章 |

大力促进心理育人

心理育人通常指心理健康教育，是一种旨在提高个体心理素质，促进其身心健康和谐发展的教育活动。在高校思想政治工作中，将心理健康教育称为心理育人，就是更加强调将思想政治工作贯穿到心理健康教育全过程，更加强调将提高大学生心理健康素质与提高大学生思想政治素质相统一，即育心与育德的统一。2017年12月，中共教育部党组印发《实施纲要》，明确提出大力促进高校心理育人的目标与要求。2018年7月，中共教育部党组又印发了《高等学校学生心理健康教育指导纲要》，对新时代大力促进高校心理育人提出了明确的指导意见和实施要求。

第一节　大力促进高校心理育人的时代价值

《高等学校学生心理健康教育指导纲要》明确指出，心理健康教育"是高校人才培养体系的重要组成部分，也是高校思想政治工作的重要内容"。大力促进心理育人，就是通过加强心理健康知识的宣传教育、心理问题的辅导咨询、心理危机的预防干预等途径，在心理层面上对学生施加积极影响，培育他们自尊自信、理性平和、积极向上的健康心态，促进他们心理健康素质与思想道德素质、科学文化素质协调发展，从而达到育人育德的目的。大力促进心理育人是提升高校思想政治工作质量必须完成的一项重要任务。

一、培养大学生良好的心理健康素质

高校的根本任务是培养德智体美劳全面发展的社会主义建设者和接班人。大学生实现全面发展，除了要有良好的思想政治素质、科学文化素质和身体素质，还应该有良好的心理健康素质，而良好的心理健康素质必须通过大力促进心理育人来进行培养培育。

（一）心理健康素质是大学生成长成才的基本要素

素质是一个人在社会生活中思想和行为的具体表现。不同学科对素质的构成有着不同的划分方法，但相对集中的主要有两种：一种是"三类"说，即认为人的素质主要分为自然素质、心理素质和社会素质三大类；另一种是"八种"说，即认为人的素质主要分为政治素质、思想素质、道德素质、业务素质、审美素质、劳技素质、身体素质、心理素质八大种。无论是"三类"说还是"八种"说，其素质结构中都包含有心理素质。对个体心理素质的判断，人们用"健康"或"不健康"来进行描述。判定个体心理健康，就表示该个体的心理活动符合自然科学和人类社会发展的基本规律、具有社会普遍认可的心理特点和行为特征；判定个体心理不健康则相反。2016 年，原国家卫生计生委等 22 个部门联合印发的《关于加强心理健康服务的指导意见》对心理健康进行了明确定义，指出"心理健康是人在成长和发展过程中，认知合理、情绪稳定、行为适当、人际和谐、适应变化的一种完好状态"[①]。心理健康素质是大学生成长成才的必备要素和应有之义。一方面，大学生成长成才是综合素质的全面提升，而心理健康素质是大学生提高思想道德素质、科学文

---

① 《22 个部门联合印发〈关于加强心理健康服务的指导意见〉》，《中国社会工作》2017 年第 4 期。

化素质等的基础，没有健康的心理素质，就谈不上其他素质的提高；另一方面，大学生成长成才以身心健康为前提和依托，而提高心理健康素质是促进大学生身心健康发展的当然要素，没有健康的心理素质，就谈不上身心健康。

（二）心理健康教育是促进大学生全面发展的重要途径

一个人的心理素质是在先天素质的基础上，经过后天的环境与教育的影响而逐步形成的。一个人心理素质健康与否，教育的作用无可替代，其中尤以心理健康教育的作用最为重要。心理健康教育是根据人的生理心理发展规律和特点，运用心理学等学科知识，以培养健康的心理素质为主要目标，从而促进个体综合素质全面提升的一种教育活动。心理健康教育在促进大学生身心健康发展中起着重要的支撑作用。一是知识普及，即帮助大学生知道什么是心理健康、心理健康有什么样的判定标准，从而对自己的心理素质和行为进行自我判断，为他们进行自我心理调适提供科学依据。二是方法指导，即指导大学生如何接受和转化心理健康教育知识、如何缓解和解决心理问题与心理障碍，以提升心理素质和自我心理调适能力等。三是心理疏导，即当大学生出现心理问题时，能及时为他们提供有效支持，帮助他们进行积极的心理调适和矫正，从而使他们能够正确对待和解决心理问题。四是危机干预，即当大学生产生严重心理障碍或疾病时，积极主动地进行干预，包括危机事件处置、医学转介等，关心和帮助他们妥善应对心理危机事件。正是由于心理健康教育在促进大学生身心健康发展中具有的独特作用，在当前大学生心理问题和突发事件日益增多的趋势下，其作为促进大学生全面发展的重要途径，在高校人才培养中的重要地位越发凸显。2011 年，教育部办公厅印发《普通高等学校学生心理健康教育工作基本建设标准（试行）》，明确要求"高校应将大学生心理健康教育纳入学校人才培养体系"①。2018 年，

---

① 教育部思想政治工作司组编：《加强和改进大学生思想政治教育重要文献选编（1978—2008）》，中国人民大学出版社 2008 年版，第 437 页。

《高等学校学生心理健康教育指导纲要》中再次确定大学生心理健康教育"是高校人才培养体系的重要组成部分"。

二、促进大学生心理发展与思想发展的辩证统一

人的思想发展和心理发展具有不可分割性。一方面，思想和心理同属于人的精神现象，心理是思想的基础，没有健康的心理，就无法形成正确的思想；思想又是心理活动的高级形式，体现着较为稳定而持久的心理特征。另一方面，人的思想政治素质提升，既需要心理活动的参与，也受心理活动的制约；既以心理素质为基础，又促进心理素质的提升。从这一意义上讲，思想政治工作的过程就是心理育人的过程，而心理育人的过程则从属和反映着思想政治工作的过程。

（一）高校思想政治工作是育德与育心的辩证统一体

高校思想政治工作的根本任务，就是按德智体美劳"五育"并举的要求促进大学生思想政治素质、科学文化素质和心理健康素质等的全面提高。因而，高校思想政治工作体现着育德与育心的辩证统一。一方面，育德包含着育心，推动育德必然需要推动育心，表现为高校在系统加强思想政治工作中不断推进大学生心理健康教育。1994 年中共中央颁布的《关于进一步加强和改进学校德育工作的若干意见》指出，新形势对学校德育工作的更高要求，就是要"帮助学生提高心理素质，健全人格，增强承受挫折、适应环境的能力"[①]；1995 年 11 月颁布的《中国普通高等学校德育大纲（试行）》，将"健康的心理素质"纳入高校德育目标，并提出了具体规格要求[②]；2004

---

① 教育部思想政治工作司组编：《加强和改进大学生思想政治教育重要文献选编（1978—2008）》，中国人民大学出版社 2008 年版，第 145 页。
② 教育部思想政治工作司组编：《加强和改进大学生思想政治教育重要文献选编（1978—2008）》，中国人民大学出版社 2008 年版，第 216 页。

年，中共中央、国务院印发《关于进一步加强和改进大学生思想政治教育的意见》，强调要"开展深入细致的思想政治工作和心理健康教育"①；2017年，中共中央、国务院印发《关于加强和改进新形势下高校思想政治工作的意见》，再次强调要"加强人文关怀和心理疏导，促进大学生身心和人格健康发展"②。另一方面，育心丰富着育德，推动育心必然促进育德的实现，表现为大学生心理健康教育在高校思想政治工作中的地位和作用不断凸显。1999年，中共中央、国务院在《关于深化教育改革，全面推进素质教育的决定》中强调，在全面推进素质教育工作中，要"加强学生的心理健康教育"③；2001年，教育部颁布的《关于加强普通高等学校大学生心理健康教育工作的意见》指出，"加强大学生心理健康教育工作是新形势下全面贯彻党的教育方针、实施素质教育的重要举措"④；2017年6月，教育部印发《普通高等学校健康教育指导纲要》，将心理健康列为大学生健康教育五项主要内容之一；2017年12月，中共教育部党组印发《实施纲要》，将提升心理育人质量作为高校思想政治工作质量提升十大任务之一。

（二）心理健康教育是高校思想政治工作的重要主线

改革开放以来，伴随着高校思想政治工作的创新和中国特色心理学学科的发展，大学生心理健康教育工作大体上经历了恢复发展、探索发展、规范发展、科学发展四个阶段，并以其独特的作用推动着高校思想政治工作的创新发展。在恢复发展阶段（1978—1993年），高校通过发展心理学学科专业、开展心理健康普查、成立心理咨询机构、开展日常心理健康教育活动、

---

① 教育部思想政治工作司组编：《加强和改进大学生思想政治教育重要文献选编（1978—2008）》，中国人民大学出版社2008年版，第267页。

② 《中共中央 国务院印发〈关于加强和改进新形势下高校思想政治工作的意见〉》，《人民日报》2017年2月28日。

③ 教育部思想政治工作司组编：《加强和改进大学生思想政治教育重要文献选编（1978—2008）》，中国人民大学出版社2008年版，第92页。

④ 教育部思想政治工作司组编：《加强和改进大学生思想政治教育重要文献选编（1978—2008）》，中国人民大学出版社2008年版，第217页。

创建心理学术研究平台等，逐步恢复和加强大学生心理健康教育，特别是开始重视科学区分心理问题，不再简单地将其与思想问题、政治问题等同。在探索发展阶段（1994—2000 年），高校通过设置心理学学科博士硕士学位点、出版大学生心理健康教育专门教材、开设心理健康教育公共选修课、建立大学生心理档案、加强大学生心理危机干预与处置、大学生心理社团组织、探索网络心理健康教育等，进一步丰富和完善大学生心理健康教育工作体系。在规范化发展阶段（2001—2010 年），国家层面通过成立高校学生心理健康教育专家指导委员会，加强对大学生心理健康教育工作的研究、咨询、评价和指导；高校层面通过加强心理健康教育教师培养培训、开展丰富多彩的心理健康教育主题活动、构建"学校、学院、学生组织"三级心理健康教育工作网等，逐渐形成以政策引导、机构设置、课程规范、队伍建设、活动开展等为主要途径的规范化发展体系。在科学化发展阶段（2011 年至今），国家层面通过制定精神卫生法、高校学生心理健康教育工作实施纲要与建设标准，开展全国性高校心理健康教育与咨询示范中心建设等，从体制机制、师资队伍、教学体系、活动体系、服务体系、心理危机预防与干预体系、工作条件等方面，加大力度推动大学生心理健康教育工作的科学化发展；高校层面也逐步从问题模式转向发展模式、由注重危机干预转向注重促进健康成长成才，基本上形成了集宣传教育、辅导咨询、危机干预为一体的立体化、全覆盖的大学生心理健康教育工作体系。

三、以大学生身心和谐发展提升育人质量

2018 年，习近平总书记在全国教育大会上强调，教育承担着"塑造灵魂、塑造生命、塑造新人的时代重任"①。新时代加强和改进高校思想政治工作，

---

① 习近平：《坚持中国特色社会主义教育发展道路 培养德智体美劳全面发展的社会主义建设者和接班人》，《人民日报》2018 年 9 月 11 日。

必须大力促进心理育人，通过培养大学生健康的心理素质，促进他们的人格完善和身心健康和谐发展，从而使他们成为担当民族复兴大任的时代新人。

（一）促进大学生身心和谐发展是高校提升育人质量的基本要求

身心和谐发展是大学生获取知识、学习技能的基础，也是他们全面发展智力、创造力和形成良好的思想道德品质、创新精神等综合素质的基础。大力促进心理育人，就是大力促进大学生的身心和谐发展，以心理育人的质量提升促进人才培养的质量提升。一方面，高校要以健康的心理素质培养促进大学生的全面发展。提升心理健康素养、塑造健全人格是促进大学生成长成才的内在需要。从实现专业学习的发展需要来看，心理健康教育为大学生提供积极良好的学习动机；从实现社会生活的发展需要来看，心理健康教育为大学生适应社会人际环境和塑造社会认可的心理品质提供必要帮助；从实现个人全面发展需要来看，心理健康教育帮助大学生形成正确认知并激发持久动力。高校要立足于每一个大学生加强心理健康教育，特别是注重帮助心理障碍大学生群体和个体解决具体的身心健康问题，确保育人质量提升在每个大学生身上获得必要的展现。另一方面，高校要以培育师生理性平和的心态促进高校的和谐稳定。大力促进心理育人是实现高等教育内涵式发展的基础，不仅有利于塑造大学生健康向上的社会心态、积极进取的精神品质，而且还有利于引导教师提升育人素质和能力，更加重视教书育人、更加注重人文关怀。高校要立足于和谐稳定的文明校园建设，加强师生理性平和心态的培育，从而构建积极健康的校园心理氛围，形成互教互学、互帮互促的新型师生关系。

（二）提升心理育人质量是积极应对大学生心理问题的现实需要

近年来，大学生群体中"空心病""丧文化""佛系""道系"等现象可谓层出不穷，折射出当前大学生群体在一定程度上存在消极的心理状态和精神空虚的思想状况。其中，"空心病"现象的"核心的问题是缺乏支撑其意义感和存在感的价值观"①，是一种"因为价值观缺陷所致的群体心理障碍"②，既是心理问题，更是思想问题，其实质是信仰和价值观缺失导致的精神空虚。"丧文化"现象作为流行于大学生群体中的一种带有颓废、绝望、悲观等浓厚情绪色彩的亚文化现象，折射出的是当代大学生不求上进、无奈的社会心态和社会心理，其实质是对现实生活的无声反抗之后的无奈。"佛系""道系"现象指的是在快节奏的都市生活中追求平和、淡然生活的一种心理状态，折射出大学生群体对现实生活的逃避，其实质是对现实生活的消极应对。马克思主义认为，社会存在决定社会意识，但社会意识又反作用于社会存在。因此，高校一方面要加强对隐藏于大学生各种文化现象中的心理问题分析，另一方面要从引导和满足大学生的心理需求入手，尊重他们的心理特点及活动规律，加强人文关怀和心理疏导，将解决思想问题、心理问题与解决实际问题相结合，在关心呵护和暖心帮扶中开展教育引导，实现育心与育德的统一。

（三）大力促进心理育人是高校推动社会和谐发展的重要途径

高校是社会组织体系的重要组成部分，其心理育人也是社会心理服务体系的重要组成部分。党的十九大报告指出，要打造共建共治共享的社会治理格局，"加强社会心理服务体系建设，培育自尊自信、理性平和、积极向上的社会心态"③。这既要求高校管好自己的责任田，抓好广大师生的心理健康教育工作，又要求高校积极发挥在心理育人上的工作优势和示范作用，不

---

① 《北大徐凯文：学生空心病与时代焦虑》，2018 年 2 月 12 日，http：//www.sohu.com/a/222359804_100011257。

② 徐凯文：《中国大学生的"空心病"值得警惕》，2018 年 4 月 19 日，http：//www.sohu.com/a/228737087_176210。

③ 习近平：《决胜全面建成小康社会 夺取新时代中国特色社会主义伟大胜利——在中国共产党第十九次全国代表大会上的报告》，人民出版社 2017 年版。

断促进整个社会的心理育人工作。社会中各种心理问题与高校师生的心理问题具有一定的共性和交错性，如：多元价值取向和多样思想体系之间相互冲突，导致部分人的价值观错位、心理脆弱等；社会转型期新旧思想观念的冲突和社会各种矛盾的冲突，引发部分人的思想恐慌和心理失衡等；网络生活的虚拟性及其与现实生活转换中的理性迷失，导致部分人沉溺网络、心理麻痹等。这些问题既在高校部分师生中存在，也在社会一些人中存在；既体现在师生的校园生活之中，又体现在师生的社会生活之中。高校解决好师生上述思想和心理问题，一方面可以提高人才培养质量、有效维护校园和谐稳定，把高校建设成为安定团结的模范之地；另一方面可以发挥高校作为社会发展的风向标和引领者的作用，为解决社会中的上述共性心理问题提供经验借鉴、方法示范和力量支持。

第二节　大力促进高校心理育人的基本思路

高校大力促进心理育人，要以《实施纲要》和《高等学校学生心理健康教育指导纲要》为指导，坚持育心与育德相统一，明确工作的主要目标、基本要求，不断构建和完善心理育人质量提升体系，更好地适应和满足学生心理健康教育服务需求。

一、大力促进心理育人的工作目标

高校大力促进心理育人，要紧紧围绕质量提升这个关键点，一方面着力提高心理健康教育的有效性，扩大学生的覆盖面和受益面，使学生心理健康意识明显增强，心理健康素质普遍提升；另一方面着力提高心理危机事件预防和处置的有效性，做到对学生心理问题关注及时、措施得当、效果明显，使学生心理疾病发生率明显下降。

（一）普遍性的心理健康素质提升

让每一个大学生的心理健康素质都能得到普遍性提高，是高校大力促进心理育人的最直接目标，而要实现这个目标，就必须加强心理健康教育的普及化。一方面通过普及性的心理健康知识课程教学、专题报告等，将心理健康教育与人才培养学分体系对接，使每一个大学生都必须选课、可以选课、选得上课；另一方面通过开展生活化的心理健康知识主题宣传、心理实践活动等，将心理健康教育与校园文化生活对接，使每一个大学生每时每地都能够感受、感知心理健康教育。高校心理健康教育的普及化具有三个层次：一是对象的全覆盖。即心理健康教育覆盖每一个大学生，使他们知道什么是心理健康、常见的心理障碍有哪些特征、如何获得学校心理辅导机构或专业教师的心理帮助、如何进行科学有效的自我心理调适等。二是对象成长阶段的全覆盖。大学生的成长成才具有阶段性特点，不同阶段的心理需求不同，产生的心理问题也不相同，需要高校根据不同阶段的大学生开展不同主题和内容的心理健康知识教学和宣传教育，如对新生加强入学心理适应性教育、对毕业生加强就业心理适应性教育等。三是对象需求内容的全覆盖。不同专业、不同特点的大学生心理需求不同，产生的心理问题也不相同，需要高校进一步丰富心理健康知识课程教学、宣传教育等的内容与形式，为不同需求的大学生提供有针对性的心理健康知识教育。如除开设大学生心理健康教育必修课外，还可以建设幸福心理、婚姻爱情、情绪调节、人际关系等主题的选修课程或网络自主学习资源，让每一个有需求的大学生都能够便捷地获取心理健康知识，增强自我调适的能力。

（二）群体性的心理健康素质拓展

将一些具有相同或类似思想和行为特征的大学生，通过一定时空环境的创设让他们成为群体教育对象，是大学生思想政治教育的常见做法，如大学生党团骨干培训班、学习兴趣小组、主题社会实践营、创新创业团队等。大学生心理健康教育中，团体辅导也是一种应用越来越广泛的重要的心理辅导形式。在大学生群体思想政治教育中加强团体心理辅导方法的运用，可以有效地促进大学生群体的心理健康素质拓展。这种有效性体现在：一是将普及性心理健康教育活动精细化和实践化。即根据不同群体共性的心理特征或心理需求，有针对性地进行团体心理辅导，既深化大学生对普及性心理健康知识的理解，又促进他们运用已学到的心理健康知识来分析和解决自身心理问题。二是营造良好的群体心理健康自助互助氛围。大学生群体在大学生成长成才中起着重要的促进作用，特别是有着正式组织形式的大学生群体，如班级、社团、寝室等，更是大学生成长成才不可缺少的环境要素。针对这些不同群体开展心理健康素质拓展活动，可以营造整个群体良好的心理健康氛围，既提高个体的心理自助能力，也增强群体中不同个体之间的互助能力。三是提高解决大学生共性心理问题的能力。心理健康知识教育的目的在于能够帮助大学生有效解决可能出现或已经出现的各种心理问题，通过将有着相同或类似心理需求或问题的大学生创建群体，并有针对性地进行团体心理辅导或团队心理素质拓展，可以增强群体情境对大学生个体心理潜能的激发作用，既可以提高解决共性心理问题的效率，又可以解决一些普遍性心理健康教育解决不了的心理问题，如"校园孤独者"等人际关系心理障碍问题，通过群体心理健康素质拓展可以有效得到解决。

（三）个体性的心理健康问题救助

无论是普遍性心理健康素质提升，还是群体性心理健康素质拓展，最终都要落脚到个体性的心理健康问题解决上。高校加强对大学生个体的心理健康问题救助，一是要善于发现大学生的个体性心理问题。受社会环境、家庭背景、高校教育教学等多种因素的影响，大学生在成长成才过程中容易出现各种心理问题，其中有些隐性的心理问题很难被察觉和识别。高校一方面要精心研制不同内容、不同对象、不同用途的心理健康素质测评量表，科学地开展普及性、经常性、针对性的心理健康素质测评，善于从中发现大学生个体性的心理健康问题；另一方面要通过加强心理健康教育教师、辅导员班主任、专业教师、宿舍管理员、学生骨干等人员之间及时性的信息沟通，对大学生个体性心理问题做到"早发现、早干预"。二是要加强对大学生自我心理调适的个性化指导。高校要通过加大对大学生常见精神障碍和心理问题的症状、自我调适方法等知识的宣传，不断提高大学生自我识别和自我调适的能力；同时通过建设大学生心理咨询室、网络在线咨询平台、24小时心理咨询热线等，为大学生个体提供"一对一"咨询服务，提高他们自我救助的能力。三是提高解决大学生个体化心理问题的救助能力。一些大学生个体性心理问题的产生，有着较为复杂的影响因素，单靠大学生自我心理调适或心理健康教育教师的咨询服务难以解决，需要心理健康教育教师加强与辅导员、班主任、学生干部、学生家长之间的密切配合，多渠道、多形式地采取干预措施，将解决心理问题与解决思想问题、实际问题相结合，从而增强帮助大学生解决个性化心理问题的能力。

（四）突发性的心理危机事件处置

当前大学生普遍存在心理素质脆弱现象，从而导致了一些突发性心理危机事件频繁出现，不仅严重影响了大学生个体的身心健康，而且成为影响高校校园安全稳定的重大隐患。高校大力促进心理育人，一方面要通过普遍性心理健康素质提升、群体性心理健康素质拓展、个体性心理健康问题救助等，有效减少大学生心理疾病的发生率；另一方面要加强对各类突发性心理危机事件的妥善处置，最大限度地保护大学生个体的生命财产安全、维护校园的和谐稳定。一是要提高对突发性心理危机事件的研判力。从高校处置各类突发性心理危机事件的实践看，任何一起心理危机事件都有原因可追溯、都有行为可复原。高校要发挥学校、学院、班级、宿舍四级心理健康教育工作网络的作用，切实提高辅导员、班主任、学生干部、宿舍管理员等人员的心理问题识别能力和心理危机干预能力，使他们善于从大学生日常学习生活的变化中，发现和掌握大学生个体的心理问题及其变化状况，同时心理健康教育教师要深入学生管理一线，与辅导员、班主任、学生干部等一起加强对可能发生心理危机事件的研判，做到"早预防、早干预"，最大可能降低发生突发性心理危机事件的可能性。二是要提高突发性心理危机事件的现场干预力。当大学生个体突发性心理危机事件发生时，心理健康教育教师、辅导员、班主任等要第一时间赶到现场妥善干预，并根据实际需要做好医疗转介和报请公安部门介入等工作，使整个心理危机事件干预过程处在有序、有效、可控的状态之中。三是要提高突发性心理危机事件的处置力。当大学生突发性心理危机事件涉及网络舆情、校园安全等问题时，高校要紧急启动校园危机事件处理应急机制，通过寻求政府指导、社会支持和家庭理解等途径，依法依规进行处理，确保校园的安全稳定。

二、大力促进心理育人的基本要求

《实施纲要》对于高校大力促进心理育人和构建心理育人质量提升体系提出了明确的任务和要求，《高等学校学生心理健康教育指导纲要》也对高校开展心理健康教育从目标、原则、任务等方面提出了明确指导意见。高校要严格贯彻落实上述要求，坚持"科学性与实效性相结合""普遍性与特殊性相结合""主导性与主体性相结合""发展性与预防性相结合"[1]，同时也要紧密结合自身工作实际，创造性地推动心理育人的质量提升。

（一）坚持育德与育心相统一

在大力促进高校心理育人中强调育德与育心相统一，就是强调要坚持正确的发展方向，既坚持育德这一根本任务，又促进育心的专业化发展。一是发挥育德在育心中的决定性作用。大学生心理素质的提升是一个后天的习得

---

[1] 《高等学校学生心理健康教育指导纲要》，2018 年 7 月 6 日，http：//www.moe.gov.cn/srcsite/A12/moe_1407/s3020/201807/t20180713_342992.html。

过程，离不开科学世界观、人生观和价值观的指导，而思想政治工作为大学生提供科学理论武装和方法论指导，从而使其心理素质提升有着正确的方向指引和价值归依；同时，大学生心理素质提升既是一个自我提升的过程，也是一个教育教学的过程，而思想政治工作既为心理健康教育各项工作的有效开展提供坚强保障，也为大学生心理素质提升提供学习资源、实践渠道和工作平台支撑。二是大力促进育心的专业性建设。高校要科学区分心理问题与思想问题，充分尊重心理健康教育的专业化发展规律，注重满足其科学化发展的需要，重视和发挥好心理健康教育在提升大学生心理素质中不可替代的专业性作用。三是坚持育德与育心相统一。即强调不能将育德与育心割裂开来，一方面在育德的一体化体系建设中，始终将育心作为落实育德的重要途径，不能以任何方式使之虚化、弱化；另一方面在育心的专业化发展中，始终将育德作为促进育心的根本要求，坚持心理健康教育与其他各项思想政治教育工作相融合、相促进的发展道路，不能狭隘、片面地打着所谓的"学科化""学术化"等旗号，走上脱离高校思想政治工作实际的畸形发展道路。

（二）坚持整体性推进与专业化建设相统一

在大力促进高校心理育人中强调坚持整体性推进与专业化建设相统一，就是强调坚持正确的工作策略，解决如何发力的问题。一是加强心理育人的顶层设计。即构建政府、社会、家庭与高校协同推进机制，形成协同推进、共同发力的工作格局。如各级党委政府要高度重视加强对高校心理育人的政策指导和工作督导，将其纳入高校思想政治工作测评和文明校园创建的重要内容；社会各有关组织机构，特别是医疗单位、心理咨询专业机构等，要切实加强对高校心理育人的工作支持，形成快速反应的应急处置联动机制；家庭要切实承担起对学生的监护责任，畅通与高校之间的信息互通渠道，密切配合高校和医疗机构做好学生的心理疏导和医学救治；高校党委要将心理育人纳入人才培养体系、思想政治工作体系和督导评估指标体系，明确心理健康教育工作牵头负责职能部门，构建校内各部门统筹协调机制等。二是坚持心理育人的整体推进。即以整体性思维来促进心理育人各环节、各要素的力量整合和作用发挥，构建心理健康教育与教师教学、学生日常管理、校园安全管理等各项工作之间的协同机制。如心理育人要融入"五育"并举人才培养的全过程，充分挖掘德育、智育、体育、美育、劳育中的心理育人资源；心理健康教育教师要与其他专业教师、思想政治工作干部、管理服务人员等之间形成信息互通、密切配合的工作模式，不断增强在专业教学、学生日常管理、校园服务等工作中识别和处置学生心理问题的及时性和有效性。三是促进心理育人的专业化建设。即强调高校要按照心理健康教育专业化发展的要求，建设专业化机构平台、专业化师资队伍、专业化的工作流程和标准等，不断建立健全知识教学、实践活动、咨询服务、预防干预、平台保障"五位一体"的专业化工作机制，通过提高专业化育人能力和开展专业化育人活动，来促进心理育人的质量提升。四是坚持整体性推进与专业化建设相统一。即强调二者之间相互依托、相互促进。专业化建设不落实，整体性推进就会失去支撑，不可能取得育人实效；整体性推进不落实，专业化建设不仅不能发挥应有的作用，也不可能得到可持续性发展。

（三）坚持目标导向与问题导向相统一

在大力促进高校心理育人中强调坚持目标导向与问题导向相统一，就是强调要坚持正确的思维方法，把长远发展与当前发展有机结合起来。一是科学制订心理育人的发展规划。高校要根据党和国家对教育事业发展的需求，严格落实和执行有关政策规定，科学制订符合校情和学生身心发展规律的心理育人发展规划，明确长期、中期及近期工作目标，制定路线图、时间表、任务书，并按照不同阶段性目标的要求，统筹推进各项工作。二是注重解决具体的实际问题。当前高校心理育人中，一方面存在大学生心理素质脆弱、心理危机事件频发等现实问题，另一方面也存在心理育人工作专业化程度不高、规范化管理不够、师资队伍缺乏、条件保障不足等具体困难。高校要切实提高政治站位和增强责任担当，不回避矛盾、不轻视困难、不漠视问题，既要解决好当前的具体困难和问题，又要着眼于促进主要矛盾和长远问题的解决。三是坚持目标导向与问题导向相统一。即强调目标导向与问题导向之间相互配合、相得益彰。目标导向指导着问题导向的实现，如果缺乏科学的目标导向，就会陷入"头痛医头、脚痛医脚"的被动局面；问题导向促进目标导向的实现，如果缺乏正确的问题导向，就会陷入"以文件落实文件、以会议落实会议"的形式主义怪圈。

（四）坚持规范管理与人文关怀相统一

在大力促进心理育人中强调坚持规范管理与人文关怀相统一，就是强调要坚持正确的工作方法，既要以规范大学生思想行为管理和各项心理育人工作帮助大学生提高心理素质，又要通过加强人文关怀和心理疏导发挥大学生自我心理调适的主体作用。一是坚持以规范管理为基础。一方面，规范大学生的思想和行为管理是对他们进行心理健康教育的重要前提，只有不断地增强大学生的法治意识、纪律意识和规范意识，才能使他们的心理活动和思想行为沿着正确的方向和轨道前行；另一方面，规范心理健康教育各项工作是提升心理育人质量的重要保障，只有不断规范各项工作标准、管理流程、人员职责管理等，才能确保心理健康教育各项工作朝着标准化、专业化、规范化的方向发展。二是坚持以人文关怀为促进。大学生心理问题的产生，通常伴随和掺杂着思想问题和实际问题，如果不通过加强人文关怀和心理疏导来解决这些思想问题和具体问题，不仅不利于已有心理问题的解决，而且会使大学生个体对心理健康教育产生抵触心理和抵抗情绪，从而加大心理患病的几率和加深心理疾病的程度。三是坚持规范管理与人文关怀相统一。在高校不断加强规范管理的前提下，一些大学生心理问题的出现，常导致学校与学生之间管理矛盾的产生，涉及大学生的切身利益，如休学、退学等。加强对这些有心理问题学生的人文关怀，可以增进师生之间、学校与家庭之间的相互理解，从而有效化解管理过程中产生的各种矛盾，既解决具体问题，又促进心理问题和思想问题的解决。

三、系统构建高校心理育人质量提升体系

大力促进心理育人，就要深入挖掘高校心理育人各要素，围绕"推进知识教育""开展宣传活动""强化咨询服务""加强预防干预"四大主要任务，系统构建教育教学、实践活动、咨询服务、预防干预、平台保障"五位一体"的心理育人质量提升体系。

（一）构建大学生心理健康教育教学体系

教育教学是开展心理健康知识普及教育的主渠道，高校发挥好这一主渠道作用，就必须构建集教材、课程、教学等为一体的大学生心理健康教育教学体系，实现心理健康教育的全覆盖。一是加强教材体系建设。国家层面要根据社会发展需要和大学生身心发展特点，不断完善心理健康教育的教材体系，既要组织编写大学生心理健康教育示范教材，使教学内容更加科学规范，又要考虑不同层次学校人才培养目标的不同，推出更多适应不同层次学校需要的高水平教材。高校层面要结合人才培养的特色和特点，在国家统编教材的基础上，组织力量编写大学生心理健康教育的专题性、案例性教材和网络教学资源。二是加强课程建设体系建设。高校要根据《高等学校学生心理健康教育指导纲要》等的政策性要求，把大学生心理健康教育课程纳入学校整体教学计划，努力构建以"大学生心理健康教育"公共必修课为主体，包含积极心理学、幸福心理学、生命教育、职业生涯规划等选修、辅修课程为有益补充的课程体系，形成全方位、全覆盖的心理健康教育课程体系。三是加强课堂教学体系建设。高校要根据大学生心理健康教育的规律和特点，加大教学改革力度，开发网上课程，通过线下线上、案例教学、体验活动、行为训练、心理情景剧等多种形式，形成集知识传授、心理体验、行为训练等为一体的课堂教学体系，在普及心理知识的同时注重促进大学生心

理品质的优化。

（二）构建大学生心理健康教育实践活动体系

实践活动是普及心理健康教育的"第二课堂"，是教育教学的有益补充，高校发挥好"第二课堂"的作用，必须构建集宣传教育活动、社会实践活动、素质拓展活动等为一体的大学生心理健康教育实践活动体系。一是推动线上线下宣传教育活动相融合。高校要通过"两微一端"、广播、报刊、宣传橱窗等多渠道的传播途径宣传心理健康知识、倡导健康生活方式、提高心理保健能力，营造良好的心理健康教育氛围。二是充分发挥各类学生组织在心理健康教育工作中的主体作用。高校要依托各级各类学生会、心理健康教育社团等大力开展心理健康教育实践活动，教育引导大学生增长心理健康知识、提升心理自我调适能力、积极进行心理健康自助互助，从而促进大学生自我认知、自我教育、自我成长，实现教育与自我教育相结合。三是将心理健康教育实践活动同学生的日常教育管理相结合。高校要通过组织开展素质拓展、志愿服务等校园文化活动，促进大学生人际交往能力、团队合作精神、坚强意志品格等的形成和提升，在优化学生心理品质的同时促进学生综合素质的提升。

（三）构建大学生心理健康教育咨询服务体系

咨询服务是解决心理问题的重要途径，是运用心理学的方法为来访者提供心理援助、促使其心理不适或心理障碍等问题得到解决的心理育人过程，是个性化的心理健康教育方式。高校发挥好咨询服务的作用，必须积极构建教师咨询与自主学习、团体辅导与个性指导、现场咨询与网络咨询等紧密结合的心理健康教育咨询服务体系。一是加强咨询服务机构的标准化建设。高校要按照现代化、专业化、标准化的要求，加强硬件设施建设，设立心理发展辅导室、心理测评室、积极心理体验中心、团体活动室、综合素质训练室等，为心理咨询服务的开展提供必要的场地和设施保障。二是加强咨询服务过程的专业化管理。心理咨询具有很强的专业性，不仅要求咨询者要有专业知识背景、具备心理咨询能力，而且咨询过程也有严格的规定。高校要按照专业化建设标准和心理咨询的职业伦理要求，制定和完善心理咨询服务的各项工作制度，加强流程规范、档案管理、过程督导等，确保心理咨询服务能够按照专业性规定有序、高效地运行。三是加大咨询服务方式方法的创新。高校要根据大学生学习生活的特点，充分运用现代信息科技优势，不断创新和丰富咨询服务的方式方法，如通过团体辅导和个性咨询相结合，现场咨询与电话、网络咨询服务相结合，"一对一"咨询服务与网络大数据咨询服务相结合等方式方法创新，切实为每一个有心理咨询服务需求的大学生提供及时性、针对性、个性化的咨询服务。

（四）构建大学生心理健康教育预防干预体系

预防干预是化解心理危机的重要方式，也是大学生心理健康教育不可缺少的重要环节。高校要发挥好预防干预的作用，必须构建集心理状况筛查、心理危机排查、心理危机干预、心理危机应对和转介、善后等为一体的预防干预体系。一是坚持以预防为主的原则。心理危机预防是与心理咨询服务相配套的个性化心理健康教育方式，主要是指导和帮助大学生科学应对较为严重的心理问题，预防心理危机事件的发生或降低心理危机事件发生的几率。高校要科学设计和制定大学生心理健康素质测评量表，针对不同时间段、不同群体等进行科学施测，及时筛查和识别大学生个体的心理问题，并做好相应的预防工作。二是构建"学校—院（系）—班级—宿舍"四级心理健康教育预防干预工作网络。高校要发挥心理健康教育教师、院系辅导员班主任、班级学生干部、宿舍管理员等的联动作用，认真做好学生心理健康的定期普查、重点关注对象的定期反馈、心理危机的定期排查等，切实做好心理危机的事前预防工作，以便及早发现心理危机隐患，有效控制心理危机事件的发生。三是加强心理危机预防干预的专题培训。高校要根据《中华人民共和国精神卫生法》和《高等学校学生心理健康教育指导纲要》等要求，加强对相关工作人员进行心理危机预防干预的能力培训，使他们能够在法律允许的范围内开展危机预防干预工作，一方面按照有关规定做好心理危机事件干预和善后工作，为危机事件的当事人及相关人员提供支持性的心理辅导，最大程度减少心理危机事件的负面影响；另一方面对不属于高校心理健康教育工作范围的心理危机事件，及时报请社会有关部门介入，对有严重心理疾病的学生及时做好医疗转介工作等。

（五）构建大学生心理健康教育条件保障体系

条件保障是确保心理健康教育各项工作能顺利开展的基本保障，也是大学生心理健康教育必须要首先解决的前提性问题。高校加强条件保障，必须构建政策支撑、宣传教育、队伍培训、研究交流等一体化的条件保障体系。一方面，国家层面要进一步研究制定加强高校心理健康教育工作的有关政策和标准，加强工作的督导检查和师资队伍的培养培训，为高校心理育人的开展提供政治保障和政策指导。另一方面，高校层面要从机构设置、制度设计、基础设施建设、师资队伍建设等方面为心理育人提供必要的保障。如通过建设全媒体的心理健康知识宣传教育平台，营造良好的心理育人氛围；通过建设心理健康教育工作资源共建共享平台，促进课题研究、工作经验分享、学术交流等；通过建设心理健康教育师资队伍的教育培训平台，促进心理健康教育工作专兼职队伍的人员稳定和素质提高等。

第三节 大力促进高校心理育人的关键环节

高校大力促进心理育人，必须围绕"立德树人"的根本任务，坚持育心与育德相统一，在系统构建教育教学、实践活动、咨询服务、预防干预、平台保障"五位一体"的心理育人质量提升体系的基础上，进一步突出工作重点，着重抓好心理健康知识的普及性教育、心理健康问题的预警防控、心理健康资源平台的共建共享、师资队伍的专业化建设等关键环节建设。

一、大力推进心理健康知识的普及性教育

实现大学生心理素质的普遍性提升，必须大力促进心理健康知识的普及性教育，使每一个大学生既能从整体上把握心理健康教育的要求，又能在不同的时间节点、面对不同的情况时能够获取心理健康教育知识，从而提升自我心理调适的能力。当前高校大力促进心理健康知识的普及性教育，需要在改进课程教学、加大网络宣传和发挥学生社团作用等方面加大工作力度。

（一）大力推进心理健康教育教学改革

当前高校心理健康教育课程教学存在三个方面的不足：一是课程数量不充足。大多数高校虽然能够按照《高等学校学生心理健康教育指导纲要》的要求开设心理健康教育的公共必修课，落实了 2 个学分和 32—36 个学时的相关要求，但在选修课程和辅修课程建设上存在明显不足。大学生个体在不同发展阶段有着不同的心理需求，单靠一门心理健康教育必修课程显然无法满足他们多样性的心理需求。二是课堂开设不合理。由于受师资力量的客观限制，许多高校虽然每学期都开设心理健康教育公共必修课程，但所开课堂容量有限，导致一些大学生只有在大三、大四才能选上课，对于这部分大学生来说，有相当长时间内他们对心理健康知识的了解处于空白地带。三是教学吸引力不强。对于许多高校来说，落实心理健康教育公共必修课的课堂、学时、学分已属不易，更难在小班教学、实践教学等环节来改进教学方式，因而大班教学、"满堂灌"式教学成为高校心理健康教育课程教学的常态现象。高校促进心理健康知识的普及性教学，一方面要加强课程体系建设，根据学生成长成才的多样性心理需求，开发

建设以公共必修课为主、选修课和辅修课为补充，数量充足、内容丰富的心理健康教育教学课程群，让学生能够选得上课、多选课；另一方面要创新课堂教学的方式方法，既要多采取小班教学、案例教学、情境教学、实践教学等参与度高、互动性强的教学方式方法，提高学生的获得感，又要多建设网络教学资源和开展在线教学等方式，弥补师资力量不足的缺陷，增大学生的受益面。

（二）大力推进心理健康教育网络化

目前在校大学生都是"95后"，特别是"00后"已逐渐成为新生主体，他们是伴随互联网的发展成长起来的"网生一代"，网络已成为他们的生存方式，融入学习、生活的方方面面。适应大学生学习生活方式的网络化，心理健康教育也应加快网络化进程。《高等学校学生心理健康教育指导纲要》明确要求："主动占领网络心理健康教育新阵地，建设好融思想性、知识性、趣味性、服务性于一体的心理健康教育网站、网页和新媒体平台，广泛运用门户网站、微信、微博、手机客户端等媒介，宣传心理健康知识，倡导健康生活方式，提高心理保健能力。"当前高校利用网络开展心理健康教育的主要形式有：一是建设心理健康教育主题网站，为学生提供心理健康教育知识查询和在线课程资源学习；二是建设心理健康教育互动社区，为心理健康教育教师、辅导员班主任、学生心理骨干等提供工作交流、在线咨询等服务；三是建设心理健康教育新媒体工作平台，为心理健康教育工作者和学生提供心理健康教育资讯信息的移动推送服务等。从实际情况看，虽然网络心理健康教育极大地促进了心理健康知识的普及化，但还普遍存在互动性不够、体验性不强以及资源不够丰富、吸引力有待增强等问题。高校加快推进心理健康教育网络化，一方面要加强网络心理健康教育平台建设，进一步完善线上线下相结合的网络心理健康教育模式，不断丰富网络教育资源和提高在线服务质量，从而切实增强网络心理健康宣传教育的吸引力和实效性。另一方面要加大对现代信息科技的运用力度，特别是要加强对大数据和人工智能等技术的创造性应用，增强大学生心理健康知识自主学习、心理素质自我测评、心理问题自我判断等功能，不断推进智慧型网络心理健康教育模式的构建。

（三）大力推进心理健康教育进社团

依托大学生心理社团，将心理健康教育活动融入校园文化活动之中，形成教育与自我教育相结合的大学生心理健康教育实践活动体系，是当前各高校较为普遍的做法。苏霍姆林斯基提出："只有能够激发学生进行自我教育的教育，才是真正的教育。"① 大学生心理社团将一大批对心理健康教育感兴趣的学生凝聚起来，通过组织开展心理沙龙，编制心理情景剧、心理漫画、心理健康知识手抄报、心理健康教育公益广告比赛等活动，寓教于乐，既满足社团成员心理兴趣发展需求，又极大地促进心理健康知识的校园传播。高校一方面要认真总结大学生社团在促进心理健康教育中的经验，加强对大学生心理社团建设的政策指导和条件保障，鼓励成立更多主题、更多形式的大学生心理社团，扩大对学生的覆盖面；另一方面要科学指导大学生社团充分挖掘高校优秀传统文化、革命文化及体育、美育、劳育等活动中的心理育人资源，不断提高自身的吸引力、教育力和创新力，从而不断提高大学生的参与率与满意度。

二、大力加强心理健康问题的预警防控

减少大学生心理疾病的发生和做好大学生心理危机干预，是高校大力促进心理育人、坚守校园安全底线的重要任务。而高校要较好地完成这项任务，必须大力加强心理健康问题的预警防控，既要通过加强心理健康素质测

---

① ［苏联］瓦·阿·苏霍姆林斯基：《给教师的建议》，教育科学出版社 1984 年版，第341 页。

评和心理健康状态监测等不断增强发现心理问题的能力，又要通过加强心理危机预防与干预切实增强防控心理危机事件发生的能力。

（一）大力提高心理健康素质测评的科学性

大学生成长环境和教育条件的差异导致大学生个体之间心理发展水平不同，这就要求高校在实行普及性教育的同时，应当通过加强心理健康素质测评来发现和识别大学生有可能产生或已经产生的心理问题。目前，大部分高校会在新生入学时进行心理健康水平测试，最常用的测评工具包括症状自评量表（SCL-90）、卡特尔十六种人格因素量表（16PF）、大学生人格问卷（UPI）和中国大学生心理健康量表（CCSMHS）等。这些测评工具存在明显的局限，如大多侧重个体心理问题症状的筛查，对大学生更广泛的发展和适应性问题的评估不足等。因此，准确把握大学生心理健康状况及变化规律，继续研制具有中国特色、中国气派、中国风格的大学生心理测评量表和网络测评系统，成为国家层面的一项重要工作。自 2013 年以来，教育部思想政治工作司委托北京师范大学发展心理研究所和北京航空航天大学心理与行为研究所开展"中国大学生心理健康筛查量表的编制"的项目研究，目前已基本完成，该量表可以从严重心理危机、一般性心理问题、适应性心理困扰三个不同级别来筛查、评估大学生心理健康状况[1]，更能反映我国当代社会的时代特征，更符合我国大学生的心理特点。同时，由教育部思想政治工作司指导，普通高等学校学生心理健康教育专家指导委员会组织研制的"中国大学生心理健康测评系统"也已进入试点应用推广阶段。高校要以此为契机，加强对大学生心理健康素质的科学测评，在实现全员普及性测评的基础上，进一步区分阶段、区分群体、区分重点地进行针对性测评，从而不断提高覆盖面和准确性。

---

[1] 方晓义、袁晓娇、胡伟、邓林园、蔺秀云：《中国大学生心理健康筛查量表的编制》，《心理与行为研究》2018 年第 1 期。

（二）大力提高心理健康状态监测的实时性

在心理健康素质测评的基础上，高校要对大学生重点对象和特殊群体的心理状态变化情况加强监测。当前可用的办法主要有两个：一个是人工监测，即通过同寝室同学、班级学生骨干、辅导员班主任、心理健康教育教师等对大学生个体进行生活行为观察与分析；另一个是网络监测，即通过对被监测大学生个体的网络言行进行大数据监测与分析。以上两种方法各有利弊，并且都面临着迫切需要增强监测的实时性这一问题。高校大力提高心理健康状态监测的实时性，一方面要进一步健全"学校—院（系）—班级—宿舍"四级心理健康监测网络和快速反应机制，畅通信息反馈，不断完善心理危机干预工作预案，切实增强工作的及时性和主动性；另一方面要构建大学生信息化管理大数据平台，通过加强大学生心理健康状态数据的实时监测与智能分析，及时、全面地掌握大学生个体心理状态的特点及变化情况，并根据大学生个体的心理异常情况，以及根据大学生心理疾病多发的时间节点和群体特点等，切实做好各项预警防控工作。

（三）大力提高心理危机干预的实效性

当前大学生心理危机事件呈现多发趋势，大力提高心理危机干预的实效性，是高校大力促进心理育人必须着力解决的一个现实问题。我国《精神卫生法》明确指出，"心理咨询人员不得从事心理治疗或者精神障碍的诊断、治疗"。因此，当大学生心理危机事件发生时，高校应区分校内校外做好两方面的心理危机干预工作。一是认真做好校园内心理危机干预。即高校应明确心理咨询服务的范围和职责，健全心理咨询服务、心理危机预防干预和转介诊疗制度，构建由专业人员组成、多部门配合协助的心理危机预警处置机构，防范和应对因心理问题引发的校园突发事件，确保学生生命安全。二是积极配合医疗机构做好校园外心理危机干预。高校要畅通从学校到社会精神卫生专业机构的心理危机转介绿色通道，及时转介疑似患有严重心理或精神疾病的大学生，同时在校外专业机构对大学生进行诊疗期间，高校心理健康教育教师、辅导员班主任、学生骨干等要密切配合校外专业机构，加强对患病大学生的人文关怀、心理疏导和隐私保护等。

三、大力促进心理健康教育资源平台的共建共享

大力促进心理育人，既是各高校的重要任务，也是各级党委政府、社会专业机构等的共同责任。同时，各高校加强心理健康教育，虽然具体做法有所不同，但又有许多共性的问题值得共同探讨和面对、有许多共性的经验值得共同交流与分享。因此，大力构建大学生心理健康教育资源的共建共享平台，既是国家层面的任务，也是高校层面的任务。

（一）大力构建心理健康教育学术研究平台

加强大学生心理健康教育，需要从不同层面加强和促进学术理论研究。一是充分发挥高校心理健康教育专家指导委员会的作用，紧紧围绕服务国家战略，结合高校优势和特色，明确主攻方向，出思想、谋战略、提对策，及时提供动态监测、效果评估和信息反馈，为教育部门科学决策提供高质量的咨询服务和智力支持。二是加强高校心理健康教育专家团队建设。将同一所高校或不同高校的心理健康教育专家组成学术研究团队，加强对大学生心理健康教育的理论研究，特别是要紧紧围绕全局性、综合性、战略性、长期性问题开展深入研究，从而为各级党委政府和高校提供富有建设性、操作性的建议或意见。三是加强高校心理健康教育学术研究政策扶持。各级教育部门和高校可以通过设置大学生心理健康教育科研专项、精品活动项目、教学创新项目等，为心理健康教育教师及其他思想政治工作者开展大学生心理健康教育的理论研究和实践研究提供支持，从而促使他们积极探索构建中国特色的大学生心理健康教育学术体系和话语体系。

（二）大力构建心理健康教育工作协作平台

当前，教育部开展了全国高校心理健康教育与咨询示范中心培育建设，有关省级教育部门也开展了省级层面的示范中心培育建设，一定程度上有效地带动和引领了各高校心理健康教育的蓬勃开展。但对于许多非示范中心培育建设高校来说，师资力量不足、课程资源不足、条件保障不足等问题在相当一段时间内依然会存在，这就需要进一步发挥全国、全省示范中心培育建设高校的作用，即以它们为主体，联合相关社会专业机构、高校等，大力构建国家级、区域性两级心理健康教育工作协作平台。工作协作平台的主要任务包括三个方面：一是心理健康教育网络平台及资源的共建共享。即通过建设统一的网络心理健康教育网站或建设网络教育资源在不同高校网站的共享机制等，促进高校心理健康教育优势网络平台资源的扩大传播。二是心理健康教育课程教学的共建共享。即通过不同高校之间的教师互聘、课程互选、学分互认等方式，促进高校心理健康教育优势课程教学资源的最大化利用。三是区域性心理危机干预的力量互助。即成立由社会专业机构精神科医生、高校心理健康教育教师、心理健康教育或社区工作志愿者等组成的区域性心理危机干预互助联盟，负责指导和协助区域内所有高校加强心理危机干预等相关工作，从而形成优势互补、以强帮弱的高校心理健康教育工作协作格局。

四、大力加强心理健康教育师资队伍的专业化建设

师资队伍建设是加强高校心理健康教育工作的基础性工作，也是根本保障。《高等学校学生心理健康教育指导纲要》对高校加强心理健康教育师资队伍建设提出了明确要求，即"要建设一支以专职教师为骨干、以兼职教师为补充，专兼结合、专业互补、相对稳定、素质良好的心理健康教育师资队伍"。因此，高校要本着配齐建强的原则，把心理健康教育师资队伍建设

纳入教师队伍建设的整体规划，着力提升他们的专业化素质能力。

（一）大力加强制度化建设管理

高校既要在教师队伍整体规划中加强心理健康教育师资队伍建设，又要充分考虑这支队伍的专业特殊性，这就需要加强相应制度建设来予以保障。一是加强心理健康教育师资队伍建设的制度设计。心理健康教育教师是高校思想政治工作队伍的重要组成部分，但其在建设管理上有着自身的独特性，如何使他们在待遇上不低于其他专业教师，在发展上不弱于其他管理干部，是高校保持这支专业化队伍相对稳定必须要考虑的重要因素。二是严格心理健康教育师资队伍建设的政策执行。各高校要严格执行教育部相关文件要求，按照师生比不低于 1∶4000 和每校至少配备 2 名专业教师的要求，合理设置心理健康教育专职教师岗。同时，要严格把好心理健康教育教师选聘的入口关，强调和落实心理健康教育教师必须具有良好的思想政治素质、必须具有从事大学生心理健康教育的相关学历和专业资质等要求。三是优化心理健康教育师资队伍建设的制度管理。高校要根据心理健康教育教师专业化、职业化发展的需要，不断优化各项制度的管理，使之既符合国家和高校的相关规定，又符合心理健康教育教师的发展实际。如在专业技术职务评聘上，高校可以把心理健康教育教师纳入高校思想政治工作技术职务评聘序列，有条件的高校也可以将他们纳入教育学、心理学、医学等相应专业序列等。

（二）大力加强专业化培养培训

高校要整合校内外资源，加大心理健康教育师资队伍的专业化建设力度，既要把专职骨干力量建强，又要把兼职队伍力量建强。一是要建强骨干力量。高校要保证心理健康教育专职教师每年接受不低于 40 学时的专业培训，或参加至少 2 次省级以上主管部门及二级以上心理学专业学术团体召开的学术会议。有条件的高校要积极鼓励心理学、医学专业教师参与心理健康教育工作，或者积极鼓励辅导员攻读心理健康教育方面的学位、参与相关培训学习和考取专业资格证书等。二是要拓展兼职渠道。高校要加强在辅导员队伍中培养心理健康教育骨干，除对全体辅导员加强心理健康教育培训外，还要重点培养一批能够具体从事心理健康教育的辅导员，使之成为心理健康教育专业教师的助手和后备力量。同时，高校要加强与当地相关医疗卫生机构建立合作关系，聘请医疗机构的精神科医生定期到校坐诊和开展专题讲座等。三是加强专题培训。高校要定期组织分层分类的心理健康教育专题培训，包括对辅导员、班主任、专业导师、新进教师、后勤服务人员、学生骨干等进行有针对性的培训，不断提高他们参与心理健康教育的意愿和素质能力，从而促使他们不断凸显自身在大学生心理健康教育中的重要地位和作用。

第十章

切实强化管理育人

管理是人类最普遍的一项社会活动，体现着人类自身发展的创造性和创新力，其主要指在一定社会组织中，管理者通过计划、组织、指挥、协调、控制及创新等手段来协调管理对象的活动，使之共同完成既定组织目标的活动过程。高校作为一个社会组织，管理是其基本职能，实现管理的科学化是其发展的基本要求。同时，高校的根本职责在于育人，高校的一切管理工作都必须围绕这一根本职责的落实来有效推进。管理育人是高校的基本特征，强调将思想政治工作贯穿于各项管理活动的全过程，以管理活动为载体、以育人为目标，实现提升管理水平与提升育人质量的高度统一。2017 年 12 月，中共教育部党组印发《实施纲要》，明确提出"构建管理育人质量提升体系"，"切实强化管理育人"等要求。在当前高校大力推动现代化大学制度体系建设的进程中，切实强化管理育人对于高校建立健全立德树人落实机制、提升治学办校能力等具有重要的现实意义。

第一节　切实强化高校管理育人的时代价值

高校以立德树人为根本任务，所有的人、物和活动等都应担负育人职责。切实强化管理育人，就是强调高校各个管理部门、管理人员以及各项管理工作都要强化育人意识，既要以育人为中心，不断提高管理效率和水平，又要以科学化管理为依托，不断提升育人质量和育人价值。

一、进一步强化"以生为本"的育人理念

"以人为本"是现代化管理的基本理念，强调以人为中心来统筹管理目标的设计、过程的管理、方法的选择、效果的评价等。高校教师的根本职责在于教书育人，"人"就是学生，因此，"以生为本"就是"以学生为本"，"以生为本"管理理念就是要围绕学生、关注学生、服务学生。明确管理客体，有助于进一步推动"以生为本"管理理念的贯彻落实。

（一）强化以学生为中心的管理思维

高校教育教学是以大学生为对象的管理活动，以大学生为中心、尊重和满足大学生的成长成才需求，是其内在的管理要求。但受管理者思维惯性的主观因素影响，高校教育教学管理工作长期存在着管理活动与不断变化的大学生个性化特征、多样化需求之间的矛盾，这种矛盾实际上就是"以教师为中心"与"以学生为中心"之间的矛盾。

切实强化高校管理育人，一方面要求管理者立足于大学生的长远发展，不断地引导和提升他们的发展需求；另一方面要求教师着眼于大学生的当前发展，合理地尊重和满足他们的发展需求，从而真正落实"以生为本"的管理理念。强化以学生为中心的管理思维，一是要坚持教育与管理相结合。高校管理育人是教育与管理的辩证统一体，二者既互为目的，又互为手段。互为目的体现在二者的目的具有同一性，即立德树人的育人目的。互为手段体现在：管理作为教育的手段，主要通过制度规范和行为约束，促进大学生对教育要求的接受和遵守；而教育作为管理的手段，主要通过对管理要求的宣传以及管理者的言行示范等，促进大学生对管理要求的接受和遵守。因

而，高校树立以学生为中心的管理思维，既有助于在加强学生管理中注重发挥教育的作用，也有助于在加强学生教育中发挥管理的作用，从而实现学生教育与学生管理的高度统一。二是坚持规范化管理与人性化管理相结合。规范化管理和人性化管理是现代科学管理的两项重要原则，二者之间并不矛盾，而是相互补充的关系。规范化管理以严格制定和执行各项管理规章制度为特征，强调管理者与管理对象权利与义务的对等、管理对象之间的公平、管理过程的公开、结果的公正等。人性化管理以人性尊重和人文关怀为特征，强调对管理对象的情感关怀、个性化需求满足和潜能激发等。高校强化以学生为中心的管理思维，既要注重对大学生进行规范化管理，又要充分考虑到规章制度具有不完整性以及某些内容具有相对滞后性等因素，在政策允许的空间内突出人性化管理，尽可能给予大学生更多的人文关怀。三是坚持学校管理与自我管理相结合。大学生既是高校教育教学管理的客体，又是自我管理的主体。高校树立以学生为中心的管理思维，就是在以教师为管理主体的教育教学管理活动中，充分尊重和保护学生的客体能动性；在以学生为管理主体的自我管理活动中，充分发挥学生的主体作用。

（二）完善以育人为中心的分工协作管理模式

注重科学的分工协作是现代化管理的重要特征。其中分工是对实现整体目标的各项职责任务进行具体分解，并明确承担的管理主体；协作是要求承担不同职责任务的管理主体之间相互协调和配合，既促进各自任务的完成，也促进整体目标的实现。对于高校管理来说，育人是要实现的整体目标，实现这一整体目标，必须进行职责任务的分工。如高校按机构性质可分为党务管理、行政管理和群团管理三大类；按管理对象可分为教师管理和学生管理两大类；按承担的任务内容可分为教学管理、科研管理、人力资源管理、后勤保障管理等若干类。高校每一类管理职责任务通常又由多个不同的管理部门共同承担。如党务管理由组织、宣传、统战等部门共同承担；行政管理由教学、人事、科研等部门共同承担等。从理论上说，高校管理分工越精细，越有利于育人整体目标的实现。

　　高校切实强化管理育人，必然要以育人为中心构建和完善现代化的分工协作模式，既强调分工的精细化与精准化，又强调管理主体的精干及相互之间协作的高效。一是以育人的关联性作为管理部门分工设置的基本前提。高校作为社会组织体系的重要组成部门，具有自身的特殊性，其管理部门应紧扣"以生为本"这一理念进行科学设置，特别是在管理部门分工设置上，不能片面地追求与各级党委政府部门分工设置的对称性，而要根据育人目标的实际需要合理设置，只有与育人目标相关联或者关联程度密切的分工设置，才能畅通育人机制；反之则需要予以精减。二是以育人的效率性作为管理层级架构的重要原则。管理层级的设置是管理分工的重要形式，合理设置管理层级有利于发挥不同层级管理主体的积极性，从而有利于促进管理分工协作目标的实现；相反，过多、过繁的管理层级设置，不利于管理效率的提高和管理协作的推进。高校以育人为中心进行合理分工，必然要以育人的效率性作为评判管理层级效率性的重要原则，凡有利于提高育人效率性的管理层级可予以保留，反之则需要予以裁撤。三是以育人的协作性作为管理协同机制建设的核心要素。管理部门的分工、管理层级的设置需要以构建管理协同机制作为保障，缺乏这种协同机制保障，必然导致不同管理部门、管理层级之间的各自为政甚至是相互推诿塞责。高校以育人为中心构建分工协作模式，必然要以增强育人的协作性来加强管理协同机制建设。

二、进一步深化教育教学管理综合改革

　　当前我国高等教育正处在由外延式扩张向内涵式发展的关键期，而推动教育教学管理综合改革是促进内涵式发展的强大动力。无论是"双一流"建设，还是应用型大学建设，其根本目的都在于提高人才培养质量。切实强化管理育人，坚持管理为了育人的改革目标，坚持育人促进管理的改革思路，有助于高校进一步明确深化综合改革的目标和思路。

（一）推进教育教学管理体制改革

高校综合改革是一个复杂的系统，既涉及改革的思想观念问题，也涉及改革的主要领域、制度体系等问题。深化高校综合改革，不应是局部性、片断式地推进，而应是整体性、可持续性地推进。在复杂系统中找准关键目标、在改革推进中坚持发展主线，需要高校以立德树人为根本任务，不断构建和完善教育教学管理的长效机制。强化管理育人，必然要求强化高校管理改革的育人导向，即将立德树人贯穿于管理体系改革的全过程，以育人能力的提升作为改革成效的重要评判标准。具体来说，主要包括两个方面：一是在组织管理体系改革中，着重解决好"管与育不平衡"的问题。组织管理体系是高校实施管理育人的重要依托，主要分为学术组织体系与非学术组织体系两大类。其中学术组织体系是指以学术委员会为核心的组织架构与管理体制，主要在学科建设、学术评价、学术发展和学风建设等方面发挥决策、审议、评定、咨询等职责；非学术组织体系通常是指高校的行政管理体系和组织架构，主要承担日常管理、运行和保障等职能。高校"管与育不平衡"的问题，一方面表现在学术组织体系的管理赋权不够，即对教授治学的重要作用重视不够和发挥不足，从而导致一些高校出现学术组织"只负责育、不负责管"的失衡现象；另一方面表现在非学术组织体系的育人赋能不足，即对行政管理部门及人员的育人职责强调和落实不够，从而导致一些高校中存在"重管理轻育人"的失衡现象。切实强化管理育人，既有利于增强高校学术组织体系的管理赋权，也有利于增强高校非学术组织体系的育人赋能，从而使管理育人在两大组织体系中都能够得到充分体现。二是在制度管理体系改革中，着重解决好"教与学不充分"的问题。制度管理体系是高校实施管理育人的重要载体，主要通过资源配置和评价考核等方式对教师和学生进行思想激励和行为约束，其目的在于最大程度地调动教师"教"和学生"学"两个方面的积极性。"教与学不充分"的问题，一方面体现在由于高校资源配置方式不合理、教师评价机制不科学等问题带来的教师积极性受挫，如一些高校教师存在"只教学、不育人"现象；另一方面体现在由于高校管理状态相对封闭、管理方式相对简单化等带来的学生主体性作用发挥不足，如一些高校在重大事项决策过程中听取学生建议或意见不充分，从而导致学生的不理解、不接受，有的甚至引发学校与学生之间的直接对立冲突事件。切实强化管理育人，既有利于通过改革资源配置和评价考核方式等，大力提高教师参与育人的主动性和积极性，也有利于通过扩大学生对学校管理的民主参与，充分发挥学生的主体作用，增强他们的主人翁意识和责任感，从而促进他育与自育的结合与深化。

（二）构建高质量的人才培养管理体系

人才培养体系改革是高校综合改革的核心环节，构建更高质量的人才培养管理体系是进一步深化高校综合改革的重要目标。2018 年，习近平总书记在全国教育大会上明确提出："要努力构建德智体美劳全面培养的教育体系，形成更高水平的人才培养体系。要把立德树人融入思想道德教育、文化知识教育、社会实践教育各环节，贯穿基础教育、职业教育、高等教育各领域，学科体系、教学体系、教材体系、管理体系要围绕这个目标来设计，教师要围绕这个目标来教，学生要围绕这个目标来学。"① 切实强化管理育人，有助于充分挖掘利用高校人才培养过程各种管理要素的思想政治工作价值，促进高校人才培养质量的不断提升。构建高质量的人才培养管理体系，一是坚持以科学管理统筹高校人才培养体系建设。高校人才培养涉及学科、教学、教材、管理"四大体系"，其中管理体系又渗透于学科体系、教学体系、教材体系等建设之中，只有构建科学的管理体系，才能使"四大体系"之间形成紧密的互促统一体，从而为更高质量的人才培养提供多维度支撑。二是坚持以育人为目标促进高校人才培养的管理。育人是一切管理工作的核

---

① 《习近平在全国教育大会上强调：坚持中国特色社会主义教育发展道路 培养德智体美劳全面发展的社会主义建设者和接班人》，《人民日报》2018 年 9 月 11 日。

心，高校所有的管理工作都应该围绕这一核心来展开，人才培养管理也不例外；游离甚至背离育人体系有损于人才培养的管理活动，必然需要改革。三是坚持管理与育人的高度融合。一方面，人才培养的内容包括专业知识素质和思想政治素质，其中思想政治素质的提高决定着专业知识素养提高的价值取向和大小，是培养的根基。只有通过有效的管理，将思想政治素质的提高贯穿于人才培养全过程，并使其发挥价值引领作用，人才培养的质量才会真正地得以不断提高。另一方面，从人才培养的过程看，高校人才培养需要以人、财、物等资源管理作为依托，如何有效地分配这些资源，并最大限度地发挥作用，需要以育人需求为导向、以育人标准为依据、以育人成效为评价。

三、进一步提升管理育人的现代化水平

建设现代化高等教育强国，既要以现代化管理为支撑，又要以现代化人才培养为标志，二者的有机结合就体现着现代化管理育人的价值。切实强化高校管理育人，必然要求推进高校现代化管理水平的提升与人才培养体系改革，从而有助于推动管理育人的优势发挥和质量提升。

（一）切实推进管理育人的优势发挥

我国高校有着良好的管理育人传统。早在 20 世纪 80 年代初，教育系统就提出教书育人、管理育人、服务育人的"三育人"理念。1994 年 8 月，中共中央印发的《中共中央关于进一步加强和改进学校德育工作的若干意见》明确指出："进一步发挥全体教职工的育人作用。……学校各项管理工作、服务工作也要明确育人职责，管理育人，服务育人。"新中国高校近 70 年发展历程充分表明，管理育人在我国高校各项事业发展中发挥着重要的作用。一方面，管理育人在保障着高校各项工作有序开展的过程中形成独特的育人优势，在行政管理、教学管理、学生事务管理、后勤保障管理等方面保

护师生利益、满足师生需求、协调师生关系，从而促进师生互动良性局面的形成，培育了师生理性平和的健康心态，有效维护了高校安定团结的局面；另一方面，管理育人在促进高校其他育人工作积极开展的过程中发挥着独特的保障作用，在科学化管理、制度化管理、信息化管理、民主化管理、人性化管理等方面探索建立健全高校各项保障工作的体制机制，从而使高校各项育人工作得以顺利开展。不容忽视的是，一些高校的管理工作仍然存在形式主义、功利主义以及"行政化""市场化"等不良倾向，不仅严重伤害了高校师生的积极性、阻碍了高校育人质量的提升，而且给高校的和谐稳定带来隐患。正反两方面的经验表明，高校管理的特殊性在于育人，其价值优势也在于育人，只有坚持在深化管理改革中切实发挥好管理育人的优势，将育人作为深化管理改革的基本要求，才能实现管理质量与育人质量提升的有机结合。

（二）切实推进管理育人的质量提升

在高校育人系统中，管理工作与思想政治工作是既有区别又相互联系的两个方面。从区别上看：思想政治工作是疏导性、启发性的过程，属于宣传教育范畴；而管理工作则是使人认同执行的过程，属于行政组织范畴，具有一定的强制性。从联系上看：一方面管理工作离不开思想政治工作，管理工作坚持正确的政治方向与原则、确保管理过程的充分展开和管理目标的实现、化解管理中的人际关系冲突等，需要以思想政治工作为保障；另一方面思想政治工作也离不开管理工作，思想政治工作的有序开展既要渗透于具体的管理活动之中，又要加强对自身内在系统中各要素的统筹管理。因此，从理论上讲，高校管理工作与思想政治工作之间是一种交互渗透、互为促进的关系。但从现实情况看，高校管理工作中"重管理轻育人"的现象还比较突出，一些高校的管理人员对负责的工作只愿意做一些简单化、程序化的处理，心中无育人意识，行为上无育人自觉，没有承担起管理育人的职责，这些问题严重影响了高校育人质量的提升。

切实强化管理育人，有助于高校坚持以问题为导向，在提高管理水平中不断落实"以生为本、育人为先"的管理理念。首先，高校要不断强化管理机构、管理者的育人意识与育人职责。一方面，高校管理者既是高校教职员工的重要组成部分，也是高校各项任务落实的主要组织者、实施者和指导者，是落实全员育人要求的模范与标杆，管理者自身是否有育人意识、是否发挥育人职能，是管理育人的关键环节；另一方面，强化管理育人可破解各职能部门协同育人的难题，使管理育人在各个部门、各个育人工作中发挥示范带动作用。其次，高校要强化管理过程的育人功能。高校的管理要发挥育人职能，必须始终围绕学生、关照学生、服务学生，这就需要高校管理者深入学生日常学习和生活，准确把握学生的心理变化规律、思维脉搏和行为走向，通过管理流程再造、管理程序优化、管理价值引领等方式，精准对接学生的思想问题与现实问题，将解决实际问题与解决思想问题相结合，从而在教育和引导学生成长成才的过程中不断提高管理水平。最后，高校要充分发挥管理制度的育人作用。管理制度是高校为了组织和管理各项工作，按照一定程序制定的、在全校范围内具有普遍约束力的条例、规定和管理办法等规范性文件的总称，其对师生既具有行为约束力，又产生教育引导作用。切实强化管理育人，一方面要求高校建立以育人为导向的管理制度体系，另一方面促进高校形成良好的制度执行体系，做到在制度面前人人平等。运用制度的约束与教育功能，通过在师生中加大各项法规制度的宣传教育力度，对师生中各种违反规章制度和学术不端行为等加大查处和教育力度，及时纠正不良倾向和问题，为师生创造一个公平、公开、公正的教育环境和管理秩序，促进大学生的价值认同和行为自觉，从而形成一个良好的制度育人氛围。

第二节 切实强化高校管理育人的基本思路

加强管理育人是一个老问题，是高校多年来一直强调的问题，其在育人导向、基本原则、基本要求等方面没有变；加强管理育人同时也是一个新问题，体现在新形势新情况新问题对提升管理育人质量提出的新要求，需要高校在采取新措施、丰富新内容、利用新方法等方面切实予以加强。《实施纲要》对构建管理育人质量提升体系的要求、切实强化管理育人的主要内容等进行了明确规定，为高校明确基本思路提供了遵循。

一、切实强化管理育人的工作目标

教育现代化是社会主义现代化强国建设的重要基础，推动高校管理现代化是实现教育现代化的必然要求。在推动高校管理现代化改革进程中，切实强化管理育人，一方面要充分挖掘现代化管理的育人元素，使现代化管理优势转化为育人优势；另一方面要不断拓展现代化管理的育人形式，使现代化管理的每一个环节和要素都成为育人途径。

（一）充分挖掘现代化管理的育人元素

从本质上说，高校现代化管理是培育师生具有与现代化社会发展特点、需求相符的思想观念和素质能力的过程，促进高校管理的现代化，就是促进高校师生发展的现代化。高校现代化管理中蕴含着丰富的育人资源，充分挖掘和利用好这些育人资源，就是切实强化管理育人的目标所在。高校可以从以下五个方面挖掘现代化管理的育人因素。一是在科学化管理中培养大学生的科学思想观念和专业知识。高校科学化管理渗透着科学的管理理论、管理方法、管理知识等，在管理过程中大学生通过亲身感受和体验，必然会增强对这些科学思想观念和专业知识的学习领悟。二是在制度化管理中增强大学生的法制观念和纪律意识。对学生来说，高校制度化管理既可以起到思想激励作用，也可以起到行为约束作用，特别是对高校各项管理规章制度的遵守，必然会增强他们的法律法规意识、程序规范意识和自我约束意识等。三是在信息化管理中增强大学生的信息素质和技术体验。高校现代化管理离不开对现代信息技术的应用，大学生通过参与数字化学习、数字化管理、数字化服务等活动，必然会增强自身的信息化素养和数字化生活体验。四是在民主化管理中增强大学生的民主意识与沟通能力。高校民主化管理是以扩大师生的民主参与、民主管理、民主监督等为基本内容，大学生通过多种形式参与民主化管理，必然会增强自身的政治民主意识、协商民主意识和民主沟通能力等。五是在人性化管理中增强大学生的责任意识和人文情怀。高校贯彻"以生为本"理念和实行人性化管理，必然使受到个性化关怀关照的大学生增强主体意识、责任意识和人文情怀，既有助于他们的健康成长，也有助于他们进一步传承和弘扬大学的人文情怀。

（二）不断拓展现代化管理的育人形式

高校管理育人是在管理者与管理对象互动过程中实现的，把握好管理的互动过程，使其体现社会主义核心价值观的基本要求和传递管理的正向育人能量，就可以将每一种管理形式都转化为育人形式。一是依托管理理念育人。高校各项管理工作都离不开科学理念的指导和支撑，而科学的管理理念，既体现着高校的办学目标和育人要求，又体现着对现代化管理特征与规律的把握。高校通过对科学管理理念的凝炼、宣传和贯彻执行，可以对大学生起到先进思想观念的渗透教育。二是依托管理岗位育人。高校每一个管理岗位都负有育人职责，既要完成其承担的具体管理任务，又要完成贯穿于岗位管理之中的思想政治工作。高校要认真研究梳理每一个具体管理岗位的育人职责、目标、内容和路径等，制定详细的岗位说明书，严格岗位育人管理，做到不因人、因事而变。三是依托管理活动育人。高校根据管理工作的需要，组织开展各类主题活动，既加大对管理政策的宣传力度，也促进育人活动的开展。四是依托管理资源育人。高校各项管理工作都需要加强管理资源建设，既满足大学生对管理资源的需求，也为将育人内容与要求渗透到管理资源建设与提供上创造了良机。五是依托管理者育人。高校管理者要带头培育和践行社会主义核心价值观，做到爱岗敬业和关爱师生，其言行举止既体现着职业管理的要求，也传递着育人的要求。六是依托大学生自我管理育人。大学生在自我管理中，通过制定班级、寝室、社团等群体自律公约等，既加强群体的组织建设，又增强对群体成员的教育引导。

二、切实强化管理育人的基本要求

高校管理育人中存在"重管理轻育人"的片面现象，很大程度上源于管理工作具有可量化的特点，易于管理操作与考核评价，而育人工作相对而言具有不可量化的特点，不易于科学管理和准确评价。高校提升管理育人质量，需要把管理的"硬指标"要求与育人的"软指标"要求紧密结合起来，不断增强管理育人的可操作性和可评价性。

（一）强化管理育人与推进教育教学改革相结合

教育教学涉及高校人才培养、学科建设、科学研究、文化传承、社会服务等各个方面，全面推进教育教学改革是促进高校内涵式发展的重要举措。在推进高校教育教学改革中强化管理育人，需要做到以下三点：一是以思想引领为核心，统筹推进人才培养模式改革。人才培养是高校一切改革的出发点和落脚点，而围绕人才培养质量的提高，需要对人才培养过程中涉及的各种要素进行重组，使之以更具活力的组合方式服务于学生的成长成才。在以生为本的理念下，以学生需求为导向来统筹人才培养模式改革，是高校的普遍选择，但问题的关键在于学生的需求需要有正确的价值导向，决定着高校"为谁培养人、培养什么样的人、如何培养人"这一根本问题的解决。因此高校统筹人才培养模式改革，必须坚持以育人为导向、以加强学生的思想引领为核心来进行目标设计、内容调整、资源整合、机制创新等。二是以增进协同育人为导向，统筹高校教育教学机构改革。高校不同的教育教学机构虽然有着不同的管理育人职责，但其根本目的在于促进人才培养质量的提升。加强教育教学机构改革，就要改变高校不同机构之间管理层级化、碎片化、分割化等现象，按照扁平化、集约化、便捷化等要求重组管理架构。在高校教育教学机构改革中，不应简单地对一些机构进行撤销、合并、增设等；而要根据人才培养的特点，坚持以增进协同育人为导向，科学地设计和规划各机构的设置，明确划定各机构的职责，从而达到机构精简、职责清晰、人员高效、资源整合、育人有力等目的。三是以育人质量为标准，统筹高校教育教学评价制度改革。对高校教育教学改革成效的评价，最终要归结于人才培养质量的评价，而人才培养质量的评价，其关键指标既包括学生的专业文化素质能力，也包括思想政治素质能力。高校统筹教育教学评价制度的改革，就是要坚持育人导向，坚持思想政治素质综合评价标准，改变只注重专业文化素质能力评价而不注重思想政治素质能力评价的现象，坚决克服唯分数、唯升学、唯文凭、唯论文等不良倾向，切实解决评价指挥棒的问题。

（二）强化管理育人与推进依法治校相结合

高校管理育人以管理为载体，而只有科学规范的管理才能促进管理育人的质量提升。依法治校是党的十八大以来全面推进依法治国战略的重要组成部分，是高校管理改革的必然趋势，是高校完善规章制度建设、推进管理工作科学化、规范化的必然要求。在推进依法治校中强化管理育人，需要做到以下三点：一是加强管理育人的制度化建设。依法治校的前提是有法可依，高校要加强现代大学章程建设，并以国家有关法律法规和现代大学章程为基本遵循，不断制定和完善各项具体的管理制度和师生的自律公约，特别是要做到将思想政治工作的要求具体贯穿到各项规章制度和各个群体自律公约之中，使育人成为高校依法治校的鲜明导向和重要内容，同时也使高校各项管理育人工作做到有规可依。二是加强制度的严格执行。一方面要加强对依法治校及各项规章制度的宣传工作，不断增强师生的法治意识，提高他们对各项规章制度的熟知程度，促进高校各项管理工作的公开；另一方面要强化对制度管理的严格执行，树立制度面前人人平等的意识，对自觉遵守各项规章制度并有突出表现的师生要建立表彰表扬机制，对违反法律法规、校纪校规的行为要依法依规坚决予以查处，特别是要加大对违反师德师风、学术不端等行为的查处力度。三是要加强制度管理的育人价值提升。高校的制度化管理，其根本目的还是在于育人。一方面，好的制度管理确保着高校教育教学秩序的稳定，并且有效地传递学校的办学理念，使师生之间在引导、协调、规范和约束自身行为中实现学校的育人目标；另一方面，好的制度需要不断更新完善，其根据师生思想和行为变化的特点，要不断地在内容上进行补充和完善，体现着高校管理育人紧贴师生实际和与时俱进的特点。

（三）强化管理育人与提升管理者素质相结合

美国著名社会心理学家、传播学家霍夫兰经过研究指出："一般来说，信源的可信度越高，其说服效果越大；可信度越低，说服效果越小。"[①] 高校管理者是高校各项管理工作的执行者，从根本上说，无论是学校管理制度的制定，还是各项管理制度的贯彻落实，抑或整个管理环境的创造和形成，归根到底，要靠广大高校管理工作者去实现。因此，管理者的素质越高，其本身的可信度就越高，管理过程的说服效果就越大，学生就越信服。在提升管理者自身素质中强化管理育人，需要做到：一是选优配强管理队伍。高校要认真制定各个管理岗位的育人职责，按照教育家、政治家和好干部的标准，将那些政治素质高、育人意识和能力强、工作作风清廉务实的干部配备到各级领导岗位或重要管理岗位，充分发挥他们的示范带动作用。二是加强管理干部的培养培训。高校要建立健全管理干部的培养培训体系，坚持岗位培养与梯队培养并重，科学制定培养、培训规划；注重思想政治素质提升与业务管理能力提升并重，不断丰富培养、培训内容；坚持理论学习与实践锻炼并重，不断创新培养、培训方式等，从而不断提高管理干部培养、培训的系统性、针对性和实效性。三是要加强管理育人的典型选树。高校要结合具体的岗位职责考评，对管理育人质量进行科学评价，对一些育人效果好的管

---

① 郭庆光：《传播学教程》，中国人民大学出版社 1999 年版，第 202 页。

理干部要进行评奖评优，加强对育人典型人物的经验总结和事迹推广；同时对接教育部"管理育人示范岗"建设标准，加强高校管理育人精品项目、示范团队（岗）等建设，并充分发挥它们的示范带动作用。

三、切实强化管理育人的组织实施

切实强化高校管理育人，需要各级党委政府和高校加强顶层设计和科学实施。一方面各级党委政府要正确处理自身与高校的关系，将加强党对高校的领导与扩大高校办学自主权相结合，不断促进高校管理科学化水平；另一方面高校要强化管理育人责任的落实，通过不断创新方式方法来有效促进管理育人质量的提升。

（一）强化管理育人的责任落实

高校构建党委统一领导、各部门分工协作的管理育人机制，是提升管理育人质量的重要前提，也是促进管理育人科学持续发展的重要保障。一是要加强构建高校各级管理部门和各位管理者育人责任的落实机制。高校各级党委要着重在管理育人的根本方向上把好关、引好路，将管理育人的职责细化到各级党组织和部门的具体职责之中、体现在具体的工作之中；高校各级行政管理部门要着重将管理育人职责落实到每一个管理岗位和每一位管理者，贯穿于工作计划、工作检查、工作总结等全过程。二是要建立健全高校管理育人的管理和考核评价机制。一方面要结合不同的管理岗位和育人职责，明确不同的管理和考核评价机制和办法，将管理绩效与育人实效相结合，将过程管理与结果评价相结合；另一方面要将管理育人职责落实机制与管理人员的职级职务晋升、绩效奖励等人事制度相对接，做到职责管理与考核评价具体化、可操作化和具有约束力。三是要建立健全高校管理育人的保障机制建设。高校要在经费使用、后勤保障等管理中坚持育人导向，按照育人工作的需求来科学地编制预算、分配资源、协调其他条件保障等。

（二）创新管理育人的方式方法

不同高校、部门、院（系）以及不同的管理岗位、管理者等有着不同的管理育人任务，也面临着不同的实际情况，需要因时、因地、因事制宜，不断创新管理育人的方式方法。一是在严格制度化管理中加强人性化关怀。一方面坚持规范化管理的严格要求，加强对各项管理制度的宣传，严格各项制度的执行，使学生人人知晓和自觉遵守；另一方面坚持人文关怀和思想疏导，加强对违反校纪校规学生的纪律查处和教育帮扶，并根据学生的实际需求对一些相对滞后的管理规定进行及时修订，以增强规范管理的制度救济能力。二是在管理中融入服务。高校各项管理工作从根本上说都应对接学生需求，并服务于学生的成长成才。高校各个管理部门、每位管理者要学会换位思考，真正站在学生的立场来克服个人功利倾向和不断优化管理，通过减少层级、流程再造、程序优化等方式切实提高办事效率，同时通过信息化、社会化等手段整合管理资源、增强服务内容、拓展育人平台等，从而使管理向服务转变，不断增强管理育人的吸引力和扩大学生的参与面、满意度。三是在他育中突出自育。高校管理育人一方面强调管理部门或管理者对师生的教育引导作用，主要通过规范管理和思想引导对师生进行教育，这种模式对师生来说属于一种具有单向强制性特点的他育模式；另一方面也应强调师生的自育作用，通过师生制定和遵守各种自律公约、学生自我管理与自我教育、营造良好的管理育人氛围等，形成师生自觉遵守、接受和内化的自育模式。高校由强调他育向强调自育转变这一目标的实现，表明高校管理育人的水平和价值不断提高，其效果也正在向"春风化雨、润物无声"转变。

第三节　切实强化高校管理育人的关键环节

高校各项育人工作都离不开管理、都渗透着管理育人。切实强化管理育人，既为高校其他育人工作质量提升提供前提基础和重要保障，也为高校提升现代化管理水平和人才培养质量提供路径依托和重要支撑。可以说，高校切实强化管理育人，既需要高校在构建一体化育人体系中加强整体设计，也需要抓住自身的关键环节，进行重点突破与推进。

一、加快构建现代化大学治理体系

由单一的管理模式向管理与治理的融合，是高校管理现代化的必然趋势。适应高校治理现代化的发展趋势，高校切实强化管理育人，必须在推进大学治理现代化的进程中坚持和强化管理育人导向，既使之与国家现代化、教育现代化的需求相吻合，又使之与高校人才培养的根本需求相对接。

（一）正视大学治理现代化带来的机遇与挑战

当前我国高校正在加快构建现代大学制度和推动高校治理的现代化。可以说，高校治理现代化改革既为强化管理育人提供了良好的发展机遇，同时也带来了严峻挑战。从发展机遇看，高校治理现代化必然需要全面加强党对高校的领导，从而推动高校党委领导下的校长负责制、学术治理体制、民主管理机制等的进一步完善，为切实强化管理育人提供坚强的制度机制保障。从严峻挑战看，高校治理现代化主要解决高校行政权力、学术权力、民主管理权力、学生权力的关系问题，但高校普遍存在行政决策主体单一、学术权力行使低效、教师和学生民主参与不足等问题，制约着治理现代化的推进。从这层意义上讲，高校抓住治理现代化改革的发展机遇，需要坚持管理育人；迎接治理现代化改革的严峻挑战，更需要强化管理育人。一方面，全面加强党对高校的领导，本身就是对管理育人的强调。高校全面加强党的领导，就是要坚持以立德树人为根本任务，在学校层面健全和落实党委领导下的校长负责制，在院系层面健全和落实党政联席会议制度，以党的政治保障推动"以生为本"管理理念的深入贯彻落实，将管理育人贯穿于现代大学章程及其他各项管理制度的制定、执行的全过程。另一方面，正确处理行政权力、学术权力、民主管理权力、学生权力之间的关系，需要以管理育人作为根本工作要求与基本价值遵循。只有坚持一切管理的权力服从于育人、服务于育人，才能使行政权力与学术权力做到各安其位和科学运行，才能不断带领和吸引广大师生参与民主管理、民主决策、民主监督。

（二）推进高校内部治理结构改革

高校要以建立现代大学制度为目标，以学术管理体制机制改革为突破口，统筹推进管理机构改革，完善党委领导、校长负责、教授治学、民主管理的现代大学管理体制机制，进一步构建起与学校实际相适应的统一领导、多元治理、和谐善治、科学发展的内部治理结构。一是坚持党的群众路线。管理育人的前提是党的统一领导，基础是师生的民主管理。高校正确处理"党的统一领导"与"民主管理"二者之间的关系，必须在管理育人中始终坚持党的群众路线，将党的领导根植于广大师生之中，并通过扩大师生的民主参与来切实巩固党的领导。二是遵循高校管理基本规律。高校管理工作既具有管理的基本属性，同时也具有自身的特殊性，只有遵循高校管理的基本规律，才能正确处理"校长负责"与"教授治学"之间的关系，把校长"担责"与激发高校学术创新内生动力有机结合起来，从而使高校管理在"去行政化"改革中坚守正确的育人价值导向。三是构建科学精简、权责明晰、运行顺畅、强化服务、优质高效的机构和职能体系。高校要适应现代化管理变革的发展趋势，深化管理机构改革，完善校、院两级管理为主的体制，一方面要加快管理重心下移，推进学部综合化、学院实体化建设，进一步激活院系管理育人的活力；另一方面要加快管理层级精简，试行"大部制"和"扁平化"管理，使各个职能管理部门的资源充分整合，进一步提高直接面向广大师生服务的能力。四是推进民主治校和开放办学。高校要进一步完善民主管理体制，拓宽师生参与学校民主管理和监督的渠道；同时构建充分整合社会资源的开放办学机制，搭建以董事会和校友会为代表的社会利益相关者参与学校管理决策和民主监督的平台等。

（三）完善现代大学治理的制度体系

高校一方面要准确把握现代大学治理的基本规律与发展趋势；另一方面要及时将各项改革的成熟经验上升为学校规章制度，将学校的办学目标、育人理念及管理育人的主要经验等体现到现代大学章程的制定与完善中。一是科学制定现代大学章程。大学章程是高校内部行为实施的"最高法"，是高校自主管理、科学发展、依法治校的必要条件，也是明确管理育人系统内外部权利与义务关系的"基本法"。高校加强现代大学章程建设，需要进一步强化"教授治学"的制度规范，赋予教授对学生培养方案设定、课程设置、教学组织形式创新等方面的管理决策权，充分保障他们在学科建设、专业建设、教师队伍建设等方面的管理参与权，从而以学术自由、学术创新之风促进管理育人良好氛围的形成。二是完善高校各项管理规章制度。高校要以大学章程为基本遵循，围绕着力提升人才培养质量，进一步完善党组织和群团组织建设管理、教学科研管理、教师干部队伍管理、学生管理、财务管理以及其他后勤保障管理等各项规章制度，形成职责分明、权利与义务对等的现代大学管理制度体系，既充分激发师生参与管理育人的主动性和积极性，也切实尊重和保障师生的合法权益和合理诉求。三是建立完善各项管理育人的监督管理机制。高校既要建立完善从上至下的管理育人考核评价与奖惩机制，也要建立完善从下至上的管理育人民主监督与群众评价机制，有条件的高校"可以尝试引入独立于校内各主体及教育主管部门的其他社会主体进行监督"[①]。

二、建立健全"四维一体"管理育人机制

从高校管理育人的实际情况看，其主要通过核心领导、运行管理、学

---

① 施彦军：《依法治校背景下现代高校章程法治化建设：困境、归因及突破——基于福建省部分高校章程文本的分析与思考》，《高校教育管理》2016年第3期。

生管理、后勤保障管理四个维度进行保障运行。高校要进一步明确这四个维度的管理育人工作任务，在充分发挥他们各自作用的基础上，促进他们相互之间的协作运行，从而不断促进管理育人的规范化、常态化、科学化发展。

（一）明确不同维度管理育人的工作任务

在"四维一体"管理育人机制中，核心领导维度即学校领导层，具体负责管理育人的顶层设计和统筹推进。运行管理维度即高校各个组织管理机构，主要工作是维持学校各项职能正常发挥，保障学校人才培养、科学研究、社会服务各项工作的运转；同时有些组织还承担着对教职员工进行直接管理的职能。学生管理维度即高校学生工作系统，主要通过落实学校各项关于学生的规章制度、奖惩措施、日常管理督查等工作，对学生的学习、生活等思想和行为进行直接的引导和干预。后勤保障管理维度即后勤保障部门，其与学生直接接触，但与学生的关系主要是通过服务与被服务来进行联结的。以上四个维度以人才培养为核心，共同构成高校管理育人的整体体系，并且四个维度之间相互关联、相互作用。其中，核心领导层是"四维一体"管理育人体系的设计者、组织者和领导者；运行管理机构是"四维一体"管理育人体系的重要推动力量，是管理育人政策的制定者和直接实践者，其育人质量的高低直接反映着整个学校管理育人工作质量的高低；学生管理组织是"四维一体"管理育人体系的重要参与力量，是高校管理育人政策的积极实践者和育人工作的重要推进者；后勤保障部门是学校管理育人的窗口和重要保障力量，同时也是管理育人环境的重要建设力量，其在一定程度上也直接反映了学校管理育人的水平。

（二）推动不同维度管理育人的作用发挥

在"四维一体"管理育人机制建设中，推动不同维度管理育人的作用发挥是重中之重。一是发挥核心领导维度的统筹协调作用。高校领导是管理育人工作运行的中心环节，主要通过加强管理育人制度体系的顶层设计、"四维一体"管理育人体系建设标准制定、各个管理部门及管理者职责落实的监督考评等，发挥政策引导和工作协调作用；同时，高校领导通过直接参与育人活动，也可对其他管理者起到榜样示范作用。二是发挥运行管理维度的资源配置和管理执行作用。运行管理维度的管理育人具有直接性和间接性相结合的特点：其直接性体现在主要通过面向学生的管理和管理育人资源的配置等来履行育人职责；其间接性体现在主要通过为教职员工提供精细化、个性化服务来加强社会主义核心价值观的引领和搭建高品位、多元化的教师成长平台，从而为教师的管理育人提供条件保障和营造良好的育人氛围。三是发挥学生管理维度的直接管理作用。学生管理维度的管理育人直接性的特点，体现在其主要负责学生的思想引领和行为指导，即主要通过为学生提供直接的管理与服务，来畅通学校与学生的联系沟通，既履行学校管理育人的职责要求，又及时指导和帮助学生解决各种具体问题，从而保持校园的和谐稳定。四是发挥后勤保障管理维度的渗透作用。后勤保障管理维度的管理育人具有全方位、渗透性特点，其主要通过为学生提供安全管理、财务管理、宿舍管理、图书管理、信息资源管理等，履行公共事务管理的服务职能，并在管理服务过程中通过管理者的服务态度、思想素质、人格魅力等影响学生。同时，后勤保障管理维度的有些管理部门或管理者与学生的互动交流紧密，甚至直接参与学生管理维度的管理育人。

三、不断扩大学生民主参与

培养大学生民主管理意识、促进个体自我完善是高校管理育人的重要内容。引导学生民主参与高校管理工作，不仅给予了大学生表达自己权益的机会，更维系了高校管理部门与大学生之间持续沟通与信任的关系。高校推进和扩大学生民主参与，需要不断健全民主参与制度建设和拓宽民主参与渠道，使大学生既有民主参与的机会，又有民主参与的能力。

（一）健全民主管理机制

民主管理制度建设及相应配套机制建设是大学生参与民主管理的重要前提。高校管理者要在制度上保障学生参与管理，使大学生有章可依、有序地参与民主管理与决策，并将自己的利益诉求融入法律法规和校纪校规中，从而既充分发挥学生民主管理和民主监督的作用，又不断增强他们的民主观念和民主参与意识。一方面高校要以扩大学生参与决策管理为目标，多部门协同设计和制定学生参与民主管理决策的制度和路径，如通过体验式民主参与的方式方法、畅通管理者与学生的交流表达渠道等，逐步建立起以学生为中心的学生参与民主管理的工作模式。另一方面高校要以提高学生参与民主管理的意识和能力为目标，加强学生参与民主管理决策知识技能的培养培训，特别是通过加强学生参与民主管理决策过程的教育引导，不断培育大学生参与民主管理决策所需要的思想素质、心理品质和公共责任精神。

（二）拓宽民主参与渠道

大学生民主观念的养成，不仅在于民主观念的引导与教育，更重要的是在民主实践过程中获取知识与经验。"个人的参与越是深入，他们就越具有参与能力。"① 因此，高校要加快构建和完善高效透明的学生民主管理体系，特别是要不断拓宽民主管理的渠道，使学生参与民主管理决策落到实处。一是畅通学生会组织的民主管理渠道。高校要加强各级学生会组织建设，健全学生代表大会制度，鼓励和支持学生组织、学生代表依据规范合理的程序反映学生群体的心愿，使学生会组织既能体现广大学生的意志、代表广大学生的利益，又能带领广大学生增强主人翁意识，以饱满的热情和高度的责任感广泛参与学校的民主管理活动，从而使学生以主动参与式管理替代被动式

① 董石桃：《寻求民主发展与公民参与的统一———一种参与式民主的进路》，《科学社会主义》2010 年第 3 期。

管理，不断激发内生的成长成才动力和活力。二是畅通学生代表参与涉及学生重大事项的管理决策渠道。在涉及学生的重大事项管理决策中，高校要广泛地收集和听取广大学生的意见或建议，通过学生代表座谈会、学生代表列席校长办公会、学生意见网络投票等多种途径，最大程度地提高学生的知晓度、参与度和获得感。三是畅通学校管理者与学生代表日常沟通协调渠道。高校领导及各职能部门、院系领导要通过建立定期或不定期的沟通机制，如组织开展"校长午餐会""校长接待日""职能部门负责人与学生面对面""领导干部联系班团"等活动，加强与学生的思想交流、情感沟通和信息互通。四是畅通学生网络民意表达渠道。高校要充分利用互联网平台，建立网络民意收集与反馈渠道，加大利用大数据采集和分析学生网络意见或建议的工作力度，使网络成为学生广泛参与民主管理的重要形式。

第十一章

不断深化服务育人

　　教育、管理、服务是高校教育教学最基本的三种形态，三者相互依托、相互渗透、相互促进，共同贯穿于高校人才培养的全过程。其中，服务相对于教育、管理来说更具基础性，既为教育提供重要保障，又为管理提供重要手段。高校以立德树人为根本任务，每一项工作都负有育人职责、具有育人功能，因而服务育人也是高校服务的内在要求和根本特征，其主要指高校将思想政治工作贯穿于各项服务工作之中，通过提供优质高效的服务，来满足、熏陶、感染学生的教育过程。2017年12月，中共教育部党组印发《实施纲要》，其中明确提出"构建服务育人质量提升体系""不断深化服务育人"等要求。新形势下加强和改进高校思想政治工作，其各方面工作的深入推进都离不开服务育人质量的提升。

第一节　不断深化高校服务育人的时代价值

　　强调服务育人，是由高校人才培养的根本职能属性决定的。从宏观上看，高校教育教学本身就是一个服务育人的过程，即通过高质量的人才培养来服务于党和国家事业发展对科学知识和人才的迫切需求。从微观上看，高校每一项工作也都是服务育人的过程，即通过为师生提供各种学习、工作和生活服务来满足人才培养的需要。强调不断深化服务育人，则是由高校服务育人的功能作用及其发挥现状决定的。一方面高校人才培养面临的新形势新情况新问题，对服务育人提出了更高的要求；另一方面当前高校服务育人中还存在许多与人才培养需求不适应的问题，需要切实采取措施予以加强和改进。

一、满足师生不断增长的美好校园生活需要

对于高校师生来说，大学校园是他们学习、工作和生活的基本环境，环境条件越好，就越有利于他们的发展。随着我国综合国力的日益提升，高校办学治校在硬件设施建设上投入越来越大、条件也越来越好，这就使得师生对校园学习、工作和生活的基础性服务不断地提出更高质量的需求。而满足这种需求，既需要高校不断提高服务水平来解决师生各种实际问题，又需要高校不断提高服务育人质量来增强师生的获得感、幸福感和安全感。

（一）以优质高效的基础性服务解决师生的实际问题

所谓基础性服务，是指高校师生在教育教学过程中不可缺少的基本条件保障和服务支持，如学习方面有图书文献服务、信息资源服务等，工作方面有教学保障服务、科研设施服务等，生活方面有饮食住宿服务、环境卫生服务、安全保卫服务、医疗健康服务等。高校不同管理服务部门在提供这些服务时，经常存在服务质量与师生需求之间的矛盾，一方面是仪器设备和管理工具等硬件设施相对陈旧与服务效率需要不断提高之间的矛盾，另一方面是管理者的管理方式方法与管理态度作风等表现不佳与师生较高期望值之间的矛盾。同时，在特定的时空环境内，这些矛盾有的表现为共性化问题，有的则表现为个性化问题。高校不断深化服务育人，有助于管理者进一步更新管理理念和增加管理成本投入。一方面，既加强了仪器设备和管理工具等硬件

设施的更新力度，加大新技术、新设备等使用力度等，以此不断提高服务效率及其对师生需求的满足度；又加强了管理者的素质能力提升，不断创新方式方法和改进服务工作作风，以不断提高师生的满意度。另一方面，既注重共性化问题的解决，又注重个性化问题的解决，从而将解决思想问题与解决具体问题相结合，实现在服务中促进育人的工作目标。

（二）以更高质量的服务提升师生校园生活获得感

高校师生对服务质量高低的判断，通常来自自身的服务体验感。也就是师生在接受服务的过程中，将当前的服务体验感与自身已有的服务体验感进行对比，当已有的服务体验感明显高于当前服务体验感时，则必然产生希望提高当前服务质量的需求。而高校师生已有的服务体验感，一方面来自他们对当前科学技术应用与发展现状的掌握，认为高校服务可以采取最新的管理工具、管理技术、管理方法等来增强体验性；另一方面来自他们对社会同类服务的高体验性的认同，以及对高校服务中曾经有过的一些好传统的眷念。随着人类科学技术的不断进步，高校师生作为对科学技术发展最为敏感的社会群体之一，他们对最新最先进的服务理念、服务内容、服务方式、服务环境等质量要素更为看重，从而对高校服务质量提升产生的期望值就更大。此外，高校师生对更高质量服务的需求，也源自他们对高校不同于其他社会组织所具有的特殊性的认识与认同，既表现为他们普遍期望高校各项服务的质量高于或不低于社会同类服务的质量，也表现为他们普遍期望高校各项服务在内容与形式上更加注重突出高校独有的传统要素、文化要素和教育要素等。高校不断深化服务育人，有助于管理者进一步把握师生对不断提高服务质量的需求特征，从而以更加现代化和专业化的服务不断提升师生的获得感。

二、增强治学办校的服务育人能力

高校治学办校是一个综合体系，涉及人才培养、科学研究、社会服务、文化传承与创新、国际文化交流与合作等各个方面，服务既贯穿于其中，对各项工作的完成起着基础性的保障作用；同时又相对独立，以具体的服务形式完成其承担的独特任务。当前高校全面深化综合改革，不断提高治学办校能力，必然对服务育人及其质量提升提出新的更高要求，即通过不断深化服务育人，来增强自身治学办校的综合服务能力。

（一）强化教育教学综合改革的服务支撑

当前高校教育教学综合改革正处在攻坚期和深水区。为防止改革的表层化、碎片化，增强师生的获得感，一方面需要高校系统推动内部治理结构、人才培养模式、科研体制机制、人事管理与评价制度等方面的综合改革，其中育人是核心任务、是价值导向，服务模式改革是基础保障、是重要内容；另一方面需要高校切实加强党的领导和思想政治工作，构建包括服务育人在内的"十大育人"质量提升体系，形成一体化育人格局。从这层意义上讲，深化教育教学综合改革，必须强化服务支撑，而强化服务支撑，必然提升教育教学的综合服务能力。一是以服务保障教育教学。高校教育教学过程体现着教育、管理、服务三者之间的有机统一，服务既是教育、管理的内容，体现着高校"以人为本"的办学理念和育人要求，如教育与管理、服务相结合，解决思想问题与解决具体问题相结合等；又是教育、管理的手段，体现着服务育人的目标与任务，如教育服务、教学服务、管理服务等。只有不断深化服务育人，才能有效协调教育者与被教育者、管理者与管理对象之间的和谐关系，从而确保教育教学秩序的稳定和校园的安定团结。二是以服务促进教书育人。高校教师的主要任务是教书育人，服务好广大教师的学习、工作和生活，就是服务好教书育人。只有以优质高效的服务，及时解决广大教师面临的各种具体问题，满足他们追求真、善、美的各种需求，才能促进他们以坚定的理想信念、优良的道德品质、健康的心理心态和良好的教风教态投入到教书育人之中去。三是以服务密切社会联系。高校教育教学的推进需要统筹政府、社会等各方面的力量，坚持自主办学和开放办学，既服务于社会，又不断地吸引社会资源和力量参与办学。在这种背景下，高校服务的社会化趋势正日益扩大，既有利于提高高校的服务能力和服务质量，又有利于高校服务走出校园，发挥服务和引领社会服务的作用。四是以服务激励学生成长成才。学习生活服务是大学生成长成才和健康生活的刚性需求，也是高校服务育人的主战场，良好的学习生活环境和个性化的学习生活服务，是对大学生成长成才最好的激励。不同高校虽然在历史传统、办学目标等方面有所不同，但在学习生活服务的提供上却有着共性的要求，因而可以说，学习生活服务质量的高低是评价一所大学办学治校水平高低的重要指标。

（二）拓宽人才培养模式改革的育人渠道

通常情况下，高校服务育人促进人才培养主要通过显性和隐性两种渠道实现，其中显性渠道主要是指高校通过为广大师生提供各种有形的服务，满足他们学习、工作和生活的不同需求，从而达到促进人才培养的目的；隐性渠道主要指高校通过渗透在服务者身上的服务意识、服务态度、工作作风等无形的服务，引导、感染和激励广大师生，从而起到促进人才培养的作用。当前高校以人才培养为中心全面深化教育教学综合改革，需要构建和完善"五育"并举的人才培养模式，而服务育人一方面既要在传统的显性和隐性两条渠道上继续发力，另一方面又要结合人才培养新要求，通过丰富内容、拓展功能、创新形式等，不断拓宽人才培养的服务育人渠道。一是在"德育"上增加服务育人的内容设计，将大学生参与各类校园服务活动情况纳入思想政治素质评价指标体系，同时将各类服务人员参与思想政治工作情况纳入其相应的岗位职责内容体系。二是在"智育"上加强服务素质技能培养，对一些大学生普遍缺乏的服务技术技能进行课程化改造，纳入学校专业培养课程教学体系；同时将组织大学生参与各类服务实践活动纳入课堂教学管理体系，计算服务类素质学分。三是在"体育"上增强服务育人能力，将加强校园体育设施的管理服务与各类公共体育活动服务等纳入学校体育建设体系，同时加强校园公共卫生服务，将提高大学生的身体素质与提高其生理、心理素质有机结合起来。四是在"劳育"上扩大服务育人形式，将组织大学生参加图书馆、实验室、学生食堂、学生宿舍等自我服务活动以及参加校园环境综合治理等，纳入学校劳动教育体系，统筹各类服务育人岗位设计、管理和考核。五是在"美育"上提高服务育人的美誉度，注重各类服务育人场所的格调设计、环境改造和氛围营造，并将之纳入学校美育建设体系，让广大学生在享受服务的过程中，充分感受环境美、文化美和服务美。

三、促进服务育人质量的整体提升

服务育人是高校服务工作的制度优势，体现在各级党委政府和高校历来十分重视服务育人工作上。教书育人、管理育人、服务育人作为一个有机整体，既是高校办学治校的基本理念，也是高校教育教学的基本形态；服务育人又是高校服务工作的实践优势，体现在长期以来高校服务人员为高校改革、发展和稳定作出的重大贡献上，涌现出一批又一批的服务育人先进典型集体和模范人物等。但与此同时，在经济市场化浪潮的推动下，特别是在20世纪90年代中后期高校实行后勤社会化改革以来，高校服务育人面临着经济效益与社会效益、服务能力与育人能力等之间的矛盾冲突。不断深化服务育人，有助于高校着力破解服务育人中存在的主要问题，不断促进服务育人质量的整体提升。

（一）破解社会化服务中的育人难题

当前高校社会化服务或服务社会化，主要表现为两个向度：一是一些社会企业进入大学校园，成为高校服务育人的新主体；二是高校中的一些服务，特别是后勤服务，正在向企业化模式发展转变。从现实情况看，社会化服务极大地提高了高校的服务能力，无论是在服务内容与形式上，还是在服务质量与效果上，都较之前有了很大的提升，也得到了广大师生的认可。但从服务育人深层次功能发挥的角度来分析，社会化服务正面临着如何育人的难题。一是育人导向明不明的问题。社会企业进校园，抑或是高校服务的企业化运作，不可避免地存在经济成本与育人成本、经济效益与育人效益之间的利益博弈。从高校的属性看，其本身属于公益性社会组织，而大学生又属于无经济收入的社会群体，这就决定着高校服务必须把公益性摆在首位，同时兼顾服务成本和合理回报。高校在强调服务的公益性或低价格时，不能只是片面地要求服务企业降低成本或减少收益，而要帮助他们合理地分担成本或减轻负担，从而使他们既有经济收益的基础，又有参与服务育人的动力。二是服务企业文化与大学校园文化育人合力强不强的问题。社会服务企业进校园，带来了先进的服务理念和特色的企业文化，一方面可以丰富高校校园文化的内涵与形式；另一方面这些企业文化能否对大学生起到正向的育人作用，需要其遵循校园文化建设的基本规律，不断地对自身加以改造和创新。高校在强调服务育人时，不能只是对校园本身具有的服务形式提要求，也要对新进入校园的社会化服务形式提要求，并加强二者之间的整体性规划和建设，使之形成强大的育人合力和增力。三是社会服务企业员工参与育人意愿高不高的问题。从法律关系来看，社会服务企业员工不属于高校教师队伍，其愿不愿意、能不能参与高校服务育人，既取决于高校和社会企业的共同要求及对他们的培养培训，同时也取决于他们自身的思想认同与行为认同。高校不断深化服务育人，不能忽略和忽视社会服务企业员工这支数量庞大的服务育人队伍，要将员工愿不愿意、能不能参与服务育人作为企业进入校园的先决条件，同时要将社会服务企业员工视作本校服务人员整体的组成部分，不断加强培养培训，从而切实发挥好这支队伍的主体作用。

（二）提升专业化服务中的育人价值

高校专业化服务或服务专业化，是高校各项服务工作都要致力实现的基本目标，其主要内容包括具有现代化的服务条件、规范的服务行为、精准的服务内容、高尚的服务精神等。从当前高校服务专业化的现状看，其为师生学习、工作、生活服务的能力与师生高层次的需求、与现代科技发展的最新水平、与社会同类服务的能力水平等相比还有较大差距，需要通过不断深化服务育人来予以提升，既不断提高服务的专业化，又在专业化服务中不断提升育人价值。一是以现代化的服务条件吸引学生。在当前社会服务体系相对发达的前提下，拥有现代化的服务设施、服务环境等条件是开展专业化服务的基础。高校师生选择服务的自由度增大，如果高校服务条件落后，不仅会逐渐流失服务对象，而且会增加师生对高校服务提供能力的诟病。二是以规范化的服务行为感染学生。高校服务人员的行为是否规范，直接关系到师生对服务行为是否接受与认可。服务行为的不规范，不仅常常导致服务者与服务对象之间直接产生矛盾冲突，而且直接消减服务育人的作用，有时甚至是产生负面作用。三是以精准化的服务内容满足学生。能否精准对接师生的需求，是高校专业化服务的关键，也是服务育人能否发挥作用的关键。在现代化的服务条件下，如果在服务内容上不能精准解决师生的具体问题，再规范的服务行为也显得毫无意义。四是以高尚的服务精神激励学生。高校服务人员不同于社会服务人员，应具有为人师表的精神和素质，特别是在专业化精神、职业化素养、人性化关怀等方面，更应充分体现高校教职员工应有的先进性和示范性。

第二节　不断深化高校服务育人的基本思路

随着高校教育教学综合改革的不断深化，高校服务的专业化水平必然会不断提升，将思想政治工作贯穿于高校服务专业化提升的全过程，就是不断深化服务育人的过程。《实施纲要》对构建高校服务育人质量体系提出了明确要求，对不断深化服务育人的主要任务也进行了明确规定。高校要以《实施纲要》为指导，结合具体校情，进一步确立工作目标、把握基本要求，在此基础上构建服务育人质量提升的长效机制。

一、不断深化服务育人的工作目标

高校提升服务育人质量，一方面要以提升服务质量为基础，以优质高效的服务满足学生成长成才的各种需求，不断提升他们的获得感、幸福感和安全感；另一方面要以提升育人质量为核心，坚持正确的育人导向，充分挖掘各项服务活动的育人元素，全面推进高校服务育人工作的深入开展。

（一）坚持服务育人的正确导向

从根本上讲，坚持服务育人的正确导向，就是将坚持正确的服务导向与坚持正确的育人导向高度统一起来，既在服务中体现育人的正确导向，又在育人中坚持服务的正确导向。具体地说，需要做到"四个相统一"。

一是服务的多样性与育人的政治性相统一。高校服务的基本功能是满足师生学习、工作和生活的多样性需要，因而服务在内容与形式上必然体现出多样性特征。而高校育人的首要任务是加强师生的思想政治引领和确保校园的政治安全，因而育人在内容与形式上必然体现政治性要求。强调服务的多样性与育人的政治性相统一，就是强调服务的"多样性"不是"无限"和"无底线"的，而是建立在符合育人政治性基础上的"多样性"。近年来，一些高校在文献资料、信息资源等服务提供上，缺乏严格的审查机制，导致一些宣扬资本主义意识形态和腐朽没落思想的书籍、网络信息等流进校园，对高校宣传思想工作造成了一定程度的威胁。

二是服务的专业性与育人的思想性相统一。高校专业性的服务既以有形的物质形式满足师生感官上的需求，又以无形的精神形式满足师生思想和心理上的需求。将服务的专业性与育人的思想性相统一，就是强调在高校专业化服务中渗透思想理论教育，通过服务理念、服务活动、服务环境以及服务者等要素，扩大党的创新理论在校园的传播，使培育和践行社会主义核心价值观成为服务者与服务对象共同的行为遵守。在现实生活中，一些大学校园内的商业店铺，在店名设计、广告策划、推销宣传等活动中，出现过有意曲解或故意歪用党的理论和政策等内容的情况，在师生中造成了不良影响。

三是服务的公益性与育人的教育性相统一。高校服务具有公益性属性，决定着其以向师生提供低价格或者免费服务为主，在这种政策要求下，一些高校出于经济成本的考虑，只满足于向师生提供形式最基本、内容最简单的保障服务，不可避免地存在服务设备设施不全不齐、陈旧老化等问题；同时有些高校出于节约人力资本的考虑，所提供的公共服务在服务时间、服务环境、服务效率等方面与师生的需求对接不够，如一些高校存在图书馆开放时间过短、学生住宿条件过于简陋、服务人员队伍素质参差不齐等问题。强调服务的公益性与育人的教育性相统一，就是强调高校服务必须尊重教育规律、满足教育需求、体现教育要求的"公益性"，而不是片面地不追求经济效益的"公益性"。当然，在市场主义逐利思想的影响下，少数高校存在以所谓市场化服务获取不当利润的现象，这与服务育人所倡导的公益性和教育性导向是完全相悖的。

四是服务的技术性与育人的文化性相统一。高校的许多服务工作技术含量高，对服务工具、服务环境、服务人员等的技术性要求也很高。强调服务的技术性，体现着高校对现代科技发展最新成果的运用意识和能力，也为师生在感受和体验技术性服务中提高现代化科技素养创造了条件。同时，高校文化建设起着重要的育人作用，将服务的技术性与育人的文化性相统一，就可以建设服务育人的技术文化或者说技术服务的育人文化，从而既扩大服务中的技术运用，又推动技术服务文化在增强师生新技术理念、新技术知识、新技术能力等方面作用的发挥。近年来，一些高校加大对网络信息技术和人工智能技术等的应用力度，开发制造了许多自助式服务产品，从而使一些传统的服务工作由以人为基础的服务方式向以机器设备为基础的服务方式转变，既极大地提高了服务效率，也产生了校园自助服务文化这一新的文化育人形式。

（二）充分挖掘和利用服务过程的育人元素

不断深化服务育人，就是要实现将每一项服务工作都转变成育人工作，将每一项服务的活动过程都提升成育人过程。从高校服务育人工作的存续特点看，这是一个长期的形成与发展过程，既有对过去传统优势进行继承与弘扬的任务，也有在新形势下根据育人要求进行不断创新与发展的任务。继承和弘扬传统服务育人优势，就是充分挖掘和利用在服务育人活动中已经凸显出来的育人元素；创新与发展服务育人新优势，就是充分挖掘和利用服务育人活动中潜在、可能的育人元素。只有将这两个方面充分结合起来协调推进，才能充分激活服务育人质量提升的内生活力。

一是以育人理念提升服务理念。"以生为本"是高校育人的基本理念，也是高校服务的基本理念，主要要求高校育人工作和服务工作都要始终围绕学生、关照学生、服务学生，做到在关心人、帮助人、满足人中教育人、引导人，从而实现服务与育人在理念上的高度统一。但在实际工作中，由于不同服务工作的任务不同、要求不同等，导致服务理念在凝炼和表述上的不同，特别是存在育人理念体现不够的问题。如一些高校将"效率、成本、速度""师生至上、服务第一"等作为后勤服务的核心理念，虽然体现了后勤服务工作的特点与要求，但对育人理念突出不明显，如果在"效率、成本、速度"表述上再增加"育人"、在"师生至上、服务第一"表述上再加上"育人为本"等，则服务育人的理念特色就可以得以充分彰显和广泛宣传。

二是将育人目标融入服务内容。高校育人的根本目标是培养德智体美劳全面发展的社会主义建设者和接班人，其内涵十分丰富。在各项服务活动中体现和实现育人目标，需要根据不同服务活动的具体特点和任务内容对育人目标进行细化落实，不能过于笼统和宽泛。如在饮食服务内容中，既要以"优质、便利、实惠"的服务满足师生对饮食的基本要求，也要广泛开展以"健康、节约、和谐"等为主题的饮食文化建设，从而将饮食服务与健康知识教育、理性消费教育、公共道德教育等有机结合起来；在图书文献服务内容中，既要以"丰富、新颖、便捷"的服务满足师生对查阅图书文献资料的需要，也要广泛开展以"学术诚信、自由探索、自主学习"等为主题的校风学风建设，从而将图书文献服务与诚信教育、科学精神培育、学习能力培养等有机结合起来。

三是将服务场所打造成育人环境。从某种程度上说，人是环境的产物，环境对人的影响极其巨大，苏联著名教育家苏霍姆林斯基的"要让墙壁说话"理论，美国著名教育学家劳伦斯提出的"教育生态学"理论，华中科技大学涂又光教授提出的"泡菜"理论，都很充分地说明了环境对人的巨大影响。高校的图书馆、学生食堂、学生宿舍以及校园环境等，都是服务育人的场所，对满足学生基本的学习生活需要发挥着保障作用。将这些服务场所打造成育人环境，需要高校进一步加强服务场所的软硬件条件建设，既从感官上给师生以美的享受，又从语言、行为、习惯等方面加强对学生的教育引导，从而达到以优美的环境、赏心的氛围等来感染人、熏陶人、教育人的效果。

四是将服务者引导成育人者。高校习惯上将教职员工分成教学人员、行政人员和服务人员三大类。其中教学人员即教师，承担着课堂教育教学的任务；行政人员即各类党务行政管理干部，承担着日常运行管理与思想政治工作等任务；服务人员即从事各类保障性管理与服务的工作人员。相对来说，高校对教学人员、行政人员的育人职责规定较为明确、考核也较为严格，但对服务人员的育人职责规定大多停留在规范服务行为的层面，对其育人作用的发挥以倡导和鼓励为主，规范管理不够，条件保障也提供不足。将服务者引导成育人者，需要高校对服务人员高度信任，给予他们与教学人员、行政人员平等的待遇，加强思想政治素养和育人能力的培养培训，将其参与育人情况及成效纳入个人职责考核评价的内容体系，从而不断提高服务人员参与育人的主动性和积极性。

五是将服务对象教育成服务者。大学生是高校服务的主要对象，将其教育成服务者，一方面要引导他们积极地参与到学校各项服务工作之中，既以助管、助教、助研等形式，协助高校服务人员做好各类服务工作；又以组建各类民主管理组织、志愿服务组织等形式，对校园内涉及学生的各项服务工作进行自主管理和自主服务。另一方面要引导他们积极地参与校外志愿服务与社会实践活动，使他们能够结合自身的兴趣特点和专业特长，在为社会提供力所能及的服务中，不断增强为人民服务的意识和能力。将服务对象教育成服务者，体现着高校服务育人的高度自觉，也是不断深化服务育人的最终价值体现。

二、不断深化服务育人的基本要求

高校不断深化服务育人，要根据《实施纲要》中对构建一体化育人体系提出的任务要求，同时根据服务育人自身的特点与需求，紧密结合高校教育教学综合改革的实际，在加强教育管理、解决具体问题和优化校园基础服务中坚持服务育人。

（一）在加强教育管理中坚持服务育人

高校服务与教育管理本身就是一个密不可分的整体，一方面教育管理对服务提出需求，并将其承担的育人任务向服务进行拓展和深化；另一方面服务对教育管理提出需求，并通过教育管理来完成其承担的服务育人任务。在加强教育管理中坚持服务育人，既是增强教育管理实效性的需要，解决教育管理停留在理论或口头层面、得不到落实的问题；又是提高服务育人质量的需要，解决服务无序化、无效性的问题。一是要以教育管理引导师生的服务需求。当前，高校服务在能力水平上整体落后于社会专业化的服务，与师生心理期望值之间也有很大的落差，同时，不同高校之间在服务质量上的差异性也在不断增大。如何正确看待这些问题，需要高校切实加强对师生的教育管理，使他们能够客观看待服务中的差距和差异，能够辩证地分析其中的客观因素与主观原因，而不是狭隘地站在"消费者"的立场来看待高校服务，片面地追求"缴费上学"与"享受服务"之间的对等性，从而能够进一步增强主人翁意识，增进对高校深化服务改革中面临的客观困难的理解，以理性平和的心理心态接受和对待各类服务。二是以教育管理满足师生的服务需求。高校通过对教育管理的内容丰富、功能拓展和形式创新等途径，将师生的一部分服务需求在教育管理的过程中予以满足，从而有效减轻只有通过与服务者直接接触才能完成的服务压力。如一些高校通过开发各类手机应用APP，实现学生随时随地移动式办理多种服务业务，从而使服务由传统的高接触性转变成低接触性，进一步打破时空、人员等限制，实现信息化管理与服务的一体化。三是以教育管理提升师生的服务需求。由于服务主体之间、客体之间以及主客体之间都存在认识和体验上的差异性，不可避免地导致高校服务的异质性，即不同师生对同一项服务活动的体验感不同。对服务异质性的理解不同，必然导致服务过程中出现一些不和谐的现象。而解决对服务异质性的理解不同问题，既需要进一步加强高校各项服务活动的标准化建设，使之在服务质量标准上尽可能地减少差异性；同时也需要加强对师生的教育管理，使他们能够以社会主义核心价值观为统领，以建设校园和谐、高尚的精神文化为目标，不断提升自身服务需求的价值性和理性，从而有效避免由于服务异质化可能带来的认识分歧与矛盾冲突。

（二）在解决具体问题中坚持服务育人

高校以各种服务满足师生的不同需求，其本身就是一个解决具体问题的过程，强调在服务中将解决具体问题与解决思想问题相结合，则是构建服务育人的价值所在。现实工作中，一些高校存在只讲服务形式、不讲服务效果的倾向，既不能真正解决师生的具体问题，又加深了师生对学校的不满情绪；不仅没有起到服务育人的功效，而且产生了思想政治工作的消解或抵抗因素等。在解决具体问题中坚持服务育人，要求高校针对具体问题在"如何解决"上下功夫，既解决问题本身，又解决隐藏在具体问题之中的师生思想认识问题。一是解决共性化服务问题与解决个性化服务问题相结合。高校既要重视解决一些师生普遍反映、要求迫切的共性化服务问题，建立快速反应机制，并将共性化问题的解决与学校的综合改革相对接，力求从体制机制上彻底解决问题；又要重视解决师生的一些个性化服务问题，在政策、条件允许的情况下，把解决个性化服务问题作为提升服务质量的突破点，使个性化服务成为服务育人的亮点。二是解决常规性服务问题与解决临时性服务问题相结合。高校各项服务工作既要讲规范、讲程序、讲标准，努力加强常规性、常态化建设；同时也要因地、因事、因人制宜，对师生中一些临时性、突发性的服务需求，要设计好解决的通道，不能以时间、空间、程序等为由漠视师生的临时性、突发性服务需求。三是解决职责范围内服务问题与解决职责范围外服务问题相结合。高校贯彻"以生为本"的理念，需要尽力帮助师生解决一切合理的服务需求，并将解决这些需求纳入相应服务部门的职责范围。但由于职责界定具有一定的滞后性和不科学性，导致师生的一些在职责范围外的服务需求，被不同的服务部门推来推去，无法得到落实，这就需要高校强化服务部门的超前服务意识，将满足师生合理的、职责范围外的服务需求作为一种精神予以倡导、作为一种能力予以肯定。

（三）在优化校园基础服务中坚持服务育人

高校校园基础服务关系到每一个师生的切身利益，是各项服务中能够直接提升或降低师生获得感、幸福感和安全感的高影响因子。同时，校园基础服务也是最直接体现高校治学办校综合能力、维护校园和谐稳定的一个重要环节。在优化校园基础服务中坚持服务育人，就是要求高校把握师生成长发展需要，提供靶向服务，增强供给能力，在提供优质服务中增进思想育人、情感育人和环境育人。

一是统筹形成物质服务与精神服务的育人合力。这里所说的物质服务，主要指校园基础服务设施建设及其服务提供；精神服务主要指渗透在服务活动之中的大学精神和大学文化及其服务提供。物质服务是精神服务的基础，没有好的物质服务，再好的精神服务也不可能落实、不可能长久；精神服务是物质服务育人价值的体现，有了好的物质服务，必须有好的精神服务与之相适应，否则就起不到服务育人的作用。当前一些高校存在物质服务与精神服务不平衡现象，如有的高校"重物质服务提供、轻精神服务提供"，有的高校则"重精神服务提供、轻物质服务提供"等，这些不平衡问题形成不了服务育人的合力。

二是统筹形成连续性服务与阶段性服务的育人合力。大学生的校园生活具有明显的阶段性特征，不同的时间阶段有着不同的关注重点，因而也就有着不同的服务需求特点。适应大学生这种服务需求变化的特点，高校要注重将连续性服务与阶段性服务相结合，对于大学生持续性的服务需求加强日常服务机制建设，从机构设置、队伍建设、条件保障等方面不断推进持续性服务的规范化和专业化建设；对于大学生阶段性的服务需求加强非日常服务机制建设，从定期、定点、定形式等方面不断推进阶段性服务的集成化与集约化建设，如许多高校针对新生入学和毕业生离校，分别提出新生报到"一站式"服务和毕业生离校"直通车"服务，形成跨部门、集中式提供阶段性服务的模式。

三是统筹形成有偿服务与无偿服务的育人合力。虽然高校服务分成有偿服务与无偿服务，但在育人要求上，二者是完全一样的。一些大学生错误地认为既然是收费服务，就不存在育不育人的问题，从而在收费服务活动中出现不尊重服务人员、不遵守服务规则等不良倾向。高校统筹形成有偿服务与无偿服务的育人合力，需要对有偿服务的收费依据、成本核算、标准制定等过程加强公示宣传，主动接受师生监督，从而引导师生理解和接受收费服务，将之在遵守育人要求上与无偿服务一样对待。在无偿服务方面，更应注重育人，不能认为既然是无偿的，就可以降低服务标准或减少服务内容。

四是统筹形成直接性服务与间接性服务的育人合力。高校直接性服务是指由高校服务部门或人员直接向师生提供的服务，间接性服务是指由高校委托或引进社会企业机构为师生提供的服务。受高校管理服务成本所限及社会服务质量更高等因素影响，许多高校将一些服务工作通过招投标等方式引入社会企业代为提供，虽然在很大程度上减轻了高校的服务压力，但是也存在育人任务难以落实的困境。高校统筹形成直接服务与间接服务的育人合力，既要解决直接服务育人中的服务效率与效益问题，也要解决间接服务育人中的育人职责落实和质量提升问题。

三、构建不断深化服务育人的长效机制

高校服务育人是一项长期的、常抓常新的工作，不断提高服务的体验性和教育性，需要构建长效机制，一方面全面梳理各项服务工作、各个服务岗位、各位服务者等所承担的育人职责，使之能够在服务工作的具体要求中得以体现和落实；另一方面切实发挥全体服务人员的工作主动性和创造性，使他们能够不断创新服务育人的方式方法，促进各项服务育人活动的蓬勃开展。

（一）建立健全服务育人工作机制

高校服务育人既渗透于各项教育管理活动之中，又具有相对独立的呈现形态。同时不同的呈现形态之间既体现育人的整体性要求，又根据服务内容与形式的不同，在育人的具体要求与组织实施上体现出不同的特点。因此，高校要针对不同服务育人的内容与要求，加强科学设计与整体推进，不断建立健全高效协调的工作机制，促进良好服务育人生态的形成。一是落实服务育人责任。高校要认真总结服务育人的工作经验，对接新形势下服务育人的新要求，全面梳理和明确各类服务岗位的育人职责，将之与各岗位人员的聘用、培训、考核等相挂钩，使育人职责真正内化成各项服务工作的本职任务。二是构建服务育人制度管理体系。高校要结合具体的服务育人目标与要求，建立健全各项服务育人管理制度，不断规范各项服务流程和标准，制定和实施育人规划和推进方案，使服务育人实现规范化、科学化管理。三是畅

通服务育人过程监督渠道。高校要加大服务育人的宣传力度，对一些高接触性的服务育人岗位实施育人目标公开、服务流程公开、育人职责公开等，主动接受广大师生的监督。四是完善服务育人评价考核机制。高校既要加强服务育人机构、队伍的内部考核，也要让师生广泛参与评价考核，将服务育人活动的知晓度、参与度、满意度等作为重要的考核指标。五是条件保障机制建设。高校要切实从经费投入、机构设置、队伍建设等方面加大服务育人的条件保障力度，使之无论是从服务设施建设的标准上，还是从服务文化建设的高度上，都体现出高校鲜明的育人特色优势。

（二）不断推动服务育人方式方法创新

随着高校服务现代化管理水平的不断提高，特别是现代信息技术的普及性应用，高校各项服务工作在理念、内容及形式上均发生着深刻的变革，对创新服务育人的方式方法既提出迫切需求，也提供了可能。一是要深入开展服务育人主题教育活动。高校要结合各项服务的宣传推广工作，深入开展服务育人主题教育活动，一方面扩大对服务育人理念的宣传教育，不断增强广大服务人员和师生的服务育人意识；另一方面加强组织以大学生素质拓展为主要内容的服务育人主题教育活动，使参与各类服务活动成为培养大学生综合素质的重要渠道。二是加强服务育人课程化建设。高校要充分挖掘服务育人的优势资源，与劳动课、美育课、实践课等进行对接，开发一些富有特色的服务类素质课程，既丰富教学课程体系，又提升服务育人的理论化建设。三是加强现代信息技术的创新应用。高校要顺应大学生学习生活方式的变化及节奏，充分利用网络及大数据等现代信息技术，搭建好网络信息共享及移动应用服务平台，为师生提供精准服务，增强网络服务的交互性和体验性。四是培育一批服务育人示范项目。高校要在加强校园基础服务建设中，有重点地培育一批服务育人特色育人岗位、精品育人活动、示范育人项目等，形成服务育人的先进做法和典型经验，并发挥好他们的骨干作用、桥梁作用和带动作用，从而充分展示服务育人的传承性、特色性、持续性、时效性等优势作用。

第三节　不断优化高校服务育人的关键环节

当前高校提升服务育人质量，需要着重解决三个关键环节：一是要着重解决"用什么来育人"的问题，即强化和优化校园现代化服务体系，用高质量的服务来育人。二是要着重解决"如何育人"的问题，即建立服务育人建设标准，通过建立健全各项服务育人的工作标准尤其是服务育人的评价标准等，规范和引导服务育人工作的不断深化。三是要着重解决"谁来育人"的问题，即加强服务人员队伍建设，努力提高他们的育人素质和能力。

一、构建现代化的高校服务育人体系

与现代化大学治理体系构建相适应，高校要着力构建现代化的服务育人体系。一方面以着力建设现代化的服务体系为基础，有效融入现代化的育人理念与内容，使现代化服务体系提升为现代化服务育人体系；另一方面要充分发挥现代化管理服务的优势，不断创新服务育人的工作模式。

（一）完善校园服务育人的内容体系

高校不断深化服务育人，关键在于加强和促进服务育人的内涵建设，既使服务的内容得以丰富，也使育人的内涵得以彰显。从当前高校服务育人的工作重点来看，应着重完善以下几个方面的内容体系。一是完善图书文献资源服务育人体系。高校要精准对接教学科研需要，加快建设具有现代化气息的图书文献资源服务体系。一方面丰富内容供给，为学生提供便捷、温馨的服务，满足学生个性化、定制化的需求；另一方面从学生的爱好和兴趣入手，加强图书馆、资料室、计算机房等场所的育人文化建设，组织更多的学生积极参与到图书文献资源服务工作之中，不断增强学生的体验性。二是完善校园生活后勤服务育人体系。高校既要加强校园硬件环境建设，认真做好校园规划，在基础设施建设中融入现代化元素，保护好青山绿水，打造美丽校园、节能校园和智慧校园；又要加强校园人文环境建设，在校园生活的各种后勤保障服务中融入人文关怀，打造爱心校园、人文校园和文化校园。三是完善校园健康卫生服务育人体系。高校要加强校园医疗卫生服务育人体系建设，在为师生提供专业化的医疗救治服务的基础上，大力加强健康卫生知识教育，既要认真制定和实施健康教育教学计划，让大学生都走进健康教育课堂，了解关于健康的知识；同时也要积极开展传染病预防、安全应急与急救等各种专题的健康教育活动，通过大学生喜闻乐见、广泛参与的活动形式，深入宣传各种健康卫生知识，着力培养大学生公共卫生意识和卫生行为习惯。四是完善校园安全保卫服务育人体系。高校一方面要构筑校园立体化安全防控体系，即稳固传统的人防、物防、技防综合服务体系，形成多层次、多维度、全覆盖的安全防范架构；另一方面要构建校园安全教育体系，常敲校园安全警钟，广泛开展安全知识主题教育活动，让安全意识、安全观念深入师生心中。

（二）构建校园服务育人的创新模式

高校提升校园服务育人质量，要贴近师生的学习、工作和生活实际，充分运用现代科技优势，着力打造集专业化、集约化、网络化、智能化等特点于一体的服务体系，从而不断创新服务育人的工作模式。一是构建"一站式"服务育人模式。高校通过建设"一站式"学生事务或学校事务办事大厅，将有关职能部门组织起来进行集中办公，为师生提供"一站式"事务服务。在此基础上，高校将涉及学生教育的有关政策规定、教育内容、服务信息等渗透于"一站式"服务之中，使学生在办理各种事务中有针对性地接受教育引导，从而实现"一站式"教育的效果。二是构建学生社区服务育人模式。高校将涉及学生的事务服务延伸至学生宿舍，建设以楼栋为单位的学生社区服务站，使学生足不出宿舍就可以办理所需事务。同时学生社区服务站与学生宿舍自我服务组织进行功能整合，进一步形成学生自我教育、自我管理、自我服务的服务育人模式。三是构建学生网络空间服务育人模式。高校建设统一的网络学生事务服务空间，将各种涉及学生的事务服务进行流程再造，既打破服务主体的界限，根据学生需求进行服务功能的集成，实现"一键式"服务、"一张表"服务等；又打破资源供给的界限，根据服务需求进行资源利用的集成，实现自主查询、下载和打印等服务。四是构建校园智慧型服务育人模式。高校加强校园网络信息综合管理平台建设，对涉及师生的服务资源信息进行大数据收集、贮存、管理、分析和利用，形成师生大数据服务的手机查询、移动推送、网络交互等智慧型服务系统，增强服务育人的主动性、及时性，从而不断促进服务育人工作从被动到主动、从有限经验到大数据系统分析决策、从发挥单一保障功能到充分挖掘育人功能的转变。

二、推动高校服务育人的标准化建设

随着高校服务育人的日益规范化，标准化建设成为激励和约束服务人员的重要驱动力。从内涵上看，"标准化主要是对科学、技术与经济领域内重复应用的问题给予解决办法的活动，其目的在于获得最佳秩序"①。而高校服务育人的标准化，就是指建立在服务标准化建设基础上育人过程的具体化和可衡量化。当前高校许多服务工作都制定有明确的标准，但在服务育人标准建设上都普遍存在不足。

（一）建设服务育人的质量标准

服务育人的质量标准必须建立在服务的质量标准之上，如果服务的质量

---

① 胡税根、徐元帅：《中国政府公共服务标准化建设的价值研究》，《甘肃行政学院学报》2009 年第 5 期。

得不到有效评价，则服务育人的质量也就无从评价。当前高校各项服务工作的质量标准要突出四个方面的特点：一是精细管理。即注重服务过程的精致化、精细化管理，从细节、细微之处关照学生的特点与需求，以严谨的管理实现精细化的服务。二是精准服务。即注重服务内容的供给与学生的需求精准对接，使每一个学生合理的不同需要都能够得到满足，以服务的准确率提升服务的满意度。三是优质高效。即注重服务过程的效率与服务结果的质量相统一，使服务的体验性和获得感增强。四是人文关怀。即将服务的普遍性要求与个性化要求相结合，注重对服务对象的心理关照、情绪安抚及个性化问题解决，从而提高学生的心理满足度。

高校要在准确把握服务质量标准的基础上，将育人的目标与要求有效地融入服务质量标准，从而形成科学的、具有可操作性的服务育人质量标准。一是突出育人理念的鲜明性。即高校各项服务活动要坚持鲜明的育人导向，将育人理念在服务理念、服务宗旨、服务口号等宣传中凸显出来，以此鼓励服务人员自觉遵守与践行。二是突出育人行为的规范性。即将规范服务人员的职业行为与育人行为相统一，在职业行为管理中突出对育人行为的监督与考核，对"只服务、不育人"的行为要加以督促改正等。三是突出育人过程的互动性。即教育引导服务人员在服务过程中，通过加强与学生的言行举止互动来教育学生、引导学生、帮助学生。四是突出育人环境的和谐性。即注重加强服务育人的人文环境建设，形成与优美服务环境相一致的和谐人际关系。五是突出育人结果的实效性。即注重服务对象的体验感和获得感，促进学生健康、理性、文明心理心态的养成和健全人格的塑造等。

（二）完善服务育人的评价体系

科学评价是高校服务育人标准化建设的关键推动环节。其中，服务育人职责评价是对服务育人岗位职责的明确性、准确性等的判断，是一切服务育人质量评价工作的前提；服务育人过程评价是对服务育人过程要素挖掘与利用的充分性、准确性等的判断，是服务育人质量评价工作的重要部分；服务育人成效评价是对服务育人工作结果有效性、价值性等的判断，是服务育人质量评价的落脚点。高校要围绕岗位职责评价、过程评价、成效评价等，不断构建和完善科学化的评价体系，对服务育人各环节进行定性、定量的分析和客观评价。一是完善服务育人质量评价指标体系。高校要结合不同服务形式的服务标准和育人职责，制定可评价、可操作的指标体系，既体现党和国家制定的相关政策规定，也符合高校自身的实际情况。二是完善服务育人质量评价的制度体系。高校要根据不同形式服务的特点，制定与服务过程相契合的质量评价规章制度，使质量评价贯穿岗位职责设计、服务过程监管、服务结果考核等全过程，形成以评促改、以评促建的科学机制。三是完善服务育人质量评价的方法体系。高校可根据具体的服务形式，制定或规定相应不同的质量评价方式，如对现场服务可实行即时评价，对非现场服务可实行网络评价，对长期性服务可实行校友评价，对综合性服务可实行第三方评价等。

三、不断增强高校服务人员的育人能力

高校不断深化服务育人，加强服务人员队伍建设是最基础也是最关键的环节之一。当前，高校服务人员队伍普遍存在三个方面的问题：一是人员数量严重不足，缺乏必要的专业技术人员；二是队伍结构不够合理，大多数服务人员的文化程度普遍较低；三是队伍不够稳定，育人凝聚力和活力不足。高校要正视和重视这些问题，切实加强服务人员队伍的专业化建设，不断提升他们的服务育人能力。

（一）加强服务队伍的整体性建设

服务人员是高校教职工队伍的重要组成部分，在社会化服务不断涌进校园的背景下，这支队伍在数量和结构上发生着重大变化，如在编服务人员大幅减少、非编服务人员大幅增加，在编服务人员发展通道不畅、流失较快

等。因此，高校要针对服务队伍建设中存在的现实问题，结合服务育人工作的具体要求，从四个方面加强服务队伍的整体性建设。一是统筹教学人员、行政人员、服务人员"三支队伍"建设。当前许多高校普遍面临着编制紧张与教学人员缺乏等矛盾，因而无暇顾及服务人员队伍建设。高校既要从服务育人的特殊性角度，正确看待服务人员队伍建设的必要性；又要从国家有关高校人员编制设定的政策性角度，正确对待合理配置一定数量服务人员的重要性，从而按数量适中、结构合理、素质优化等要求加强服务人员的配置。二是统筹推进服务业务培训与育人能力培训。高校一方面要通过岗前培训与日常培训等多种方式，加强服务人员的服务意识、服务态度、服务礼仪、服务规范、服务流程等的教育；另一方面要紧密结合不同形式服务的业务培训活动，将提升服务人员思想政治素质和育人能力作为重要培训内容，加强对服务人员的育人意识、育人观念、育人政策、育人内容、育人方法等的培养培训，形成高校服务人员的业务能力培训与育人能力培训并举的"双能力培训"特色。三是统筹在编服务人员和非编服务人员的培养培训。当前高校虽然对正式在编服务人员的培养培训很重视，但对在校园内从事服务工作的非编服务人员（包括社会服务企业员工）的培养培训相对不够，导致一些服务领域出现育人的薄弱环节甚至是空白地带。高校要进一步完善有关服务人员队伍的规章制度建设，统筹协调在编服务人员与非编服务人员参与服务育人的机制途径，使之既合乎规范，又形成合力。

（二）培养服务人员的育人典型

长期以来，高校服务人员队伍中，涌现出许多爱岗敬业、爱心助学、爱生如子等先进典型，这既证明了服务育人这一高校传统的育人优势具有强大的生命力，也彰显了进一步深化服务育人的时代价值。榜样的力量是无穷的，毛泽东同志曾强调，"典型是一种政治力量"①。习近平总书记也明确指

---

① 萧诗美：《毛泽东智慧》，人民出版社 2013 年版，第 119 页。

出："在党的群众路线教育实践活动中，要学习先进典型，学习身边榜样，不断发扬光大他们的宝贵精神和人格风范。"① 高校应高度重视服务育人先进典型集体和个人的选树与培养，并充分发挥他们"传、帮、带、教"的重要作用。一是充分发挥高校服务部门党组织的领导作用。高校要根据服务岗位、服务形式等的新特点，不断创新基层党组织建设，加强党组织对服务育人工作的领导，充分发挥好服务人员中的党员干部的模范带头作用。二是充分发挥高校服务育人中的能人带动作用。高校既要善于培养服务行业的"技术能人"，也要善于在"技术能人"中培养"育人能手"，并将这些"育人能手"放在服务育人的关键岗位，发挥他们的能人带动和示范作用。三是积极开展服务育人先进典型选树和推广活动。高校要通过定期开展先进集体、优秀个人、文明岗位等评选活动，认真总结服务育人中的典型经验、感人事迹等，并通过多种形式加大宣传推广力度，形成深厚的服务育人文化氛围，使服务育人文化成为校园先进文化的一抹亮丽色彩。

---

① 《习近平春节前夕赴内蒙古调研看望慰问各族干部群众　向全国各族人民致以新春祝福》，《人民日报》2014 年 1 月 30 日。

| 第十二章 |

全面推进资助育人

资助育人是指将思想政治工作贯穿于学生经济资助工作全过程，在帮助学生解决经济困难问题的同时解决思想问题，从而促进他们全面发展的教育活动。加强对经济困难大学生进行多种方式的经济资助和思想政治教育，是我国高校思想政治工作的重要内容。2017 年 12 月，中共教育部党组印发《实施纲要》，明确提出"构建资助育人质量提升体系""全面推进资助育人"等要求。高校落实好这些要求，必须进一步健全资助育人工作体系和加大资助育人工作力度，将"经济帮困"与"思想解困"相结合，切实促进每一位经济困难学生健康成长成才。

第一节　全面推进高校资助育人的时代价值

大学生经济困难问题是社会中家庭经济贫困问题在高校中的映射，是一个让家长揪心、高校担心、学生忧心的带有普遍性的社会问题。而大学生经济困难问题一方面表现为经济上的困难，另一方面表现为由于经济困难带来的各种思想观念、生理心理、素质能力等方面的问题。改革开放以来，随着高等教育成本分担政策的实施，国家通过建立健全"奖、贷、助、勤、补、免"多元经济资助体系，基本实现了"不让一个大学生因家庭经济困难而失学"的工作目标。但与此同时，由于社会意识的多元、个人成长环境的复杂、思想道德和心理教育的不适等多种因素交织交错，导致一些经济困难大学生出现各种思想行为偏差和心理问题，从而使加强和改进经济困难大学生思想政治教育的重要性和紧迫性日益凸显。

一、让经济困难大学生享受公平而有质量的教育

办好让人民满意的教育，让人民获得更加公平和更高质量的教育，是我国优先发展教育的战略目标。对于高校而言，让每一个大学生享受公平而有质量的教育是自身的使命和任务。高校全面推进资助育人，就是要通过加强思想政治引领、经济困难帮扶、素质能力提升等多种措施促进经济困难大学生的全面成长，使他们获得公平而有质量的大学生活。

（一）更加充分地体现社会的教育公平

教育公平是社会公平的基础，高校促进教育公平体现在为经济困难大学生提供公平的学习机会。经济困难大学生问题由来已久，并且还将在一段时间内长期存在，这是因为家庭经济低收入与高等教育成本分担之间的矛盾难以在短时间内得到根本性解决。一方面，我国经济收入和社会发展的制度结构和空间结构的完善是一个需要较长时间才能完成的过程，社会收入不平等和家庭收入贫困或贫穷现象直接导致经济困难大学生问题在一段时期内的持续产生与存在。据每日财经网报道，我国最新家庭收入人口分布情况是：家庭年收入超过 3 万元但不超过 8 万元为贫困家庭，人口比例为 38.98%；家庭年收入不超过 3 万元为贫穷家庭，人口比例为 0.02%。[①] 另一方面，自我

---

① 《2018 年家庭收入等级划分　2018 年中国小康家庭标准一览》，2018 年 1 月 12 日，https：//www.mrcjcn.com/mip/n/254734.html。

国高等教育 20 世纪 80 年代中后期之后逐步实行高等教育成本分担机制以来，缴费上大学使经济困难大学生问题日益突出。到 2004 年，全国高校贫困生比例就达到 20% 左右，其中特困生比例约为 5%—10%①。党的十八大以来，我国进一步完善国家、地方和高校专项计划招生政策，形成保障农村和贫困地区学生上重点高校的长效机制，使来自农村和贫困地区的大学生人数持续增加。数据显示，2015 年农村户籍大学生招生占比超过 60%②，这就意味着高校经济困难大学生的人数比例仍然在不断增长。高校全面推进资助育人，就是要进一步完善在高等教育实行成本分担政策下的社会教育救济制度，既要实现"不让一个大学生因家庭经济困难而失学"的教育公平目标，也要努力实现"不让一个家庭因学致贫、因学返贫"的社会公平目标，从而彰显社会主义制度的优越性和社会主义大学在服务国家打赢脱贫攻坚战、促进社会公平正义中应有的历史使命和责任担当。

（二）更加充分地体现高校的人文关怀

扶贫必扶智，高校资助育人不仅要为经济困难大学生提供一个公平上大学的机会，而且要为他们提供一个德智体美劳全面发展的教育过程，使他们能上学、上好学，成为党和国家事业发展所需要的各类人才，成为能够阻断贫困代际传递、凭一技之长带领家庭脱贫和地区脱贫的创新性人才。但从实际情况看，高校经济困难学生问题不仅仅是一个因经济贫困而"上不起学"的单纯性问题，而是一个因多种因素带来的"上不好学"的综合性问题。一方面，高校现有的经济资助制度只能从一定程度上或部分地解决经济困难大学生面临的现实困难，而不可能从根本上解决他们的家庭经济困难以及由此产生的其他一系列困难，而这些困难又直接影响着他们的思想观念和价值导向。如他们当中一部分人不能坚持正确的人生价值观，急于靠快速致富来

---

① 张保庆：《努力做好高校贫困家庭学生资助工作》，《求是》2005 年第 2 期。
② 《教育部：农村生上重点大学人数大增》，2016 年 8 月 31 日，http://news.sina.com.cn/c/nd/2016-08-31/doc-ifxvqcts9061982.shtml。

改变家庭的贫困现状，从而出现思想功利化、行为泛物质化等问题。另一方面，相对于其他大学生，经济困难大学生除自身存在学习能力基础弱、综合发展素质差等问题外，他们当中一些人由于受家庭特殊困难问题的影响，无法正常地完成学业。高校全面推进资助育人，就是要在健全经济资助制度、加大经济资助力度的基础上，进一步彰显高校的教育情怀和人文关怀，既要着力帮助每一位经济困难大学生解决好其个性化的思想和行为问题，也要竭尽所能地帮助他们解决好一些影响正常学习生活的家庭问题，从而既有效维护大学校园的安定团结，也有效促进社会的和谐稳定。

二、进一步推动经济型资助育人向发展型资助育人转变

经济型资助育人是以解决经济困难大学生的基本生存和生活问题为主要目的的育人工作模式，其主要目标是对经济困难大学生实现"应助尽助"。发展型资助育人是以解决经济困难大学生发展障碍问题为主要目的的育人工作模式，其主要目标是提高经济困难大学生的学习生活质量。经济型资助是发展型资助的重要前提基础，而发展型资助是经济型资助的必然发展阶段。高校全面推进资助育人，既要进一步夯实经济型资助育人的工作基础，又要进一步促进其向发展型资助育人转变。

（一）进一步扩大经济型资助育人的体系覆盖

改革开放 40 年来，我国高校基本建立健全"奖、贷、助、勤、补、免"多元经济资助育人保障体系。数据统计显示，2007—2016 年，我国高等教育共资助学生 38996.55 万人次、资助金额 5508.44 亿元，其中财政投入占资助总额的比例达到 48.92%，家庭经济特别困难学生上学资助力度接近 100%。[1]

---

[1] 教育部全国学生资助管理中心：《十年资助　硕果累累——2007—2016 年中国学生资助发展报告》，《人民日报》2018 年 1 月 15 日。

但从实现情况看，这一保障体系仍然存在明显的不足，主要有：一是国家资助政策具有不完善性。如国家助学贷款存在程序复杂、标准过低（原则上不超过8000元）等问题，国家奖助学金覆盖面偏低、评审条件过于严格等。二是高校资助能力有限。如有些高校每年投入的资助经费达不到国家规定的占所收学费总数的4%—6%的标准、从社会募集公益奖助学金能力不足等。三是高校资助育人管理过程有待进一步优化。如一些高校偏重于程序化管理，对大学生临时性、特殊性经济困难关注和解决不够，一些高校偏重于激励性资助，对普惠性资助（免学费）等投入严重不足等。四是高校资助育人实效有待进一步提升。如一些高校存在"重资助活动宣传、轻育人工作实效""重资助过程管理、轻育人目标设计"等现象。全面推进高校资助育人，就是要突出育人目标导向，进一步健全国家资助、高校奖助、社会捐助、学生自助"四位一体"的经济资助育人工作机制，不断优化高校集公益性、公平性、激励性、倡导性于一体的资助育人体系结构。既要在资助面上覆盖所有的经济困难学生，又要在资助力度上满足他们的基本需要；既要在资助育人整体推进中注重"资助"目标与"育人"目标的有机统一，又要在过程管理中注重关照经济困难大学生不同个体的阶段性、特殊性问题等。

（二）进一步推进发展型资助育人的模式构建

随着高校资助育人保障性体系的不断健全，经济困难大学生最为困扰的不再是经济困难问题，而是制约其公平而有质量地发展的问题，主要包括以下五个方面：一是思想认知问题。如一些经济困难大学生不能正确认识家庭贫困问题，不能正确对待大学生中的贫困差距现象等，从而在价值观上产生偏差，出现自卑心理、怨恨情绪等。二是学习困难问题。如大部分经济困难大学生来自农村和贫困地区，受基础教育薄弱等因素影响，他们在计算机、外语、实验教学等环节存在明显的能力不足。三是心理健康问题。如一部分经济困难大学生受个人家庭及成长环境的影响，存在心理素质脆弱、心理认知障碍及心理抑郁等心理问题或心理疾病。四是综合素质问题。如一些经济困难大学生由于过于自卑和自我封闭，存在淡漠集体建设现象和出现人际交往困难等问题。五是就业择业问题。如一些经济困难大学生不能正确分析自身的优缺点，一味地想在收入高、条件好的地区和行业就业，不可避免地出现就业择业困难的问题等。解决上述问题，需要全面推进高校资助育人，特别是需要构建发展型资助育人模式，将解决问题与促进发展相统一，既注重在帮助经济困难大学生解决各种困难的过程中加强思想政治教育，教育引导他们树立正确的世界观、人生观和价值观，增强克服自身困难问题的素质能力；又注重在加强思想政治教育中帮助他们切实解决各种具体问题，教育引导他们通过问题的解决来提高自身的思想政治素质和综合发展能力，从而不断地改造自己、创造自己和创新自己。

三、全面推进资助育人由数量增长到质量提升的转变

评价资助育人成效，离不开资助育人工作数量式的增长，既体现在经济资助的数量、额度及覆盖率上，也体现在各项资助育人活动开展的次数及人员的知晓度、参与度和满意度上。全面推进高校资助育人，一方面要大力促进各项资助育人工作的数量增长，使经济资助和育人活动的覆盖面更广、力度更大；另一方面要在高校思想政治工作质量提升工作体系中，更加重视资助育人的质量提升，更加重视把思想引领贯穿于资助育人的全过程，从而不断提升经济困难大学生成长成才的思想自觉和行为自觉。

（一）把资助育人摆在更加重要的位置

高校扎根中国大地办好社会主义大学，既要有勇追世界一流的气魄，更要有服务于党和国家重大战略发展需要的责任感和使命感。当前，我国正处在扶贫攻坚、全面建成小康社会的关键阶段，为农村和贫困地区培养

优秀大学生意义重大。但从现实情况看，在培养经济困难大学生问题上，一些高校只算所谓的"经济账"，工作停留在用好国家资助经费的层面，而不重视自身资助经费投入的增加和社会资助经费的争取，从而导致国家资助、高校奖助、社会捐助、学生自助"四位一体"资助育人体系建设没有得到很好的落实；一些高校只算所谓的"学校账"，工作满足于只要学生不出事就行的状态，导致一些经济困难大学生难以毕业、难以就业等。全面推进高校资助育人，就是要求高校把资助育人摆在更加重要的位置，既要站在为党分忧、为国分忧的政治高度，把资助经济困难大学生这一项保民生、暖人心的工程做好、做实；又要站在为党育才、为国育才的战略高度，把经济困难大学生这一特殊群体培养好、培养优，使之成为建设人力资源强国、全面建成小康社会和实现教育现代化等重要的人才资源。

（二）把思想引领贯穿于资助育人全过程

党和国家历来高度重视资助育人工作，从政策制定、经费投入、规范管理等各方面不断加大资助育人工作力度。据有关数据统计，2017年，我国学生资助工作取得了新突破和新进展，受助学生规模近9600万人次，增幅5.09%，资助资金突破1800亿元，增幅11.45%，其中，财政投入资助资金超过1200亿元、增幅9.15%，学校和社会投入超过670亿元、增幅15.87%。① 从高校实际情况看，一方面，绝大多数经济困难大学生能够正确对待和珍惜国家的资助措施，能够在资助育人的保障下健康地学习生活，成为对社会有用的人；另一方面，也有少数经济困难大学生不能正确理解国家的经济资助政策和制度，一边心安理得地接受经济资助，一边又狭隘、片面地怨恨国家政治制度和社会治理机制的不公平不公正，特别是在境内外反动势力的有意策动下，他们当中的极少数人成为攻击党和

---

① 《中国学生资助发展报告（2017年）》，《中国教育报》2018年3月2日。

政府的所谓"代言人"。这些问题的存在，充分说明当前我国资助育人工作中还存在薄弱环节，特别是思想政治工作还没有贯穿于资助育人全过程。高校全面推进资助育人，一方面需要采取有力措施，补齐基础教育资助育人过程中思想引领工作存在的一些短板；另一方面需要根据经济困难大学生的思想行为实际，切实加强思想政治工作和资助育人政策宣传，将思想引领贯穿于资助育人的全过程，不断增强每一个经济困难大学生对党和国家的政治认同、情感认同和思想认同，从而使他们成为社会主义合格建设者和可靠接班人。

第二节　全面推进高校资助育人的基本思路

《实施纲要》对构建高校资助育人质量提升体系提出了明确要求，同时对全面推进高校资助育人的主要内容进行了明确规定。高校要以《实施纲要》为指导，结合自身实际，准确把握全面推进资助育人的工作目标和基本原则，不断健全资助育人质量提升的工作机制，从而不断提高资助育人的科学化水平。

一、全面推进资助育人的工作目标

全面推进资助育人，既是新时代提升高校思想政治工作质量的重要内容，也是加强和改进高校思想政治工作的重要途径。高校要以立德树人为根本目标，在推进思想政治工作一体化育人体系建设中，坚持资助育人的正确导向：一方面着力增强经济资助能力，使每一个经济困难大学生都能够获得应有的资助；另一方面要着力发挥资助育人功效，使每一个受助大学生都成为社会主义核心价值观的坚定信仰者、积极传播者和模范践行者，从而享有公平发展和出彩人生的机会。

（一）坚持资助育人导向

对经济困难大学生进行经济救助，使之能够正常地学习生活，这本身就是高校人才培养的重要前提，也是思想政治工作的生动实践，体现着社会主义大学制度的优越性。同时，在经济资助过程中，仅仅依靠经济救助本身，还不足以帮助经济困难大学生解决所有的问题。在当前社会意识形态日益多元和高校经济资助日益多样的双重背景下，对于一部分经济困难大学生来说，帮助他们解决思想价值引导和素质能力拓展等问题显得更为重要。因此，全面推进资助育人在工作目标上必须坚持以经济资助为基础，同时突出资助育人导向，将解决思想问题和解决具体问题相结合，从而构建以经济资助为依托载体的综合育人模式。一是坚持以物质帮助为基础。即以为经济困难大学生提供必需的资金及其他物质方面的帮助为前提条件，使他们能够不再为经济困难而忧愁、能够专心于学习。强调物质帮助的育人导向，就是要求各级党委政府和高校在进一步完善资助政策和增强经济资助能力上下功夫。二是坚持以道德浸润为核心。即以社会主义核心价值观教育为核心，引导经济困难大学生树立正确的世界观、人生观和价值观，使他们能够正确理解和对待资助育人的政策和制度，能够正确处理个人发展与国家发展、当前发展与长远发展等之间的辩证关系。强调道德浸润的育人导向，就是要求高校资助育人工作要站得高、看得远，更加注重资助育人过程中的思想文化建设，做到以文化人、以文育人。三是坚持以能力拓展为突破。即充分重视当前经济困难大学生群体中普遍存在的自我发展能力不足的问题，通过帮助他们有针对性地提升自主学习能力、心理适应能力、实践创新能力、就业创新能力等，来进一步促进他们的全面发展。强调能力拓展的育人导向，就是要求高校进一步增强针对经济困难大学生群体的人才培养能力，加强差异化教学、个性化帮扶和专业化教育，突破救助与自我救助、"输血"与"造血"等之间的瓶颈问题，从而进一步深化资助育人实效。四是坚持以精神激励为关键。即教育引导经济困难大学生坚定理想信念，牢固树立爱党爱国意识、自立自强意识、诚实守信意识、勤俭节约意识和感恩奉献意识，始终保持理性平和、健康向上的心理心态。强调精神激励的育人导向，就是强调高校要坚持以正面引导为主，不断弘扬主旋律、传播正能量，从而引导经济困难大学生能够将克服困难当作人生历练的宝贵财富，促进"解困—育人—成才—回馈"这一良性循环的不断形成。

（二）增强经济资助能力

经济资助是资助育人的基础，只有先解决好经济困难问题，才能在其过程中贯穿和实现育人目标。增强高校经济资助能力，需要在以下四个层面作出努力：一是完善经济资助制度设计。即要进一步完善国家资助、高校奖助、社会捐助和学生自助"四位一体"资助体系的制度设计。如在国家资助制度上，进一步发挥金融机构的作用，设计更为灵活和便利的助学贷款政策，可以按高校不同专业的学费标准来设计助学贷款的限额，或者可以不限定学费贷款和指定的银行等。二是扩大经济资助覆盖面。即尽可能让所有遇到经济困难的大学生都能够获得必要的资助，使经济资助覆盖不同特征的大学生群体及其不同的成长阶段。如在高校奖助工作中，经济困难大学生中的一部分人因学习困难很难获得奖学金，但同时又因贫困等级达不到学校要求而不能获得助学金，从而游离于学校资助体系之外。三是优化经济资助管理程序。即科学区分高校各类资助形式，制定和实施宽严相济的资助管理流程，既规范经济资助的过程管理，又方便经济困难大学生申请和获得所需要的资助。四是提高经济资助经费额度。即各级党委政府和高校要根据学生的实际需求，以及综合物价上涨等因素，不断调整和增加各项资助的资金数额，或者有效利用社会捐助来提高资助力度，以形成与国家资助、高校资助的互补机制。如一些高校成立学校教育基金会或校友基金会，大力吸引和接收社会各界和有关人士的爱心助学捐赠，设立不同目的和额度的社会奖助学金，使一些经济困难大学生在国家资助和高校资助的基础上还可以获得更高额度的社会奖助。

（三）提升资助育人功效

高校资助育人的根本目的在于促进经济困难大学生的成长成才，对于他们来说，经济资助只是获得帮助的第一步，高校还要在经济资助工作过程中，通过有针对性地开展自强励志教育、诚信教育和社会责任感教育等，教育引导他们自觉培育和践行社会主义核心价值观，把握时代责任和努力方向，增强创新精神、实践能力和就业创业的核心竞争力，不断培养自立自强、诚实守信、知恩感恩、勇于担当的良好品质。高校提升资助育人功效，一方面要在高校人才培养的各个环节、各个方面给予经济困难大学生更多的关注和倾斜，在生活和学习上给予他们更多关心和帮助，为他们的兴趣培养、能力提升、视野开阔创造更多的机会和条件；另一方面要在经济资助的各个环节、各个方面加强针对性的思想政治教育，使他们在参与经济资助活动和获得经济资助的同时，能够获得思想理论素质、道德品质、法治意识等的全面提升。具体地说，在经济资助过程中加强思想政治教育主要包括以下五个层面：一是在奖学金评选发放环节，高校要全面考察申请资助学生的学习成绩、创新发展、社会实践及道德品质等方面的综合表现，从而有针对性地培养他们的奋斗精神和感恩意识。二是在国家助学金申请发放环节，高校要深入开展励志教育和感恩教育，有针对性地培养受助大学生的爱党爱国爱社会主义意识。三是在国家助学贷款办理过程中，高校要深入开展诚信教育和金融常识教育，有针对性地培养受助大学生的法律意识、风险防范意识和契约精神。四是在勤工助学活动开展环节，高校要有针对性地培养受助大学生自强不息、吃苦耐劳、创新创业的进取精神。五是在基层就业及应征入伍学费补偿、贷款代偿等工作环节中，有针对性地教育引导受助大学生树立正确的成才观和就业观，充分肯定和激励他们与时代同行，到祖国最需要的地方去建功立业等。

二、全面推进资助育人的基本原则

高校全面推进资助育人总的原则是推动资助与育人相结合，一方面充分发挥各类资助形式的育人功能，在不断满足经济困难大学生的经济需要中，教育引导他们树立感恩意识、诚信意识和回馈社会的责任意识等；另一方面充分挖掘资助育人过程中各种育人资源，针对经济困难大学生存在的思想认识、学习发展、心理素质、社会适应、就业创业等方面的问题，深入开展思想政治教育，引导他们自立、自强、自尊、自信，不断增强克服各种问题的素质能力，从而促进资助育人从他助向自助的转化。

（一）"扶困"与"扶志""扶智"相结合

"扶困"即做好经济资助工作，解决大学生的经济困难问题；"扶志"即做好思想价值引导工作，解决经济困难大学生存在的心理自卑、行为自弃等错误倾向问题；"扶智"即做好专业知识学习和素质能力提升工作，解决经济困难大学生存在的自主发展能力不足问题。对于经济困难大学生来说，"扶困""扶志""扶智"三者具有同样的重要性和必要性。其中"扶困"是"扶志""扶智"的实施前提和物质基础，不解决好"扶困"问题，"扶志""扶智"就会成为空洞的理论说教，既不具有说服力，也不会有实效性；"扶志"是"扶困""扶智"的核心价值体现，是"扶困"由他助向自助转变的动力源泉，是"扶智"由被动接受到主动提升的支撑保障，不解决好"扶志"问题，"扶困"只能是逞一时之功，不可能促进学生的长远发展，而"扶智"也只能停留在表面，不可避免地出现功利化倾向；"扶智"是"扶困""扶志"的最终落脚点和成效体现，不解决好"扶智"问题，"扶困""扶志"就会缺乏价值认可，就会失去可持续性推进的良性循环。高校在全面推进资助育人中，将"扶困"与"扶志""扶智"相结合，就是进一步突出资助育人在人才培养、思想政治等工作中的地位，既注重发挥经济资助部门和相关人员在资助育人工作中的主体作用，也注重发挥其他部门和育人主体的联动协同作用，从而避免和克服实际工作中可能出现的"重资助轻育人""重思想引导轻能力培养""重活动宣传轻育人实效"等不良倾向。

（二）显性资助育人与隐性资助育人相结合

显性资助育人是指有着明显外在表现形式的资助育人工作或活动，如奖助学金的评定与发放、感恩与诚信主题教育活动等，其育人作用与其育人目标直接对应，目标的完成就意味着育人作用的呈现。隐性资助育人是指内隐于高校教育教学过程中对资助育人起着间接促进作用的育人工作或活动，如教师的个性化关爱、资助管理干部的人文关怀等。在实际工作中，也有人将通过正常公开渠道进行的资助育人工作称为显性资助育人，将为了尊重和保护学生个人隐私而通过隐秘渠道进行的资助育人工作称为隐性资助育人，如一些高校通过对学生校园"一卡通"消费情况等进行大数据分析来判断其是否存在经济困难，并对其中被判定经济困难的学生直接通过"一卡通"发放生活补贴，这一资助方式相对于通常情况下从申请到评定再到发放的公开过程，具有相对隐蔽性的特点，可以起到及时资助学生与尊重学生隐私的双重目的。显性资助育人与隐性资助育人具有内在的统一性，一方面，显性资助育人是隐性资助育人的重要基础，其通过对高校资助育人的政策宣传、工作安排、活动组织等，让广大师生对资助育人的价值意义、目的任务、制度规定等有着明确的认识，从而为隐性资助育人的实施提供良好的制度保障；另一方面，隐性资助育人是显性资助育人的重要补充，其通过师生之间的相互关爱、个性化的隐私保护、资助育人文化建设等，既为显性资助育人创建良好的育人环境，同时也能够从内容和形式上丰富和弥补显性资助育人的不足。

（三）无偿资助育人与有偿资助育人相结合

无偿资助是指资助方对受助方提供公益性、不求回报的经济资助方式，如国家奖助学金、困难补贴等；有偿资助则是指资助方对受助方提供需要以一定形式予以回报的资助方式，如国家助学贷款、勤工助学等。无偿资助与有偿资助相结合，既有利于化解国家和高校经济资助的资金压力，使有限的资金能够帮助更多的经济困难学生；同时也有利于增强受助学生的社会责任意识，使他们能够通过力所能及的劳动付出承担经济资助的成本。强调高校要将无偿资助育人与有偿资助育人相结合，一方面是强调无论哪一种资助方式，都要坚持正确的育人导向，如在无偿资助中要重点教育引导受助大学生强化对党和国家、社会的感激之情、感恩之心、报国之志等；在有偿资助中要重点教育引导受助大学生强化诚信意识、责任意识、担当意识等。另一方面是强调要根据经济困难大学生的不同需要，有重点地分类推进无偿资助育人和有偿资助育人，如在解决生存型或生活型经济困难时，要更多地发挥无偿资助育人的激励功能；在解决发展型经济困难时，要更多地发挥有偿资助育人的约束功能等。

三、健全资助育人质量提升工作机制

全面提升高校资助育人质量，是一项系统性强、复杂程度高的工作，一方面需要把好政策关，统筹协调国家资助、高校奖助、社会捐助及学生自助之间的互补互促关系；另一方面需要因地制宜、因校制宜、因人制宜，既要注重经济困难大学生群体共性问题的解决，也要注重经济困难大学生不同个体个性问题的解决。而做到这些，需要在认真总结以往工作经验的基础上，不断健全资助育人质量提升的工作机制。

（一）健全资助育人责任落实联动机制

大学生经济困难问题，涉及人数多、分布范围广，几乎每个专业、每个班级都有；涉及的具体问题，几乎与高校教育教学中的每一个环节都有关联。强化资助育人责任的落实，需要各级党委政府和各高校形成全员参与、各部门配合、各教育教学环节统筹协调的资助育人机制。一是建立专业化的经济资助管理部门，强化经济资助的主体责任。各地教育部门和各高校要在全国学生资助管理中心的指导下，按照相关政策要求加强经济资助管理机构建设，配齐配强专门力量，规范各项管理制度，科学设计和推进高校资助育人的各项工作。二是建立经济资助管理部门、财务部门、审计部门等的联动机制，加强资助经费的筹集和管理，多种方式公开经济资助的政策制度、管理过程和资助结果，主动接受社会和高校师生的民主监督。三是形成经济资助部门与院系、辅导员班主任、学生骨干等的协同机制，加强经济资助的标准认定和程序管理，组织开展主题鲜明、内容丰富、形式多样的资助育人主题教育活动，加大校园资助育人文化建设力度。四是充分发挥高校其他管理服务部门的优势作用，增加校园资助育人岗位设置，大力推动经济困难大学生广泛参与助教、助管、助研等勤工助学活动。五是积极发挥高校教育基金会、大学科技园、大学生自主创新创业基地等的推动作用，拓宽社会公益爱心助学基金的募集渠道，增加高校社会奖助学金的种类和资助力度等。六是广泛发动高校广大教师参与爱心助学行动，通过资金捐赠、物资捐献以及学习指导、生活关爱、心理疏导、就业帮扶等多种形式，为经济困难大学生提供及时性、针对性和个性化的思想指导和发展帮助。

（二）构建资助育人质量标准及评价体系

高校资助育人质量提升，需要有科学的质量标准作为推进工作和考核评价的依据。高校构建资助育人质量标准，主要包括四个方面。一是要构建高校经济资助工作的标准化工作体系。高校既要从整体上构建经济资助全过程管理的标准化体系，对经济资助的目标原则、对象认定、标准制定、资金发放、结果监督等全过程进行科学设计和规范管理，又要根据不同经济资助形式健全相应的管理制度，加强分类管理，准确区分资助方要求和受助对象需求，统筹资助成本、管理效益和育人成效等。二是构建高校资助育人的科学化标准体系。高校一方面要根据资助育人的整体目标，加强资助育人的课程教学体系和实践教学体系建设，大力推动资助育人的知识性教育和政策性宣讲进课堂、进教材，不断培养大学生的金融安全意识和理性消费能力等；另一方面要根据不同资助育人形式的具体目标，加强相应的权利与义务教育，大力推动资助育人文化活动进班级、进社团，不断培养大学生的爱心、诚信、责任等优良品质。三是构建高校经济困难大学生的素质能力评价体系。高校要根据"五育"并举、全面发展的要求，结合经济困难大学生的实际情况，科学制定经济困难大学生的素质能力评价体系，从培育和践行社会主义核心价值观、创新与实践能力、优良道德品质等方面制定具有可操作性、易评价的指标体系，既对高校各院系、班级开展经济困难大学生素质能力提升行动计划提供标准遵循，又对经济困难大学生自主学习、自主生活、自主发展提供目标指引。四是构建高校资助育人评价考核机制。高校一方面要将资助育人作为党建和思想政治工作的重要内容，纳入对相关职能部门和院系的年度目标绩效考核；另一方面要加大资助育人工作在学生资助绩效考评体系中的权重比例，推动资助育人工作的常态化、规范化、制度化和公开化。

第三节　全面推进高校资助育人的关键环节

新时代全面提升高校资助育人质量，既需要加强科学设计和整体推进，也需要把握关键环节，以问题为导向，坚持重点突破。当前制约高校资助育人质量提升的主要问题，包括经济资助的公平公正性有待进一步提升、资助育人的方式方法有待进一步改进、资助育人的文化氛围有待进一步增强。着重解决好这三个方面的问题，就成为全面推进高校资助育人的关键环节。

一、全面推进资助管理精准化

解决资助管理的公平公正性问题，一方面有利于实现"应助尽助"的工作目标，使每一个经济困难大学生都能够公平公正地享受国家资助育人的政策关照；另一方面有利于高校师生营造理性平和的心理心态，从而有效维护校园和社会的和谐稳定。当前相对成熟的资助管理工作机制和先进的信息化管理技术等，为高校实现精准资助创造了良好条件。

（一）精准认定资助对象

当前高校普遍建立健全了自下而上的四级资助对象认定工作机制，即主要通过个人申请、班级评议、院系复核、学校认定四级认定程序来确定资助对象。这一机制的优点在于充分发挥了学生骨干、辅导员班主任等的主体参与作用，增强了认定过程的公开性、程序性和民主性。其不足之处在于：一方面程序的公开和烦琐使一部分自尊心较强的经济困难大学生不敢、不愿申请资助；另一方面受主体主观因素的制约，认定过程容易出现狭隘性、片面性问题，从而导致认定结果的不公平不公正，使一部分申请资助的经济困难大学生心理心态遭受伤害。高校精准认定资助对象，一方面要建立经济困难大学生信息化管理的资助系统，从新生入学到毕业离校，通过定期或不定期的调查走访、同学评议、谈心谈话等方式，不间断地进行管理信息的动态化调整，并实现学籍系统、资助系统与扶贫、民政、残联等部门数据库的有效对接；另一方面要探索建立大学生经济困难的大数据分析模型，通过设计大学生经济困难分析指数、建立大学生经济行为的大数据分析模型等，及时对大学生经济困难程度进行智能化认定，并将大数据分析结果与资助系统的认定结果进行比对，从而形成经验认定与数据认定互补互促的良性机制。

（二）精准制定资助标准

高校经济资助有不同的形式，同一个经济困难大学生也可能申请多种形式的资助，这就要求高校一方面要科学设计每一种不同资助形式的资助标准，使之能够满足不同大学生的需要；另一方面要统筹管理同一个大学生申请和获得资助的种类和额度，防止资助资源使用过于集中。高校精准制定资助标准，主要包括三个层面：一是科学制定每一种资助形式的资助标准。高校要根据所在城市物价水平、学校收费水平、学生家庭经济能力等因素，合理确定不同资助形式的资助标准，既不能过高，也不宜偏低，从而有效发挥不同资助形式的育人功能。二是精准确定学生资助的分档分级。即高校根据大学生的经济困难程度和申请资助的额度，通过大数据分析来确定分档分级资助，既不搞平均主义，更不能搞"轮流坐庄"，其中特别是要提高对农村低保家庭学生、农村特困救助供养学生、孤残学生、烈士子女以及家庭遭遇自然灾害或突发事件等特殊群体的资助档级。三是合理设置同一个大学生受助的最高限额。高校要根据当地经济社会发展水平、城市居民最低生活保障标准等因素，合理规定同一个大学生申请资助的种类和次数，合理设置其在同一年度获得各种资助的总额限制，从而有利于资助育人覆盖面的提高。

（三）精准资金发放管理

在确定资助对象和资助标准的基础上，高校还应进一步加强资金发放的精准化管理。一方面要确保资金发放精准是指资助资金要及时、足额地发放到受助学生手中，及时解决受助学生的实际需求，充分发挥资助资金的使用效率。如，学生生源地助学贷款要及时打入学生所在学校账户，解决学生正常入学问题；国家助学金、各类困难补助要及时发放，解决学生基本生活保障问题。另一方面要积极探索现代资助发放方式，充分利用支付宝等现代支付方式和支付手段，既提高资金发放的效率，解决资金划拨和发放时间长、不及时的问题，又方便学生及时查询，减少资助管理部门不必要的咨询解释工作负担。此外，高校还要加强对资金发放过程的监督，切实堵住跑、冒、滴、漏等问题。

二、创新资助育人方式方法

经济困难大学生问题虽然产生和表现于高校校园，但与家庭、社会密切关联，或者说，其解决离不开家庭和社会力量的协同。高校全面推进资助育人，在创新方式方法上，既需要立足于校园，贴近经济困难大学生的学习生活实际来解决他们面临的具体困难；又需要走出校园，寻求与家庭、社会的力量协同及工作联动；同时，网络平台的普及化利用也为这种协同与联动提供了技术助力。

（一）推动家校协同资助育人

家庭贫困是大学生经济困难问题产生的根源，而解决大学生经济困难问题并不意味着可以解决其家庭贫困问题，相反，家庭贫困问题仍然会在很大程度上制约着经济困难大学生其他问题的解决。因此，寻求家校之间的力量协同，是从深层次解决经济困难大学生问题的必然需要。高校在资助育人过程中推动家校协同育人，需要做到以下三点：一是建立辅导员班主任与家长的日常密切沟通机制。从现实情况看，一些经济困难大学生与家庭之间的联系不太密切，能从家庭获取的关心和温暖较少，这就容易导致心理问题或心理疾病的发生。高校经济资助部门、辅导员班主任等加强与经济困难大学生家庭的日常密切联系，既有利于根据家庭的实际贫困情况做好资助方案的调整，也有利于促进家庭给予经济困难大学生更多的温情温暖。二是动员教师深入经济困难学生家庭开展家访活动。家访活动是思想政治工作的一种传统方法优势，有利于形成家校之间的育人合力。高校动员专业教师深入经济困难大学生家庭开展家访活动，不仅有利于高校全面了解和掌握资助对象的具体情况，给予他们及其家庭更大的精神鼓励；而且有利于促进专业教师参与资助育人活动，并通过家访活动强化他们的育人责任感和使命感。三是力所能及地为经济困难大学生家庭提供帮助。一些经济困难大学生不仅不能从家庭中获取资助，反而需要帮助甚至支撑家庭，其所承受的压力虽然超出高校的资助能力和范围，但高校需要尽力地给予帮助。近年来，在一些经济困难大学生带生病父母上大学的事例中，相关高校为他们提供住房及基本生活保障，较好地诠释了社会主义大学应有的人文关怀，展示了高校资助育人的良好形象。

（二）推动校社联动资助育人

资助育人是高校思想政治工作的重要任务，但这一任务的完成离不开社会力量的协同。高校全面推进资助育人，需要走出校园，在组织经济困难大学生开展社会实践活动中寻求与社会力量的联动。一是大力组织经济困难学生开展校外社会实践活动。高校可以与企业、农村、社区等共建大学生社会实践基地、创新创业实践基地、传统文化与革命文化教育基地等，分期分批组织经济困难大学生进行主题社会实践活动，增进他们对国情、党情、教情等的深刻认识，促进他们在服务社会中长见识、增才干。近年来，一些高校积极寻求社会公益基金的支持，大力组织经济困难大学生赴经济发达地区实习见习、赴境外参与考察等，极大地开阔了他们的视野。二是大力扶持经济困难大学生开展创新创业活动。高校可以充分利用设立奖助学金企业的教育实践资源，通过组建受助学生进企业实习见习团队的形式，推动资助企业对他们开展针对性的创新创业帮扶活动，大力培养受助学生的创新精神、创业就业能力，以及通过企业直接推动他们的就业创业。近年来，一些高校在扶持大学生创业的过程中，鼓励大学生创业企业吸引经济困难大学生进企业实习见习，或直接聘用经济困难大学毕业生进企业工作，取得了较好的资助育人效果。三是大力开展与社会相关单位的资助育人合作。当前一些社会公益类基金组织、公众媒体、设有社会公益机构的企事业单位等，高度重视和关注经济困难大学生的资助问题。高校要主动对接这些单位组织，邀请他们进校园开展资助宣讲活动，为他们提供经济困难优秀大学生的事迹材料等，从而不断扩大社会资助工作的覆盖面和影响力。

（三）推动网络资助育人创新

随着网络新媒体的普及性应用，推动网络资助育人方式方法创新势在必行。高校在全面推进资助管理的精准化过程中，需要加强网络信息管理系统和平台建设，这本身就是资助育人的网络方式方法创新。但从现实情况看，一些高校资助育人的信息化建设水平不高，停留在数字化的档案管理层面，对利用新技术开发资助育人新产品重视不足、推动不够。高校全面推进资助育人，必须同时建设好网络新平台和利用好网络新技术，从而不断推出"互联网+"资助育人的新产品来对接和满足新媒体环境下大学生的资助育人需求。一是开发学生资助申请的手机 APP 产品。高校要根据不同资助形式的需求，对接学籍系统、资助系统等高校学生信息化管理平台，设计开发便于操作的申请资助手机 APP，既避免重复填表、过度填表等现象，也提高资助申请和认定等的工作效率。二是开发学生资助大数据分析产品。高校将一些应用较为成熟的学生资助大数据分析模型植入资助系统，设计开发集资格审查、条件筛选、政策匹配、成效评价等功能于一体的资助育人大数据产品，既为资助管理部门、辅导员班主任等开展资助育人工作提供及时、便捷的数据分析服务，也为经济困难大学生申请和获取不同形式的经济资助提供智能化服务。三是开发服务大学生的校园网络金融产品。高校要积极主动地对接金融机构的需求，根据大学生经济消费的需求特点，争取与银行合作开发专门服务本校大学生的金融产品，如手机校园"微支付""微贷"等，既方便大学生的校园网络生活，也为高校开展大学生经济消费行为大数据分析提供平台支撑，如一些高校与银行合作推出校园"微贷"产品，学生可以用手机非常便捷地申请和获取所需贷款，从而有效地抵消非法"校园贷"产品对大学生的吸引力，为高校开展金融安全和理性消费主题教育赢得先机。

三、营造资助育人文化氛围

高校资助育人既是一项重要的工作任务，更是一种育人理念和育人文化。高校全面推进资助育人，需要进一步加强资助育人的文化建设，一方面加强资助育人理念的宣传教育，使助人与自助观念深入高校师生心中；另一方面加强资助育人文化建设，使高校师生积极主动地参与各项资助育人活动蔚然成风。

（一）广泛开展资助育人主题教育活动

高校资助育人主题教育活动要着重突出"一个核心""两项能力""三项教育"。其中，"一个核心"就是教育引导大学生培育和践行社会主义核心价值观，注重加强经济困难大学生的思想理论教育和价值引导。"两项能力"就是重点培育大学生的创新精神、创新能力和实践能力。通过创新精神、创新能力的培养来促进经济困难大学生个性发展和独立思考，鼓励他们自由探索与自主创新创业；通过实践能力的培养来组织他们广泛参加社会调查、生产劳动、科技发明和勤工助学等活动。"三项教育"是指励志教育、诚信教育和社会责任感教育。通过开展励志教育来引导受助学生积极进取、自强自立、艰苦奋斗，不断增强自助与助人的能力；通过开展诚信教育来约束受助大学生增强法治观念、遵守合同约定、履行规定义务等；通过开展社会责任感教育来强化大学生共享发展理念，鼓励受助学生参加志愿服务和公益活动，培养他们知恩感恩、勇于担当、互助共享的优良品质。高校广泛开展资助育人主题教育活动，需要把握三个方面要求。一是针对不同受助学生特点开展主题教育活动。不同资助形式蕴含着不同的育人资源，高校要针对受助学生的思想行为特点，紧密结合资助活动的不同形式，广泛开展"助学·筑梦·铸人""诚信校园行"等主题教育活动，从而既有利于资助管理任务的完成，又不断深化资助育人的效果。二是把握关键时间节点开展主题教育活动。大学生在不同的发展阶段有着不同的需求，高校要准确把握经济困难大学生成长成才的关键时间节点，有重点地开展主题教育活动。如新生入学阶段重点开展励志教育和诚信活动等，毕业离校前阶段重点开展社会责任感教育等。三是重视发挥典礼仪式的作用。典礼仪式在高校思想政治工作中具有独特的思想激励和行为促进作用，高校一方面要在开学典礼、毕业典礼等活动中，有效穿插资助育人主题教育内容；另一方面要广泛开展不同形式的资助育人活动，如各类奖助学金捐赠和发放仪式、诚信承诺签名仪式等。

（二）大力扶持资助类大学生组织建设

各类学生组织是大学生开展自我教育、自我管理、自我服务的重要载体，在资助育人中通过扶持资助类学生组织建设，充分发挥他们在助人与自助中的重要作用，以及营造良好的资助育人文化，是高校较为普遍的做法。高校全面推进资助育人，要进一步继承和发扬这一具有优势的工作经验，大力扶持资助类学生组织建设。一是组建学生资助政策宣讲团。高校要选拔和培育一批热爱资助育人工作的学生骨干、志愿者等，通过组建学生资助政策宣讲团等形式，鼓励他们结合大学生日常学习生活的特点，广泛开展多种形式的资助育人政策、典型事迹、先进经验等宣传推广活动，使资助育人宣传教育工作更加贴近学生、贴近生活、贴近实际。二是组建学生资助民主管理组织。高校各项资助管理工作需要扩大学生的民主参与和民主监督，高校可以通过组建学生奖助学金评定监督委员会、勤工助学管理委员会等，加强各项资助工作的民主管理，接受和处理学生的投诉、申诉等。三是组建爱心公益类学生社团。公益类志愿服务活动是大学生最喜爱、参与度最广的实践育人活动，高校要针对这一特点，通过发挥资助育人学生骨干和先进典型的带头作用，鼓励和支持组建多种形式的资助类学生社团，指导他们凝炼社团资助育人理念、立足校园开展各种助学行动和主题教育活动，从而引导他们将志愿服务与资助育人相结合，更加广泛地团结和带动广大学生参与资助育人活动。

（三）大力选树资助育人先进典型

高校资助育人文化建设，既需要加强普及性、渗透性建设，也需要加强先进性、示范性建设，而选树资助育人先进典型个人、集体以及宣传推广典型事迹、先进经验等，是加强先进性和示范性建设的重要途径。高校全面推进资助育人，需要进一步加大资助育人先进典型的选树与培育，进而发挥他们的先进性引导和示范性带动作用。一是选树校园爱心先进人物。每一所高校的师生中，总有一些热爱和热心于资助育人的先进典型人物，高校要通过开展校园爱心人物评选、感动校园人物评选等活动，着力选树一批大学生身边的爱心助学人物，并大力宣传他们的先进事迹，弘扬校园爱心助学正能量，讲好校园爱心助学故事。二是培育校园资助育人品牌。项目化管理是高校资助管理的重要形式，对于同一个资助管理项目来说，虽然每年资助对象不同，但其所蕴含的育人理念和文化却可以长期得到延续和弘扬。高校要善于培育一批资助育人的品牌阵地、特色活动、精品项目，指导他们传承好育人传统，不断创新育人特色，形成可视化、易于传播推广的先进经验，从而发挥好品牌建设的示范带动作用。三是培养大学生自立自强典型。高校资助育人的成效最终需要落脚到大学生个体的成长成才上，高校要通过加大经济困难优秀大学生组织发展推荐、"自强之星"评选、创新创业扶持等，培养一批自强典型人物并广泛宣传他们的典型、感人事迹，发挥他们现身说法的作用，从而不断促进今天的受助人成为未来的施助人。

| 第十三章 |

积极优化组织育人

组织是由诸多要素按照一定的方式和程序，相互联结、相互作用而形成的有机系统，具有相应的结构和功能。组织育人就是指一定的组织为实现特定的目标，按照组织的规章制度和管理办法等对组织成员进行思想教育和行为约束，对内达到统一行动、协调利益、调适关系等团结凝聚作用，对外达到加强宣传、扩大影响、示范带动等吸引促进作用。利用各级各类组织开展思想政治教育，既有利于发挥组织的育人作用，也有利于促进组织自身的持续健康发展。2017 年 12 月，中共教育部党组印发的《实施纲要》，明确提出要切实构建"组织育人质量提升体系""积极优化组织育人"，强调要把组织建设与教育引领结合起来，强化高校各类组织育人作用的发挥。积极优化组织育人，既是我国高校各级各类组织规范化、制度化建设的必然要求，也是落实高校"立德树人"根本任务、培养担当民族复兴大任时代新人的重要途径。

第一节　积极优化高校组织育人的时代价值

在我国高校中存在各级各类师生组织，主要包括党组织、群团组织、学生组织等，它们在思想政治工作中起着重要的载体作用。近年来，随着高校教育教学改革和思想政治工作的深化，高校实验室、科研团队、学生社区等也成为重要的育人载体。正确认识高校各级各类组织的育人功能，充分挖掘它们的思想政治教育元素、不断优化组织育人的方法路径等，是新时代加强和改进高校思想政治工作的迫切要求。

一、加强集体主义精神教育

社会主义建立在生产资料公有制的基础上，坚持和发展中国特色社会主义必须始终坚持弘扬社会主义的集体主义精神，这也是高校思想政治教育必须始终坚持的基本要求。高校思想政治教育在大学生中大力弘扬集体主义精神，从大的方面讲包括教育引导大学生热爱中华人民共和国、拥护中国共产党、维护各民族的平等团结等，从小的方面讲包括教育引导大学生热爱自己所在的学校、班级、宿舍以及其他符合学校管理要求的组织或团队等。爱国、爱党、爱民族等教育不是空洞的，需要立足于大学生的日常生活，通过教育引导他们正确对待和参与各类组织建设来落细落小落实。一方面，大学生所处的各类组织是高校教育教学的基本单元，承载着不同的教育和管理职责，大学生只有遵守这些组织的规章制度等，才能确保高校教育教学秩序的稳定和有序；另一方面，大学生在各类组织中的学习和生活不是被动的，而可以根据自身的目的与需求正确处理个人与集体、个人与他人之间的相互促进关系。从这层意义上讲，高校各类组织承载着在大学生中弘扬集体主义精神的重任，主要包括三个层面的内容：一是增强大学生的集体参与意识，有效引导他们关心组织发展、参与组织活动，从而不断提高组织育人的覆盖面和影响力；二是拓展大学生的集体活动素质，有效引导他们创造性地参与各类组织建设，从而不断丰富高校组织育人的内容和方法体系；三是夯实大学生的集体文化基础，有效引导他们传承高校传统育人文化和营造优秀育人文化，从而不断提升高校组织育人的质量和价值。

二、提升各类组织的思想引领能力

高校各类组织都具有各自的机构、人员、章程、职责与功能等，按照规范化、专业化等目标建好这些组织，既是高校建立和完善现代大学制度、促进高等教育内涵式发展的需要，也是围绕学生、关照学生和服务学生的需要。在加强组织建设中突出思想引领的核心目标，是高校坚持中国特色发展道路的本质规定，这是因为：一是高校坚持正确的政治方向，需要通过各类组织坚持正确的政治方向来予以体现。高校各类组织只有坚持正确的政治导向，才能对每一个组织成员起着目标导向、行为约束和精神激励作用，从而教育引导每个组织成员都能够坚持正确的成长成才方向。二是高校承载着传播马克思主义理论及其最新理论成果的时代重任，需要通过各类组织来开展多种形式的理论传播和宣传思想活动来予以落实。高校各类组织将党的创新理论的宣传教育贯穿于组织建设的各个环节，其最终落脚点在于提高每一个大学生的思想政治理论素质。三是高校全面深化教育教学改革，需要通过深化各类组织的改革来予以推动，而所有改革的逻辑依据都在于如何促进大学生的全面发展，既包括专业素质的提升，也包括思想政治素质的提升。四是高校正确处理改革、稳定、发展之间的关系，需要通过各类组织优化职责和整合资源等来提高效率和化解矛盾。高校不同的组织凝聚着不同需求的学生，只有依靠不同的组织才能准确对接学生不同的需求，从而有效协调学生与学校、学生与教师、学生与学生等之间的关系。五是高校营造良好的校风学风，需要通过各类组织开展丰富多彩的文化活动来予以促进。高校不同的组织都有着自身的文化，对大学生进行着潜移默化的影响，加强各类组织的文化建设，既可以丰富大学生的文化生活，又可以营造良好的校风学风，做到以文化人、以文育人。

三、推动各类组织深入开展育人活动

在我国高校思想政治工作体系中，各类组织自建立以来，一直承担着不同的育人功能，它们长期承担着对师生进行思想引导、价值引领、文化熏陶和能力拓展等育人实践任务，形成了具有中国特色的高校教育教学和人才培养优势，主要体现在如下几方面。一是各级党组织是高校思想政治工作的坚强领导核心。思想政治工作是党的优良传统，高校党组织在教育、团结和联系广大师生方面具有强大的政治优势与组织优势，成为其他各类组织建设的领导者和指导者。"高校党组织是高校思想政治工作的核心主体，高校党委是高校思想政治工作的领导核心，院系党组织是高校思想政治工作的政治核心，党支部是高校思想政治工作的战斗核心"①，这充分体现了高校党组织育人的重要作用和根本任务。二是各级群团组织是高校思想政治工作的生力军。高校工会、共青团等群团组织在引领和团结师生方面具有独特的组织优势，特别是各级共青团组织作为党领导下的青年群众组织，肩负着引领、教育、团结、服务青年的政治使命，是党可靠的助手和后备军。"巩固和扩大党的青年群众基础是党赋予共青团的光荣使命，也是共青团作为党的青年群众组织的根本职责。"② 三是各级学生组织是高校思想政治工作的重要依靠力量。高校各级学生会组织、各类社团组织等是大学生自我教育、自我管理、自我服务的重要平台，也是党组织联系大学生的重要纽带。各级学生组织的优势在于实现了对学生的全覆盖，其工作触角可以深入学生日常学习和生活的方方面面，可以紧紧围绕学生的需求和特点开展形式多样、内容丰富的教育活动，因而更容易受到学生的青睐，更能调动学生成长成才的积极性和主动性。四是各类新型组织日益成为高校思想政治工作的重要补充力量。

---

① 骆郁廷：《论高校党组织思想政治工作的主体责任》，《思想理论教育》2017 年第 3 期。
② 苏醒：《思想政治工作是共青团的核心竞争力略论》，《中国青年研究》2017 年第 7 期。

在高校深化教育教学改革的过程中，在教学、科研、人才培养等方面出现了一些新型的组织，如创新型教学或科研团队、复合型人才培养基地或计划、实践型创新创业团队等，它们在促进课程育人、科研育人、实践育人、文化育人等方面发挥着越来越大的作用。

四、提升各类组织的育人质量

党的十八大以来，高校组织育人工作备受重视。2017 年中共教育部党组印发的《实施纲要》明确要求"积极优化组织育人"，要求各类组织在"增强工作活力、促进工作创新、扩大工作覆盖、提高辐射能力"上下功夫。同时，针对不同类型的组织建设，教育部、共青团中央等部门分别提出了针对性的指导意见。落实好这些政策要求，使高校各类组织的育人作用发挥更加充分，使不同组织之间的育人作用发挥更加平衡，是当前高校提升组织育人质量的重要任务。一是促进高校党组织育人的标准化建设。党组织育人是高校各类组织育人的核心部分，加强其标准化建设是积极优化高校组织育人的重要前提。2017 年 2 月教育部党组印发的《普通高等学校学生党建工作标准》，强调校、院（系）党组织要"有效开展学习型、服务型、创新型党组织创建，领导和支持学生党组织发挥好组织带动、工作带动、队伍带动、榜样带动作用"，"学生党组织要在党员思想政治教育、管理、服务工作中提高针对性实效性，在推进专业学习、志愿服务、社会实践、就业创业等方面加大工作力度"，"党组织还要坚持解决思想问题与实际问题相结合，注重人文关怀和心理疏导，在引领优良班风、校风、学风、践行社会主义核心价值观和维护学校改革发展稳定大局中发挥战斗堡垒作用"等。2018 年 7 月，教育部办公厅下发《关于开展新时代高校党建示范创建和质量创优工作的通知》，在全国启动了首批 10 所党建工作示范高校、100 个党建工作标杆院系、1000 个党建工作样板支部的培育建设。全面落实高校学生党建工作标准，深入开展高校党建示范创建和质量创优活动，有利于进一步发挥高校党组织育人的标准化示范带动作用。二是促进高校共青团组织育人的体制机制改革。共青团组织育人是高校组织育人体系的重要组成部分，加强其体制机制改革是积极优化高校组织育人的重要内容。2016 年共青团中央、教育部印发《高校共青团改革方案》，提出要"着力解决脱离青年学生的突出问题"，"积极适应共青团深化改革新形势、高等教育综合改革新发展和青年学生新特点"，"建设更加充满活力、更加坚强有力的高校共青团"。2017年 6 月，共青团中央、教育部联合印发《关于加强和改进新形势下高校共青团思想政治工作的意见》，明确指出"参与做好高校思想政治工作，是高校共青团的核心使命任务"等。全面推动高校共青团改革，有利于加强高校共青团组织育人的体制机制保障，从而进一步落实高校各级共青团组织的思想政治工作职责。三是促进高校学生组织育人的工作体系创新。学生组织育人是高校各类组织育人的重要基础，促进其工作体系创新是积极优化高校组织育人的内在要求。根据教育部、团中央等要求，各高校探索构建党委领导下的"一心双环"组织格局，即以团委为枢纽和中心，以学生会组织为主体，以学生社团及相关学生组织为外围手臂延伸，不断强化团学组织的吸引力、凝聚力，切实发挥学生组织自我服务、自我管理、自我教育、自我监督的优势作用。科学构建"一心双环"组织格局，有利于充分激发广大学生的积极性、主动性和创造性，从而进一步推动高校学生组织育人的工作体系创新。

第二节 积极优化高校组织育人的基本思路

优化组织育人是高校各类组织建设的核心目标，建立在各类组织加强自身规范化、专业化建设的基础之上，要将思想政治教育贯穿于组织建设的各个环节，充分挖掘和发挥各类组织的各种育人元素，使组织建设以育人为中心，实现组织建设与育人工作的"质量双提升"。

一、高度重视各类组织的育人功能发挥

高校思想政治工作应尊重不同类型组织的特点，充分发挥不同类型组织各自的特色优势，并通过机制联结、资源整合、优势互补等形成组织育人的整体优势。由于高校党组织、团组织、学生组织对大学生的影响最为广泛和深远，因此在策略上应以优化这三大类型的组织育人为主要切入点。

（一）加强高校基层党组织建设，发挥党组织的政治领导和示范带动作用

我们党在长达九十余年的奋斗历程中逐渐形成了理论优势、政治优势、组织优势、制度优势和密切联系群众的优势，这五大独特优势，是我们党始终保持先进性和纯洁性的重要法宝，是党带领全国人民开创中国特色社会主义事业的根本保证。同样，党组织的这些独特优势在高校育人工作中也极具生命力，应在如下方面继续努力。一是加强对高校组织育人工作的整体设计和统筹推进。高校所有的组织都负有育人职责，但不同类型、不同层级的组织有着不同的育人要求、内容和方式方法等，需要高校各级党组织加强顶层设计和工作统筹。一方面高校党委要在现代大学制度建设中加大各类组织建设的制度设计，将加强各类组织育人纳入思想政治工作体系，定目标、定职责、定标准以及加强管理、督导、考核等；另一方面高校院（系）基层党组织要结合各自人才培养的特点，推动各类组织建设围绕人才培养来优化升级，使组织育人的内容更丰富、形式更多样。二是加强党的基层组织建设。高校党的基层组织是党组织各项育人工作的具体执行者，一方面党的基层组织要发挥桥头堡和战斗堡垒作用，认真组织实施各项育人工作；另一方面党的基层组织要发挥每一个党员的先锋模范作用，引导广大党员身体力行地参与各项组织育人工作。三是加强对其他各类组织育人工作的具体指导。高校党委承担着治学办校的重要职责，加强对共青团组织、学生组织等的政治领

导和工作指导，既是高校党组织的政治责任，也是高校党组织加强组织育人的重要依托。高校各类组织只有坚持党委的领导，才能确保正确的发展方向并获得相应的工作指导、条件保障等，而这也是其完成组织育人任务的根本前提。四是加强学生党员骨干队伍的培养。高校加强各类组织建设，离不开学生党员骨干队伍的参与，而加强学生党员骨干队伍的培养，既是高校党组织培育可靠接班人的必然途径，也是高校其他组织实施育人工作的重要力量依托。

（二）加强高校共青团组织建设，发挥团组织的引领、教育、团结和服务功能

共青团组织作为高校育人工作的重要阵地和载体，以思想建设、组织建设、校园文化建设和社会实践等为切入点，在带领广大学生坚定理想信念、坚持培育和践行社会主义核心价值观、坚持走理论与实践相结合的成长成才道路等方面发挥着独特的作用。一是引领学生思想潮流，树立正确价值导向。高校共青团组织要充分发挥自身在理论上、政治上以及资源上的优势，引导青年树立正确的价值取向和理想信念，借助团学培训、主题实践教育、青年志愿者活动等载体学习贯彻落实党的创新理论，通过开展集中授课、报告讲座、讨论辩论等形式大力推动大学生政治理论学习，使共青团组织成为大学生学习共产主义的重要阵地。二是培养优秀青年人才，构建科学育人机制。高校共青团组织作为党组织的助手和后备军，承担着吸引和凝聚广大学生的重要职责，其通过经常性的教育和实践活动等培养优秀团员青年，同时也不断为党组织输送新鲜血液。一方面各级团组织要加强自身建设，通过工作创新不断丰富组织育人的内容体系和方法路径，最大限度地发挥团结青年、教育青年和服务青年的作用；另一方面各级团组织要将自身的政治优势与学生活动优势相结合，大力加强对团员骨干的热情关爱、严格使用、精心培养、典型选树等，使团员骨干在高校各类组织建设和活动中不断成长成才。三是促进学生知行合一，搭建实践育人平台。高校共青团组织以暑期

"三下乡"社会实践、青年志愿者活动、社区援助和服务等活动为平台，通过支教、法律援助、义务维修等方式，既让学生深入了解世情、国情和党情，也引导大学生继承和发扬"五四"精神，在实践中学理论、增才干、做奉献，不断增强社会责任意识、提高综合素质和促进知行合一。四是创建健康校园文化，营造良好育人氛围。高校共青团组织要充分发挥在宣传教育方面的优势，抢占主流文化阵地，熟练利用所掌握的新媒体技术和平台，大力开展各类宣传活动。发挥网络空间的服务职能和信息职能，抓住大学生关注网络的大好机会，利用他们的兴趣所在，在各类文体活动中寓教于乐，积极开展健康向上、励志创业、诚信礼仪等活动，以活动为载体，让广大青年学生在活动中增长见识、锻炼能力、拓展素质，从而达到促进青年成长成才的目的。

（三）加强高校学生组织建设，发挥学生组织的自我教育、自我管理、自我服务优势

高校各级学生组织是在校院（系）两级党委领导、团委指导下，广大学生进行自我教育、自我管理、自我服务、自我监督的学生自治组织。它以学生会组织、学生社团组织为主要形式，坚持学生主体地位，代表、联系、服务同学，维护同学权益，是高校组织育人的重要力量。发挥高校学生组织的独特育人优势，应把握三点：一是以政治性为灵魂。高校学生组织是高校党委领导的、由共青团组织直接指导的群众性组织，坚持党的领导和正确的政治导向，是其健康有序发展的灵魂。同时，因高校学生组织与广大学生联系紧密，能够将广大学生最广泛最紧密地团结在党的周围，在全心全意为学生服务的同时，潜移默化地将当代中国青年运动的时代主题——为实现中华民族伟大复兴中国梦而奋斗融入自身各项组织建设之中，从而使组织育人的功能特色更加凸显。二是以先进性为旗帜。学生组织建设的主体是学生，而学生的思想活跃、开放，参与学生组织建设的积极性、主动性、创造性更强，这就决定着高校学生组织建设要在先进性上下功夫，不仅要通过建立健

全学生组织育人的制度体系、工作体系、活动体系等，增强大学生的集体主义教育意识、提升学生组织建设的能力、促进学生组织育人的实施等；而且要通过理论学习和实践活动的平台搭建、资源建设、氛围营造等，不断拓展广大学生的"第二课堂"，提升学生综合素质，引导广大学生逐渐成长为"有理想、有追求、有担当、有作为、有品质、有修养"的社会主义建设者和接班人。三是以群众性为基石。高校学生组织要始终坚持以学生为本，坚持代表、联系、服务广大学生，从学生中来、到学生中去，深入了解学生的思想观念、行为特点、关注热点与兴趣爱好等，深入了解学生的思想、学习和生活的现实需要，始终与学生保持密切、顺畅的思想沟通、情感交流、信息互通等，及时为学生提供更具针对性和实效性的知识教育、素质养成、心理健康、就业创业等服务。同时，也要充分发挥学生干部成员的示范带动作用，将学生组织的先进性与学生干部的先进性相统一，从而增强学生组织的吸引力和凝聚力。

在高校以上三种类型的组织育人中，党组织育人始终处于领导地位，并贯穿于共青团组织育人、学生组织育人的全过程。党组织育人指导和带动着团组织育人和学生组织育人，而团组织育人和学生组织育人又促进和丰富着党组织育人。团组织育人引领和带动着学生组织育人，形成高校团组织"一主两翼"的育人格局，即以团组织育人为主体，以学生会组织育人和学生社团组织育人为两翼，团组织育人与学生组织育人相互贯通、互为补充、互相促进。除发挥以上三种主要类型组织的育人作用外，还要充分发挥高校工会及其他一些新型组织的育人作用，使它们能够在不同的工作领域发挥各自的育人优势，从而与高校党组织育人、团组织育人、学生组织育人共同形成高校组织育人的整体优势。

二、准确把握组织育人的问题导向

当前，从总体上看，高校组织育人取得了较好的成绩。一方面，高校各类组织建设日益规范，不仅促进了高校教育管理工作的科学化，而且促进了党的创新理论以及路线、方针、政策等在各类组织的有效传播，使高校各类组织建设与组织育人始终同向同行、相辅相成。另一方面，高校各类组织在吸引师生参与、满足师生需求、提升师生素质等方面成效显著。如调查显示，大学生对党团活动的评价比较高，60.5%的大学生对党团活动的开展表示"比较满意"和"非常满意"，只有8.9%的大学生对党团活动的开展表示"不太满意"和"很不满意"[①]；"65.8%的大学生认为学生社团对其有比较大或非常大的帮助，只有5.8%的大学生认为学生社团对其没有作用或作用比较小"[②]。具体来看，由于受制于不同组织建设水平的高低，高校组织育人实践存在着发展不充分不平衡现象，主要表现在四个方面。

（一）部分组织的育人意识不强

不同的组织有着不同的建设目标和任务，相对于组织育人来说，部分组织的负责人更加看重组织建设中一些"刚性"目标和任务的完成，从而导致"重视组织活动、轻思想引领"的现象，具体表现在以下几种倾向。第一种倾向是对组织育人"重部署、轻落实"。少数组织负责人将加强组织育人挂在嘴上、写在纸上、钉在墙上，就是不落实在行动上。如一些组织对加强思想政治理论学习不落实，有的组织甚至长期不开展思想政治理论学习活动等。第二种倾向是对组织育人"只重点、不重面"。一些高校组织负责人只做感兴趣的事或只完成非完成不可的任务，而对不感兴趣或可完成可不完成的任务置之不理。如一些高校学生党支部将组织发展作为主要任务，而较少组织开展党员的日常教育活动等。第三种倾向是对组织育人"重形式、

---

① 沈壮海、王培刚、段立国等：《中国大学生思想政治教育发展报告 2015》，北京师范大学出版社 2016 年版，第 385 页。

② 沈壮海、王培刚、段立国等：《中国大学生思想政治教育发展报告 2015》，北京师范大学出版社 2016 年版，第 399 页。

轻内容"。一些高校组织对育人工作不研究、不创新，只注重量化指标、程序化形式等的完成。如有的高校基层党团组织不注重在育人内容上切合时代需求和把握大学生的思想动态，存在育人方法僵化、守旧的问题；有的党团支部过多地依赖灌输强化、空泛说教等传统形式，没有及时拓展育人途径。第四种倾向是对组织育人"重宣传、轻实效"。一些高校组织的育人工作流于表面，却热衷于宣传，满足于广播有声、报纸有字、电视有影像、网络有推送等。如有个别的高校基层学生组织为了应对工作考核，甚至不惜夸大和炮制假的育人活动新闻等。

（二）部分组织的育人能力不足

信息化环境下，大学生的个性化需求日益增多，而一些高校组织对这些变化主动掌握能力欠缺，从而导致组织育人的能力不足。第一，高校组织建设的工作机制不健全。一些高校组织建设自身存在机制不健全的问题，难以有效地对成员进行思想引导和行为约束。如在一些团学组织中，有的学生干部由于受学业压力等因素的影响，对学生组织建设工作不作为、不参与，处于游离状态，但这些团学组织对此缺乏有效的制约机制。第二，高校组织育人的制度管理不规范。一方面，一些高校组织育人的制度不健全，如有的高校组织在制定相关制度时，没有做到深入实际、加强调研和征求各方意见，出台的制度往往缺乏科学性和操作性，尤其是缺少对基层党团组织育人工作进行质量评价的科学化制度。另一方面，一些高校组织对育人制度的执行不力。如部分高校基层党支部，对已出台的制度没有做到及时传达学习，对制度执行过程中发现的问题也没有组织力量研究解决方案，进而完善和修订相关制度；同时，少数高校基层党组织对已制定的制度宣传不够，从而也导致制度得不到有效执行等。第三，高校组织育人的信息化工作能力不足。组织化管理和动员是高校各类组织育人的重要方法，但随着信息网络的发展，这一传统方法受到网络化动员方法的严重挑战，一定程度上暴露出高校组织网络育人能力的不足。如高校学生组织的维权服务受新闻宣传的官方性、沟通渠道的层次低等条件限制，效能逐渐下降，而自媒体吐槽的夸大效应更能吸引学生的眼球，也更能引起学校相关职能部门的重视，如此一来，学生逐渐更倾向于直接将权益问题的诉求在各种自媒体上表达，而不是通过学生组织逐级上传、解决。第四，高校组织育人的队伍建设有待加强。高校组织育人需要有一支高素质专业化的思想政治工作队伍，但一些高校组织中存在人员流动过快、素质能力不足等问题。如一些高校院（系）团委存在缺少专职团干或专职团干队伍不稳定等问题，从而导致团组织育人工作缺乏可持续性等。

（三）部分组织的自身活力不够

高校组织育人的质量提升有赖于高校组织建设自身活力的增强，实践证明，活力越强的组织，育人的效果越好；相反，活力越不足的组织，育人的效果越差。一些高校组织对自身组织建设缺乏规划和强有力的推进，从而导致组织自身建设缺乏活力、吸引力、创造力，主要表现在四个方面。第一，组织建设贴近师生的实际不够。一些高校组织育人没有主动深入师生实际，不注重对师生思想状况进行调查研究，在教育管理上采取一刀切式的"集中供暖"，没有充分考虑到师生的接受能力和接受程度等的差异性，虽然推行力度较强，但师生的接受效果较差。第二，组织建设存在内容简单化、片面化倾向。如有的高校党委片面地认为加强组织建设就是加强思想政治理论学习，有的高校党委将加强组织建设简单地等同于加强党校的教育培训等。第三，组织建设对解决师生的实际问题重视不足。一些高校组织不能很好地将组织建设和促进师生个人发展相结合，过于注重组织建设任务的完成，忽视对师生具体的实际困难和思想问题的解决。第四，组织建设中教育引导的针对性不强。加强对师生的教育引导既是高校组织建设的重要内容，也是高校组织建设的重要依靠。一些高校组织错误地认为加强组织建设主要靠会议、靠文件、靠检查等，缺乏对师生的教育引导和交流沟通，导致师生参与组织建设的主动性不强、积极性不高、时效性较差等。

（四）部分组织之间的协同不畅

高校各类各级组织之间，既有着特定的层级关系，也有着成员的多重覆盖，只有加强不同组织之间的工作联动，才能形成协同育人的合力。但在实践中，部分组织只满足于自身的建设，不注重与其他组织之间的协同合作，从而导致组织育人的"孤岛"现象，主要表现在三个方面。第一，校级组织对院（系）基层组织的指导和服务方式有待改进。一些高校校一级组织对所属的院（系）基层组织加强工作指导，主要通过下任务、提要求、定指标和考核督导等形式进行，而对管理权力下放和管理层级下移等流程再造不够。一方面校一级组织由于管理事务过于集中而无暇顾及对下级基层组织的个性化指导和服务，另一方面下一级组织由于疲于完成上一级交办的工作任务而自主性开展工作不够，并且上下两级完成的许多工作属于低水平重复。第二，基层党组织与团学组织的关系需要进一步理顺。高校基层党组织负有对所属团学组织进行工作指导的职责，但一些高校基层党组织直接越位，用党支部的工作代替团学组织的工作，一定程度上抹杀了基层团学组织的积极性。第三，基层学生组织的自主性有待进一步增强。自主性是高校学生组织健康发展的重要特征，但一些高校党团组织在指导基层学生组织建设时，在活动开展、经费保障以及学生干部任免、奖励等方面，给予学生组织自我管理的空间很小，有些高校的团干、辅导员等直接干涉基层学生组织的管理或直接代替基层学生组织进行决策。

三、积极优化组织育人的基本要求

高校优化组织育人，需要遵循高校组织建设的发展规律，同时需要精准对接高校提升组织育人质量的基本要求。中共中央、国务院《关于加强和改进新形势下高校思想政治工作的意见》《中共中央关于进一步加强党的群团工作的意见》以及中共教育部党组印发的《实施纲要》、共青团中央和教育部《高校共青团改革方案》等文件，对高校优化组织育人提出了明确要求。对接这些要求，高校需要进一步明确优化组织育人的建设目标、规划优化组织育人的行动路线、系统建构组织育人质量提升体系等。

（一）明确优化组织育人的建设目标

优化高校组织育人，其主要目标在于加强组织建设和提升育人实效。一方面要大力提升组织的建设能力，即始终坚持以育人为核心推进组织建设，坚持以政治建设为统领，统筹推进高校党的政治建设、思想建设、组织建设、作风建设、纪律建设，把制度建设贯穿其中，有效提升各类组织的组织力。另一方面要大力提升组织的育人实效，即始终坚持把组织建设与教育引领结合起来，强化高校各类组织的育人职责，包括充分发挥高校党委领导核心作用、院（系）党组织政治核心作用和基层党支部战斗堡垒作用，发挥工会、共青团、学生会、学生社团等组织的联系服务、团结凝聚师生的桥梁纽带作用等，切实将思想政治教育贯穿于高校教育教学全过程，从而不断促进师生全面发展。对高校组织育人建设目标的科学定位，应把握三个层次：一是明确规定优化高校组织育人目标的方向性。既从微观上规定每一个组织育人质量提升的具体目标，又要从宏观上统筹各类组织育人质量提升的整体目标，确保各类组织建设的目标之间具有同向性、协调性和根本一致性。二是科学设计优化高校组织育人目标的可接受性。高校不同组织承担着不同层次、不同内容的育人目标，这些目标只有具体地融入各类不同组织的建设目标之中，才具有可行性，或者说只有将高校组织育人的目标有效转化为各类组织的主体责任，才能被它们所接受。三是具体落实优化高校组织育人目标的激励性。高校组织育人目标的实现，必须通过多个具体工作目标或者分阶段工作目标的实现来予以不断体现，而这个过程需要将组织育人的目标转化为能够激励每一个成员创造性的具体行动目标。如教育部开展精品项目培育建设，在全国高校遴选培育院（系）党建工作标杆，培养选树一批优秀共产党员、优秀党务工作者，培育建设一批文明社团、文明班级、文明宿舍等，既可以激励和促进高校组织育人质量提升典型经验的推广，又可以在高校中营造良好的组织育人文化氛围。

（二）规划优化组织育人的行动路线

高校组织育人贯穿于高校组织建设的全过程，但这种贯穿并不是被动的，而是主动引领着高校组织建设的进程。规划优化高校组织育人的行动路线，必须做到以下几点。一是以健全组织机构为基础。健全的组织机构包括：组织成员相对稳定，成员之间的权利与义务界定清晰；组织内部机构设置科学，成员之间信息沟通顺畅；组织各项规章制度健全，管理规范有序；组织领导班子分工明确、团结协作，领导成员政治素质强、作风正、纪律严；组织管理民主、决策科学，群众监督渠道畅通等。可以说，高校组织是否机构健全、运行畅通，在很大程度上决定着组织育人质量的高低。二是以深化思想引领为核心。高校各类组织坚持以立德树人为根本任务，必须始终坚持深化思想引领，一方面以加强理想信念教育促进组织的政治建设，突出政治学习的主题和效果，教育引导师生自觉以习近平新时代中国特色社会主义思想为指导，保持高尚的精神追求，不断提高思想政治素质；另一方面以加强基层党的建设促进组织的能力建设，切实加强党对各类组织的领导，切实发挥党员干部、师生骨干的模范带头作用，不断提高组织的战斗力和影响力。三是以组织动员广大师生积极参与为关键点。努力扩大师生的覆盖面和提高师生的参与度，是高校各类组织建设的关键问题。高校各类组织既要坚持坚定的政治立场，在重大事件中引导广大师生始终与党中央保持高度一致，在"大是大非"面前敢于发声，在服务学校的中心工作和社会公益活动中主动作为，不断增强组织的号召力和影响力；又要坚持创新组织活动形式，将组织化动员方式与现代信息技术相融合，合理利用社会化动员方式，使组织的动员形式"活"起来、能力"强"起来，从而不断扩大组织的凝聚力和战斗力。四是以提升组织育人活动质量为突破点。高校组织育人离不开育人活动，而育人活动包括主题鲜明的教育活动、健康有益的人际交往、丰富多彩的文化建设等。提升组织育人活动质量，要"重质量、轻数量"，着重在活动的育人价值提升上下功夫，一方面要加强线上线下育人活动阵地建设，实现"建、管、用"并举，促进育人资源的充分挖掘与利用；另一方面要加强育人活动品牌建设，着力培育和建设一些凝聚和服务师生时间长、范围广，对社会的显示度高、思想引领价值大的育人活动品牌，并进行示范推广。

（三）系统构建组织育人质量提升体系

优化高校组织育人，需要建构"政府—高校—组织"三级工作体系。一是政府层面加强政策指导体系建设。既包括进一步强调党对高校的全面领导，明确高校实施党委领导下的校长负责制，强化高校党委管党治党、办学治校、育人育才的主体责任；也包括建立健全高校组织育人质量提升的示范机制，通过开展精品项目培育、骨干队伍培养培训、先进典型选树等，促进高校组织育人先进理念和典型经验的推广传播等。二是高校层面加强制度体系建设。既包括构建高校各级党组织育人的长效机制，在职责界定、平台建设、资源整合、机制共建等方面推动高校党建的科学化、规范化和常态化；也包括构建高校其他各类组织育人的长效机制，深入推动工会、共青团、学生会等群团组织创新组织动员、引领教育的载体与形式，形成各类组织分工协作的合力育人机制。三是组织层面加强工作创新体系建设。高校各类组织要结合各自实际，大力推进组织育人工作程序的标准化建设，在育人目标的制定、任务的分解、活动的策划、工作的评估等方面，创新性地构建具有科学性和可操作性的程序化标准；同时，针对重点工作和难点问题，在育人理念、工作方法、管理机制等方面加大创新工作力度，将思想教育与行为约束相结合、解决思想问题与解决具体问题相结合，不断提高高校组织育人的创新能力。

第三节　积极优化高校组织育人的关键环节

　　优化高校组织育人是一个长期的过程，也是一项系统工程，高校要在坚持持续、系统推进的基础上，抓住关键环节，突出重点问题的解决。2018年8月，习近平总书记在全国宣传思想工作会议上强调，新时代宣传思想工作要"在关键处、要害处下功夫，在工作质量和水平上下功夫"①。当前优化高校组织育人，必须在强化职责落实、增强工作活力、促进工作创新、扩大工作覆盖、提高辐射能力等环节上下功夫。

一、强化职责落实

　　高校党委以及其他各类组织育人的职责十分明确而具体，关键在于构建和完善三级育人责任分担机制。高校党委为第一层级，应切实担负组织育人的管理职责；各类组织为第二层级，应主动承担组织育人的实施职责；各类组织中的师生骨干为第三层级，应充分履行组织育人的示范带动职责。三个层级的责任分担，既有党组织对其他各类组织育人职责的层层压实，又有上一级组织对下一级组织以及组织对成员等的层层分解，这些被压实、被分解责任的落实情况通过监督、考核、评价等机制进行反馈，从而使三级育人责任分担机制形成一个有布置、有落实、有考核、有反馈的管理闭环。高校构建和完善三级责任分担机制，需要把握三个关键点。

（一）将落实组织育人责任作为高校党建的重点任务

　　全面加强党的建设是高校坚持中国特色社会主义发展道路的必然要求，

---

　　① 《习近平出席全国宣传思想工作会议并发表讲话》，2018 年 8 月 22 日，http：//www. gov. cn/xinwen/2018-08/22/content_ 5315723. htm。

其根本落脚点在于培养担当民族复兴大任的时代新人。因此，高校党组织加强自身育人工作和指导其他各类组织加强育人工作，应成为新时代高校加强党的建设的重点。首先，高校党委要加强对各类组织育人的顶层设计和统筹推进，定期研究和部署组织育人工作，将推动组织育人工作列入学校党建年度工作计划，将组织育人所需的经费列入学校年度预算，将组织育人工作考核列入各类组织年度考核体系等。其次，高校各级党组织要将组织育人工作列为党建的核心工作和重点任务，切实做到有目标、有计划、有落实、有考核、有保障等，不断增强高校党组织育人的针对性和实效性。再次，高校各级党委要加强对所属群团和学生组织等育人工作的指导，将各类组织育人工作的计划安排、活动开展、条件保障、具体成效等列为党组织督办考核的必然选项，对一些不重视育人工作、育人职责不落实、育人效果差的组织负责人要加大追责问责力度。

（二）将落实组织育人责任作为各类组织建设的核心指标

高校各类组织进一步强化育人责任，要将育人目标、育人理念、育人职责等具体落实到组织章程、管理制度、工作计划等之中。首先，要树立明确的育人导向，将提升育人质量作为一切工作的出发点和落脚点，以师生的参与度与满意度作为工作成效评价的主要依据。其次，要制定具体的育人措施，围绕师生关心的热点难点问题组织开展理论宣讲、主题教育、社会实践等活动，针对师生的个性化问题开展谈心谈话、情感疏导、心理辅导、困难帮扶等工作，将解决具体问题与解决思想问题相结合，促进师生对组织的思想和情感认同。再次，要形成长效化的育人机制，将领导重视与全员参与、职责划定与考核评价、计划制定与经费保障、活动开展与制度管理等有机对应起来，形成"人人重视、人人参与"的良好氛围和"时时育人、处处育人"的长效机制。

（三）将落实组织育人责任作为师生骨干培养的重要内容

高校组织育人责任的落实需要全员参与，而做到全员参与必须要有一批育人骨干发挥示范带动作用。培养一支骨干人员队伍是高校各类组织建设的内在需要,让这支队伍率先落实育人责任、身体力行地在组织育人中发挥先锋模范作用,更是落实组织育人责任的重要途径。首先,要增强师生骨干的育人意识,让他们不仅成为组织建设的管理骨干、教学骨干、科研骨干、学习骨干等,更要成为思想政治教育骨干,主动承担起组织育人的任务落实和带头推动工作。其次,要提高师生骨干的育人能力,加强对他们进行育人知识和能力的培养培训,为他们开展育人工作创造必要的条件和提供必要的保障等。再次,要在师生中选树育人典型,对一些育人能力强、影响大、成效显著的师生骨干进行表彰,认真总结他们的典型经验,扩大宣传他们的育人事迹,同时充分发挥他们的"传、帮、带"作用,从而形成组织育人的"群星"现象。

二、增强工作活力

工作活力是指一个组织的生命力,即其科学、可持续、全面发展的能力。高校组织增强育人工作的活力,关键在于坚持正确的工作原则和把握正确的工作方向,包括:坚持合法、有序的原则,推动组织建设由低水平向高水平发展;坚持健康、有益的原则,推动组织活动由低参与度向高参与度发展;坚持先进、特色的原则,推动组织育人由低满意率向高满意率发展等。高校组织育人坚持正确的工作原则和把握正确的工作方向,需要把握以下三个关键点。

(一)以民主管理催生组织育人的内生动力

从高校组织之间的层级管理来看,一方面党组织在加强对群团组织、学生组织等的政治领导和工作指导时,应当充分尊重群团组织、学生组织等的独立性和自主性,加大工作的民主协商,充分保护其工作积极性,并支持它们独立自主地开展工作;另一方面校级组织在加强对院(系)基层组织工作指导时，应当充分考虑基层组织的实际情况和具体困难，加大简政放权，由管理为主向服务为主转变，积极鼓励基层组织因地制宜创造性地开展工作。从高校组织内部管理来看，一方面要建强领导班子，健全民主管理、民主决策机制，形成集体领导的优势；另一方面要畅通沟通机制，加强组织内部的民主协商和民主监督，形成民主参与的优势。只有将集体领导和民主参与辩证统一起来，才能在组织内部对组织育人的各项制度设计、政策措施和活动推进等最大限度地达到思想统一和行动一致，从而使重视和参与组织育人成为全体师生共同的行为自觉。

（二）以规范管理释放组织育人的制度活力

规范管理建立在遵循客观规律的基础之上，其重要特征就是公平、公开、公正。高校在全面深化教育教学改革的进程中，要大力推进各类组织管理的规范化建设，这有利于减少人为因素的干扰，增强组织育人的常态化和制度化。首先，组织内部的管理制度可以有效地转化为育人制度，从而使组织育人的制度依托性更强。如高校党组织建设中的"三会一课"制度、民主生活会制度、谈心谈话制度、领导定点联系基层组织制度等，既确保党组织建设的健康、有序，同时也加强了对师生党员干部的培养教育。其次，组织内部可以自主设计和制定一些育人制度，从而使组织育人的制度化更具特色性。如一些高校党团组织制定了党团员日常教育管理制度，既强化了党团组织管理的规范性，又促进了组织育人的日常化。再次，组织育人制度与高校教育教学管理的其他各项制度进行有序对接，从而使组织育人制度更具有联动性。如一些高校将组织育人的制度与人事制度、学生管理制度等对接，实现育人工作与师生个人发展评价相挂钩，大大提高了师生参与组织育人的积极性。

（三）以人性关怀激发组织育人的要素合力

高校组织育人是一个多要素的集合，而起决定作用的是作为育人主客体的人。在高校组织育人中注重人文关怀，就是要充分尊重师生的思想和行为特点，关照他们的情感需要和具体需求，将解决具体问题与解决思想问题相结合，从而激发组织育人的全要素活力并形成合力。首先，要加大对组织育人主体的人文关怀，帮助他们解决实施育人工作的各种具体困难，不断提高他们育人的积极性和能力素质。如一些高校专业教师参与组织育人存在时间冲突、精力不够、能力不足等问题，加强对他们的关心关怀，可以适当减轻他们教学科研任务、帮助他们解决具体的生活和工作困难、加强对他们的育人技能培训等。其次，要加大对组织育人客体的人文关怀，帮助他们解决个性化的问题，不断提高他们的接受意愿和能力。如高校加强对学生的人文关怀，就需要对接他们在专业学习、经济资助、人际关系、心理疏导、就业创业等方面的具体问题，使育人工作更加贴近大学生的思想和生活实际。再次，要加大对组织育人过程中的人文关怀，有效化解规范化管理中容易产生的认知困惑、认同冲突等矛盾，从而使组织育人的过程展开得更加充分、育人的环境更加优化等。

三、促进工作创新

高校思想政治工作因时而进、因事而化、因势而新，需要高校组织育人不断创新。促进高校组织育人的工作创新，关键在于要紧密结合师生思想和行为不断变化的特点，以促进学生发展为中心，坚持理论与实践相结合，坚持教育、管理、服务相融合，不断突破旧的思维定式、改变旧的内容体系、摒弃旧的方式方法、再造旧的载体平台等。具体地说，主要包括四个方面内容。

（一）用新理论使工作硬起来

党的十九大将习近平新时代中国特色社会主义思想确立为党的指导思想，高校各类组织以习近平新时代中国特色社会主义思想为指导，深入学习贯彻落实习近平总书记系列重要讲话和党的十九大、2016 年全国高校思想政治工作会议、2018 年全国宣传思想工作会议、2018 年全国教育工作会议精神，坚持以人民为中心的发展思想、坚持"创新、协调、绿色、开放、共享"的发展理念，不断构建和完善新时代高校思想政治工作体系，使高校组织育人工作在理论上有硬气、在实践中有硬招。在党的创新理论的指导下，高校组织育人由"软"变"硬"，重点在于：一是要坚持推动习近平新时代中国特色社会主义思想进组织、进师生头脑这条主线不放松，不断将党中央的新理论、新战略、新部署等融入组织育人的各个环节。二是要坚持"思想政治工作是学校一切工作的生命线"① 这个重要前提不放松，不断健全立德树人落实机制，努力构建德智体美劳全面发展的组织育人体系和更高水平的人才培养体系。三是要坚持将思想政治教育贯穿于高校教育教学全过程这个总的要求不放松，不断将思想政治教育规律、教育教学规律、大学生成长成才规律运用到组织育人的全过程。

（二）用新内容使工作立起来

长期以来，高校各类组织承担着教育、管理和服务师生的重要任务，但从工作内容体系看，普遍存在着"重管理、轻教育""重活动组织、轻思想引导""重宣传、轻服务"等问题，一些组织还存在教育内容表面化、管理内容形式化、服务内容娱乐化等现象，从而导致组织育人在内容体系上存在缺陷和不足。创新高校组织育人，要以目标为导向、以需求为导向、以问题为导向，不断补充和丰富育人的内容体系，构建融教育创新、管理创新、服务创新于一体的立体化育人体系。一是在理论教育创新上，要坚持理论宣讲与问题答疑相结合，既要增强理论宣讲的系统性和前沿性，又要及时回应和解答师生的理论困惑和现实疑问。二是在管理创新上，要坚持整体性管理与

---

① 《习近平在全国教育大会上强调：坚持中国特色社会主义教育发展道路　培养德智体美劳全面发展的社会主义建设者和接班人》，《人民日报》2018 年 9 月 11 日。

个性化管理相结合，既强调关照大众化需求，也要重视差异性需求，从而以包容性管理增强育人的实效性。三是在服务创新上，要坚持供给式服务与订制式服务相结合，既要增强组织主动提供常规化服务的能力，也要增强组织根据需求提供特殊化服务的能力，从而以差异性服务增强育人的针对性。

（三）用新方法使工作活起来

习近平总书记在全国高校思想政治工作会议上强调要"运用新媒体新技术使工作活起来"①。当代社会现代信息技术迅猛发展，特别是微信、微博等新媒体技术迅速普及，使网络生活和新媒体社交成为高校师生的常态化生活方式。高校组织育人创新工作方法，就是要将组织育人的传统优势与现代信息技术相结合，加大新媒体运用的技术创新，不断增强工作的时代感和鲜活力。一是加强组织育人的网络平台和资源建设。一方面使组织的网络平台成为师生自主学习、信息获取、交流沟通等的重要阵地，并在网络资源建设上努力做到让师生"进得来、装得下、留得住"；另一方面探索加强网络化组织建设，使高校各类组织的网络平台和资源实现共建共享，从而形成组织网络育人的联盟合力。二是加强新媒体在组织育人中的创造性运用。一方面要充分利用微信、微博、视频网站、社交网络等新媒体阵地优势，加强组织育人的内容宣传、活动推介和成果推广等；另一方面要积极运用网络视频直播、手机信息推送、3D动漫呈现等时尚便捷的新媒体技术，加强对组织育人传统活动内容的再造，使线上线下组织育人活动实现同构共振。三是加强大数据技术的创新运用。一方面高校组织要善于借助大数据技术来掌握、分析、预测师生的思想和行为变化，加强大数据在组织管理决策中的运用；另一方面高校组织要主动开发和研制大数据育人产品，特别是注重运用大数据技术开发人工智能育人产品，从而促进高校组织育人的自动化和智能化。

---

① 《习近平在全国高校思想政治工作会议上强调：把思想政治工作贯穿教育教学全过程 开创我国高等教育事业发展新局面》，《人民日报》2016年12月9日。

（四）用新机制使工作强起来

高校思想政治工作一体化构建育人工作体系，其关键在于建立健全不同部门、不同组织、不同主体等之间的协同育人机制，从而实现"全员育人、全过程育人、全方位育人"的工作格局。高校组织育人创新工作机制，不仅要在组织内部调动一切可以调动的育人力量形成育人合力，而且要与组织外部一切可以利用的力量建立协同育人机制，从而使组织育人的力量强大起来。一是要从整体上协调好家庭、学校、政府、社会的力量，统筹校内外育人力量，整合校内外育人资源，打造"三全育人共同体"。二是要在校内协调好不同组织之间的育人力量，建设育人平台和资源的共建共享、互补互促机制，落实不同组织的主体责任，建立党委统一领导、部门分工负责、全员协同参与的协作工作体系。三是要在组织内部协调好不同主体之间的育人力量，充分挖掘和利用一切可以利用的育人元素，充分调动专业教师、管理干部、服务人员等参与协同育人的积极性和创造性，畅通组织育人与其他"九大育人"体系的衔接渠道等。

四、扩大工作覆盖

工作覆盖是一个组织开展工作的对象依托，工作覆盖面越大，组织的影响力就越大，发挥的育人作用就越充分。扩大高校组织育人的工作覆盖，关键在于增强组织的吸引力和凝聚力。一方面要明确不同组织的功能定位，根据师生的不同需求确定其不同的组织归属，组织的人数越多，其覆盖面就越广；另一方面要努力提高组织对师生需求的满足能力，满足的程度越大，其覆盖程度就越深。从当前情况看，扩大高校组织育人的工作覆盖有三个层面。

（一）扩大组织覆盖要从被动认可向主动认同转变

组织覆盖是指对组织成员的划分，或者说是指组织对其成员的接纳和成员对组织的加入。从高校各类组织的形成过程看，大多数组织是由学校按照行政和教学管理的需要进行划分的，如按学院、年级、班级等设置党组织、群团组织和学生组织等；也有一部分组织是由师生根据兴趣需要自由组合或选择加入的，如学生组建或加入社团组织、学生申请入党入团等。从师生对高校各类组织的认可程度看，一般都存在由被动身份认可向主动情感认同的转变过程，特别是在因管理需要划分的组织中，师生对组织的认同最初往往仅限于身份认可的层面，随着组织育人活动的持续深入开展，这种认可又可以上升到情感认同的层面。因此，高校扩大组织覆盖，一方面要尽可能地根据师生发展的多样性需要，引导和帮助他们加入不同类型或层级的组织，使广大师生能够接受不同组织的多重覆盖；另一方面要指导各类组织加强对成员的教育引导，让师生能够接受组织的宗旨、遵守组织的章程、参与组织的活动、维护组织的团结等。从被动认可到主动认同的转变，一定意义上讲就是由组织的形式上覆盖转向实质性育人的覆盖。

（二）扩大活动覆盖要从兴趣吸引到价值吸引转变

高校组织对师生的覆盖很大程度上依托于组织开展的各种活动，只有通过一定的有效活动，组织才能将自身的育人理念、内容等传递给师生。一个组织的活动开展越充分、越有效，其育人作用发挥就越大，反之亦然；而没有任何活动的组织是静止的，实质上就是处于名存实亡的状态。同时，师生对组织活动的参与，往往有两种动因：一是迫于组织的强制要求，二是源于活动对自身的兴趣吸引。相比之下，兴趣吸引比强制要求更能让师生自觉并持续地参与活动，但这取决于组织活动的质量，质量越高，参与的师生越多且越持久。从这个角度上讲，组织的活动覆盖重在质量，而不是数量；重在内容，而不是形式。当然这并不是说数量和形式不重要，但应当有一个限度。当前高校一些团学组织只满足于活动的数量、学生参与的人数，而对活动的育人价值关注不够，这也是导致活动出现形式化、娱乐化倾向的主要原因。高校提高组织活动的质量，就是要提升活动的育人价值，将强制要求或兴趣吸引提升到价值吸引，使师生由被动参与到主动参与再到主动接受和内化活动的价值，从而使高校组织的活动覆盖更具生命力。

（三）扩大工作覆盖要从物质满足到精神追求转变

除活动影响外，高校组织对师生的影响还包括组织开展的一些工作，特别是育人实效以及形成的育人文化传统等，对师生的影响很大。一方面组织育人工作对师生的成长成才切实提供了帮助，解决了一些师生的具体问题和困难，使他们在物质上得到满足；另一方面组织育人所形成的良好氛围和文化传统，对师生起着潜移默化的促进作用，使他们不仅在校期间高度认同组织的育人工作，而且毕业之后仍然对组织的育人工作念念不忘，并且自觉地继承和传播着这种育人文化。因此，高校组织扩大工作覆盖，既要立足于解决师生的具体问题，更要立足于培育和建设育人文化，使之形成特色传统，并作为一种价值传承和精神追求更深、更广地影响着广大师生。

五、提高辐射能力

高校思想政治工作质量提升是一项系统工程，一方面高校之间应相互借鉴、相互促进，另一方面高校内部不同组织之间、不同育人工作之间也需要相互借鉴、相互促进。这就需要提高高校组织育人的辐射能力，即通过培育和建设一批组织育人的试点单位、精品项目、先进单位和人物等，认真总结育人理念、典型经验、优秀案例、先进做法等，并形成可视、可推广、可复制的成果，在全国进行宣传推广。提高高校组织育人的辐射能力，可以从以下三个维度进行。

（一）坚持从上到下的辐射

立足于高校组织中的上下层级，高校应着力加强校一级组织建设，充分发挥其在政策制定、资源整合、制度创新、力量协调等方面的优势，探索形成同一类型组织育人的基本模式、制度规范、方法体系等，并对其所属的院（系）基层组织进行示范推广。如高校党委通过加强党校教学改革来提升党员干部和入党积极分子的培养培训质量，其基本做法就可以向学院（系）党委辐射，并通过师资队伍、教学资源等共享机制，促进学院（系）党校教学质量的提升；高校团委实施"青年马克思主义者培养工程"，其基本做法也可以向学院（系）团委辐射，指导和帮助学院（系）团委建立健全团员骨干培养培训体系，实现校院（系）两级团委分层分类的协作育人模式。

（二）坚持从内到外的辐射

立足于不同高校之间以及高校内不同组织之间的交流互鉴，高校可以选择一些前期实施基础好、有良好育人传统和育人实效等的组织进行重点培育建设，使其形成可示范可推广的典型经验，并在高校内外同一类型的组织中进行宣传推广，使其先进的育人理念、体制机制、方式方法等发挥辐射作用。教育部在全国高校中推行"三全育人"试点高校和试点院（系）建设，培育建设一批教师党支部书记"双带头人"工作室、样板党支部、文明社团、文明班级、文明宿舍等，就是要发挥这些典型组织对全国高校组织育人的示范带动作用，让组织育人的成效看得见、摸得着、做得到。

（三）坚持从此到彼的辐射

立足于高校组织育人与课程育人、科研育人、实践育人、文化育人、网络育人、心理育人、管理育人、服务育人、资助育人之间的互为依托、互为补充和互相促进，高校应发挥组织育人的独特优势，特别是发挥各级党团组织的政治优势和育人优势、发挥学生组织广泛联系学生和民主参与学生管理决策等优势，努力在理念创新、机制创新、活动创新、方法创新等方面形成协同育人的经验，破解"十大育人"工程实施中遇到的共同难题，从而既在高校"三全育人"工作格局建设中发挥示范引领作用，同时也对其他"九大育人"工程的实施提供组织保障和经验借鉴。

| 第十四章 |

建设高素质专业化的高校思想政治工作队伍

在高校建立并实施思想政治工作制度，是我国高等教育发展最为显著的中国特色。"正确的路线确定之后，干部就是决定的因素。"① 高校思想政治工作制度从建立到不断完善，得力于始终拥有一支高素质的思想政治工作队伍。"长期以来，高校思想政治工作队伍兢兢业业、甘于奉献、奋发有为，为高等教育事业作出了重要贡献。"② 当前中国特色社会主义进入新时代，建设高等教育现代化强国，需要全面加强党的领导和大力推进高等教育的内涵式发展，而建设高素质专业化的高校思想政治工作队伍成为加强和改进新形势下高校思想政治工作的决定性因素。

第一节　建设高素质专业化高校思想
政治工作队伍的重要意义

思想政治工作队伍作为高校思想政治工作的主体，是指高校专门从事思

---

① 《毛泽东选集》第二卷，人民出版社 1991 年版，第 526 页。
② 《习近平谈治国理政》第二卷，外文出版社 2017 年版，第 379—380 页。

想政治工作的人员，包括相关管理干部和教师队伍。建设高素质专业化的高校思想政治工作队伍，必须首先解决高校思想政治工作"由谁来做""做什么"的问题。2016 年 12 月，习近平总书记在全国高校思想政治工作会议上强调要加强高校思想政治工作队伍建设，"整体推进高校党政干部和共青团干部、思想政治理论课教师和哲学社会科学课教师、辅导员班主任和心理咨询教师等队伍建设，保证这支队伍后继有人、源源不断"①。这就明确了高校思想政治工作队伍的人员构成。2017 年 10 月，党的十九大报告强调，坚定不移全面从严治党，不断提高党的执政能力和领导水平，必须"建设高素质专业化干部队伍"；2018 年 9 月，习近平总书记在全国教育工作会议上再次强调指出"要精心培养和组织一支会做思想政治工作的政工队伍，把思想政治工作做在日常、做到个人"。这就对新形势下加强高校思想政治工作队伍提出了明确要求。

一、新时代全面加强高校党的领导的必然要求

党的思想政治工作是经济工作和其他一切工作的生命线，是以宣传党的理论及路线、方针、政策等来着重解决人们的思想、观念、政治立场问题，不断提高人们的思想政治觉悟和认识能力等的一项极其重要的工作。习近平总书记强调："做好新形势下宣传思想工作，必须自觉承担起举旗帜、聚民心、育新人、兴文化、展形象的使命任务。"②"我们的高校是党领导下的高校，是中国特色社会主义高校。"③ 高校全面加强和落实党的领导，必须坚持加强和改进高校思想政治工作，通过坚强有力的思想政治工作，确保高校坚持正确的政治方向，确保高校各项事业的发展始终做到"为人民服务、

① 《习近平谈治国理政》第二卷，外文出版社 2017 年版，第 380 页。
② 《习近平出席全国宣传思想工作会议并发表讲话》，2018 年 8 月 22 日，http://www.gov.cn/xinwen/2018-08/22/content_ 5315723. htm。
③ 《习近平谈治国理政》第二卷，外文出版社 2017 年版，第 377 页。

为中国共产党治国理政服务、为巩固和发展中国特色社会主义制度服务、为改革开放和社会主义现代化建设服务"①。加强高校思想政治工作，离不开思想政治工作队伍建设，需要通过建设一支数量充足、政治素质高、业务能力强、作风纪律严的专业化队伍，将思想政治工作贯穿于高校教育教学的全过程。结合高校思想政治工作的主要任务，这支队伍的主要职责包括：一是坚持不懈地在高校师生中加强马克思主义理论的宣传教育，使马克思主义的基本理论、毛泽东思想、邓小平理论、"三个代表"重要思想、科学发展观和习近平新时代中国特色社会主义思想能够"进课堂、进教材、进头脑"，特别是要确保习近平新时代中国特色社会主义思想在教育领域落地生根，大力推进习近平总书记关于教育的重要论述"进学术、进学科、进课程、进培训、进读本"。二是坚持不懈地在高校师生中培育和践行社会主义核心价值观，引导广大师生做社会主义核心价值观的坚定信仰者、积极传播者、模范践行者。三是坚持不懈地促进高校的和谐稳定，加强对高校师生的人文关怀和心理疏导，帮助他们培育理性平和的健康心态，有效化解影响高校和谐稳定的各种矛盾与冲突，使高校成为社会安定团结的模范之地。四是坚持不懈地培育优良的校风和学风，使高校广大教师做到"乐教、适教、善教"，努力成为"有理想信念、有道德情操、有扎实学识、有仁爱之心"的好教师；同时使广大学生做到"勤学、修德、明辨、笃实"，努力成为"有理想、有本领、有担当"的时代新人。

二、新时代全面提升高校育人质量的重要保障

党的十八大、十九大都强调"立德树人是教育的根本任务"，习近平总书记强调"高校立身之本在于立德树人"②，"高校思想政治工作关系高校

---

① 《习近平在全国高校思想政治工作会议上强调：把思想政治工作贯穿教育教学全过程 开创我国高等教育事业发展新局面》，《人民日报》2016 年 12 月 9 日。

② 《习近平谈治国理政》第二卷，外文出版社 2017 年版，第 377 页。

培养什么样的人、如何培养人以及为谁培养人这个根本问题"①。我国高等教育 70 年的发展历程表明，培养又红又专、德才兼备、全面发展的中国特色社会主义事业建设者和接班人，始终是高校思想政治工作的主线，特别是改革开放 40 年的经验证实，只有不断加强和改进思想政治工作，高校各项事业的发展才能沿着中国特色社会主义道路奋勇前行。当前我国正处在实现第一个百年目标的最后攻坚阶段，即将开启实现第二个百年目标的新征程。"我们对高等教育的需要比以往任何时候都更加迫切，对科学知识和卓越人才的渴求比以往任何时候都更加强烈。"② 在认真总结过去高校思想政治工作经验教训的基础上，针对高校思想政治工作面临的新形势、新情况、新问题，2017 年中共教育部党组印发《实施纲要》，要求"一体化构建内容完善、标准健全、运行科学、保障有力、成效显著的高校思想政治工作质量体系，形成全员全过程全方位育人格局"。高校思想政治工作队伍作为高校思想政治工作的主导者、组织者和实施者，承担着全面提升高校思想政治工作质量的重要职责，主要包括：一是优化全员育人、全过程育人、全方位育人制度的顶层设计。坚持育人导向，突出价值引领，通过建立健全党委统一领导、部门分工负责、全员协同参与的思想政治工作制度，将思想政治工作贯穿于高校教育教学全过程，建立系统化长效育人机制。二是推动"十大育人"体系的机制创新。充分发挥课程、科研、实践、文化、网络、心理、管理、服务、资助、组织十大方面工作的育人功能，充分挖掘高校办学治校各领域、教育教学各环节、人才培养各方面的育人要素，创新工作机制，优化评价激励，强化实施保障，切实构建和完善"十大育人"体系。三是促进思想政治工作队伍的素质提升。坚持遵循思想政治工作规律、教书育人规律、学生成长成才规律，始终把握师生的思想特点和行为需求，不断提高思想政治工作队伍理论宣讲能力、实践创新能力、问题研究能

---

① 《习近平谈治国理政》第二卷，外文出版社 2017 年版，第 376 页。
② 《习近平谈治国理政》第二卷，外文出版社 2017 年版，第 376 页。

力、政策咨询能力等，建设一批高质量的思想政治工作精品项目，形成一批高水平的思想政治工作理论研究成果，培养一批专家型的思想政治工作的骨干人才等。

三、新时代全面促进高校内涵发展的重要路径

高校内涵式发展是相对于外延式发展而言的，即由过去注重数量上的扩张等外延式发展转变为注重人才培养质量等内涵式发展。党的十九大明确要求"加快一流大学和一流学科建设，实现高等教育内涵式发展"①。以"双一流"建设推动高校内涵式发展，是当前高校的重要发展战略，而其中贯穿思想政治工作，是实施这种发展战略不可缺少的重要内容。2017 年中共教育部党组印发的《实施纲要》中，不仅对提升大学生思想政治教育质量提出了明确要求，而且强调要"把加强和改进高校思想政治工作纳入高校巡视、'双一流'建设、教学科研评估范围"②。高校思想政治工作队伍作为高校管理干部和教师队伍的重要组成部分，在促进高校内涵式发展中发挥着重要作用。一是在现代大学制度建设中统筹推进思想政治工作。我国现代大学制度建设必须以"立德树人"为根本任务，以提高人才培养质量为改革目标，不断建立和完善与现代化相适应的内部治理体系。《国家中长期教育改革和发展规划纲要（2010—2020 年）》指出我国大学内部治理结构为"党委领导、校长负责、教授治学、民主参与"，而实施这种内部治理，需要思想政治工作者来有效协调师生与学校之间的关系，既调动师生的积极性、主动性、创造性来参与学校的民主管理，也代表学校不断解决师生所面临的各种具体困难和问题。二是在"双一流"建设中大力提升思想政治工

① 本书编写组：《党的十九大报告学习辅导百问》，党建读物出版社、学习出版社 2017 年版，第 36 页。
② 《着力构建一体化育人体系 打通育人最后一公里：高校思政工作质量提升工程实施纲要发布》，《中国教育报》2017 年 12 月 7 日。

作水平。"双一流"建设的目标是"到本世纪中叶，一流大学和一流学科的数量和实力进入世界前列，基本建成高等教育强国"①。"双一流"建设以提高人才培养能力为核心，既包括在专业素质上培养学生出世界一流原创基础理论成果的能力②，也包括在思想政治素质上"将学生培育成具有深刻的可持续发展理念和强烈的社会责任感"③的人。在这个建设过程中，只有将提升大学生思想政治教育质量与加强"双一流"建设进行需求对接、过程融合，才能"积极推动大学生思想政治教育工作创新发展和质量提升，让大学生思想政治教育工作成为推动高校'双一流'建设的强大动力和重要保障"④。三是在国际化进程中坚持中国特色与坚持国际借鉴并重。我国高校建设必须既始终立足于我国的国情，又具有国际视野，在国际化进程中彰显中国特色，"不断地将我国现代大学建设与西方现代大学发展进行比较，在比较中进行扬弃、在扬弃中推进创新，这是我国现代大学实现创新的重要方法"⑤。建设高素质专业化的高校思想政治工作队伍，既要坚守党的思想政治工作本色，又要合理借鉴国际经验。西方现代大学建设有一支数量庞大的学生事务管理者队伍，其在队伍的职业认同、专业化管理、职业化发展及社会化合作等方面有一些较为成熟的做法，对于创新性地解决当前我国高校思想政治工作队伍建设中存在的一些难题和问题具有重要的借鉴意义。四是在信息化背景下推动思想政治工作的传统优势转化。信息化的快速发展正改变着人们的思维方式和生活方式，教育信息化的浪潮也正在席卷高校，将思想政治工作的传统优势与信息技术优势相结合，是高校思想政治工作提高针对性的必须路径。但这种结合不是简单地叠加，既需要高校思想政治工作队

---

① 《国务院印发：统筹推进世界一流大学和一流学科建设总体方案》，《人民日报》2015年11月6日。

② 陈世清：《怎样创建世界一流大学》，2017年4月5日，http://bbs1.people.vom.cn/post/1/1/2/161968348.html。

③ 刘昕璐：《建设一流大学的关键指标是培养一流的人才》，《青年报》2016年1月28日。

④ 赵金霞：《思政教育为"双一流"建设添动力》，《人民论坛》2017年第13期。

⑤ 李萌欣、刘宏达：《现代大学辅导员队伍建设坚持中国特色和国际借鉴的思考》，《学校党建与思想教育：上》2017年第6期。

伍对信息化技术优势进行创造性运用，使信息化技术运用的价值性不断提高；也需要高校思想政治工作队伍对思想政治工作传统优势进行创新性转化，使思想政治工作的时代性不断增强。

第二节　建设高素质专业化高校思想政治工作队伍的内在要求

建设高素质专业化的高校思想政治工作队伍，从根本上说就是要解决高校思想政治工作由"什么样的人来做"的问题。党的十九大明确提出建设高素质专业化干部队伍的要求："注重培养专业能力、专业精神，增强干部队伍适应新时代中国特色社会主义发展要求的能力。"① 2016 年 12 月，中共中央、国务院印发《关于加强和改进新形势下高校思想政治工作的意见》中明确指出，高校思想政治工作队伍"具有教师和管理人员双重身份，要纳入高校人才队伍建设总体规划，形成一支专职为主、专兼结合、数量充足、素质优良的工作力量"②。2018 年习近平总书记在全国宣传思想工作会议上强调："宣传思想干部要不断掌握新知识、熟悉新领域、开拓新视野，增强本领能力，加强调查研究，不断增强脚力、眼力、脑力、笔力，努力打造一支政治过硬、本领高强、求实创新、能打胜仗的宣传思想工作队伍。"③ 准确把握新时代高校思想政治工作队伍建设的内在要求，是激发高校思想政治工作内生动力的逻辑前提。

---

① 本书编写组：《党的十九大报告学习辅导百问》，党建读物出版社、学习出版社 2017 年版，第 51 页。

② 《中共中央国务院印发〈关于加强和改进新形势下高校思想政治工作的意见〉》，《人民日报》2017 年 2 月 28 日。

③ 《习近平出席全国宣传思想工作会议并发表讲话》，2018 年 8 月 22 日，http：//www. gov. cn/xinwen/2018-08/22/content_ 5315723. htm。

一、以坚持先进理论武装为首要

思想政治工作是我党在长期的革命和建设中形成的特殊优势，是党的传家宝，在党的不同历史发展阶段发挥着极其重要、不可替代的作用。思想政治工作队伍以党的先进思想理论武装人们的头脑，自身也必须坚持以党的先进思想理论为指导。"没有革命理论，就不会有坚强的社会党，因为革命理论能使一切社会党人团结起来，他们从革命理论中能取得一切信念，他们能运用革命理论来确定斗争方法和活动方式……"① 高校思想政治工作队伍肩负着在高校传播马克思主义理论的特殊使命，首先自身必须要做到明道、信道，然后才能做到传道。

（一）坚定理想信念，在马克思主义理论的真学真懂真信上下功夫

党的思想政治工作坚持以马克思主义为根本指导，致力于将马克思主义的普遍真理与中国特色社会主义建设的实践相结合，既坚持马克思主义，又不断创新和发展马克思主义。学习马克思主义，最根本的在于学习马克思主义的根本观点和基本方法，高校思想政治工作队伍只有把学习马克思主义与弄清世情、国情、党情辩证地结合起来，才能深入地学好、弄通马克思主义中国化及其最新理论成果，才能以坚定的理论勇气不断推动马克思主义理论及其中国化最新理论成果在高校的传播。

（二）明确责任担当，在牢牢把握高校社会主义意识形态主导权上下功夫

当前中国特色社会主义进入新时代，我国各项事业取得了前所未有的

① 《列宁全集》第4卷，人民出版社2013年版，第161页。

巨大成就，但也面临着许多新的问题，特别是我国社会主要矛盾已经转化为人民日益增长的美好生活需要和不平衡不充分的发展之间的矛盾；与此同时，西方资本主义意识形态加强对高校的渗透，特别是网络空间意识形态的斗争越来越激烈。高校思想政治工作队伍要在政治上、思想上、行动上与以习近平同志为核心的党中央保持高度一致，不断增强中国特色社会主义道路自信、理论自信、制度自信、文化自信，从而正确引导高校师生学会运用马克思主义的立场观点方法来观察、分析和解决实际问题，牢牢把握社会主义意识形态的主导权和话语权，切实帮助高校师生提高对中国特色社会主义道路的必然性、对中国特色社会主义理论体系的科学性、对中国特色社会主义制度的优越性、对中国特色社会主义文化的先进性的深刻认识。

（三）发挥政治优势，在传播习近平新时代中国特色社会主义思想上下功夫

党的十八大以来，以习近平同志为核心的党中央以全新的视野深化对共产党执政规律、社会主义建设规律、人类社会发展规律的认识，以实事求是的理论态度、与时俱进的理论品格取得了重大理论创新成果，创立了习近平新时代中国特色社会主义思想。党的十九大将这一马克思主义中国化最新理论成果明确为新时代党的指导思想，并写入党章。高校思想政治工作队伍要充分发挥自身的政治优势，切实加强习近平新时代中国特色社会主义思想在高校中的理论传播，使高校成为习近平新时代中国特色社会主义思想的传播高地、宣讲重镇和研究前沿。

（四）严格党性锤炼，在自觉培育和践行社会主义核心价值观上下功夫

高校是培育和践行社会主义核心价值观的重要阵地，思想政治工作队伍既是引导者和组织者，也是参与者与践行者。"其身正，不令而行；其身不

正，虽令不从。"① 高校思想政治工作队伍要坚持律人先律己，既严格自身的言行，成为社会主义核心价值观的自觉践行者；又加强党性锤炼，成为忠诚老实、公道正派、实事求是、清正廉洁等党员干部价值观的自觉弘扬者。

二、以促进学生全面发展为中心

坚持以人民为中心，是党的十九大确定的新时代坚持和发展中国特色社会主义的基本方略之一。具体到高校，就是高校各项工作必须始终坚持"以生为本"的理念，以促进学生全面发展为中心。习近平总书记强调："思想政治工作从根本上说是做人的工作，必须围绕学生、关照学生、服务学生，不断提高学生思想水平、政治觉悟、道德品质、文化素养，让学生成为德才兼备、全面发展的人才。"② 高校思想政治工作者是大学生成长成才的人生导师和健康生活的知心朋友，以促进大学生全面发展为中心，需要做到以下几个方面。

（一）坚持育人导向，统筹育人资源

高校思想政治工作既有着相对独立的工作系统，又贯穿于高校其他各项工作之中。坚持育人导向，就是强调高校思想政治工作队伍要将思想价值引领贯穿于高校教育教学全过程，使思想育人成为人才培养的核心要素，这就意味着必须统筹高校办学治校各领域的育人力量，深入挖掘高校教育教学各环节的育人元素，充分利用人才培养各方面的育人资源等，从而使高校人人都是育人主体、处处都是育人场所、事事都是育人载体。

（二）尊重学生特点，优化育人过程

高校思想政治工作既是一个理论灌输过程，也是一个师生思想充分交流

---

① 《论语·子路》。
② 《习近平谈治国理政》第二卷，外文出版社 2017 年版，第 377 页。

的双向过程。当代大学生思想活跃、个性独立，渴望被尊重，对单纯的理论灌输有一定的抵触情绪，更喜欢讨论式、体验式等互动式双向交流。尊重学生特点，就需要高校思想政治工作队伍不断优化育人过程，改变过去按照教师的思维方式组织育人活动的片面倾向，更多地按照学生的思想和行为特点来设计和实施各项育人活动，使育人过程展开充分，从而不断提高学生的获得感。

（三）对接学生需求，丰富育人内容

对于大学生群体来说，高校思想政治工作有着特定的内容体系，但对于每一个大学生个体来说，又有着不同的具体内容。高校思想政治队伍需要根据不同学生个体的具体需求，有针对性地做好教育引导工作，特别是要针对大学生在专业学习、经济资助、人际关系协调、心理问题疏导、就业择业帮扶等方面的具体困难和问题，开展个性化的教育，既要帮助每一个大学生个体解决具体的实际问题，又要帮助他们解决深层次的思想认识问题。从这个角度讲，高校思想政治工作队伍只有及时、充分地激发和满足学生的不同需求，才能将思想政治工作的整体要求融入每一个大学生的个性化发展之中，这同时也是高校思想政治工作内容不断丰富的过程。

（四）扩大学生参与，增强育人效果

思想政治工作重视教育对象的主观能动性，即客体的主体性，"在重视教育者主体性的基础上，建构客体的主体性概念，是现代人个性发展的必须要求"[①]。高校思想政治工作队伍要重视大学生作为教育客体的主体性作用，不断扩大学生参与高校思想政治工作的渠道，如充分发挥大学生在自我管理、自我教育、自我服务中的作用，充分发挥大学生在高校民主管理与决策中的作用，充分发挥大学生在高校思想政治工作质量评价中的作用等。高校思想政治工作队伍只有不断提高大学生对各项思想政治工作的知晓率、参与

---

① 万光侠：《市场经济与人的存在方式》，中国人民公安大学出版社2002年版，第338页。

率和满意度，才能真正做到让思想政治工作贴近实际、贴近学生、贴近生活，从而不断提高思想政治工作的针对性和实效性。

三、以提升现代化素质能力为关键

党的十九大吹响了决胜全面建成小康社会、开启全面建设社会主义现代化国家新征程的号角，而加快教育现代化是高校办好人民满意的教育的必然选择。高校思想政治工作队伍适应教育现代化进程的发展要求，必须不断提升自身的现代化素质能力。

（一）树立科学思维，不断提高系统化统筹能力

高校思想政治工作队伍树立科学思维，不断提高系统化统筹能力，包括：树立战略思维，将加强和改进高校思想政治工作融入我国教育现代化的整体战略来加强战略设计和统筹推进；树立创新思维，努力推动高校思想政治工作由经验型管理向科学化管理转变；树立辩证思维，既以思想政治工作来保障和推动高校教育教学的各项工作，又在加强高校教育教学改革中不断增强思想政治工作的时代性；树立法治思维，坚持以法制化、制度化管理来不断优化高校思想政治工作的全过程和加强高校思想政治工作队伍建设；树立底线思维，坚持守土有责，切实加强师德师风建设，不断增强高校社会主义意识形态教育的主导力和控制力等。

（二）加强专业知识学习，不断增强专业化发展能力

专业化是指"某项工作由专门的人员经过专业的培训，进而专门从事某项工作并不断提高的过程"[1]。强调高校思想政治工作队伍的专业化，就

---

[1] 滕祥：《高校辅导员队伍专业化职业化建设的内涵及其路径》，《学校党建与思想教育》2010年第29期。

是强调高校思想政治工作队伍应不断加强对马克思主义与思想政治教育及相关学科专业知识的学习，更好地承担高校其他人员无法承担的重要职责。增强高校思想政治工作队伍的专业化发展能力，包括：确立专业化目标，即成为高校思想政治工作的主导者、组织者和实施者，成为大学生成长成才的人生导师和健康生活的知心朋友；明晰专业化素养，即应具备坚定的理想信念、较高的政治素质和良好的思想道德品质，具有从事思想政治工作的理论基础知识和专业实践能力；界定专业化内容，即主要承担在高校中加强马克思主义理论教育、培育和践行社会主义核心价值观、加强思想道德建设、加强校园文化建设等。

（三）加强职业素养培养，不断提升职业化工作水平

职业化是指一种工作状态的标准化、规范化、制度化。强调高校思想政治工作队伍的职业化，就是要加强对这支队伍进行职业行为规范、职业素养、职业技能等的培养培训，使他们能够长期、稳定地适应并从事思想政治工作。提升高校思想政治工作队伍的职业化工作水平，包括：增进职业认同，即愿意将从事思想政治工作当作自身的专门职业，并认可工作岗位职责和相关政策规定；规范职业行为，即自觉遵守工作中的各项管理规章制度，特别严格遵守思想政治工作的特殊性要求；建设职业文化，即积极参与高校思想政治工作队伍建设的各项活动，积极营造高校思想政治工作队伍的职业文化氛围；促进职业发展，即认真参加高校思想政治工作队伍的培养培训、学历提升，结合实际工作加强理论学习与研究等。

（四）加强现代技术培训，不断再造精细化管理流程

高校思想政治工作是一项集教育、管理、服务等于一体的综合性工程，而在教育现代化进程中，高校的各项教育、管理、服务等工作需要依托于现代化技术进行流程再造，特别是现代信息化技术为高校思想政治工作的精细化流程再造提供了可能。加强对高校思想政治工作队伍的现代技术培训，有

助于他们增强现代管理意识和提升信息化素养，并创造性地运用现代信息化技术来开展工作，构建线上线下同频共振的思想政治工作体系，从而使思想政治工作更为精准和精细。以现代信息技术再造高校思想政治工作精细化管理流程，其重点有三：一是建立高校思想政治工作的信息化管理平台，以学生为中心实现教育、管理、服务等各项信息的集成利用，以信息化管理代替人工管理，并逐步加大人工智能服务的力度，从而大大提高思想政治工作的效率。二是构建高校网络思想政治教育体系，充分利用新媒体等现代信息技术平台建设网络育人空间及资源，使网络育人的内容和形式更具丰富性和个性化。三是利用大数据提升思想政治工作的管理决策水平，将经验判断与大数据分析相结合，增强高校思想政治工作的及时性、精确性、智能性和共享性等。

（五）拓宽工作视野，不断促进社会化资源整合

高校思想政治工作虽然自成体系，但这个体系不是孤立的，而是与其外部环境诸要素之间存在着动态的相互影响关系。"关于自然界所有过程都处在一种系统联系中的认识，推动科学到处从个别部分和整体上去证明这种系统联系。"① 高校思想政治工作队伍拓宽工作视野，既要善于从世情、国情、党情的正确认识中来把握高校思想政治工作的发展趋势，也要善于利用系统外一切可以利用的社会化资源来开展工作。高校思想政治工作队伍促进社会化资源整合，主要可从如下方面开展工作：一是利用社会资源增强育人合力，如争取各级党委和政府的党员干部到高校上党课、作形势与政策报告，争取企业、社区等党员骨干兼任高校校外育人导师等。二是利用社会资源共建育人平台，如与政府、企业、社区等合作，共建校外爱国主义教育、文化教育、志愿服务与社会实践等基地。三是利用社会资源开展专业化服务，如将社会服务引入高校为师生提供便捷式服务、与社会专业机构合作开展大数

---

① 《马克思恩格斯文集》第9卷，人民出版社2009年版，第40页。

据分析和调查研究、与其他高校合作开展专业培训和理论研究等。

四、以推进实践创新为落脚点

思想政治工作具有很强的实践性，结合具体情况不断推动实践创新，既是促进高校思想政治工作创新发展的内在规律，也是加强和改进高校思想政治工作的最终落脚点。党的十九大报告要求"增强改革创新本领，保持锐意进取的精神风貌，善于结合实际创造性推动工作"[①]。习近平总书记强调："做好高校思想政治工作，要因事而化、因时而进、因势而新。"[②] 这是对高校思想政治工作队伍加强新时代高校思想政治工作实践创新提出的明确要求。

（一）推进科学化管理创新

高校思想政治工作整合系统内外各种育人资源，需要不断地进行科学化管理创新，做到"四个结合"：一是加强党的基层组织建设与加强思想政治教育相结合。依托党的基层组织来压实思想政治教育主体的职责，同时充分发挥高校群团组织在做好群众工作中的特殊优势，充分发挥党员骨干在思想政治教育中的先锋模范作用。二是加强思想理论宣传与加强行业管理服务相结合。既以系统化的思想理论宣传来提高师生的思想认知，又在具体的行为管理服务中渗透思想理论宣传，从而增进师生的行为自觉。三是加强规范管理与加大人文关怀相结合。既强调管理的程序化、标准化、规范化，又强调具体问题具体分析，在解决具体问题中着重解决思想问题，从而达到以规范管理促进育人质量提升的目的。四是加强学校统筹协调与发挥基层创造性相结合。在宏观层面或大型思想政治教育活动中强调学校的统筹安排，但在微观层面或小型思想政治教育活动中强调因地、因事、因时制宜，鼓励基层思

---

① 本书编写组：《党的十九大报告学习辅导百问》，党建读物出版社、学习出版社 2017年版，第 54 页。

② 《习近平谈治国理政》第二卷，外文出版社 2017 年版，第 378 页。

想政治工作者结合自身优势进行特色创新。

（二）推进专业化育人创新

高校思想政治工作队伍提升专业化素质，其目的在于不断创新专业化育人的方法和路径，要做到"五化"：一是思想理论教育立体化。构建理论灌输与问题答疑、理论学习与实践体验、自主学习与互动讨论、课程学习与网络宣讲等多种方式相结合、交叉并进，构建课堂内外、线上线下、师生互动的立体式学习模式，充分调动学生的理论学习兴趣，使其通过对马克思主义理论及其中国化最新理论成果的学习，确立正确的发展目标、选择正确的发展道路、掌握正确的思维方法。二是思想行为引导具体化。对接大学生的需求，将解决实际问题与解决思想问题相结合，不断激发大学生更高层次的精神追求，使他们自觉地将个人的发展融入集体、国家和社会建设之中，从而端正学习态度、正确处理人际关系、积极参与集体活动等，不断克服个人主义、享乐主义等错误思潮的侵蚀。三是思想道德教育生活化。针对大学生对遵守社会道德"知易行难"的问题，立足于大学生活，一方面引导大学生保持文明的学习和生活方式，另一方面合理约束大学生的具体行为，使他们的生活态度始终积极向上、言行举止保持文明理性，从而建设良好的校风和学风。四是咨询服务个性化。针对大学生在成长成才过程中面临的各种具体的困难和问题，切实提供"一对一"的个性化咨询服务，如学习方案的个性化选择、学习资源的精准化提供、异常行为的动态性预警等，从而有效地帮助每一个大学生能够顺利完成学业。五是心理疏导及时化。针对一部分大学生容易出现心理障碍等现象，一方面加强对大学生的生命教育，帮助他们树立生命责任意识，另一方面加大心理健康教育和心理疏导，通过构建和完善心理危机及时干预机制，有效预防大学生自杀等极端事件发生，从而促进高校校园的和谐稳定。

（三）推进精品化项目创新

项目化管理是高校思想政治工作的一种常见的重要形式，而加强精品化项目建设是高校思想政治工作队伍实践创新的重要路径。近年来，高校思想政治工作越来越重视精品项目建设，如思想政治理论课方面有教学创新团队、精品课程等培育，党的建设方面有示范岗位、品牌活动等推广，学生工作方面有辅导员精品项目、名师工作室等建设。2017 年中共教育部党组印发的《实施纲要》，要求在"十大育人"体系建设中培育一批全国精品示范项目或示范岗，从而促进典型经验的宣传推广。除对接教育部精品项目建设的要求外，高校思想政治工作队伍要结合各自的工作实际，加大思想政治工作精品项目建设。一是继承传统选准项目。精品项目建设以继承高校的育人传统为基础，充分反映学校的育人优势。高校思想政治工作队伍要充分挖掘和深刻把握高校办学历史、办学理念、办学特色、办学资源和办学优势，并结合各自工作实际，选择和设计好项目，力求在精品项目建设中促进高校育人传统优势的现代转化，并形成新的富有时代价值的育人传统。二是整合资源加强建设。精品项目建设既要遵循高校思想政治工作的整体要求，又要在具体目标上反映项目本身的思想政治工作重点，以先进的理念为引领，明确育人目标和路径，充分挖掘和利用各种思想政治教育元素，从资源上更加集结、从过程上更加优化、从质量上更加提升等方面加大建设力度。三是规范管理形成机制。精品项目建设要具有导向性，从计划制订、平台搭建、人员选拔与培训、活动组织、制度规范等方面完善组织实施体系，从平台整合、资源融合、力量汇合等方面加大保障力度，着力形成提升项目协同育人质量的长效机制。四是总结规律、推广经验。加强对精品项目建设效果进行科学的质量评价，对其产生的典型经验、典型事例、典型价值以及形成的观念性成果、物质性成果和制度性成果等，通过一定的形式予以固化和可视化，并加大宣传推广，以发挥其对高校其他育人项目建设的推动和促进。

（四）推进特色化文化创新

文化建设是高校思想政治工作的重要依托，大力推动中国特色社会主义文化进校园，并建设具有引领示范性的高校校园先进文化，是增强高校师生文化自信的必然要求。高校思想政治工作队伍必须重视中华民族优秀传统文化、革命文化和社会主义先进文化建设在高校校园的传播，努力在教师之间营造良好的"传、帮、带"文化、在师生之间营造良好的导学文化、在学生之间营造相互关心的和谐文化等。同时，高校思想政治工作队伍自身要继承和弘扬中国特色社会主义先进文化，努力营造高校思想政治工作的特色化文化。一是营造良好的政治生态文化。高校思想政治工作队伍要旗帜鲜明地讲政治，从自身做起，自觉抵制宗派主义、圈子文化、码头文化，严格党内政治生活，不断增强"四个意识"，营造风清气正的良好政治生态，让讲政治、严纪律、强作风、顾大局成为整个队伍的鲜明标志。二是营造浓厚的理论宣讲文化。高校思想政治工作队伍要加强理论学习和理论研究，不断地将马克思主义理论及其中国化最新理论成果转化为师生易于接受的实践话语、生活话语，使理论宣讲更加普及，使高校师生学理论、用理论蔚然成风。三是营造先进的典型榜样文化。高校思想政治工作队伍要在师生中挖掘和培育思想政治教育的先进人物和参与协同育人的能人，并在校内外加大对他们的先进事迹、典型案例、成功经验等的宣传，充分发挥他们的典型带动作用，使参与协同育人成为高校师生的文化追求。四是营造独特的自身职业文化。高校思想政治工作队伍自身要结合职业发展的需要，加强培养培训，通过组织职业素质能力比赛、建设名师工作室、课题专项研究、骨干人才培养、典型经验交流等，不断营造独特的职业文化，从而促进整个队伍的职业认同感和自豪感。

第三节　建设高素质专业化高校思想政治工作队伍的策略选择

习近平总书记强调，"办好我国高等教育，必须坚持党的领导，牢牢掌握党对高校工作的领导权"①，而如何建设高素质专业化高校思想政治工作队伍，是高校加强党的领导和把握思想政治工作主动权必须要解决的问题。自 2004 年中共中央、国务院印发《关于进一步加强和改进大学生思想政治教育的意见》以来，高校切实加强辅导员班主任队伍、思想政治理论课教师队伍、高校党员干部队伍等建设，高校思想政治工作队伍在人员数量、队伍素质、管理制度等方面获得了长足发展。2016 年全国高校思想政治工作会议的召开和 2016 年中共中央、国务院《关于加强和改进新形势下高校思想政治工作的意见》的印发，将进一步推进高校思想政治工作队伍的专业化职业化建设。除党中央和各级党委政府加强高校思想政治工作队伍建设的顶层设计和政策指导外，各高校更应结合具体的校情、地情，进一步优化建设高素质专业化高校思想政治工作队伍的策略选择。

一、坚持整体推进

整体发展思想是马克思社会发展理论的中心话题，也是科学发展观的根本内核②，整体发展思想既强调各部分的共同参与和相互作用，也强调部分源于整体而又反作用并丰富着整体。强调从整体上推进高校思想政治工作队伍建设，一方面是切实落实高校思想政治工作队伍作为管理干部和教师的双重身份，在加强管理干部队伍和教师队伍建设中同步加强思想政治工作队伍建设，既不能"重管理干部队伍建设，轻思想政治工作队伍建设"，也不能"重教师队伍建设，轻思想政治工作队伍建设"；另一方面是切实推进高校思想政治工作队伍不同组成部分的同步建设，将加强高校党政干部和共青团干部、思想政治理论课教师和哲学社会科学课教师、辅导员班主任和心理咨询教师等队伍建设协调统一起来。在具体的策略上，坚持整体推进还应做到

---

① 《习近平谈治国理政》第二卷，外文出版社 2017 年版，第 379 页。
② 王晶雄：《整体发展：科学发展观的根本内核》，《求实》2004 年第 7 期。

以下四点。一是坚持全过程建设。对接国家关于高校思想政治工作队伍建设的相关政策规定，从准入条件、职责规定、聘用程序、培养培训、管理考核等全过程对高校思想政治工作队伍建设进行系统设计和制度推进，使各环节形成良性的互动闭环。二是实现递进式管理。按照可持续发展和鼓励优秀者终身从业的要求，建立健全高校思想政治工作队伍的分级递进式管理制度，明确不同等级的职业素质要求，区分不同等级进行针对性的培养培训和考核评价，建立分级分类培养培训体系，畅通由低一级岗位（职称）向高一级岗位（职称）晋升的通道，鼓励和支持优秀思想政治工作者专家化发展等。三是突出政策性激励。在强调高校思想政治工作队伍与管理干部与教师队伍同步加强建设的同时，应结合高校思想政治工作的实际，制定思想政治工作队伍"双线晋升"和"单独系列、单独标准、单独评审"等特殊性考核评价体系，将工作实绩考察纳入评优评先、职级晋升、职称评定等指标体系；同时不搞待遇平衡，切实落实高校思想政治工作队伍在工作津贴、办公条件、通信经费等方面的特殊待遇，使其做到工作有条件、干事有平台、待遇有保障、发展有空间。四是加强发展性保障。针对高校思想政治工作队伍与管理干部、教师队伍在发展上的差异性，打通高校思想政治工作队伍与管理干部队伍之间的双向流通瓶颈，创造条件落实高校思想政治工作队伍进课堂、进学科、进学术等；同时，在加强高校思想政治工作队伍岗前、日常和骨干培养培训的基础上，有计划地加大学历提升、挂职锻炼、境外研修等扶持力度。

二、坚持问题导向

从总体上讲，各高校对建设高素质专业化思想政治工作队伍十分重视，也采取了许多行之有效的措施，取得了明显的成效。但从客观上看，各高校普遍存在高校思想政治工作队伍建设不平衡不充分的问题，主要表现为三个方面：一是对高校思想政治工作队伍建设的各项政策落实不够、执行不力，不仅存在人员配备不足的问题，也存在相关政策及保障措施落实不到位的问题；二是高校思想政治工作队伍内部组成部分之间发展不平衡，如有的高校辅导员班主任队伍配备不齐、素质差异大，有的高校思想政治理论课教师队伍数量不足、学历水平偏低，有的高校党政和共青团干部人员数量偏少，特别是院系专职党务人员缺编严重等；三是高校思想政治工作队伍建设过程管理的各环节之间管理不充分，如有的高校重选拔、轻培养，有的高校重考核、轻保障，有的高校重管理、轻激励等。针对这些问题，高校要从讲政治的高度，对落实思想政治工作队伍建设各项政策规定的紧迫性切实提高认识，加大工作力度和加快工作进度，着重解决思想政治工作队伍建设中的重点难点问题。一是严格对接标准，加大政策执行力。按照高校思想政治工作队伍数量不少于高校教职工总数1%的标准配齐配强队伍，并按照相关规定，有重点地协调推进思想政治理论课教师、辅导员班主任、心理健康教师、基层党组织党务人员等队伍建设。二是统筹资源，提升队伍整合力。高校思想政治工作队伍内部不同主体虽然有着各自的职责任务，但不能各自为战，形成多个工作孤岛，而需要在资源共享、平台共建、信息互通、工作互动等方面加强统筹，特别是借助现代化信息技术可以更好地实现不同主体之间的力量整合。三是规范管理，注重机制长效化。高校思想政治工作队伍建设是一个长期过程，不能因人、因事、因时的变化而发生改变，应坚持用制度来管人管事，在严格制度管理的过程中不断丰富制度的内容和优化管理方式，从而不断构建和完善队伍建设的长效机制。四是评价促进，激发队伍创造力。高校思想政治工作队伍建设离不开科学有效的评价，通过对队伍职业素质能力、从业状态、工作实绩等进行动态性评价，有助于及时、准确地掌握队伍工作的质量变化情况，并通过将正向评价与负向评价相结合，建立良性的队伍准入与退出、奖励与惩处、肯定与否定等机制，从而不断激发队伍的创造力。

三、坚持分类管理

高校思想政治工作队伍具有管理干部和教师的"双重身份"，既要将其纳入管理干部和教师队伍进行统筹管理，也需要区别于管理干部和教师队伍进行分类管理。加强统筹管理，一方面是确保高校思想政治工作队伍在培养培训、工资收入、生活保障等方面享受不低于管理干部与教师队伍的待遇，另一方面有利于高校思想政治工作队伍与管理干部、教师队伍之间的双向交流。坚持分类管理，从根本上说是充分考虑高校思想政治工作队伍不同于一般管理干部与教师队伍的特殊性，包括特殊的职责任务、特殊的工作方式、特殊的管理要求等。同时，坚持分类管理也是充分考虑到高校思想政治工作队伍不同组成部分之间的差别性，需要根据各自的内在要求加强建设，主要包括如下方面。一是加强党政干部和共青团干部队伍建设。要根据《中国共产党高等学校基层组织工作条例》《中共教育部党组关于加强普通高等学校党组织建设的意见》等一系列文件精神，认真抓好高校各级领导干部队伍建设，层层压实党建和思想政治工作的主体责任。同时认真落实共青团中央《高校共青团改革实施方案》，配齐建强高校各级共青团干部队伍建设。二是加强思想政治理论课和哲学社会科学课教师队伍建设。根据《新时代高校思想政治理论课教学工作基本要求》《高等学校思想政治理论课建设标准》等一系列文件精神，按照师生比不低于 1∶350 的比例配齐建强专职思想政治理论课教师队伍。同时，着力构建具有中国特色、中国风格、中国气派的哲学社会科学体系，并不断加强哲学社会科学课教师队伍建设。三是加强辅导员班主任队伍建设。按照《普通高等学校辅导员队伍建设规定》《高等学校辅导员职业能力标准》等一系列文件要求，按照师生比不低于 1∶200 的比例设置专职辅导员岗位，形成以专职为主、专兼结合的专业化职业化辅导员队伍。同时，按照每个班级配备 1 名班主任的要求选拔优秀教师担任班主任，从而不断加强班主任队伍建设。四是加强心理健康教师队伍建设。根据《高等学校学生心理健康教育指导纲要》等文件要求，按照师生比不低于 1∶400 的比例（每校至少配备 2 名）配齐专职心理健康教育教师，形成一支以专职教师为骨干、以兼职教师为补充，专兼结合、专业互补、相对稳定、素质良好的心理健康教育教师队伍。

四、坚持融合发展

融合发展是现代化管理的根本特征，强调事物发展内部系统各要素、系统内与系统外各要素之间的协调发展和整体推进，而不是某个要素的"单兵突进"。高校思想政治工作队伍建设坚持融合发展，就是强调各个主体、各个部门之间的相互促进和共同发展，而不是某个部门或某项工作的"突出发展"。实现高校思想政治工作队伍的融合发展，必须建立统一的领导管理体制，以"一盘棋"的理念统筹不同组成部分的队伍建设，使其相互融通，你中有我、我中有你。一是加强党建干部队伍与思想政治教育队伍的融合。高校党建干部是各级党组织建设的骨干力量，同时也是思想政治教育的重要力量。促进党建干部队伍与思想政治教育队伍的融合发展，可以进一步凸显党组织自身的育人功能，一方面可以不断增强思想政治工作队伍的党员先进性意识，另一方面可以充分发挥党员干部在思想政治教育中的示范引领作用，从而不断将党建的优势资源转化为思想政治教育的优势资源。二是加强思想政治理论课教师队伍与辅导员队伍的融合。思想政治理论课是大学生的必修课，纳入人才培养学分体系，拥有成体系的课堂教学平台；而辅导员工作是促进大学生正常学习和生活的保障，拥有丰富的实践活动平台。促进思想政治理论课教师队伍与辅导员队伍的融合发展，可通过理论课堂、实践活动、考核评价等共建等形式，使思想政治理论课教师更加熟知学生的思想行为特点，从而提高教学针对性，同时也使辅导员更加了解学生的理论学习状况，从而提高行为引导的理论性。三是加强辅导员队伍与班主任队伍的融合。辅导员与班主任的工作对象虽然相同，但工作分工有所不同。如何使二者明确各自分工并形成工作互补之势，需要加强二者的发展。一方面，辅导员要加强对班主任工作的指导和协调，帮助班主任提高工作水平；另一方面，班主任要适当分担辅导员的事务性工作，特别是加强对大学生的专业学习、职业规划等方面的指导。四是加强辅导员与心理健康教育教师队伍的融合。高校心理健康教师承担着全校学生的心理健康教育课程建设、"一对一"心理咨询、心理危机干预等任务，其本身负有指导辅导员开展心理健康教育与咨询工作的职责。促进辅导员队伍与心理健康教师队伍的融合发展，一方面强调辅导员要加强与心理健康教师的沟通，并在心理健康教师的指导下，对学生中的心理问题做到"早发现、早干预"；另一方面强调心理健康教师要主动深入班级了解学生情况，指导辅导员有效地开展心理健康教育活动，及时与辅导员共同开展学生心理危机干预与心理疾病救治，从而以其专业化的服务不断提升心理育人质量。

参考文献

1.《马克思恩格斯文集》第 1、4、5、8、10 卷，人民出版社 2009 年版。

2.《马克思恩格斯选集》第 1、2 卷，人民出版社 2012 年版。

3.《马克思恩格斯全集》第 3 卷，人民出版社 2002 年版。

4.《马克思恩格斯全集》第 23 卷，人民出版社 1972 年版。

5.《马克思恩格斯全集》第 26 卷，人民出版社 2014 年版。

6.《马克思恩格斯全集》第 46 卷，人民出版社 2003 年版。

7.《列宁全集》第 39 卷，人民出版社 2017 年版。

8.《毛泽东选集》第三、四卷，人民出版社 1991 年版。

9.《毛泽东文集》第六、七卷，人民出版社 1999 年版。

10.《毛泽东著作选读》（下册），人民出版社 1986 年版。

11.《毛泽东同志论教育工作》，人民教育出版社 1958 年版。

12.《邓小平文选》第二卷，人民出版社 1994 年版。

13.《邓小平文选》第三卷，人民出版社 1993 年版。

14.《江泽民文选》第一、三卷，人民出版社 2006 年版。

15. 江泽民：《在庆祝中华人民共和国成立四十周年大会上的讲话》，人民出版社 1989 年版。

16.《江泽民论有中国特色社会主义（专题摘编）》，中央文献出版社 2002 年版。

17. 江泽民：《全面建设小康社会　开创中国特色社会主义事业新局面——在中国共产党第十六次全国代表大会上的报告》，人民出版社 2002 年版。

18. 胡锦涛：《高举中国特色社会主义伟大旗帜　为夺取全面建设小康社会新胜利而奋斗——在中国共产党第十七次全国代表大会上的报告》，人民出版社 2007 年版。

19. 中共中央文献研究室编：《习近平关于青少年和共青团工作论述摘编》，中央文献出版社 2017 年版。

20. 中共中央宣传部编：《习近平总书记系列重要讲话读本（2016 年版）》，学习出版社、人民出版社 2016 年版。

21.《习近平谈治国理政》，外文出版社 2014 年版。

22. 中共中央宣传部编：《习近平总书记系列重要讲话读本》，学习出版社、人民出版社 2014 年版。

23. 习近平：《决胜全面建成小康社会　夺取新时代中国特色社会主义伟大胜利——在中国共产党第十九次全国代表大会上的报告》，人民出版社 2017 年版。

24. 荆惠民主编，董耀鹏、戴木才副主编：《思想政治工作概论》，中国人民大学出版社 2007 年版。

25. 中央档案馆编：《中共中央文件选集》第 8 册，中共中央党校出版社 1991 年版。

26. 中共中央文献研究室编：《建国以来重要文献选编》（第十六册），中央文献出版社 1997 年版。

27. 中共中央文献研究室编：《十六大以来重要文献选编》（中），中央文献出版社 2006 年版。

28. 中共中央文献研究室编：《十三大以来重要文献选编》（中），中央文献出版社 2011 年版。

29. 中共中央文献研究室编：《十八大以来重要文献选编》（上），中央文献出版社 2014 年版。

30. 中共中央文献研究室编：《十八大以来重要文献选编》（中），中央文献出版社 2016 年版。

31. 教育部思想政治工作司组编：《加强和改进大学生思想政治教育重要文献选编：1978—2014》，知识产权出版社 2015 年版。

32. 曹清燕：《思想政治教育目的研究——基于马克思主义人学视角》，中国社会科学出版社 2011 年版。

33. 洪宝书：《教育本质与规律》，成都科技大学出版社 1992 年版。

34. 刘海龙：《大众传播理论：范式与流派》，中国人民大学出版社 2008 年版。

35. 刘雪峰：《高校思想政治教育与校园文化建设创新研究》，黑龙江大学出版社 2014 年版。

36. 刘志超：《思想理论教育创新与实践》，中国社会科学出版社 2009 年版。

37. 柳恩铭：《思想政治教育的文化传承与创新研究》，广东人民出版社 2009 年版。

38. 沈壮海：《思想政治教育的文化视野》，人民出版社 2005 年版。

39. 史广成、王玉敏：《思想政治工作概论》，山东人民出版社 2008 年版。

40. 王树荫、王炎：《新中国思想政治教育史纲（1949—2009)》，人民出版社 2010 年版。

41. 韦冬雪：《思想政治教育过程矛盾和规律研究》，光明日报出版社 2011 年版。

42. 徐沁：《媒介融合论：信息化时代的存续之道》，中国传媒大学出版社 2009 年版。

43. 杨晓慧：《当代大学生成长规律研究》，人民出版社 2010 年版。

44. 张世欣：《思想教育规律论》，浙江大学出版社 2008 年版。

45. 张蔚萍：《新编思想政治工作概论》，中共中央党校出版社 1996 年版。

46. 张耀灿、郑永廷、吴潜涛、骆郁廷等：《现代思想政治教育学》，人民出版社 2006 年版。

47. 张耀灿：《中国共产党思想政治教育史论》，高等教育出版社 2006 年版。

48. 张耀灿等：《思想政治教育学前沿》，人民出版社 2006 年版。

49. ［美］埃瑟·戴森：《数字化时代的生活设计》，胡泳、范海燕译，海南出版社 1998 年版。

50. ［美］Werne J. Weverin、James W. Tankard：《传播理论：起源、方法与应用》（第 5 版），郭镇之主译，中国传媒大学出版社 2006 年版。

51. ［美］赖特·米尔斯等：《社会学与社会组织》，何维凌等译，浙江人民出版社 1986 年版。

52. ［英］伊丽莎白·劳伦斯：《现代教育的起源和发展》，纪晓林译，北京语言出版社 1992 年版。

53. ［德］赫尔巴特：《论世界的美的启示为教育的主要工作》，载张焕庭主编：《西方资产阶级教育论著选》，人民教育出版社 1964 年版。

54. 韩伟：《高校思想政治教育个体价值的研究》，《学理论》2013 年第 11 期。

55. 杨雨：《试论思想文化阵地的建设》，《宝鸡文理学院学报》（社会科学版）1994 年第 2 期。

56. 庄文城、郑传芳：《马克思主义仍然是高校青年教师成长成才的思想指南》，《红旗文稿》2015 年第 5 期。

57. 何碧如、何坚茹、叶柏霜、俞林伟：《微时代高校网络思想政治教育的探索与思考》，《中国成人教育》2012 年第 20 期。

58. 刘宏达、许亨洪：《我国高校实践育人共同体建设的内涵、问题及对策研究》，《华中师范大学学报》（人文社会科学版）2016 年第 5 期。

59. 蒋广学、张勇、徐鹏：《高校网络育人工作的系统思考与实践探索》，《思想理论教育导刊》2014 年第 3 期。

60. 李国娟：《课程思政建设必须牢牢把握五个关键环节》，《中国高等教育》2017 年第 Z3 期。

61. 李纪岩、庄爱华：《关于高校思想政治教育合目的性与合规律性的思考》，《政工研究动态》2009 年第 23 期。

62. 刘宏达：《依托四类群体促进大学生思想政治教育发展》，《学校党建与思想教育》2013 年第 7 期。

63. 刘献君：《论文化育人》，《高等教育研究》2013 年第 2 期。

64. 卢黎歌、王福益、周辉：《遵循大学生思想成长规律　推进高校马克思主义大众化》，《思想教育研究》2012 年第 1 期。

65. 罗映光：《重视根本问题　围绕中心环节　坚持全员全程全方位立德树人》，《思想理论教育导刊》2017 年第 1 期。

66. 骆郁廷：《改革开放 30 年来高校思想政治教育的历史发展》，《思想理论教育》2008 年第 19 期。

67. 骆郁廷：《论"化人"之"文"》，《思想理论教育导刊》2016 年第 11 期。

68. 闵辉：《课程思政与高校哲学社会科学育人功能》，《思想理论教育》2017 年第 7 期。

69. 邱伟光：《课程思政的价值意蕴与生成路径》，《思想理论教育》2017 年第 7 期。

70. 申纪云：《高校实践育人的深度思考》，《中国高等教育》2013 年第 2 期。

71. 石云霞：《高校思想政治理论课建设和改革 60 年回顾与思考》，《思想理论教育》（上半月综合版）2009 年第 9 期。

72. 孙承叔：《中国道路与马克思主义哲学研究重心的第二次转向》，《马克思主义与现实》2014 年第 1 期。

73. 谭枫：《对高校共青团组织育人职能的思考》，《吉林教育科学·高教研究》1999 年第 7 期。

74. 王丽、罗洪铁：《大学生思想政治教育个体价值与相关概念的辨析》，《思想理论研究》2016 年第 7 期。

75. 吴雷鸣：《浅析高校大学生公民道德教育》，《管理观察》2008 年第 6 期。

76. 尹凯丰、于钦明：《"90 后"大学生心理特点与成长成才规律研究》，《思想政治教育研究》2012 年第 2 期。

77. 张红霞：《文化多样化背景下高校哲学社会科学课的育人功能》，《学校党建与思想教育》2011 年第 12 期。

78. 骆郁廷、史姗姗：《论马克思主义实践育人的德育思想及其现实价值》，《马克思主义研究》2013 年第 10 期。

79. 张耀灿、曹清燕：《论马克思主义人学视野中思想政治教育的目的》，《马克思主义与现实》2007 年第 6 期。

80. 寇斌：《高校传统媒体的转型与发展》，《新闻前哨》2015 年第 7 期。

81. 李进付：《"因事而化、因时而进、因势而新"的内在意蕴及方法论意义》，《思想教育研究》2017 年第 5 期。

82. 李艳艳：《警惕西方意识形态渗透的新型话语工具》，《红旗文稿》2014 年第 13 期。

83. 王飞：《高校学生组织管理科学化研究》，南京师范大学博士学位论文，2014 年。

84. 《胡锦涛在庆祝清华大学建校 100 周年大会上的讲话》，《人民日报》2011 年 4 月 25 日。

85. 《习近平在全国宣传思想工作会议上强调：举旗帜聚民心育新人兴文化展形象更好完成新形势下宣传思想工作使命任务》，《人民日报》2018 年 8 月 23 日。

86. 习近平：《在北京大学师生座谈会上的讲话》，《人民日报》2018 年 5 月 3 日。

87. 《中共中央国务院印发〈关于加强和改进新形势下高校思想政治工作的意见〉》，《人民日报》2017 年 2 月 28 日。

88. 《习近平在全国高校思想政治工作会议上强调：把思想政治工作贯穿教育教学全过程　开创我国高等教育事业发展新局面》，《人民日报》2016 年 12 月 9 日。

89. 习近平：《在纪念孙中山先生诞辰 150 周年大会上的讲话》，《人民日报》2016 年 11 月 12 日。

90. 习近平：《在庆祝中国共产党成立 95 周年大会上的讲话》，《人民日报》2016 年 7 月 2 日。

91. 习近平：《在哲学社会科学工作座谈会上的讲话》，《人民日报》2016 年 5 月 19 日。

92. 习近平：《提高解决改革发展基本问题的本领——关于科学的思想方法和工作方法》，《人民日报》2016 年 5 月 12 日。

93. 《习近平在中共中央政治局第二十次集体学习时强调：坚持实践第一推进理论创新》，《人民日报》2015 年 1 月 25 日。

94. 《习近平在中共中央政治局第十三次集体学习时强调：把培育和弘扬社会主义核心价值观作为凝魂聚气强基固本的基础工程　作为凝魂聚气强基固本的基础

工程》，《人民日报》2015 年 2 月 26 日。

95. 习近平：《在文艺工作座谈会上的讲话》，《人民日报》2015 年 10 月 15 日。

96. 习近平：《青年要自觉践行社会主义核心价值观——在北京大学师生座谈会上的讲话》，《人民日报》2014 年 5 月 5 日。

97. 习近平：《胸怀大局把握大势着眼大事　努力把宣传思想工作做得更好》，《人民日报》2013 年 8 月 21 日。

98.《习近平在中共中央政治局第十三次集体学习时强调：把培育和弘扬社会主义核心价值观作为凝魂聚气强基固本的基础工程》，《人民日报》2014 年 2 月 26 日。

99. 习近平：《在同各界优秀青年代表座谈时的讲话》，《人民日报》2013 年 5 月 5 日。

100.《中共中央国务院发出〈关于进一步加强和改进大学生思想政治教育的意见〉》，《人民日报》2004 年 10 月 15 日。

101. 赵婀娜、张烁：《立德树人有道　春风化雨无声——党的十八大以来高校思想政治工作综述》，《人民日报》2016 年 12 月 7 日。

102. 张烁：《习近平在全国高校思想政治工作会议上强调：把思想政治工作贯穿教育教学全过程开创我国高等教育发展新局面》，《人民日报》2016 年 12 月 9 日。

103. 张烁：《习近平在中央党校发表重要讲话强调：在全党大兴学习之风　依靠学习和实践走向未来》，《人民日报》2013 年 3 月 2 日。

104.《文化足迹》，《浙江日报》2014 年 10 月 7 日。

105. 王清义：《高校思想政治工作应遵循三大规律》，《河南日报》2017 年 1 月 12 日。

106. 项久雨：《论思想政治教育的合目的性》，《江汉论坛》2014 年第 7 期。

107. 崔欣伟：《构建高校立德树人根本任务的协同落实机制》，《光明日报》2017 年 12 月 28 日。

108.《中共教育部党组关于印发〈高校思想政治工作质量提升工程实施纲要〉的通知》，2017 年 12 月。

109. 中共中央办公厅、国务院办公厅：《关于实施中华优秀传统文化传承发展工程的意见》，2017 年 1 月 25 日。

后 记

加强和改进高校思想政治工作，是一项极端重要的政治任务和战略工程。习近平总书记在党的十九大报告、全国高校思想政治工作会议、全国宣传思想工作会议、全国教育工作会议等的重要讲话以及中共中央、国务院《关于加强和改进新形势下高校思想政治工作的意见》等文件中，都对新形势下高校思想政治工作进行了顶层设计，为今后和未来一段时期高校思想政治工作指明了前进方向。2018 年 8 月，习近平总书记在全国宣传思想工作会议上再次强调，新时代宣传思想工作要"自觉承担起举旗帜、聚民心、育新人、兴文化、展形象的使命任务"，"要在基础性、战略性工作上下功夫，在关键处、要害处下功夫，在工作质量和水平上下功夫"。如何认真学习贯彻落实习近平总书记系列重要讲话精神，使新时代高校思想政治工作强起来，教育部全国高校思想政治工作队伍培训研修中心（华中师范大学）组织中心专兼职研究人员紧紧围绕如何发挥思想政治工作在高校教育教学中的基础性、战略性作用，重点抓住如何突出高校思想政治工作质量提升"十大育人"工程的关键环节，对构建和完善新时代高校思想政治工作的理论体系和实践路径中的一些前沿问题开展了深入研究。

高校思想政治工作是一项理论性和实践性极强并且相互结合紧密的工作，对其前沿问题的研究，既要突出理论的前沿性，也要突出实践的前沿性。本书的研究者长期工作在高校思想政治工作第一线，对如何促进理论研究与实践创新有着切身的体会和感悟。因此，本书的研究既从满足实践需求的角度，在理论前沿上着重把握新时代高校思想政治工作的地位与价值、目的与规律、任务与内容以及高校思想政治工作质量提升的内容体系、时代价值等；又从促进理论创新的高度，在实践前沿上着重对高校思想政治工作质量提升的工作经验进行理论提升、对实际问题进行理论分析、对基本思路和关键环节等进行理论探讨。可以说，本书既体现了高校思想政治工作的理论研究成果，又体现了其实践工作成果，既能满足高校思想政治工作者的理论学习需要，也能满足高校思想政治工作者的实践借鉴需要，同时也对其他研究者进一步加强高校思想政治工作的前沿问题研究具有启发和借鉴作用。

本书初稿完成后，教育部全国高校思想政治工作队伍培训研修中心（华中师范大学）于 2018 年 7—8 月先后组织部分专家和领导进行了认真审稿。参加审稿的的专家和领导有：北京师范大学思想政治工作研究院院长冯刚教授、华中师范大学党委副书记覃红教授、教育部全国高校思想政治工作队伍培训研修中心（华中师范大学）主任谢守成教授、湖北省高校工委社会科学与思想政治工作处何泽云处长、《学校党建与思想教育》杂志社主编谢成宇教授，以及华中师范大学马克思主义学院张耀灿教授、秦在东教授、刘从德教授等。参与审稿的专家和领导对书稿给予了充分肯定，同时也提出了一些重要的修改意见。根据这些意见，本书进行了一些新的内容补充和修改，以使本书的前沿性特点更加突出。

本书由华中师范大学刘宏达、万美容教授负责全书的策划、统稿、审定工作，祝鑫、闫丽莉协助统稿。全书各章的撰写分工如下：前言（华中师范大学万美容）；第一章、第八章（华中农业大学祝鑫）；第二章（华中师范大学王威峰）；第三章（华中师范大学孙禄、刘宏达）；第四章（河南警察学院陈永峰）；第五章（梧州学院曾永平）；第六章（长江大学伍廉松）；第七章（华中师范大学丁琳）；第九章（信阳学院张海霞）；第十章（南华大学王少华）；第十一章（华中师范大学张德华）；第十二章（荆楚理工学院文凡）；第十三章（华中师范大学陈娟、许亨洪）；第十四章（华中师范大学刘宏达、闫丽莉）。

　　本书在写作过程中得到了教育部思想政治工作司、湖北省委高校工委、华中师范大学党委等有关领导的亲切关怀和大力支持，得到了有关高校同行的热情鼓励和倾情指导，在出版过程中得到了人民出版社的大力支持。此外，本书参考了同行专家、学者的有关著作和论文，吸取了他们许多的研究成果，在此一并表示衷心的感谢！

　　由于水平有限，加之时间仓促，本书缺点、错误在所难免，恳请各位同行专家、学者和广大读者不吝指正，以利于我们不断提高研究水平。

编　者

2018 年 9 月 10 日

责任编辑:陈晓燕
封面设计:林芝玉
版式设计:王欢欢

图书在版编目(CIP)数据

高校思想政治工作前沿问题研究/刘宏达 等著. —北京:人民出版社,2019.8
　(2021.6 重印)
(高校思想政治工作研究文库)
ISBN 978－7－01－020933－3

Ⅰ.①高…　Ⅱ.①刘…　Ⅲ.①高等学校-政治工作-研究-中国　Ⅳ.①G641

中国版本图书馆 CIP 数据核字(2019)第 114441 号

高校思想政治工作前沿问题研究

GAOXIAO SIXIANG ZHENGZHI GONGZUO QIANYAN WENTI YANJIU

刘宏达　万美容　等著

人民出版社 出版发行
(100706　北京市东城区隆福寺街 99 号)

中煤(北京)印务有限公司印刷　新华书店经销

2019 年 8 月第 1 版　2021 年 6 月北京第 2 次印刷
开本:710 毫米×1000 毫米 1/16　印张:26.75
字数:395 千字

ISBN 978－7－01－020933－3　定价:69.00 元

邮购地址 100706　北京市东城区隆福寺街 99 号
人民东方图书销售中心　电话 (010)65250042　65289539